A. Flensa, 6/08

Harald Strohm

Mithra

Harald Strohm

Mithra

Oder: Warum ‚Gott Vertrag' beim Aufgang
der Sonne in Wehmut zurückblickte

Wilhelm Fink

Umschlagabbildung:
Kopf des Mithras, Rom, Vatikanisches Museum (Magazin)
Foto: Harald Strohm

Die Bilder im Innenteil stammen, soweit nicht anders angegeben, vom Verfasser

Bibliografische Information der Deutschen Nationalbibliothek

Die Deutsche Nationalbibliothek verzeichnet diese Publikation
in der Deutschen Nationalbibliografie; detaillierte bibliografische
Daten sind im Internet über http://dnb.d-nb.de abrufbar.

Alle Rechte, auch die des auszugsweisen Nachdrucks, der fotomechanischen
Wiedergabe und der Übersetzung, vorbehalten. Dies betrifft auch die
Vervielfältigung und Übertragung einzelner Textabschnitte, Zeichnungen
oder Bilder durch alle Verfahren wie Speicherung und Übertragung
auf Papier, Transparente, Filme, Bänder, Platten und andere Medien,
soweit es nicht §§ 53 und 54 URG ausdrücklich gestatten.

© 2008 Wilhelm Fink Verlag, München
Wilhelm Fink GmbH & Co. Verlags-KG, Jühenplatz 1, D-33098 Paderborn

Internet: www.fink.de

Einbandgestaltung: Evelyn Ziegler, München
Herstellung: Ferdinand Schöningh GmbH & Co KG, Paderborn

ISBN 978-3-7705-4245-1

Steige immer wieder von den kahlen Höhen der Gescheitheit
in die grünenden Täler der Dummheit. – In den Tälern der
Dummheit wächst für den Philosophen noch immer mehr
Gras, als auf den kahlen Höhen der Gescheitheit.

Ludwig Wittgenstein (VB 557, 564)

Inhaltsverzeichnis

I. Hinführung 9
   1. Mithras Spuren, Achsenzeit 11
   2. Mithra und das Christentum 17
   3. Ursprünge 25
   4. Die Thesen 30

II. Die Geburt in die Morgenröte 37

III. Exkurs über das Heilige 57
   1. Mythos und Realität 59
   2. Psychologisches Schema und Zarathustras Tabu 62
   3. Ressourcen und Blockaden 68
   4. Strategien der Pflege und Therapie 80
   5. Theater und Cinematographie 84
   6. Konfusion und indirekte Suggestion 95
   7. Substanz und astrologische Lasuren 110
   8. Tabuisierung und Regeneration 123

IV. Mithras Drachenkämpfe und Yamas Glücksglanz 137
   1. Motorische Blockaden: Giganten, der Löwe und Azi, die Schlange . 141
   2. Optische Blockaden: Drachensplitter, das Sternenfirmament
      und die Königs-Epochen neuer Morgenröten 154
   3. Der Mond und gehörnte Drachen 166
   4. Bullenreihen und Schichtenpsychologie 174
   5. Yama und die Vererbung des Xvarnah 183
   6. Now Ruz und Mihragan 198

V. Das Somaopfer und Mithras Entwöhnung 211
   1. Die Nutrices von Poetovio 218
   2. Das Wasserwunder, die schöne Luna und Mithras Potenz 221
   3. Somas Krug und das erotische Elixier 230
   4. Soma und der Weihegrad des Nymphus 245
   5. Opferspiele und Substitutionsopfer 253
   6. Mithras Entwöhnung 264

VI. Erste Abenteuer vor der Höhle 277
1. Grüne Wiesen, die Trennung von Himmel und Erde,
   Mithras Tiere 281
2. Der Transitus 289
3. Ausblick 299

Anhang I. – Agni und Mithra-*Vrtraghna als Löwe 303

Anhang II. – Mithra und Herakles 319

Anmerkungen 331

Literaturverzeichnis 335

Abkürzungsverzeichnis 371

Namenregister 372

Danksagungen 380

I.
Hinführung

1. Mithras Spuren, Achsenzeit

PLAN. Dies Buch erzählt und erschließt eine längst vergangene Geschichte, die dennoch und in durchaus intimem Sinn *unsere* Geschichte ist. Sein Anspruch ist nicht zuletzt, vor dem Hintergrund dieser fernen Geschichte aktuelle Fragen – zumal jene im Rahmen des ‚Dialogs über die Religionen' – unter neuen und klärenden Perspektiven aufscheinen zu lassen. Da es dabei neue, auch abgelegene und unbequeme Wege geht, wird es hilfreich sein, der Leserin, dem Leser gleich vorab einen skizzierten Plan des abzuschreitenden Gebiets an die Hand zu geben:

Der auffälligste Zug der „neuen" Religionen westlich von Indien ist ihre monotheistische Tendenz. Ein *Vater im Himmel* gilt ihnen als der einzige und eigentliche Gott. – Wer angesichts dieses Sachverhalts das Wagnis und die schiere Sünde auf sich nimmt zu fragen: ‚Warum gerade ein *Vater*?', dem legt sich sogleich die ein wenig unheimliche Vermutung nahe, daß dieser alleinstehende Vater „irgendwie" der Übriggebliebene einer zerrütteten Familie zu sein scheint. Was aber widerfuhr dann der *Mutter* der einstigen Familie, was den gemeinsamen *Kindern*, und wie überhaupt war es zu dem Desaster der Scheidung und Familienauflösung gekommen? – Ernsthafte Antworten auf solche Fragen sind nur zu erhoffen, wenn der forschende Blick sich zurück in die Zeit *vor* der Entstehung jener „neuen" Religionen, mithin ins erste, vielleicht gar ins zweite vorchristliche Jahrtausend wendet:

Dort, in der Welt des alten „Heidentums", lassen sich verschiedene Spuren aufnehmen. Mehrfach eingeschlagen auf der Suche nach den Ursprüngen des Monotheismus wurde in den letzten Jahrzehnten der Weg nach Süden, ins Ägypten Echnatons und der Amarnazeit. Unser Weg, seltener begangen, wird nach Osten führen, vor allem nach Iran. – Dort nun, in der Tat, begegnet in Gestalt des Zarathustrismus nicht nur eine frühe, vielleicht die früheste Form des Monotheismus. Nein, dort lebten in den fraglichen Zeiträumen *zugleich* und *parallel* auch noch Mythen um eine urwüchsige Familie fort, aus der dieser „neue" Monotheismus gleichsam herausgebrochen und abgespalten worden war. Und der eigentliche Held und göttliche König dieser urwüchsigen Familie war eben Mithra. – Mithra galt hier über lange Zeiträume hinweg als *Kind*, als *Gottessohn*, einer, wie man heute sagen würde, intakten Familie; einer Familie mit charakteristischen Problemen und Sorgen, insgesamt aber doch geordnet und stabil. Entsprechend war Mithra umgeben von einer fürsorglichen (und zauberhaft schönen) Mutter, einem zugewandten Vater und einer ganzen „Flöte" von kleinen, sehr kleinen Geschwisterchen, eines süßer als das andere ... Und einmal geweckten und geriebenen Augen gibt sich unter dünner Kruste prompt auch Mithra selbst als Repräsentant eines *kleinen*, allenfalls einjährigen Kindes zu erkennen ... Moderne Psychologie wird helfen, diese Kruste abzulösen und wird dabei so verblüffende Dinge wie das „Drama" um Mithras Entwöhnung offenlegen; ein „Drama", das entwicklungspsychologisch in etwa mit dem ersten Sonnenaufgang zusammenfällt – bei dem Mithra deshalb in Wehmut zurückblickte ...

Es mag anfangs befremden, aber die Episoden und Entwicklungen dieser Familie um den kleinen Mithra waren den Menschen der Inbegriff des Heiligen. Sich dieser Episoden und Entwicklungen zu „erinnern", sie in Gebeten und Liedern zu rezitieren und in Schaustücken zu reinszenieren, so glaubte man, verbürge nicht nur ein gelingendes Leben, sondern nichts Geringeres als den Fortbestand der Welt als Ganzer. Zumal er nämlich, der kleine Mithra, so der alte Glaube weiter, habe die Welt *vor Urzeiten erschaffen*; und nur wenn er für das Wunder seiner Schöpfung, wie einst von seinen Eltern, von seinen Gläubigen weiterhin mit herzendem Lob und ehrfürchtigem Dank überhäuft werde, könne die Schöpfung fortbestehen ... – Für uns Heutige nimmt sich ein solcher Glaube zuerst natürlich naiv und abergläubisch aus. Doch wir werden bald sehen: Dies liegt auch an *uns*, liegt an einem altverwurzelten *Mißverständnis* – einem Mißverständnis, das durch neue und neueste Erkenntnisse moderner Psychologie wieder auszuräumen ist.

Die zu bewältigende Aufgabe wird daher eine doppelte sein. Das ‚*Back to the Roots*' erfordert zum einen ein kompromißloses ‚*Zurück zu den Quellen*'. Diese Quellen aber, über riesige Räume verstreut und zersplittert, gilt es zum anderen mithilfe der besagten Psychologie wieder so zu vernetzen, daß ein *sinnvolles* Gesamtbild entsteht: ein Gesamtbild, das seine Richtigkeit einzig dadurch erweisen kann, daß es zumindest wieder einen Hauch von Mithras einstiger Heiligkeit verströmt ...

Brechen wir, dies Skizzenblättchen in der Hand, nun also auf: in Mithras ferne orientalische Heimat, aber auch ins ferne Zauberland seiner Kindheit. Beide Wege führen hinaus ins Fremde und sind mit allerlei Beschwernissen gesäumt – führen aber doch zugleich in je eigenem Sinn zurück in die Quellgebiete unserer ureigenen Geschichte:

MEHRABAD. Die ältesten Textquellen zu Mitra/Mithra/Mithras[1]*, die des altindischen Rigveda, reichen in die Mitte des zweiten vorchristlichen Jahrtausends und damit bis in die Bronzezeit zurück. In Indien allerdings ging Mitras Einfluß schon zu Ende der vedischen Zeit, um etwa 500 v. Chr., merklich zurück. Dennoch fiel Mitra in Indien nie gänzlich in Vergessenheit: Personen, Orte, ... Gemarkungen tragen daher noch heute seinen Namen. Seine wohl bedeutendste Gedächtnisspur aber lebt im Buddhismus fort. Hier nämlich geriet Mitra in eigentümlicher Legierung zum *Maitreya*, einer Buddhagestalt, die – Mitras einstigen Charakter

---

* Der Text ist insgesamt so verfaßt, daß er ohne Fußnoten verstanden werden kann. Diese verweisen auf zusätzliche Details und weiterführende Literatur und sind in der Regel an Fachkollegen adressiert. Um den Lesefluß nicht zu stören, wurden sie in den Anhang ausgelagert. – Alle Zitate sind kursiv gedruckt, längere überdies abgesetzt.

widerspiegelnd – auf ihre eigene Erlösung verzichtet, um die irdischen Dinge zum Nutzen auch anderer Wesen voranzubringen ...[2]

In Iran sollte sich Mithras ursprüngliche Macht trotz aller religiöser Turbulenzen mehr als ein Jahrtausend länger halten. Erst durch den Einfall des Islam, 641, verlor er hier an Geltung – blieb aber auch danach noch im Gedächtnis der Menschen:

In meiner Heimatstadt Lindau arbeitet ein Schneidermeister, der aus Hamadan, dem alten Ekbatana, Westiran, stammt. Als ich sein Geschäft das erste Mal betrat, fiel mir bald schon ein fotokopiertes Zettelchen mit dem Bild einer jungen Frau auf, die einen Strauß Blumen in einer Vase trug. Darüber stand in großen Lettern *Mehregan*. Ich gab mich naiv und fragte, was es damit auf sich habe. Die Antwort: Es sei der Name eines persischen Festes, das vereinzelt noch heute gefeiert werde. – Ob dies unter den Mullahs möglich sei? Ja, zwar hätten diese nach Chomeinis Revolution (1979) erneut alles daran gesetzt, solches Brauchtum als unislamisch auszulöschen. Aber im Grunde sei dies weder bei dem so beliebten altiranischen Neujahrsfest *Now Ruz*, noch bei dem (allerdings weit weniger populären) *Mehregan* gelungen. – Die näheren Einzelheiten, die mir unser Lindauer Perser dann noch schilderte, wage ich nicht zu verbürgen. Einzig daß Mehregan *ein Herbst- und Erntedank-Fest* sei, bitte ich im Gedächtnis zu behalten. – Das *Mehregan* wird zu Ehren *Mehers*, „*Mithras*" begangen und scheint noch immer Ähnlichkeiten mit seinem antiken Vorläufer aufzuweisen, dem *Mithrakana*, einem imponierenden Staatskult, zu dem nach den Angaben des griechischen Geographen Strabo allein aus der Satrapie Armenien Jahr für Jahr 20 000 Opfer-Fohlen ins persische Kernland gebracht worden sein sollen.[3]

Nicht nur in Gestalt des Mehregans, auch im Alltag Irans leben Erinnerungen an Mithra fort. Wie in Indien, so auch hier unter anderem in Gestalt von Flurnamen und Rufnamen: Der Flughafen von Teheran etwa heißt *Mehrabad*, „Anlage des Mithra"; und in manchen Gegenden Irans, so ist auf einer Website zu lesen, geben die Eltern

> ... einem Kind, das an Mehregan geboren wird, noch immer einen Namen, der mit „Mehr" beginnt, wie Mehrdokht oder Mehrdad oder Mehrbanu.[4]

Die Tradition ist uralt. Aus antiken Überlieferungen sind stolze 289 Namensbildungen mit ‚Mithra' belegt, darunter eine auffallend große Anzahl von *Kosenamen*; ein erstes Indiz, daß Mithra als *Kind* verstanden werden will. Selbst die Griechen, deren Wissen um Mithra auch anderweitig belegt ist, gaben ihren Kindern bisweilen Mithra-Namen ...[5]

Auf alte Assoziationen scheint auch die derzeitige halbamtliche Nachrichtenagentur Irans zu setzen. Sie heißt *Meher/Mehr*, „*Mithra*"[6], und in der Tat wurde Mithra schon in einem altiranischen Kultlied zugesprochen, was jede Nachrichtenagentur beansprucht:

> *Den Mithra, ... des Worte wahr sind, den beredten, tausendohrigen ... zehntausendäugigen ... verehren wir ...* (Yt 10,7; Lommel)

PARSEN. Auch in der Religionsgemeinschaft der Yeziden[7] hinterließ Mithra Spuren; und noch tiefere bei den verbliebenen Zarathustriern, den *Parsen*. Deren größte Gemeinden wirken heute in der zentraliranischen Ebende Yazd und im indischen Mumbai/Bombay. In einem abgelegenen Dorf der Yazd-Ebene dokumentierte die große alte Dame der modernen Iranistik, Mary Boyce (sie verstarb, 85jährig, im April 2006), noch in den 60er Jahren des 20. Jahrhunderts die Festbräuche des dort gefeierten *Mihragan* der Zoroastrier, das sich (soweit ich sehe) vom *Mehregan* der „Muslime" in manchem unterscheidet. – Mary Boyce' Bericht wird uns wichtige Einsichten in Mithras Charakter vermitteln.

Bei Dreharbeiten in Mumbai/Bombay hatte ich 2003 Gelegenheit, mit Feiruz Kotwal, einem ranghohen „Bischof" der Parsen und langjährigem Freund von Mary Boyce, zu sprechen. Er erzählte mir damals, daß Mithra in seiner Religionsgemeinschaft noch heute in hohen Ehren stehe. So repräsentiere Mithra noch immer den ersten Tagesabschnitt, das *Havan Gah*, das ist die *Zeit von der aufgegenden Sonne bis zum Mittag*.[8] Überdies markiere in zarathustrischen Tempeln der DAR-E-ME-HER, wörtlich *„Die Türschwelle Mithras"*, den Übergang in den eigentlich sakralen Raum.[9] – Ein Gott des Vormittags und Mittags sowie des Übergangs war Mithra auch schon vor Jahrtausenden. Wir werden noch verstehen, warum.

Im indischen Hindi, aber auch in slavischen Sprachen klingt ‚Mithra' bis heute in den alten Bedeutungen *Mir*, *„Freund, Friede"* nach[10]; und vielleicht ist es mehr als bloßer Zufall, daß das (inzwischen eingestellte) russische Raumfahrtprogramm *Mir* nicht anders als das Tiefseeforschungsprojekt *Mir* Mithras Namen transportierten. Denn schon in altiranischer Zeit war Mithra ein Gott unterirdischer Tiefen und himmlischer Höhen: Höhlengott hier und Repräsentant der Sonne und des nächtlichen Sternenmeers dort.

Und zuletzt ist natürlich auf die Wertschätzung zu verweisen, die Mithra von der modernen Wissenschaft erfährt. Archäologen, „klassische" Altphilologen, Iranisten, Indologen, Theologen und Religionswissenschaftler bemühen sich seit rund 150 Jahren um den alten Gott; in, gewiß, kleinen Zirkeln, aber doch über die Kontinente hinweg und mit oft bewundernswerten Erträgen. – Das vorliegende Buch fußt, neben den eigentlichen Quellen, auf der dadurch entstandenen, so reichen und längst nicht mehr überschaubaren Forschungsliteratur. Sein primäres Ziel ist freilich kein bloßes Referat des schon Gesagten, sondern: den alten Gott in *neuem Licht* und aus Perspektiven zu zeigen, die nicht nur von fachwissenschaftlichem und historischem, sondern auch von psychologischem, philosophischem und politischem Interesse sind. –

Schon die eben freigestaubten Spuren sind Indizien für Mithras ursprüngliche Macht. Und es gibt viele weitere. Einige von ihnen lassen sich, von heute an gerechnet, mehr als 4000 Jahre, bis an Mithras Wiege und bis zu den Umständen seiner Entstehung zurückverfolgen.[11]

Kein anderer uns bekannter Gott versammelte über so lange Zeiträume hinweg Verehrer um sich, und die Geschichte keines anderen Gottes läßt sich in solcher Kontinuität und durchgehenden Linie rekonstruieren. Auch Mithras Herrschaftsgebiet hält dem Vergleich selbst mit jenem des jüdisch-christlichen Jahwe oder des islamischen Allah stand. Denn Mithras Territorium erstreckte sich einst über riesige Gebiete Südasiens; im Zentrum Iran, Mithras eigentliches Kern- und Heimatland. In der römischen Kaiserzeit griff Mithras dann überdies für mehr als drei Jahrhunderte nach Westen über: nach Rom und Italien, ins Donaugebiet und ins Rheinland, im Südwesten Europas bis auf die iberische Halbinsel, im Norden bis Schottland.

ACHSENZEIT. Mithras Erfolg und Wirkmacht besagt natürlich: Ihm müssen Züge eigen gewesen sein, die über alle politischen und kulturellen Entwicklungen hinweg immer wieder neu und frisch Millionen von Menschen bewegten. Und deshalb: Gelänge es, diese Züge herauszupräparieren, würden dadurch wichtige, vielleicht neue Einblicke in die Psychologie des Religiösen und damit in die Natur des Menschen insgesamt eröffnet. – Neben derart „großen" Ergebnissen läßt das Studium Mithras aber auch auf vergleichsweise „kleinere" hoffen, die dennoch wahrlich groß genug sind; darunter Antworten auf die Frage: Was ereignete sich während der Jahrhunderte der sogenannten *Achsenzeit*?

Der von Karl Jaspers geprägte Begriff *Achsenzeit* bezeichnet den im Laufe des ersten vorchristlichen Jahrtausends vollzogenen Wandel weg vom alten „Heidentum" hin zu jenen neuen Religionen, die seither die Welt beherrschen. Als charakteristisch für diese neuen Religionen (westlich von Indien) gilt – noch ins Unscharfe gesprochen – ihre monotheistische Tendenz, ihre Hoffnung auf Erlösung und ihre imperative Moral.

Jaspers selbst erklärte den Umbruch der Achsenzeit als einen Prozeß des kollektiven „Erwachens" und „Bewußtwerdens", ja als eine, so wörtlich: *Vergeistigung* der Menschheit. (19 ff.) – Diese „Erklärung" basierte freilich mehr auf etablierten Vorurteilen als auf wirklicher Sachkenntnis. Insbesondere Jaspers (und seiner Vorgänger und Nachfolger) Wissen über das „Heidentum" war allzu fragmentarisch und überdies oft von eurozentrischen und spätkolonialen Despektierlichkeiten überformt und entstellt.

Tatsächlich waren jene Umbrüche der Achsenzeit etwas Kompliziertes und Vielschichtiges; komplizierter und vielschichtiger jedenfalls, als daß ein Begriff wie *Vergeistigung* sie auch nur ungefähr erfassen könnte. – Diese Umbrüche glichen eher einer geotektonischen Verschiebung, einer schleichenden, untergründigen Kontinentaldrift, die sich an der Oberfläche des menschlichen Bewußtseins in Beben und vulkanischen Eruptionen entlud, in ihren *Ursachen* aber gerade *nicht* verstanden und *nicht* „geistig" erfaßt wurden; weder von den Menschen damals noch von neuzeitlichen Philosophen wie Jaspers.

Wer die Frage nach den *Ursachen* der damaligen Umbrüche ernsthaft aufwirft, kommt schwerlich umhin, auch die Geschichte Mithras zu studieren. Dies nicht nur, weil Mithra in den fraglichen Jahrhunderten ein Gott von eminenter Bedeutung war und zudem in Iran, einem Kernland der achsenzeitlichen Umbrüche, herrschte. Nein, auch ein weiterer, höchst bemerkenswerter und selten gewürdigter Sachverhalt läßt schon hier erahnen, warum Mithra damals eine herausragende Rolle zugefallen sein muß:

Die Achsenzeit ging mit einem Göttersterben von wahrlich erschütterndem Ausmaß einher – einem Göttersterben, das aber gerade Mithra erstaunlich heil und gelassen überstand. Ja mehr noch: Allen Anzeichen nach trug Mithra maßgeblich zur Besänftigung und Beruhigung der damals schon überhitzten und fanatisierten Gemüter bei und wirkte, seinem uralten Naturell gemäß, im Getöse und Bildersturm der Zeit insgesamt ausgleichend und vermittelnd. Einem einst mächtigen und innig geliebten, nun aber mit Haß und Vernichtungswillen überschütteten Gott rettete Mithra damals gar das Leben! – wir werden sehen, mit durchaus weitreichenden Folgen. – Was war es, was Mithra die große Revolution der Achsenzeit und ihr Göttersterben so glimpflich überstehen, ja abmildernd und restaurierend mitgestalten ließ? Immerhin einige, einige *neue* Antworten auf diese Frage werden sich aus der mit diesem Buch eingenommenen Perspektive ergeben ... –

Mithras Zählebigkeit und seine Kraft zur Vermittlung und Restauration werfen zugleich ein Licht hinüber auf eine weitere brisante Frage der Religionsgeschichte; die Frage: Inwieweit beeinflußte Mithra die Entstehung des Christentums? – Auch auf diese Frage – oft diskutiert und doch stets mit alten und neuen Fragezeichen zurückgelassen – ergeben sich aus der mit diesem Buch eingenommenen Perspektive *neue* und bislang ungeahnte Antworten. – Ein Thema von derartiger Wucht und Tragweite aber kann selbstverständlich nicht *en passant* behandelt werden und würde ein Buch, in dessen Zentrum Mithras stehen soll, überladen. Mit ersten Fäden sei dennoch schon hier der Rahmen aufgespannt, den es in einer separaten Studie auszuweben gilt.

2. Mithra und das Christentum

ZERSCHMETTERT. Anders als im Orient sollte es Mithra einst im Westen ergehen. Denn wenn Mithra im Osten unter den Attacken erst des Zarathustrismus, dann des Christentums und zuletzt des Islams auch an Einfluß verlor, geriet er eben doch nie gänzlich in Vergessenheit. Hier, im Westen dagegen, wo die Mysten Mithras allein in Rom in den ersten Jahrhunderten unserer Zeitrechnung wohl an die 700 Kulträume ausgebaut hatten[12]; – hier sollte sich die Gedächtnisspur des iranischen Gottes fast zur Gänze verlieren; oder richtiger: Hier wurden alle Spuren, die die Erinnerung hätten wachhalten können, so gründlich ausgemerzt, daß erst die moderne Archäologie und Philologie sie wieder freizulegen begann. Denn hier, im Imperium Romanum, gewann die aufstrebende Christenheit nach Jahrhunderten harschen Wetteiferns gegen die Mysterien des Mithras unter Konstantin zuletzt dann doch die Oberhand – und machte sich, von der Obrigkeit gedeckt, mit dem Haß des Fanatismus daran, auch noch die letzten Hinterlassenschaften des Erbfeindes zu tilgen. Fast alle bei Ausgrabungen zutage getretenen Kultbilder weisen deshalb Spuren gezielter Zerstörung und Verschüttung auf; und es besteht selten Grund zum Zweifel, auf wen sie zurückgehen.

Die schriftlichen Quellen bestätigen diesen Befund. Der Kirchenvater Hieronymos etwa schrieb im Jahre 401 in einen Brief an eine junge, dem Christentum bereits treu ergebene Römerin:

> *Ich will nur hinweisen auf Euren Verwandten Gracchus ... Hat er nicht vor wenigen Jahren* (wahrscheinlich im Jahre 378), *als er das Amt des Stadtpräfekten bekleidete, die Höhle des Mithras und alle seine symbolischen Bildnisse, mit denen die Mithrasdiener ...* (in den Kult) *eingeführt wurden, zerstört, zerschmettert und verbrannt?* (Und) *nachdem er auf diese Weise für seine Gesinnung Bürgschaft gestellt, hat er dann nicht nach der Taufe Christi verlangt?* (107,2)

Neben Sachen kamen damals auch Personen zu Schaden. Im schweizerischen Zillis bei Chur etwa, am südlichen Eingang der alten *via mala*, wurde in den 90er Jahren des 20. Jh. eine mithrische Kulthöhle ausgegraben, die gleichermaßen im 3. und 4. Jh. noch lebhaft frequentiert war. Dann aber, so Jürg Rageth in seinem Ausgrabungsbericht,

> *... wurde die Höhle im Verlauf des 5./6. und eventuell noch 7. Jahrhunderts n. Chr. wohl durch Christen gestürmt und zerstört und anschließend ... mit viel Erd- und Steinmaterial verfüllt und zugeschüttet.* (NKZ 111)

In der so entstandenen Schuttschicht nun wurde neben anderen auch das Skelett eines etwa 33-jährigen Mannes gefunden, dessen Wirbelsäule ... *auf der Körperinnenseite sehr stark beschädigt* war (KH 147). Ein Fachanatom und die Ausgräber schlossen daraus:

Anläßlich dieser Zerstörungsaktion wurde wohl auch ein zirka 33-jähriger Mann, möglicherweise der Priester des Heiligtums, getötet, das heißt wahrscheinlich gepfählt. (NZK 111)

Die Kultstätte von Zillis legt übrigens nahe, daß sich der Dienst für Mithras trotz aller Gewalt vereinzelt zäh hielt. Denn es scheint, daß die Höhle dort nicht lange nach ihrer Verschüttung wieder zugänglich gemacht und dann noch einmal bis ins 8./9. Jh. (!) von Mithrasdienern genutzt worden ist.[13]

Die Beispiele ließen sich fortsetzen. Sie werfen allesamt die Frage auf: War die Gedächtnisspur Mithras durch solche Gewalt wirklich auszulöschen? Dringlich (und bis heute ein wenig peinlich) bleibt diese Frage, weil die Zeugnisse der Gewalteinwirkung ja nun einmal den Verdacht nähren, daß solche Gehässigkeit aus Neid und Eifersucht der Christenheit und deshalb, wie so oft bei Neid und Eifersucht, aus geistiger Nähe und Ähnlichkeit, vielleicht Verwandtschaft erwuchs. – Und in der Tat ist dieser Verdacht mehr als nur eine Spitzfindigkeit moderner Religionspsychologie. Er wurde vielmehr bereits in der Antike geäußert – und er lag wahrlich nahe:

NACHÄFFUNG. Zumal in den Schriften des später verstoßenen Kirchenvaters Tertullian erhielten sich Beispiele für den eifernden Ton gegen die Mithrasmysten. Seine an der Wende vom zweiten zum dritten Jahrhundert verfaßten Streitschriften sind voller Empörung ob der Ähnlichkeit zwischen christlichen und mithrischen Kulten, und sie gewähren dabei so intime Einblicke, daß Per Beskow mit gutem Recht vermutete:

Tertullian hatte offensichtlich Insider-Informationen über die Mithrasmysterien und könnte vor seiner Konversion zum Christentum im Jahre 193 selbst ein Initiand gewesen sein. (TM 51)

Entsprechend beklagte Tertullian in seiner Schrift *Vom Kranze des Soldaten*, daß sich die *Kämpen des Mithras* bei ihren Einweihungsritualen in *eine Höhle*, in *ein wahrhaftiges Heerlager der Finsternis* begäben, und daß ihnen dort *gleichsam zur Nachäffung des Martyriums* (*quasi mimum martyrii*) mit einem Schwert ein Kranz aufgesetzt werde. Diesen Kranz aber hätten die Mysten dann *mit abwehrender Hand vom Kopf zu entfernen*, und zwar *mit den Worten:* „Mithras ist mein Kranz". – Der Sinn dieses ‚Mithras ist mein Kranz' war natürlich, zum Ausdruck zu bringen, daß die Ergebenheit gegenüber Mithras reine Herzenssache sei und der Äußerlichkeit einer Bekränzigung nicht bedürfe.

Daß die Mithrasmysten eine Initiationszeremonie dieser Art durchführten, kann als sicher gelten: Malereien im Mithräum von S. Maria Capua Vetere, nord-östlich von Neapel, scheinen genau das von Tertullian beschriebene Ritual darzustellen.[14]

Und wir wissen auch, warum Tertullian diese Zeremonie als *Nachäffung des Martyriums* propagieren konnte: Wenige Jahre nämlich bevor Tertullian dies geschrieben hatte, erhielten Soldaten einer afrikanischen Legion ein *donativum*, eine „Sonderzuwendung", und mußten, um sie entgegenzunehmen, Kränze aufsetzen. Einer von ihnen, so ist überliefert, weigerte sich aber und antwortete, nachdem gefragt, warum: er sei Christ. Daraufhin wurde er ins Gefängnis geworfen, scheint aber noch am Leben gewesen zu sein, als Tertullian seinen Text niederschrieb ...[15] Dieses weltgeschichtlich doch eher periphere Ereignis muß in christlichen Kreisen zu Ruhm gelangt, ja eben als *Martyrium* ausgelegt worden sein – weshalb Tertullian die Zeremonie der Mithrasmysten als *Nachäffung des Martyriums* ausgeben konnte. In Wahrheit freilich wird das Verhalten der Mithras-Anhänger mit dem jenes christlichen „Märtyrers" wenig zu tun gehabt haben; und falls doch Nachahmung im Spiel war, dann umgekehrt Nachahmung von Seiten jenes Christen.

Tertullian freilich nutzte seine konstruierte Anklage, um die Schlußfolgerung zu ziehen, daß es der *diabolus*, der „*Teufel*", gewesen sei, der die Schlinge zu solcher *Nachäffung* gelegt habe. *Erkennen wir darin*, forderte er seine Leser deshalb auf,

... Erkennen wir darin die List des Teufels (ingenia diaboli), der sich von den göttlichen Dingen manches anmaßt, um ... uns (Christen) *zu beschämen ...*
(De cor. 15, Kellner II 262 f.)

Der Vorwurf Tertullians hatte freilich schon damals Tradition und scheint auf stehende Wendungen zurückgegangen zu sein. Aus der Feder Justins, des Märtyrers, erhielten sich nämlich annähernd die selben Formulierungen: Wenige Jahrzehnte vor Tertullian beschrieb auch er die Rituale der Mithrasmysten als freche Imitationen der christlichen; und auch er setzte als Urheber den *diabolus*, „*Teufel*" an.[16]

AUFERSTEHUNG. Im Zuge solcher Verteufelung benannte Tertullian eine ganze Reihe weiterer Rituale und Glaubensvorstellungen der Mithrasmysten; glücklicherweise auch solche, um die wir sonst nicht wüßten. So stellte er in seiner Schrift *Die Prozeßeinreden gegen die Häretiker* neuerlich die Frage, auf wen all die häretischen Glaubensverirrungen seiner Zeit zurückgingen, und gab die stereotype Antwort:

Auf den Teufel natürlich, dessen Rolle es ja ist, die Wahrheit zu verdrehen, der sogar die Handlungen der göttlichen Sakramente in seinen Götzenmysterien nachäfft ...

Und auch in diesem Kontext meinte Tertullian mit diesen *Götzenmysterien* wie es scheint wieder vor allem die Mithrasmysterien. Denn er fuhr fort:

Er (der *diabolus*, „*Teufel*") *tauft auch – natürlich seine Gläubigen und Getreuen; er verheißt Nachlassung der Sünden kraft eines Taufbades, und wenn ich noch des Mithras gedenke, so macht er dort seinen Kämpfern ein Zeichen auf die Stirn, feiert auch eine Darbringung von Brot, führt eine bildliche Vorstellung der Auferstehung vor und nimmt unter dem Schwert einen Kranz hinweg.* (De prae. haer. 40, Kellner II 349)

Was es mit diesen *Schwert und Kranz* auf sich hatte, sahen wir schon. Interessanter ist jetzt deshalb der Hinweis auf die Taufe. Zwar wissen wir auch aus archäologischen Befunden von Wasserbecken in Mithrasgrotten. Tertullian aber legt nahe, daß sie zu Ritualen verwendet wurden, die der christlichen Taufe ähnlich waren.[17] Interessant ist sodann Tertullians Hinweis, daß auch die Mysten des Mithraskultes, wie die Christen bei der Firmung, *auf die Stirn ... ein Zeichen* machten. Von herausragender Bedeutung ist desweiteren Tertullians Feststellung, daß die Mithrasdiener ein *imaginem resurrectionis,* eine (besser übersetzt:) *bildliche Darstellung der Auferstehung* vorführten. Damit meinte Tertullian nach allgemeiner Auffassung die sogenannte Felsgeburt des Mithras. Sehr wohl denkbar ist aber auch, daß Tertullian dieses *imaginem resurrectionis* auf die im Zentrum des römischen Mithraskults stehende Stiertötungsszene bezog. Diese wäre dann als Analogon zur Kreuzesszene, jedenfalls zu den Szenen um Tod und Auferstehung des christlichen Gottessohnes aufgefaßt worden. Und in der Tat: Wurde nicht auch Christus mit einem Opferlamm und gleichermaßen mit einem Opferstier verglichen?

Beachtenswert ist zuletzt natürlich auch Tertullians Hinweis auf die *Darbringung von Brot* im Mithraskult; es ist freilich nur ein Hinweis unter vielen. Denn wir wissen auch von mehreren erhaltenen Kultreliefs, daß, wie die Christen, so auch die Mithrasmysten ein kultisches Mahl mit Brot und auch mit Wein zelebrierten. Und dabei scheint das heilige Mahl ganz ähnlich gedeutet worden zu sein wie das christliche Eucharistiemahl, nämlich als ein ritueller Verzehr des von Christus oder eben Mithras hingegebenen Fleisches und Blutes.[18] In einer Inschrift des Mithräums unter S. Prisca in Rom heißt es nämlich:

Et nos servasti eternali sanguine fuso, „*Auch uns hast Du gerettet, indem Du das Blut vergossen hast, das uns unsterblich macht!*" (Vermaseren GK 145; SP 217 line 14)

Jesus soll beim Abendmahl, den Wein reichend, bekanntlich gesagt haben:

... das ist mein Blut ..., das für viele vergossen wird zur Vergebung der Sünden. (Mt 26,28 u. //; vgl. Jh 6,50 ff.)

Unmittelbar vor dem Kultmahl muß auch bei den Mithrasmysten überdies eine Art „Wandlung" vollzogen worden sein, bei der Brot und Wein[19] rituell zu Mithras Fleisch und Blut erklärt wurden. Und wahrscheinlich erklang dazu, wie bei den Christen, auch ein Geläut von Glöckchen; jedenfalls steht außer Zweifel, daß

Glöckchen-Geläut die wichtigen Augenblicke der mithrischen „Messe" bezeichnete.[20]

SIEGERPOSE. Neben diesen und weiteren Ähnlichkeiten im Rituellen und Kultischen glichen sich die beiden Konkurrenten auch in reinen Glaubensdingen. Denn auch die Mithrasmysten glaubten an eine Himmelfahrt ihres Gottessohnes und daß er ins Reich des himmlischen Vaters aufgenommen worden sei; auch sie, daß ihr Herr dadurch Vermittler für das Seelenheil und das ewige Leben der Gläubigen hienieden gewesen sei. Auch die Mithrasmysten glaubten, daß das Anrecht zu solcher Erlösung aber dennoch mit asketischen Tugenden und moralischem Engagement verdient werden müsse; auch sie, daß, wer sich gegen die heiligen Gebote vergehe, mit ewiger Verdammnis und Höllenqualen zu rechnen habe ...[21]

Am beeindruckendsten, weil selbstredend die verwandtschaftliche Nähe zugestehend, bleiben aber jene Zeugnisse, in denen das Christentum sich gegenüber dem römischen Mithraskult in der Pose des Siegers inszenierte und gleichsam den Fuß auf den erlegten Konkurrenten stellte. Zwei abschließende Beispiele:

Die gängigste Siegerpose war, über den einstigen Mithräen Kirchen oder Kathedralen zu errichten. Prominente Exempel sind in Rom das Mithräum unter der Kirche S. Prisca auf dem Aventin[22], sowie das Mithräum im einstigen *Castra Peregrinorum*, der *„Kaserne der durchziehenden (Soldaten)"*, über dem heute S. Stefano Rotondo steht. Noch berühmter (und Touristenpflicht bei jedem Rombesuch) ist natürlich das Mithräum unter der Basilika S. Clemente; und hier verschafft sich der alte Groll gar bis in die Gegenwart Luft. Auf einer Hinweistafel vor dem einstigen Mithräum heißt es dort noch heute:

Dieser mithräische Bereich war bis zum Ende des vierten Jahrhunderts in Gebrauch. Dann wurde er teilweise aufgefüllt, um darauf die Apsis der Basilika zu gründen, die im vierten Jahrhundert zur Verehrung des einen wahren Gottes (for the worship of the one true God) errichtet wurde.

Was an diesen und weiteren Beispielen aus Rom, läßt sich auch in den einstigen Provinzen beobachten. Abb. 1 zeigt einen Ausschnitt aus dem Deckenfresko des spätbarocken Malers Franz Josef Spiegler (1691 - 1757) in der neuen Basilika des schwäbischen Klosters Zwiefalten. Es zeigt, wie Benediktiner ein drachengestaltiges Ungeheuer von einem Podest herunterzerren. Das Podest ist dabei einem erhaltenen Mithrasaltar nachempfunden, dessen Inschrift anhebt: *DEO. INVICTO. SOLI. ..., „Dem unbesiegten Sonnengott ..."* (= Mithras). – Der Originalstein befindet sich heute im Lapidarium des Württembergischen Landesmuseums Stuttgart. Sein wechselvoller Werdegang läßt sich immerhin bis 1520 genauer zurückverfolgen. Im Jahre 1610 wurde zu ihm ein Gutachten bei dem damals berühmten Gelehrten Markus Welser II. eingeholt, und schon dieser identifizierte den Zwiefaltener Stein klar als Altarstein der einstigen Konkurrenzreligion.[23] – Franz Josef Spiegler wußte zweifelsohne um die Zusammenhänge und wollte mit seinem

Abb. 1: Deckenfresko in Zwiefalten	Abb. 2: Stiertötungsszene mit Kreuz, Dülük

Fresko deshalb zum Ausdruck bringen, daß die Mönche das alte, 1109 geweihte Zwiefaltener Münster an der Stelle eines einst gestürzten Mithrasheiligtums errichtet hatten.

Ebenso als christliche Siegerpose ist ein archäologischer Befund anzusehen, der bei den Grabungen der Jahre 1997 und 1998 im antiken Doliche, heute Dülük, nahe der südost-anatolischen Stadt Gaziantep zutage trat.[24] Eines der beiden dort gefundenen Mithrasreliefs ist nicht nur insgesamt von zerstörerischen Hieben übersät. Zumal auch Mithras Monogramm und wichtigste Requisite, seine rote Zipfelmütze, ist herausgemeißelt und durch ein Kreuz ersetzt (Abb. 2).

DATIERUNG. Gewiß, im Bestreben um die Herrschaft über das Abendland wollte sich der von der Christenheit propagierte Geist der Liebe auch gegenüber anderen Religionen des „Heidentums" nicht immer einstellen. Aber gegen keinen der alten Götter scheint sich der Haß und die Zerstörungswut so blind und grausam entladen zu haben wie gegen Mithras.[25] Uns Heutigen beweist dies genau das Gegenteil von dem, was die Christen damals meinten: Ihr Haß und ihre Zerstörungswut waren nicht Ausdruck elementarer Verschiedenheit, sondern innerer Verwandtschaft; ja, man wird mit Manfred Clauss zusammenfassen dürfen:

> … *die durch Christen angerichteten Zerstörungen* (lassen es) *als wahrscheinlich erscheinen, daß die Ähnlichkeiten beziehungsweise Gemeinsamkeiten über das zwischen Mysterienreligionen allgemein Übliche weit hinausgingen.* (MC 283)

Im Übrigen haben gerade die Ausgrabungen im anatolischen Doliche/Dülük wahrscheinlich gemacht, daß die Ähnlichkeiten der Kulte gerade nicht, wie Tertullian und die Kirchenväter meinten, auf „Nachäffung" von Seiten der Mithrasmysten zurückgehen. Vielmehr legen die Befunde von Dülük nahe, daß der – vielleicht von dort – nach Rom importierte Kult bereits im ersten, vielleicht schon im zweiten *vorchristlichen* Jahrhundert praktiziert wurde.[26] Diese Befunde stimmen dabei gut zu einer lange kontrovers diskutierten Stelle bei Plutarch, nach der *kilikische Seeräuber*, wahrscheinlich unter dem Schutz des großen pontischen Königs Mithradates VI. Eupator (ca. 132 - 63 v. Chr.), im Nordosten des Mittelmeerraums *fremdartige Opfer brachten* und *geheimnisvolle Mysterien feierten*. *Noch heute*, kommentierte Plutarch im zweiten Jahrhundert,

> ... *Noch heute lebt der Dienst des Mithras fort, der von ihnen zuerst eingerichtet war* ... (Vita Pompeii 24)[27]

Pompeius hatte die Nester der kilikischen Seeräuber 67 v. Chr. ausgeräuchert, sodaß also der von Plutarch als Mithrasdienst identifizierte Mysterienkult schon in den Jahren oder Jahrzehnten *davor* ausgeübt worden sein müßte.

Zu den Befunden aus Dülük und zu der Stelle bei Plutarch kommt als dritter Anhaltspunkt ein datierbares astronomisches Ereignis hinzu, das mit den Anfangsgründen des römischen Kults zusammenhängen könnte und auf das später noch näher einzugehen sein wird. Stanley Insler schloß daraus jedenfalls, daß der römische Kult

> ... *irgendwann im ersten Viertel des ersten vorchristlichen Jahrhunderts erschaffen worden sein muß*. (BM 534)

Mit einem Wort: Nach dem derzeitigen Stand der Dinge scheint der römische Mithraskult *älter* als das Christentum gewesen zu sein, und die Anfangsgründe seiner spezifischen Ausgestaltung scheinen auf spätestens die Mitte des ersten vorchristlichen Jahrhunderts zurück datiert werden zu müssen.

Man hüte sich hier aber vor allzu schnellen Schlußfolgerungen! Denn wenn der römische Mithraskult wahrscheinlich auch älter war, steht es deswegen keinesfalls an, den Vorwurf der „Nachäffung" umzukehren. Die Ähnlichkeiten beider geht *sicher nicht* auf Beeinflussungen von Seiten des je anderen zurück. Vielmehr begegneten sich beide Religionen erst, als sie (in der zweiten Hälfte des ersten Jahrhunderts) schon größere Kultgemeinden mit bereits etablierten Bräuchen und Glaubenssätzen hatten. Und obwohl sie sich in vielem ähnelten, waren jetzt doch auch die Unterschiede schon so groß, daß diese unmöglich aus nur wenigen Jahrzehnten divergenter Entwicklung erklärbar sind. Dem Mithraskult etwa hatte sich damals bereits ein ausgeklügeltes „System" von astrologischen Spekulationen angelagert, das im Christentum zur Gänze fehlt. Nein, schon damals glichen sich die beiden Kontrahenten bereits nur noch wie *entferntere Verwandte*, wie *Erben zweiten oder dritten Grades*. Sie standen weder in einem Eltern-Kind-Verhältnis zueinander, noch waren sie Geschwister. Sie waren eher etwas wie *Cousins*: väterlicherseits ohnehin hier von römischer, dort von jüdischer Abstammung; aber auch mütterlicherseits zwar von gemeinsamem iranischem Stammbaum, doch schon durch mehrere Verzweigungen getrennt. – Um eine etwas genauere Vorstellung davon zu erhalten, wie dies entferntere Verwandtschaftsverhältnis zustande gekommen sein könnte, einige sondierende Blicke in die Jahrhunderte vor der Zeitenwende.

3. Ursprünge

ÄRGERNIS. Hatten Tertullian und andere Kirchenväter zur Erklärung der Ähnlichkeiten zwischen römischem Mithraskult und Christentum den Teufel zitiert, setzt die moderne Religionswissenschaft dafür selbstverständlich historische Ursachen an. Entsprechend schrieb der Pionier und Protagonist der modernen Mithrasforschung, Franz Cumont, bereits im Jahre 1899:

> *Mit Erstaunen gewahrten die beiden Gegner, wie ähnlich sie sich in vieler Hinsicht waren, ohne sich von den Ursachen dieser Ähnlichkeit Rechenschaft geben zu können. Und darum klagten sie den Geist der Lüge an, daß er ihre heiligen Bräuche habe parodieren wollen. Der Konflikt zwischen beiden war unvermeidlich und wurde zu einem heißen, unversöhnlichen Kampfe ...* (MM VI)

Cumont war überzeugt, *von den Ursachen dieser Ähnlichkeit* mit seinen, mit religionswissenschaftlichen Methoden *Rechenschaft geben zu können*. Und in der Tat kann er als Begründer einer Position gelten, die seither von einem Großteil der Mithrasforscher zumindest im Grundsatz geteilt wird. Sie besagt: Die Ursachen dieser Ähnlichkeit sind in der iranischen Religionsgeschichte der letzten vorchristlichen Jahrhunderte zu suchen.

Für den römischen Mithraskult ist dies leicht hinzunehmen. Zwar erwies sich Cumonts konkrete Argumentation (wonach der römische Mithraskult wesentlich dem sogenannten iranischen Dualismus entwachsen sei) als so nicht haltbar; und die Zurückweisung seines Ansatzes führte bei verschiedenen Autoren dazu, die Iran-These insgesamt zu verwerfen. Das Pendel schwang inzwischen aber wieder zurück und weist (zumal seit den Ausgrabungen in Doliche/Dülük) wieder auf iranische Herkunft.

Größerer Widerstand gegenüber der Iran-These war und ist auf Seiten konservativ-christlicher Theologie zu erwarten. Denn was schon die Autoren des Neuen Testaments, obenan der Redakteur des Matthäusevangeliums festgeschrieben hatten, ist hier noch immer unumstößlicher Glaubensinhalt: das Dogma, daß das Christentum primär, wo nicht ausschließlich, aus dem Judentum hervorgegangen sei. – Aus missionsstrategischen Gründen war die Festlegung dieses Glaubenssatzes *während der Entstehungszeit des Neuen Testaments* auch durchaus verständlich. Denn auf ihrem Weg *in alle Welt* nutzten die ersten Missionare, zuoberst Paulus, die bestehenden jüdischen Gemeinden der Diaspora als Basis der Evangelisierung. – Aber ist nicht schon die im Neuen Testament oft doch geradezu aufdringliche Betonung der jüdischen Vaterschaft ein starkes Indiz, daß diese in solcher Ausschließlichkeit eben gerade *nicht* als selbstverständlich erschien und eher Befremden auslöste?

Vielen Juden jedenfalls blieb und bleibt die christliche Unterstellung verdächtig und sie weigerten und weigern sich, diese Vaterschaft zu akzeptieren. *Den Juden*, so deshalb schon Paulus selbst, war die Verkündigung eines *gekreuzigten Christus* oder Messias, von Anbeginn ein *skandalon, „ein Ärgernis"* (1 Kor 1,23, vgl. Gal 5,11). Und in der Tat hat die Rückführung des Christentums auf das Judentum in solcher Ausschließlichkeit wenig für sich. Gewiß, Jesus wird Jude gewesen sein, und ebenso seine Apostel und Jünger, und nicht anders die ersten Mitglieder der Jerusalemer Gemeinden. Deshalb wird auch niemand ernsthaft bestreiten wollen, daß alles, was über den christlichen Gottessohn überliefert ist, den Stempel „des" Judentums trägt. Aber dieses Judentum war damals sowenig wie heute eine homogene, dogmatisch konsistente Religionsgemeinschaft. Es war vielmehr ein buntes Gemenge verschiedener religiöser Strömungen. Und im Spektrum dieser Strömungen spielten gerade in den Jahrhunderten um die Zeitenwende religiöse Impulse aus Iran bedeutende Rollen. So wissen wir etwa von den Mandäern, die um die Zeitenwende am Jordan tauften und zumindest einzelne Elemente auf den christlichen Taufritus übertrugen. Die Mandäer standen mit der Gemeinde Johannes des Täufers wohl in nicht allzu fernem Kontakt und rekrutierten sich aus – vorsichtig formuliert – iranisierten Juden. Auch die „jüdische" Sekte der Essener, die im Umfeld Jesu wirkte, weist erkennbar iranische Züge auf; desgleichen die der „Qumran-Essener", deren religiöse Vorstellungen wir erst aus den seit 1947 gefundenen Schriften vom Toten Meer kennen. Und auch schon die Bewegung der sogenannten Jüdischen Apokalyptik, über die wir vor allem aus dem Buch Daniel und den nicht-kanonisierten Jubiläen sowie aus dem Buch Henoch wissen, hat auffällige Berührungspunkte mit iranischer Religiosität der Zeit ...[28]

PARTHER. Daß die Forschung der vergangenen 120 Jahre in der Geisteswelt des damaligen Judentums so reichhaltiges und unterschiedliches Material iranischer Färbung fand, ist alles andere als verwunderlich. Denn „die" Juden waren, von eifernden Splitterparteien abgesehen, auch damals schon ein weltoffenes und weltläufiges Volk. Zumindest in weltanschaulichen Dingen war das Verhältnis dabei zur östlichen und zumal iranischen Geisteswelt enger als zum Westen. Insbesondere den iranischen Großkönig Cyros (559 – 530 v. Chr.) behielten die Juden durch die Jahrhunderte in dankender Erinnerung; war er es doch, der einst die verschleppte jüdische Oberschicht wieder aus der babylonischen Gefangenschaft befreite, den Juden Religionsfreiheit zugestand und den Wiederaufbau des Jerusalemer Tempels unterstützte (538). Nachdem das von Cyros gegründete iranische Großreich der Achämeniden dann von Alexander dem Großen erobert und für ein gutes Jahrhundert von den Seleukiden hellenistisch verwaltet worden war, erlebten es nicht nur die Völker Irans, sondern auch die Juden als Befreiung und hoffnungsvollen Aufbruch, als das nord-ost-iranische Adelsgeschlecht der Arsakiden neuerlich ein iranisches Großreich, das *Regnum Parthorum*, das Partherreich, zusammenführte. – Zur Zeit Jesu standen die Juden bereits seit rund 250 Jahren mit dem Partherreich überwiegend auf gutem Fuß.

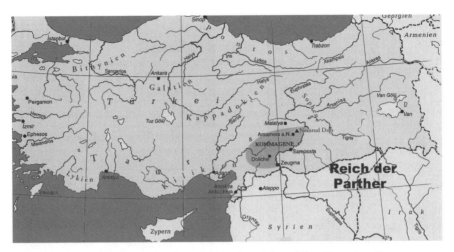

Abb. 3: Die Pufferstaaten zwischen dem Partherreich und dem Imperium Romanum im 1. Jh. v. Chr. (Vorlage: Wagner GK 2, mit herzlichem Dank.)

Wir wissen über die religiösen Verhältnisse im Reich der Parther zwar relativ wenig. Klar ist aber, daß Mithra dort eine wahre Renaissance erlebte. Vier der parthischen Könige trugen den Namen *Mithradates, „der von Mithra Eingesetzte"*. Und nicht anders war es in den westlichen Pufferstaaten zum *Imperium Romanum*: zumal in Pontos, Armenien und Kommagene. Man denke nur wieder an Mithradates VI. Eupator, jenen pontischen Haudegen von Weltformat, dem noch Jean Racine ein Schauspiel und Mozart eine Oper widmete.[29] Oder man denke an die großartigen Monumente des kommagenischen Königskults, obenan jene unter dem Gipfel des die Weiten überragenden, 2150 Meter hohen Nemrud Dagi und, nicht weit davon, jene in Arsameia am Nymphenfluß. Sie wurden in der Hauptsache von *Mithradates Kallinikos*, dem *„von Mithra Eingesetzten mit den schönen Siegen"* und seinem Sohn *Antiochos I.* errichtet, und zwar im – wohlgemerkt – ersten Jahrhundert vor Christus und wenige hundert Kilometer gut ausgebauter Straßen von Galiläa entfernt. Unter den kolossalen Figuren auf dem Nemrud Dagi und in Arsameia am Nymphenfluß, wir werden es im einzelnen sehen, war Mithras von herausragender Bedeutung (Abb. 4 und 5 sowie die Farbtafeln 14-16).

Eine genetische Beeinflussung von dort liegt um so näher, als Kommagene und Judäa im Räderwerk der beiden Großmächte Rom und Parthien ähnliche Rollen spielten. Man denke nur an den römischen Feldzug der Jahre 65/64 v. Chr., bei dem Pompeius hier wie dort für Ordnung nach römischem Verständnis sorgte.

Und in der Tat finden sich, auch dies werden wir sehen, sehr bemerkenswerte Parallelen zwischen dem kommagenischen Königskult und christlichen Motiven, zumal zur Weihnachtsgeschichte und zum Zug der *magoi apo anatolon*, der *„Magier aus Anatolien"* (Mt 2,1). – Ob es nur mangelndes Verständnis

Abb. 4: Kopf des (Helios-Apollon)-
Mithras, Nemrud Dagi, Ostterasse

Abb. 5: Kolossalstatue des Mithras,
Arsameia am Nymphenfluß

war, dessentwegen diese *Magier aus Anatolien* schon im zweiten Jahrhundert zu jenen „*Heiligen Drei Königen*", später dann gar zu den „*Weisen aus dem Morgenland*" gerieten? Ursprünglich, das heißt zur Zeit der Niederschrift des Matthäusevangeliums, wurde *Magier* auch in Galiläa und Judäa sicher als „*Perser*" oder „*persische Priester*" verstanden; ebenso wie *Anatolien* eben als Anatolien, mithin als das Gebiet, zu dem auch Kommagene gehörte. Daß der Redakteur des Matthäus-Evangeliums und seine wenn vielleicht auch nur leidlich gebildete Leserschaft nicht gewußt hätten, an welche Götter die Menschen in diesem Anatolien glaubten und welchem Gott jene *magoi* von dort zuoberst den Dienst erwiesen, ist so gut wie ausgeschlossen.

KUSCHAN. Wir wissen weder beim römischen Mithraskult noch beim Christentum, von welchen Gegenden Irans sie beeinflußt wurden. Dies ist aber sowenig verwunderlich, wie daß beide zueinander nur ein Verwandtschaftsverhältnis wie von Cousin zu Cousin aufwiesen. Denn die iranische Religion um Mithra war in den Jahrhunderten vor der Zeitenwende mit Sicherheit kein einheitliches und dogmatisch geschlossenes Gebilde. Sie war stattdessen in vielfältige Bewegungen zergliedert und zerstreut:

Die Formen der Mithraverehrung in den Königskulten von Parthien, Armenien und Pontos werden jeweils eigene Züge getragen haben; und diese müssen wiederum durchaus verschieden gewesen sein von jenen des kommagenischen Königskults, wie er sich zumal unter Antiochos I. entwickelte. Dessen so imponierende (wiewohl nie vollendete) Kolossalstatuen auf dem Nemrud Dagi wiederum zeugen von Kulten, die (auch wenn wir um die Details nur wenig wissen) ihrerseits durchaus verschieden waren von jenen Kulten um Mithras, die gleichzeitig etwa 200 Kilometer süd-westlich, in den schon mehrmals erwähnten Höhlen des süd-kommagenischen Doliche, heute Dülük, praktiziert wurden. Einzig die hier gefundenen Kulthöhlen sind klar dem *römischen* Mithraskult zuzuordnen und wurden wohl an die 300 Jahre genutzt. – Ob sich der in Doliche/Dülük praktizierte Kult aus ansässig kommagenischen Quellen entwickelte, wissen wir nicht; es kann aber für wahrscheinlich gelten. Anderseits sind wir über die religiösen Verhältnisse auch in Kommagene keineswegs so gut informiert, daß wir daraus den römischen Kult gleichsam ableiten könnten. Es ist sehr wohl möglich, daß der in Doliche/Dülük entstandene Kult auch von andernorts importierte Elemente übernommen hatte. Und auch für diesen Fall wäre es keineswegs zwingend, den Ursprung dieser Elemente allein in den Nachbarstaaten Kommagenes, zumal in Armenien, Pontos oder Parthien zu suchen:

So wissen wir zum Beispiel, daß Mithra etwa gleichzeitig auch im Königreich Kuschan (heute Afghanistan), mehr als 3000 km weiter östlich verehrt wurde. Die wenigen in der sogenannten Kanishka-Inschrift bezeugten Details von dort belegen, daß sich hier, als ob seit mehr als 1000 Jahren unverändert, besonders archaische Motive der Mithrasverehrung erhalten hatten. Auffallend ist zumal die konservative Rolle, die der heilige Rauschtrank *Soma/Haoma* dort spielte.[30] Gerade dies aber ist, wie wir im Kapitel ‚*Das Somaopfer …*' sehen werden, ein nicht zu unterschätzendes Indiz dafür, daß der römische Kult von dorther beeinflußt gewesen sein könnte. Und wer wollte schon mit Sicherheit ausschließen, daß Händler, Soldaten oder „Missionare" mithrisches Gedankengut auch über derart weite Strecken nach Westen trugen?

Und ähnliches wie für den *Miro* (= Mithra) in Kuschan gilt für jenen *Mihir* (= Mithra), dem die sogenannten Indischen Sonnenpriester, aus Nord-Ost-Iran eingewandert, seit dem ersten vorchristlichen Jahrhundert im nördlichen Panjab-Gebiet, heute Pakistan, huldigten.[31] Unwahrscheinlich, aber keineswegs unmöglich ist es auch, daß sich selbst von der uralten und angestammten Mitraverehrung in Indien Relikte bis zur Zeitenwende hielten und von da, über welche Wege auch immer, nach Westen wehten. Und Ähnliches gilt selbstverständlich ebenso für die riesigen weißen Flecke auf der iranischen Karte der Zeit: Es wird, ja muß dort weitere Formen der Mithraverehrung gegeben haben, deren Spuren noch unentdeckt oder gänzlich verwischt sind …

Mit einem Wort: Es fehlte nicht an Möglichkeiten, beide, den römischen Mithraskult und das werdende Christentum, mit Elementen iranisch-mithrischen Ideenguts zu beimpfen. Sichere Zuordnungen sind aber, zumindest bislang, nicht möglich. Mag sein, daß dereinst Archäologen, Neutestamentler, Altphilologen oder Iranisten mehr Licht in dieses Dunkel bringen. – Im vorliegenden Zusammenhang ist diese Unsicherheit freilich von untergeordneter Bedeutung, da eine primär religionspsychologische und religionsphilosophische Untersuchung andere Schwerpunkte zu setzen hat. Für sie gilt es nun die Thesen zu formulieren, die im Haupttext dann auszuarbeiten sein werden.

4. Die Thesen

MYSTERIENKULT. Die erste These lautet: *Um die Bedeutung Mithras im römischen Kult zu rekonstruieren, ist es geboten, zwischen einer Oberflächenstruktur und einer Tiefenstruktur des Kults zu unterscheiden.*

Einer der elementaren Unterschiede zum Christentum war das umfängliche System aus astrologischen Spekulationen im römischen Mithraskults. Darauf wird später noch genauer einzugehen sein. Ein anderer elementarer Unterschied war, daß der Mithraskult ein *Mysterienkult* war. Als solcher aber war er – im krassen Gegensatz zumindest zum Christentum seit Paulus – *nicht* auf Mission und Welteroberung angelegt. Im Gegenteil: Als Mysterienkult hatte sich der römische Kult zu kleinen Zirkeln abgeschottet. Nicht nur die eingeforderten und aufwendigen Prozeduren der „Einweihung" hatten – ganz anders als der schnelle Wasserguß der christlichen Taufe – Begrenzung, nicht Ausweitung der Kultgemeinden zur Folge. Auch das Selbstverständnis der römischen Mysten als „Geheim"- und Männerkult hatte den genau umgekehrten Effekt wie das christliche *Gehet hin in alle Welt und predigt das Evangelium* ... (Mk 16,15; 13,10)

Zumal aus den zuletzt genannten Gründen wurde auch der einst berühmt gewordene Satz von Ernest Renan entschieden und mit Recht zurückgewiesen. *Wenn das Christentum*, hatte er geschrieben,

> ... in seinem Wachstum durch eine tödliche Krankheit aufgehalten worden wäre, wäre die Welt mithrasgläubig geworden. (579)[32]

Nein, der *römische* Mithraskult war nie ein ernsthafter *politischer* Gegner des Christentums. Er hatte nie das Zeug zur Weltreligion. Er war in der Tat nicht mehr als eine bloße *Sekte*; eine Sekte mit, man könnte fast sagen, freimaurerischen Zügen; getragen von kleinen, „esoterischen" und männerbündlerischen Kultgemeinden, zudem allem Anschein nach ohne koordinierende kirchliche Dachorganisation.

Doch dies alles zugestanden, bleibt an Renans Satz mehr als nur ein Körnchen Wahrheit. Denn obwohl nur Sekte, ja bloßer Seitentrieb und schierer Fehltrieb – war der römische Kult eben doch *Fehltrieb einer Weltreligion*, einer Religion jedenfalls, in deren Zentrum ein Gott stand, der nun allerdings das Zeug zur Weltherrschaft hatte! – Beweist nicht schon der Umstand, daß Mithras selbst im engen Korsett des römischen Kults eine derart weite Verbreitung erlangen konnte, welch eminentes Potential er in sich trug?

Der Charakter des altiranischen Gottes, so die These, war im römischen Kult zwar von Sektierertum überdeckt und deshalb als ob von einer beschlagenen Scheibe eingetrübt. *Unter* dieser beschlagenen Scheibe aber war er doch weitgehend erhalten geblieben, ja durch sie über die Jahrhunderte hinweg gleichsam vor Erosion und Verwitterung geschützt. Mit geeigneten Methoden läßt sich daher aus den steinernen Zeugnissen des römischen Kults der *urwüchsige* Charakter Mithras noch heute freipräparieren ... Eben dies ist die in diesem Buch gestellte Aufgabe.

Sollte sie gelingen, würde insofern auch Renans Satz rehabilitiert. Denn wenn der römische Kult tatsächlich in diesem Sinn aus Oberflächen- und Tiefenstruktur bestand, dann wäre es prinzipiell auch in der Antike möglich gewesen, diese Tiefenschicht wieder freizulegen und mit ihr die altbewährte iranische Mithrasreligion wieder an die breite Öffentlichkeit zu tragen. Selbst ein weniger begnadeter Paulus, als der christliche war, hätte die Religionsgeschichte damit auf anderen Kurs bringen können ... (Und mancher religiöse Wahn und Exzess wäre dem Abendland und der Welt dadurch wahrscheinlich erspart geblieben.)

Es wird also darum gehen, durch die Oberfläche des römischen Kults hindurch zu dessen tieferer, vom altiranischen Mithra getragenen Schicht vorzudringen. – Dazu bedarf es einiger methodischer Vorarbeiten, die im Kapitel ‚*Exkurs über das Heilige*' zu leisten sein werden. Diese Vorarbeiten aber werden den Weg bahnen, um die an Texten so stummen, an *steinernen Bildern aber so reichhaltigen Befunde des römischen Kults* wieder zusammenzuführen mit den *Textzeugnissen Irans und vor allem Indiens*. Die bislang meist nur pantomimischen Szenen des römischen Kults erhalten dadurch wieder Ton und Stimmen und werden – wenngleich erst ab dem Kapitel ‚*Mithras Drachenkämpfe* ...' – ungeahnte Sequenzen, ja ein ganzes Schauspiel freigeben.

OSTERDRAMA. Die Doppelschichtigkeit aus Oberflächen- und Tiefenstruktur, aus später Überlagerung und alter Substanz brachte die kleine Karawane der Mithrasforschung bereits des öfteren in Verlegenheit und auf Abwege. Während nämlich die meisten Iranisten wie zu erwarten im römischen Kult den urwüchsigen Gott Mithras wiedererkannten und dabei leicht die überlagernden Schichten aus dem Auge verloren, widerfuhr den Romanisten und Altphilologen mit ihrem Blick von Westen her leicht das Umgekehrte. Nicht wenige von ihnen sahen und sehen hier mit leidenschaftlichem Forscherauge den Mysteriencharakter und den astrologischen Überbau des römischen Kults – den großen Gott im Hintergrund aber oft nur noch als bloßes Bei-, wo nicht Blendwerk. Ja, es blieb bei solcher Fokussierung und Fixierung nicht aus, daß die iranische Herkunft des römischen Mithras bisweilen insgesamt in Zweifel geriet. Manfred Clauss etwa vertrat schon im Jahre 1990 und vertrat noch jüngst:

Der Mithras-Kult ist in Rom oder Ostia entstanden. (Mi 18).

Obwohl ansonsten auf ganz anderer Schiene, setzte auch David Ulansey auf rein westliche, jedoch tarsische Herkunft und schrieb daher 1989:

... der Mithraskult entstand in Intellektuellenkreisen der (kleinasiatischen) *Stadt Tarsos* ... (77)

Ähnliche Vermutungen stellten auch Reinhold Merkelbach, István Tóth und andere an. Mehrere Altphilologen meinten gar, Indizien für eine konkrete Stifterpersönlichkeit ausgemacht zu haben und plädierten wie Merkelbach:

Die Mithrasmysterien sind ... ein einmal und höchstwahrscheinlich von einer Person konstruiertes System ... (Mi 109, Hervorhebungen v. M.)

All dies mag richtig sein – aber eben nur für die Oberfläche, mithin für den Mysteriencharakter und die astrologischen Überformungen des römischen Kults. Hier, in der Tat, mag ein Reformator manches hinzugetragen und zurechtgebogen haben. Aber für alle tiefer gehenden und wirklich heiligen Züge des römischen Kults trifft dies nicht zu. Sie haben klare Vorbilder in den urwüchsig-iranischen Mythen um Mithra. Daß sie bloße „Erfindung" oder *konstruiertes System* gewesen seien, wird, wer dies Buch gelesen hat, schwerlich aufrecht erhalten wollen. Nicht einmal einem Buddha, Jesus oder Mohammed würde man dergleichen zutrauen, und schon erst recht keinem platonischen oder stoischen Intellektuellen aus Ostia, Rom, Tarsus oder Poetovio.

Erst die Unterscheidung von Oberflächen- und Tiefenstruktur verspricht auch die Frage nach der Verwandtschaft von römischem Kult und Christentum ins richtige Licht zu rücken. Denn die Verwandtschaft beider besteht zumal in ihrer *Tiefenstruktur*. Von Mithras selbst, so die weiterführende These, nicht von späterem Beiwerk, stammte die Kraft, die hier wie dort in je anderer Weise gestaltete und die Herzen der Millionen ergriff!

Eine ganze Reihe der scheinbar merkwürdigen Ähnlichkeiten zwischen Christentum und römischem Mithraskult wurde bereits aufgezählt. Neben einigen weiteren bemerkenswert kongruenten Details werden wir im Rahmen dieser Studie zumal auf die Weihnachtsgeschichte und die Dreikönigslegende ein wenig genauer eingehen können. Herausragende Forscher, zumal Hermann Usener und Albrecht Dieterich, zeigten deren verwandtschaftlichen Züge zum Mithraskult bereits vor mehr als hundert Jahren auf.

Was die Mithrasforschung bisher nicht oder nur in unscharfen Konturen sah, ist aber, daß auch die Hauptszene des Christentums, das Osterdrama, sich mit mythischen Elementen des Mithrakreises deckt; und zwar in so erstaunlich vielen Einzelheiten, daß es eines starken Glaubens bedürfte, um dies für bloßen Zufall zu halten ...

Daß auch das christliche Drama um Tod und Auferstehung eine mithrische Vorgeschichte habe, ist freilich eine These von solcher Wucht und Tragweite, daß sie nicht als bloßes Nebenbei in einer Studie zu Mithras abgehandelt werden kann. Hier bedarf es gründlicher und detailgetreuer Analysen in einer separaten Studie. – Einzig eine strukturelle Klarstellung beuge der allzu schnellen Abwehr schon hier vor:

Die Kreuzigung Jesu wird zwar ein historisches Ereignis gewesen sein. Aber ihre *Schilderung* war bereits in neutestamentlicher Zeit, also wenige Jahrzehnte nach Jesu Tod, mit einer ganzen Palette von Motiven eingefärbt, die dem Mithrakreis zu entstammen scheinen. Und den Farben der Schilderung entsprachen die Inhalte. Denn die eigentliche Hauptszene auch des altiranischen Kults für Mithra – das sogenannte *Soma-/Haomaopfer* – bestand im Opfertod eines Gottessohnes, der, kaum verschieden, sogleich wieder aus der Höhle seines Grabes auferstand, um bald schon, verklärt vom Licht der Morgensonne, zum Vater im Himmel aufzufahren …

Mit diesen – ich hoffe nicht allzu provozierenden – Sätzen muß dies spannende Thema aber sogleich wieder abgebrochen werden. Hier in die Breite und Tiefe zu gehen, steht in diesem Buch nicht an. Was in ihm aber sehr wohl ansteht, ist, auf dieses Thema *vorzubereiten*; und zwar dadurch, daß in ihm die besagte Hauptszene des Kults um Mithra religionspsychologisch analysiert wird: eben jenes *Soma-/Haomaopfer*. Ihm ist das Kapitel mit dem hier ansonsten noch befremdenden Titel ‚*Das Somaopfer und Mithras Entwöhnung*' zugedacht.

Wenn von nun an also das Christentum auch nur noch vereinzelt zur Sprache kommen wird, bleibt die Frage nach seiner Entstehung und zumal die nach der Vorgeschichte des Osterdramas dennoch der Fluchtpunkt dieser Untersuchung und gleichsam der Geist, der über ihren Zeilen schwebt.

ZAUBERWORT. Der Opfertod Somas/Haomas war alles andere als Ausdruck eines kruden „heidnischen" Aberglaubens. Er spiegelte vielmehr – noch mit dem Pathos des Unbestimmten geschrieben – einen unerläßlichen Schritt in der Entwicklung des Menschen wider; und dies auch, ja gerade auch wieder nach modernem Verständnis! – Somas/Haomas Opfertod war Voraussetzung für Mithras Geburt und Auferstehung. Mit dieser aber brachen zugleich die ersten, erlösenden Morgenstrahlen herein – und dennoch hatte Mithras allen Grund, wie auf vielen Monumenten zu sehen, bei diesem Aufgang der Sonne noch einmal in Wehmut zurück zu blicken …

Um die Geheimnisse und die Psychologie um Mithras zu entfalten, gilt es nicht nur (um im Gleichnis von oben zu bleiben) die pantomimischen Szenen des römischen Kults mithilfe der iranischen und indischen Textquellen wieder zu einem echten Schauspiel aufleben zu lassen. Es bedarf dazu auch noch der angemessenen Ausleuchtung! – Mit anderen Worten:

Der tiefere Sinn des Kults um Mithras und das Soma-/Haomaopfer beginnt sich erst abzuzeichnen, wenn die alten Text- und Steinquellen überdies in ein *neues Licht* gestellt werden; in ein Licht, das eine Vielzahl von Details hervortreten und verständlich werden läßt, die der bisherigen Mithraforschung verborgen geblieben war. – Das anzuwendende „Beleuchtungs"-Verfahren gleicht dabei jenem, das mit dem Licht und den fluoriszierenden Effekten des Ultravioletten verschollen geglaubte Schriftzeichen auf alten Papyri oder Pergamenten wieder zum Vorschein bringt. In unserem Fall danken wir die neuen Kontraste und sich wieder abhebenden Konturen freilich einem ganz anderen Licht, nämlich dem Licht der – *Morgenröte.*

Die zweite These, die es einzulösen gilt, laute daher: *Um die Religion um Mithras angemessen zu erfassen, gilt es, sie mit dem Licht der Morgenröte auszuleuchten.*

Wie die Metapher ‚Licht der Morgenröte' verstanden werden will, wird gleich im nächsten Kapitel herauszuarbeiten sein. Schon hier sei aber vermerkt: So fremd und gesucht sich diese Metapher hier auch noch anhören mag: Sie ist uralt und galt schon in der ältesten uns überlieferten Textschicht des indo-iranischen Kulturkreises, dem altindischen Rigveda, als *Zauberwort*; als ein Zauberwort, durch das nichts Geringeres in Gang gesetzt worden sei, als die gesamte Schöpfung! – Der sonderbare, sich uns bald noch genauer erschließende Mythos dazu besagte nämlich, daß Indra (ein alter Verwandter Mithras) einst eine Höhle aufzubrechen hatte, in der, neben vielem anderen, eine Herde Kühe eingeschlossen war. Würden diese Kühe befreit, beginne das Wunder der Schöpfung seinen Lauf zu nehmen. Und prompt gelang Indra die Befreiung der Kühe; und zwar dadurch, daß seine „Priester", *Angiras* genannt, den *geheimen Namen* dieser Kühe – schlicht aussprachen. Und ihr geheimer Name war eben ‚*Morgenröte*'![33]

Man übersehe zu diesem wundersamen Mythos nicht, daß der jüdische Jahwe die Schöpfung ganz ähnlich, nämlich gleichermaßen durch *Ansprechen*, in die Wege leitete: *Er sprach*, heißt des in Gen 1,3, *es werde Licht, und es ward Licht*. Und welches Licht soll hier angesprochen worden sein, wenn nicht ebenso das Licht der – Morgenröte?

Der rigvedische Mythos um das Zauberwort ‚Morgenröte' hatte freilich eine zusätzliche Note. Er besagte nämlich nicht nur, daß damit die Welt einst „tatsächlich" eröffnet oder angestoßen worden sei. Er besagte überdies, daß ‚Morgenröte' auch *das Code- und Stichwort zur Entzifferung all jener sonst so sonderbaren Mythen* sei, die die rigvedischen Sänger-Priester in ihren morgendlichen Kulten rezitierten. – Die Metapher ‚Morgenröte' galt also zudem als das Schlüsselwort, das Außenstehenden (und damit auch *uns*) erschließen könne, in welchem Sinn jene alten Mythen von der Erschaffung der Welt handelten, und welche Rolle die großen Schöpfungshelden Indra und Mitra darin spielten … Und tatsächlich werden wir gleich sehen, daß das „Zauberwort" ‚Morgenröte' auch uns Heutigen wieder die Pforte in die geheime Welt der alten Mythen zu weisen vermag!

Bevor wir den Weg durch diese Pforte aufnehmen und mit der Analyse beginnen, sei aber mit ersten schweifenden und noch an der Oberfläche bleibenden Blicken sichergestellt, daß die Metapher ‚Morgenröte' im Kreis der Mythen um Mithras in der Tat von zentraler Bedeutung war. – Sehen wir uns dazu drei, drei besonders wertvolle und gut erhaltene Hauptszenen des römischen Mithraskults an: Das große Kultbild aus Marino (Laziale) am Fuße der Albaner Berge südlich von Rom, das große Fresko aus S. Maria Capua Vetere, nordöstlich von Neapel und die große Relieftafel aus S. Stefano Rotondo, Rom (Tafeln 1, 2 und 3).[34]

ZUSAMMENGEROLLT. Wir sehen auf allen drei Szenen im Zentrum Mithras mit seiner roten Zipfelmütze. In eigentümlicher Haltung auf einem Stier kniend, tötet er das Tier mit einem Dolchstoß in die rechte Flanke. Mithras Blick ist dabei halb zum Publikum, halb zurück zu der Figur im linken oberen Eck gewandt: zu

Sol, dem „*Sonnengott*". Auf den Darstellungen aus Marino und Capua Vetere wird Mithras dabei erkennbar von einem Strahl des Sonnengottes getroffen.

Daß dieser „erste Sonnenstrahl" als Morgenlicht aufgefaßt werden will, geht klar genug aus der gegenüberliegenden Figur hervor: *Luna*, der „*Mondgöttin*". Denn während der Sonnengott von links in die Szene hineintritt, ist die Mondgöttin bereits im Begriff, aus ihr hinauszutreten. Die Sonne geht auf, der Mond geht unter. Besonders schön dargestellt ist dies auf dem Relief aus S. Stefano Rotondo: Die *Luna*, markiert durch die zur Halskrause stilisierte Mondsichel, wird dort, wie des öfteren, auf ihrer *Biga*, dem zweirädrigen Wagen, von zwei Stieren aus dem Geschehen hinaus- und nach unten gezogen. Über ihr *Lucifer*, der „*Lichtträger = Morgenstern*", als Putto mit Fackel. Beide, Morgenstern und Mondgöttin, so die Nachricht, werden nun, mit dem Ende der Nacht, versinken und bald schon vom platzgreifend morgenroten Licht *Sols*, der Sonne, überstrahlt. – Daß *Sol* mit dem vierspännigen Sonnenwagen auf dem Relief von S. Stefano Rotondo in leichter Abwärtsneigung fährt, ist durchaus untypisch und nur aus der speziellen Komposition dieses Reliefs zu erklären. Wo Sol ein Gespann lenkt, fährt er für gewöhnlich, der aufsteigenden Morgensonne entsprechend, nach oben.

Sols Aufstieg wird aber auch auf dem Relief von S. Stefano Rotondo überdies durch die Geste des Fackelträgers unter ihm symbolisiert. Dessen Fackel weist, wie auch auf den Darstellungen aus Marino und S. Maria Capua Vetere, nach oben, während die des zweiten Fackelträgers, rechts im Bild und unterhalb der Luna, nach unten gerichtet ist.

Auf einem Großteil der Darstellungen – auch auf den hier besprochenen drei – wird der hereinbrechende Morgen sodann durch einen Raben bezeichnet. Stets in der Nähe des aufgehenden Sol, eröffnet er krächzend den neuen Tag. Auf dem Relief von S. Stefano Rotondo ist überdies ein Hahn zu erkennen, dessen Kickerikie natürlich für das Gewecktwerden und für frühen Morgen stand und steht. Dem Hahn gegenüber ist auf dem Relief von S. Stefano Rotondo rechts, unterhalb des Fackelträgers, eine Eule auszumachen. Als Vogel der Nacht ist sie wie die *Luna* und der Morgenstern jetzt, wo es Morgen wird, im Begriff, das Feld zu räumen und nach unten rechts aus dem Bild hinaus „unter zu gehen".

Den zentralen Platz zwischen den beiden Fackelträgern, zwischen *Sol* und *Luna* und zwischen Rabe/Hahn und Eule nimmt Mithras ein. Seine leuchtend rote Zipfelmütze stimmt dabei erneut zu der morgenroten Atmosphäre. Diese wird auf dem Relief von S. Stefano Rotondo zusätzlich mit dem Blattgold, dem Metall der Morgenröte (*Morgenstund hat Gold im Mund …*), unterstrichen, mit dem Mithras Gesicht und Teile seines Gewandes überzogen sind. – Auch Mithras (parthische) Tracht ist, auf allen drei Darstellungen gut zu sehen, in der Farbe der Morgenröte gehalten. Auf dem Fresko von Capua Vetere ist sie überdies mit goldenen Borten gesäumt.

Am imponierendsten freilich wird die soeben hereinbrechende Morgenröte durch Mithras wehenden Umhang symbolisiert. Auf den Malereien von Marino und Capua Vetere fängt und rollt dieser Umhang, aufgewölbt und aufgeblasen zum Himmels- und Weltenmantel, auf seiner Innenseite das noch von Sternen übersäte nächtliche Firmament soeben ein, um es sogleich mit seiner morgenroten Außenseite zu überhüllen ... Beide Malereien (und viele weitere Skulpturen dieses Typs) erinnern dabei an die uralte, aus Indien mehrfach überlieferte mythische Vorstellung, nach der die Nacht von der Morgenröte eben eingerollt würde. Über Mithras altindischen Verwandten, Indra, etwa heißt es in einem rigvedischen Kultlied:

Indra ... zeigte alle seine Indrakräfte ... Die zusammengerollte Finsternis deckte er mit dem Lichte auf.

Und in einem Lied eigens an die zur Göttin personifizierten *Usas*, „die Morgenröte", und ihre *Schwester*, die Nacht, heißt es:

Usas rollt das Dunkel der Schwester fort, sie rollt deren Bahn zusammen ... [35]

Was nun also verbirgt sich hinter der Metapher und all diesen Symbolen der ‚Morgenröte'?

II.
Die Geburt in die Morgenröte

KIND. Die Metapher ‚*Morgenröte*' will in diesem Buch und will in vielen frühen Mythen verstanden werden als *Zeit der Schöpfung*, als Beginn und Eröffnung der Welt. Dies aber nicht in physikalischem oder kosmologischem, sondern in psychologischem Sinn: als *Eröffnung der menschlichen Welt während der frühen Kindheit*. – So wie sich jeden (Schönwetter-) Morgen in den ersten Strahlen der Sonne und im Glanzlicht der Morgenröte die optische Welt von neuem entfaltet, Konturen annimmt und ausdifferenziert; so ähnlich sei es auch damals, beim ersten Mal, in der frühen Kindheit gewesen. Wir werden sehen, dieser Vergleich, und mit ihm die Metapher ‚*Morgenröte*', hat auch heute noch, vor dem Hintergrund moderner Säuglingsforschung, Stimmigkeit und Recht.

‚*Morgenröte*' steht also für ‚*Morgenröte des menschlichen Lebens*'. – Die zweite, nunmehr konkretisierte These dieses Buches lautet entsprechend: Mithra , der „große" indo-iranische und später auch römische Gott, zeigt sein heiliges Naturell erst, wenn er im Licht der Morgenröte betrachtet und eben als kleines Kind aufgefaßt wird.

In meinem zuletzt erschienen Buch *Über den Ursprung der Religion, oder: Warum Indra mit dem Dreirad zur Hochzeit fuhr* hatte ich zumal an dem altindischen Gott Indra deutlich gemacht, daß auch dieser ein Kind repräsentierte; und zwar ein noch sehr kleines Kind. Indra stand für die Lebensspanne zwischen etwa dem sechsten und dem 14. Lebensmonat. Entsprechend schilderten die rund 3500 Jahre alten Kulttexte der altindschen Liedersammlung des Rigveda diesen, den „größten" der damaligen Götter, als goldig, mit einem fetten Bäuchlein, mit dicken Backen und von Milch und Honig, der alten Götterspeise, wohlgenährt. In kunstvoller Dichtung inszenierten die rigvedischen Kultlieder desweiteren Indras „Abenteuer" des Zahnens und Zähneprangens, des Gehenlernens und der ersten Wagenfahrten. Und von ganz besonderem Zauber waren natürlich die rigvedischen Dichtungen zu Indras ersten erotischen Abenteuern; denn als solche und ausgemalt in blumigen und knisternden Bildern schildern die alten Mythen Indras Begegnung und erste Kommunikation mit seiner Mutter …

Vor allem aber besangen diese Kultlieder Indras größtes Verdienst: die Schöpfung der menschlichen Welt! Denn allerdings: damals, im ersten Lebensjahr, vollzog sich das Wunder der Welteröffnung und der ersten Morgenröte – und der rigvedische Indra vollbrachte es gerade so, wie es die moderne Säugling- und Kleinkindforschung (wiewohl in so viel matteren Farben) fordert. – Auch Mithra war ein solcher Weltenschöpfer; und wenn ihn eine schriftliche Quelle ausdrücklich als *poietes*, „*dichtenden Schöpfer*", eine andere als *kosmokrator*, „*Weltenschöpfer*" bezeichnet, dann, so die These, in diesem Sinn.[1]

Obwohl es angesichts der Weite des Themas nur anhand herausgegriffener Beispiele möglich war, versuchte ich schon in meinem Indra-Buch zu erhärten, daß Schöpfung, verstanden in diesem Sinn, nicht nur das Leitthema der rigvedischen Religion, sondern auch anderer „heidnischer" Religionen war. Auch sie handelten primär nicht von Erlösung, sondern von Schöpfung: von der Eröffnung der menschlichen Welt im Schimmer der frühkindlichen Morgenröte. Jede (Schönwetter-) Morgenröte galt in mythischer Auslegung als Wiederholung der urzeitlichen Schöpfung – zum Beispiel auch im alten Ägypten, wie Erik Hornung an folgender Stelle hervorhebt:

Für den Ägypter wiederholt sich die Schöpfung mit jedem Sonnenaufgang ...
(Pha 45)

Und so grundlegend sich die religiösen Vorstellungen während der Achsenzeit auch veränderten, die ‚Morgenröte' blieb auch für die neuen Religionen – nur jetzt als Symbol für ihr *Kommendes* Reich – zentrales Motiv. Ein Jakob Böhme (und nicht nur er) besang daher in seinen so verängstigten Weltuntergangs-Szenarien noch immer – und mit den alten Motiven – die *Aurora oder Morgenröte im Aufgang*. Und auch in barocken Kirchen (und nicht nur in ihnen) spitzen Puttos vom Schlag und Alter Indras, von ersten Sonnenstrahlen getroffen, hinter morgenrot-goldenen Wolken hervor ... Und sang nicht auch noch ein Cat Stevens als ob in alter, ja mit seinem sprechenden *blackbird* in fast mithrischer Erinnerung:

Morning has broken - Like the first morning,
Blackbird has spoken - Like the first bird ... ?

REPERTOIRE. Dennoch: Im *mainstream* unserer Denkgewohnheiten liegt die aufgestellte Gleichung zwischen früher Kindheit und Religion so quer, daß die fast schon natürliche Reaktion ein Wegblicken und Abwehren ist. Und tatsächlich ist ja die frühkindliche und vorsprachliche Welt von unserer Alltagswelt nicht nur inhaltlich verschieden; sie liegt für uns Erwachsene auch hinter den Schranken der sogenannten frühkindlichen Amnesie: Dem gewöhnlichen (deklarativen) Gedächtnis verschlossen, führen gleichsam nur geheime Pforten zurück in jene „fremde", „unbewußte" und, so verstanden, allerdings transzendente Welt.

So schwer eingängig die aufgestellte Gleichung auch ist: Zumindest für den altindischen Rigveda sind die Belege dafür so dicht und durchgängig, daß Zweifel (wie ich sie selbst lange hegte) kaum Reibung finden. Entsprechend pflichtete die Fachwelt den Ergebnissen meines Indra-Buches zwar nicht eben laut, aber doch eindeutig bei. Um nur ein Beispiel zu zitieren: In der *International Review of Biblical Studies* hieß es in einer Rezension:

Die einstigen Götter, und insbesondere Indra, zeigen Charakteristika von Kindern, und viele, wenn nicht die meisten Motive der Religion könnten sich tatsäch-

lich aus Szenarien der frühen Kindheit herleiten oder Echos von dort sein. (49, 2004, Nr. 2083)

In meinem Indra-Buch begegnete vereinzelt auch schon Mithra. Denn Mithra, im alten Indien „Mitra", war dort gewissermaßen ein „Bruder" des goldigen Indra. Wie jener zählte er zum Götterkreis der *Adityas*, wörtlich: zu den *„Söhnen der (Göttermutter) Aditi"*. Doch während Indra die frühkindliche Schicht zwischen etwa dem sechsten und dem 14. Lebensmonat repräsentierte, stand Mitra im altindischen Rigveda für ein Kind in der Phase des Spracherwerbs. Mitra repräsentierte dort also, so meine damalige Argumentation, ein Kind zwischen etwa dem 18. Lebensmonat und dem dritten, allenfalls vierten Lebensjahr. – Für den iranischen Mithra, und damit auch für den römischen Mithras liegen die Dinge ein wenig anders. Zu seinem Repertoire gehören zwar gleichermaßen die Schöpfungsabenteuer im Zuge des Spracherwerbs. Überdies aber umfaßte Mithras Repertoire hier *auch* die vorausliegenden, im alten Indien von Indra repräsentierten Abenteuer. Warum dies so war, gilt es später noch zu erläutern. Einstweilen aber läßt sich die These zu diesem Sachverhalt um ein weiteres Stück konkretisieren. Sie lautet jetzt: Der iranische und römische Mithra repräsentierte die gesamte frühe Kindheit zwischen etwa dem sechsten Lebensmonat und dem dritten Lebensjahr.

So sehr sich sogleich auch Widersprüche gegen diese These regen mögen; es fehlt nicht an Zeugnissen, die ganz unmittelbar für ihre Richtigkeit sprechen. Einige von ihnen seien gleich hier schon eingeblendet. Sie haben, zugegeben, für sich genommen noch keine beweisende Kraft. Sie belegen aber doch, daß die aufgestellte These nicht ganz falsch sein kann:

HIMMELSRUND. Eine der beeindruckendsten Skulpturen, die Mithras als Kleinkind zeigen, befindet sich heute im Rheinischen Landesmuseum Trier (Abb. 6). Mithras, bekleidet nur mit seiner Zipfelmütze, spreizt darauf das von Sternbildern bezeichnete nächtliche Himmelsrund auseinander und scheint es gleichzeitig in Drehung zu versetzen.

Mit der Rechten stemmt Mithra dabei den oberen Rand des Himmelsrunds. Die Linke, gestützt auf den unteren Rand, hält den Erdball. Selbstverständlich steht der Erdball dabei nicht für die Erdkugel des heliozentrischen Systems, sondern, ähnlich dem Reichsapfel, für den Erdkreis, mithin das irdische Herrschaftsfeld Mithras.[2] Der Kopf des kleinen Mithras, so vermerkte Reinhold Merkelbach zurecht, steht mit seinem *strahlenkranzartigen Lockenkranz* für die Sonne, wie sie *die Erde bescheint*. Merkelbach kam deshalb zu dem Schluß:

Es soll wohl dargestellt werden, daß der Gott das Himmelsrund im Aufgehen sozusagen auseinanderstemmt, daß er den Himmel an jedem Morgen neu erschafft. (Mi 336)

Wie auch immer: Deutlich genug ist, daß der kleine, allenfalls Zweijährige hier im morgenroten Dämmer zwischen nächtlichem Sternenhimmel und aufgehender

Abb. 6: Mithras im Himmelsrund, Trier, Rheinisches Landesmuseum

Sonne sich soeben aufrichtet und dabei den Mittelpunkt der Welt bildet, sie ausfüllt, ordnet und beherrscht. Deshalb auch ist die Darstellung als Ganze erkennbar einem antiken Tempel nachempfunden; und *templum*, so Merkelbach, kann mit „*ganzer Kosmos*" und „*geordneter Bezirk*" übersetzt werden:

Das (höhlenartige[3]) Innere dieses Tempels wird dabei von zwei Säulen eingefaßt, die einen Giebel tragen. Oberhalb des Giebels ist links der strahlende *Sol*, der „*Sonnengott*" zu erkennen, dem links zweifelsfrei sein weibliches Pendant, *Luna*, die „*Mondgöttin*", gegenüberstand. Im Inneren des Giebels befindet sich links ein Löwe, in der Mitte ein *Krater*, „*Mischkrug*"; rechts ist ein weiteres Objekt nur noch zu erahnen. Im Zentrum des Tempels Mithras im Himmelsrund, umgeben von vier, ihn aus den Zwickeln anblickenden, ja recht eigentlich anhimmelnden Büsten: den personifizierten Winden oder Himmelsrichtungen. Unterhalb des rotierenden Himmelsrunds „sitzen" bezeichnend infantile, fast spielzeugartig anmutende Tiere

Abb. 7: Mithras beim Feuerreiben (?), Karlsruhe, Badisches Landesmuseum

auf dem Boden und blicken zu dem kleinen Weltenschöpfer auf: ein Rabe, eine Schlange und ein Hund ...

Was hat es mit all den aufgezählten Symbolen des Trierer Altarsteins, mit diesem Löwen, dem Krater ... dem Raben näher auf sich? Und warum enthält der von Mithras gedrehte Tierkreis nur die sechs Zodiacalzeichen des Sommerhalbjahres – Widder, Stier, Zwilling, Krebs, Löwe, Jungfrau? – Wir werden auch auf diese Fragen zurückkommen.

ZYPRESSE. Ein wiederum vielleicht zweijähriges Kind ist Mithras auch auf einem Relief im linken oberen Eck der großen Platte aus Heidelberg-Neuenheim; das Original befindet sich heute im Karlsruher Schloß, als Abguß und farbige Rekonstruktion auch im Kurpfälzischen Museum Heidelberg (Abb. 7, Gesamtrelief: Abb. 8).

Das Relief zeigt Mithras rechts neben der Büste eines Windgottes wiederum nackt und einzig „bekleidet" mit seiner Zipfelmütze. Der Gott steht vor einem Bäumchen, in das er zumindest mit der rechten Hand hineingreift. Was der Kleine verrichtet, ist nicht klar. Merkelbach vermutete:

Wahrscheinlich entzündet er Feuer, indem er einen Lorbeerzweig im Holz der Zypresse dreht: ... er bohrt Feuer. (102, 355)

Denkbar ist dies, weil Cyros der Große (559 – 530 v. Chr.), der eigentliche Gründer des iranischen Großreichs der Achämeniden, der Legende nach als Krönungs- und wohl überhaupt als Schöpfungsritual einst mit einem Lorbeerzweig Feuer aus Zypressenholz gerieben habe, und weil Cyros zudem vielfältig mit Mithra assoziiert war und von einem Hirten mit Namen Mithradates aufgezogen worden sein soll.[4] Ebenso denkbar ist aber auch, daß Mithras das Bäumchen auf unserem Relief einfach nur berührt oder hochzieht oder, seine infantile Männlichkeit demonstrierend, bepinkelt. – Wie dem auch sei: Daß Mithra hier als Kind dargestellt ist, findet breiten Konsens: Zwar nicht in der Forschungsliteratur, aber, wie mir Andreas Hensen, Archäologe im Kurpfälzischen Museum, versicherte, bei Besuchern des Museums.

Abb. 8. Großes Kultrelief aus Heidelberg-Neuenheim, farblich rekonstruiert, Heidelberg, Kurpfälzisches Museum

Und was für den kleinen (sei es denn:) „Feuermacher", gilt für eine ganze Reihe der Szenen auf dem großen Neuenheimer Relief.

Dem kleinen „Feuermacher" gegenüber etwa, im rechten oberen Eck, zeigt sich Mithras wiederum nackt und mit seiner Zipfelmütze; jetzt aber „erscheint" er in der Krone eines Bäumchens, ja wächst offenbar aus ihm heraus (Abb. 9). Ähnliche Darstellungen finden sich des öfteren:

BAUMGEBURT. In einer Szene auf dem großen Kultrelief aus Nida (Frankfurt-Heddernheim) wächst Mithra wohl aus einer Zypresse heraus; wiederum mit seiner Zipfelmütze, hier allerdings mit einem Umhang bekleidet (Abb. 10, Gesamtrelief Abb. 21).

Auf der kleinen Reliefplatte aus dem hessischen Dieburg bei Darmstadt wachsen drei bloße Köpfe aus einem Baum heraus; auch sie mit Mithras Zipfelmütze, und überdies, wie es scheint (und dann ganz nach Art unsrer Zwerge), mit Bärten[5] (Abb. 11).

Woher die Symbolik solcher Baumgeburten? – Manfred Clauss merkte resignierend an:

Abb. 9: Baumgeburt, Heidelberg-Neuenheim, heute Karlsruhe, Badisches Landesmuseum

Abb. 10: Baumgeburt, Frankfurt, Museum für Vor- und Frühgeschichte

Abb. 11: Baumgeburt, Dieburg, Museum

Wir müssen uns allerdings eingestehen, daß wir mit dem Bild des Mithras-Kopfes in einem Baum keine Vorstellung verbinden können. (Mi 77)

Dies ist strenggenommen zwar richtig, da textliche Erklärungen zu diesen Szenen aus dem Umkreis des Mithraskults fehlen. An sich aber sind solche Baumgeburten keineswegs selten; weder in der antiken, noch in der modernen Welt.

So etwa fragt Penelope bei Homer einmal den Odysseus, woher er stamme; und um, statt eines bloßen Mythos', eine ernsthafte Antwort zu erhalten, wählt sie die Formulierung:

Aber sage, woher du bist und aus welchem Geschlechte;
Stammst du doch nicht von der Eiche im Sprichwort oder vom Felsen. (XIX 162f)

Auf Felsen als mythischen Geburtsorten werden wir gleich noch kommen. Aber auch für Bäume und Pflanzen fehlt es nicht an weiteren Beispielen. In Ovids Metamorphosen etwa lesen wir, wie Pallas dem Cadmus, Gründer von Theben, befielt, er solle Drachenzähne in die Erde stecken: *zum Wachstum künftigen Volkes ...* Und *wirklich*, so der Mythos weiter,

... wirklich, die Schollen beginnen – vermag man das Wunder zu glauben? – sich zu bewegen: Es zeigen zuerst sich die Spitzen der Lanzen, ... dann heben sich Schultern hervor und Brüste und Arme ...: es wächst eine Saat von beschilderten Männern.

Daß auch Ovid dies pflanzenartige Wachsen jener *beschilderten Männer* nicht für pure Realität, sondern eben für einen Mythos, nicht für eine *wahre*, sondern für

Abb. 12: Kinder-Pflanzen: Ein „Magier" belehrt Zwerge, ...

Abb. 13: ... und sie führen aus; rezentes Kinderbuch

eine *gute* Geschichte nahm, – dies brachte er klar genug zum Ausdruck, indem er sie mit der fiktiven Welt des Theaters in Verbindung brachte. So nämlich, wie jene *Saat von beschilderten Männern,* fuhr Ovid fort,

> ... *ebenso pflegen an festlichen Tagen die Bilder zu steigen, wenn im Theater der Vorhang sich hebt: die Gesichter erscheinen gleich zu Beginn, dann mählich das andre, bis langsam gehoben ganz die Figuren sich öffnen, die Füße am unteren Rand.* (III 106 ff.)

VOLKSGLAUBE. Und lebt die selbe Vorstellung denn nicht auch noch heute? – Es kommt nur darauf an, wohin man blickt – und hört! Denn noch heute entstehen Menschen und Tiere in *gewissem,* in *übertragenem* Sinn bekanntlich durch *Fortpflanzung* und *Fruchtbarkeit.* Würde man Eltern ansprechen mit: *süß ihre Pflänzchen,* würden sie dies wohl verstehen, aber vielleicht merkwürdig finden; weniger schon in der Wendung: *süß ihre Früchtchen*; und ganz und gar nicht in: *süß ihre Sprößlinge.* Und natürlich *wachsen* auch menschliche Sprößlinge gleich Pflanzen, ja *schießen in die Höhe,* in der Pubertät gar *wie Spargel.* Und Menschen aus Bäumen? Man danke an die *Abstammungen, Stammbäume, Stammhalter* und *Mannsbilder von stämmigem Wuchs* ... – Und gilt nicht auch unser Christkind als frisch gesproßter Zweig wie einst Mithra? Ich meine in jenem berühmten Weihnachtslied, das anhebt: *Es ist ein Reiß entsprungen* ... ?

Auch blätternde Blicke in Kinderbücher zeigen immer wieder das Motiv der aus Bäumen oder als Pflanze wachsenden Menschenkinder: Abb. 12 und 13.

In besonders schönen und lebhaften Ausgestaltungen begegnet das Motiv der baumgeborenen oder als Pflanzen wachsenden Menschen natürlich in den Fundgruben des Volksglaubens; auch wenn sie in den vergangenen hundert Jahren fast vollständig verschüttet und in Vergessenheit geraten sind:

Sonderbarerweise, ohne dabei gebührend auf Mithras einzugehen, trug der auch um die Mithrasforschung so verdiente Albrecht Dieterich in seinem Buch *Mutter Erde* mit großer Sach- und Literaturkenntnis die mythischen Vorstellungen über erd- und pflanzengeborene Menschen zusammen. Sein wissenschaftlicher Streifzug führte dabei durch alle fünf Kontinente, und Dieterich bereicherte das Material zudem mit seinem eigenen Erfahrungsschatz, den er zu Beginn des 20. Jh. auch noch in Mitteleuropa sammeln konnte. Denn auch hierzulande wurden nach dem Volksglauben die Menschen aus Pflanzen geboren; zum Beispiel, so Dieterich,

> *... aus dem Kinderbusch bei Gräfrath, aus der großen Linde bei Nierstein in Rheinhessen, aus dem heiligen Baum bei Nauders in Tirol (...), aus der Tititanne am Feldberg, dem Kindlibirnbaum im Aargau und aus so vielen anderen, oft auch hohlen Linden, Buchen, Eichen, Eschen.* – (In Mettersdorf bringt) *bringt die Hebamme das Knäblein, wie auch in anderen siebenbürgisch-sächsischen Gemeinden vom knorrigen Birnbaum, das Mädchen vom schlanken Zwetschgenbaum.* (ME 19 u. 127)

Nicht übersehen werden sollte hier, daß nach diesen Volksmythen aus all den Bäumen nicht einfach nur Menschen, sondern durchweg *Kinder*, und zwar *kleine Kinder* wuchsen: *Kinderbusch, Kindlibirnbaum, Hebamme, Knäblein ... Mädchen.* Mit Blick auf Mithras legt dies natürlich die Vermutung nahe, daß die schweigenden und nur in bildlicher Darstellung überlieferten Zeugnisse über seine Baumgeburt in diese Reihe gehören und also besagen: Auch Mithras wollte bei seiner Baumgeburt, wie Baumgeborene weltweit, als kleines Kind aufgefaßt werden.

FELSGEBURT. Daß dem so ist, wird erhärtet durch ein verwandtes Motiv: Mithras Felsgeburt. Die entsprechenden Szenen zeigen, wie sich Mithras, einem Maulwurf gleich, aus der Erde oder aus felsigem Grund ans Licht des Tages arbeitet.

Daß Mithra auch in diesen Szenen als kleines Kind aufgefaßt werden will, ist in vielen Darstellungen selbstredend: Sie zeigen Mithras in klar infantilem Habitus und in den Proportionen eines Halb-, Ein-, höchstens Zwei- oder Dreijährigen.

Auch bei den Felsgeburt-Szenen wird der Gott in der Regel nackt dargestellt, allerdings nicht immer mit seiner Zipfelmütze, sondern des öfteren auch kahlköpfig, bisweilen auch mit wallenden, dann wohl die aufgehende Sonne symbolisierenden Strahlen-Locken.

Felsgeburt-Szenen sind viele erhalten. Sie durften offenbar in keinem Mithräum fehlen. Sie begegnen auf den Randkassetten der kleinen Kultreliefs des Donautals nicht anders als auf den großen Kultreliefs zumal des Rheintals; so auch wieder auf der Platte aus Neuenheim (Linker Streifen, zweite Kassette von oben). Häufig sind die Felsgeburt-Szenen Mithras auch in Gestalt separater Plastiken anzutreffen; nicht immer, aber bisweilen durchaus von künstlerischen Wert, wie bei der abgebildeten Skulptur aus Rom, gefunden unter S. Stefano Rotondo (Abb. 14). Stark

Abb. 14: Felsgeburt, Rom, S. Stefano Rotondo (Foto nach: Lissi-Caronna Tav. XXXII.)

Abb. 15: Felsgeburt, Konstanz, Rosgartmuseum

Abb. 16: Felsgeburt, Frankfurt, Museum für Vor- und Frühgeschichte

erodiert oder abgegriffen ist die kleine Vollplastik (aus dem Magazin) des Konstanzer Rosgartmuseums; hier, soweit mir bekannt, zum ersten Mal veröffentlicht (Abb. 15). Sie zeigt Mithras in ungewöhnlicher Haltung. Denn während er bei der Felsgeburt meist Dolch und Fackel in Händen hält, hat er hier die Arme angelegt, allem Anschein nach, um sich so in einer windenden Bewegung aus dem Felsen zu arbeiten. Infantilen Charakter hat Mithras auch auf einer Vollplastik aus Frankfurt-Heddernheim (Abb. 16).

Ein Kind scheint Mithras sodann auch auf einem Relief darzustellen, das heute im Magazin der Außenstelle *Maritimo* der *Musei Capitolini* in Rom verwahrt wird (Abb. 17). Etwas geradezu Süßes hat die Felsgeburt-Szene auf dem linken Seitenrand der großen Kultplatte aus Nersae, nördlich von Rom, heute im *Museo Nazionale Terme di Diocleziano*. Sie zeigt, wie der kleine, nackte Gott, eben dabei aus dem Felsen herauszuwachsen, von zwei Hirten (wahrscheinlich seinen beiden Fackelträgern) mit Handküssen empfangen wird. (Abb. 18). Wir werden gerade auch zu dieser Szene noch mehrmals zurückzublättern haben; nicht zuletzt, weil sie bezeugt, daß Mithras Geburt ein schierer Vulkanausbruch war, bei dem wahrhaft Flammen aus dem Felsen schlugen ...

„GEBURT". Leicht in die Irre führt uns Heutige freilich der Umstand, daß diese Szenen auf mehreren Inschriften des römischen Kults ausdrücklich als Fels-*Geburten* bezeichnet wurden. Erhaltene Formulierungen lauten: *deus genitor rupe natus*, „der Gott wird aus dem Fels geboren"; *petrae genetrici*, „aus dem Fels geboren", *saxigenus*, „der Felsgeborene".[6]

Das Wort „Geburt" will hier aber metaphorisch und nicht wort-wörtlich genommen werden. Denn das Thema dieser Szenen ist *nicht* etwa die physische Geburt, und die Höhle, aus der Mithras dabei „geboren" wird, ist nicht die weibliche Leibeshöhle, sondern eben eine Erd- oder Felsenhöhle. Dies ist auf vielen Darstel-

Abb. 17: Felsgeburt, Rom, Capitol. Museen, Außenstelle Maritimo (Ostiense)

Abb. 18: Felsgeburt mit Handküssen, Nersae, jetzt Rom, Museo Nazionale Terme di Diocleziano

lungen klar genug auszumachen: Die Höhle, in der Mithras vor seiner „Geburt" verharrt, ist oft von Steinbrocken überwölbt und befindet sich unter einer, meist von Bäumen bestellten Landschaft, die gleichsam schon für Mithras Hinaustreten vorbereitet und zurecht gemacht ist. Tatsächlich steht das Motiv der Fels-„Geburt" für eine dramatische Ereigniskette *in der Mitte des ersten Lebensjahres*, nämlich für die – in mythischer Sprache: – ‚*Geburt in die Morgenröte*'. Dort nämlich, um den fünften, sechsten Lebensmonat, beginnt für die Kleinen ein völlig neuer Lebensabschnitt, regelrecht eine zweite Geburt:

Zum einen nämlich vollzieht sich in eben dieser Phase ein dramatischer Wandel in der optischen Wahrnehmung. Denn die ersten Lebensmonate hindurch waren die Kleinen kurzsichtig, ja in den ersten Lebenswochen sahen sie nur in einer Entfernung von ungefähr 20 Zentimetern wirklich scharf; in jener Entfernung also, in der sich ihre Händchen bewegten und auf die sich die Erwachsenen bei ihren Begrüßungsgesten intuitiv richtig hinbeugten.

Aus der Perspektive der Kleinen muß sich die Welt dabei wie eine Höhle ausnehmen; eine Höhle, deren Wände zwar im wörtlichen Sinn nicht aus Fels, aber doch aus transparenter Unschärfe und Trübe bestehen: farbig zwar und in wechselndem Licht schillernd, aber dennoch undurchdringlich und insofern als ob felsig hart. – *Es ist*, schrieb der amerikanische Säuglingsforscher Daniel N. Stern über diese „Innenperspektive" der ersten Lebenswochen ...

Es ist, als bilde der Raum eine Kugel um (den Säugling), *deren Radius der Länge seiner Arme entspricht.* (Tag 26)

Und das Autorenteam um Alison Gopnik schilderte, vor allem im Hinblick auf die Gesichter, die in diese „Kugel" hineingrüßen:

> *Die Welt des Neugeborenen scheint ein bißchen wie der Raum voller Rembrandt-Portraits in der National Gallery of Art in Washington zu sein. Hell leuchtende Gesichter ... springen aus einem Hintergrund trüber Verschwommenheit (gloomy obscurity) hervor ... (29)*

Diese anfängliche Enge der optischen Wahrnehmung weitet sich zwar bereits in den nächsten Lebensmonaten; aber erst ab dem fünften, sechsten Monat beginnt sich die optische Welt zu jener Ausdehnung zu öffnen und weiten, die uns Erwachsenen gewohnt und selbstverständlich ist.[7]

Doch die um den fünften, sechsten Lebensmonat anstehende Weitung der Sehschärfe ist nur das eine. Denn zum anderen öffnet und weitet sich die anfängliche „Höhle" in diesen Monaten auch, weil, parallel mit den optischen Fähigkeiten, nun auch die motorischen Fertigkeiten weiter gereift sind. Jetzt nämlich bricht die Zeit an, wo die Kleinen die enge Welt der ersten Lebensmonate auch im physischen Sinn verlassen. Ab jetzt können sie das Köpfchen frei bewegen, sicher greifen, sitzen, krabbeln und rutschen. Jetzt beginnen sie daher auch, in die selbst erschaffenen Weiten der optischen Welt hinaus zu kriechen und krabbeln, um sich in der neuen Welt genauer zu orientieren ...

Beides, das optische und haptisch-physische Öffnen und Weiten der vorherigen Enge, wird durch das mytische Motiv der Fels-„Geburt" reinszeniert. Beide Ereignisse stehen für den Übergang in eine neue Welt und markieren im übertragenen Sinn deshalb tatsächlich etwas wie eine zweite Geburt.

Aber natürlich drängt sich hier die Frage auf: Woher wußten die Menschen damals um die Wahrnehmungsfähigkeit Halbjähriger; woher gar Details dazu, die erst wieder die moderne Säuglingsforschung ans Licht brachte? Hatten sie mit ähnlichen Methoden wie die moderne Wissenschaft recherchiert? Oder war ihr Zugang ein ganz anderer? Und warum, wenn Mithras bei seinen Felsgeburten denn tatsächlich als Kleinkind verstanden werden will; warum wurde er dann häufig auch als junger Erwachsener dargestellt? – Stellen wir diese und ähnliche Fragen noch für einige Zeit zurück und sammeln wir vorab noch weiteres, die These unterfütterndes Material:

NEBEL. Zumeist wird die Höhle, aus der Mithras kriecht, als ein Erdloch oder eine Gebirgshöhle dargestellt. Im übertragenen Sinn hat dies durchaus seine Stimmigkeit. Streng genommen aber müßte diese Höhle der ersten Lebensmonate keine „Wände" aus Fels oder Erde, sondern aus undurchdringlicher Trübe oder, noch einmal mit Alison Gopnik et al. gesprochen, aus *trüber Verschwommenheit haben.*
– Allem Anschein nach wurde im römischen Mithraskult prompt auch die Darstellung einer solchen Höhle versucht. Auf dem großen Kultrelief aus Osterburken im Odenwald nämlich befindet sich unten links ein Kopf, der ob seiner Rundheit und Pausbackigkeit klar der Kopf eines kleinen, sehr kleinen Kindes ist (Abb. 19,

Abb. 19: Kopf in wolkigem Kreis (Chaos?), Osterburken

Abb. 20: Gesamtrelief aus Osterburken, jetzt in Karlsruhe, Badisches Landesmuseum

Gesamtrelief: Abb. 20). Dieser Kopf nun ist von einem „Ring" umgeben, der nicht nur mich, sondern auch den verdienten Mithrasforscher Maarten Vermaseren an ein Gebilde aus Wolken erinnerte. Vermaserens Legende zu einer Abbildung des sonderbaren Relief:

Kopf in wolkigem Kreis (Chaos) (MiGe 60).

Was aber sollte dieser *wolkige Kreis* symbolisieren, wenn nicht die besagte Sternsche *Kugel, deren Radius der Länge* (der kindlichen) *Arme entspricht*; was, wenn nicht jenen Gopnikschen *Hintergrund trüber Verschwommenheit*, der die Kleinen während der ersten Lebenswochen in einem Abstand von 20 Zentimetern umgibt? – Daß die Skulptur in der Tat so gedeutet werden will, legt auch ein Mythos des altindischen Rigveda nahe; der ja zugleich die ältesten Textzeugnisse auch über Mithra enthält. Dort nämlich heißt es über den mit Mithra eng verschwisterten Indra, daß dieser beim Verlassen der Felshöhle sich bedrohlicher Nebel zu erwehren hatte. Diese Nebel verfauchte dabei ein den Weg ins Freie versperrender Drache namens *Vrtra*, wörtlich *„der Versperrer"*. Wir werden auf weitere Details um diesen sonderbaren Drachen noch zu sprechen kommen; hier genügt es festzuhalten, daß dieser *Versperrer*, auch *Sohn des Nebels* genannt, ein *alter ego* des kleinen Indra selbst war: Indra lag sich ob seiner Kurzsichtigkeit ja gewissermaßen selbst im Weg, versperrte sich selbst den Ausgang aus seiner trüb-engen Höhle.[8] Entsprechend, so der Mythos weiter, kleidete und hüllte sich Indra, als er daranging, dies sonderbare Drachen- und Nebelungeheuer zu besiegen, auch selbst in Nebel … So gewappnet jedenfalls und also Gleiches gegen Gleiches richtend, vernichtete Indra zuletzt das nebelfauchende Ungeheuer und befreite sich dadurch aus den vernebelt-trüben Höhlenwänden der ersten Lebensmonate. Im Wortlaut:

(Ihn, den Drachen Vrtra,) *der im sonnenlosen Dunkel groß geworden war, ... hat der Bulle Indra ... erschlagen, ... den Sohn des Nebels, ... den ... im Dunklen Wandelnden.* (Indra) *schwang die Waffe ... , in Nebel sich kleidend.* – (Auch er, Indra, war) *unkenntlich wie das Dunkel.*[9]

CHAOS. Warum Vermaseren an der oben zitierten Stelle in Klammer hinzufügte: *Chaos*, ist aus seinem Textzusammenhang nicht ersichtlich.[10] Aber es spricht für gute Intuition. Denn solange die Sehschärfe noch so eng begrenzt ist, befinden sich die kleinen Götter allerdings noch in einer Welt des *Chaos*. Während der ersten Lebensmonate nämlich ist die optische Wahrnehmung noch gleichsam roh, und die Kleinen können weder Abstände taxieren, noch individuelle Gesichter erkennen. Stern bezeichnete deshalb die Welt des frühkindlichen Anfangs als *relativ chaotisch*. (Tag 80) Und Gopnik et al. schrieben von einem *flimmernden Chaos aus Sinneseindrücken*, um dann die für ihre säuglingspsychologischen Studien programmatische Frage aufzuwerfen: *Wie werden die chaotischen, sich ständig verschiebenden Muster aus Licht, Hautreizen, Tönen und Gerüchen decodiert* (und zu menschlicher Welt synthetisiert) *...?* (6)

Vermaseren rekurrierte mit seiner Formulierung *Kopf in wolkigem Kreis (Chaos)* freilich nicht auf Texte moderner Säuglingsforscher, sondern auf die antiken Vorstellungen von Chaos, wie sie insbesondere bei Hesiod und Ovid überliefert sind. Aber gerade daß diese mit jenen der Säuglingsforscher gut zusammen stimmen, spricht erneut für die Richtigkeit der aufgestellten These. – Bei Ovid zum Beispiel lesen wir über den *Anfang* der menschlichen Welt:

... da besaß die Natur im All nur ein einziges Antlitz, Chaos genannt, eine rohe und ungegliederte Masse ... Nichts als träges Gewicht ... Disharmonierende Samen nur lose vereinigter Dinge ... Es schwankten die Formen der Dinge ... (Met I 6ff.)

Vor diesem Hintergrund hat Vermaserens Deutung des Osterburkener Reliefs als *Kopf in wolkigem Kreis (Chaos)* jedenfalls mehr für sich als die Merkelbachs. Dieser sah in dem Relief einen

... Sonnenaufgang: Der Kopf ... taucht in einem Kreis auf, ähnlich wie auch dem Relief in Trier. (Mi 351)

Der Unterschied zu dem oben (Abb. 6) eingeblendeten Relief aus Trier ist aber doch erheblich. Mithras ist darauf klar schon ein älteres, vielleicht ein ein- oder gar schon zweijähriges Kind und damit sicher – und auf der Darstellung erkennbar – nicht mehr kurzsichtig und von Nebeln umhüllt. Alle Gegenstände in der Umgebung des Kleinen sind hier scharf dargestellt und der den Gott umgebende Ring hat hier nichts Nebelartiges, sondern steht eindeutig für die Bahn des nächtlichen Tierkreises. – Dennoch hat auch Merkelbachs Deutung ihr Recht und ihre intuitive Richtigkeit. Denn *beide* Reliefs stehen für ‚Morgenröte'. Der Unterschied ist nur: Das Osterburkener Relief steht für die Zeit *vor* dem fünften, sechsten Lebensmonat, mithin für die Zeit *vor* dem ersten Sonnenaufgang, das Trierer Relief dagegen für genau diese Zeit. Der kleine Gott des Osterburkener Reliefs ist noch in der schillernden und von Trübe und Nebeln begrenzten Höhle der ersten Lebensmonate befangen. Der schon etwas größere Gott des Trierer Reliefs dagegen hat den Kosmos bereits bis zu den entferntesten Weiten, den nächtlichen Sternbildern, aufgeweitet und er beleuchtet die Welt bereits mit seinem in Schärfe und Tiefenschärfe zeichnenden Sonnen- und Augenlicht.

Da Mithras (ähnlich der aufgehenden Sonne jeden Morgen) einst die *erste* Morgenröte und mit ihr das *erste* tiefenscharfe und scharfzeichnende Licht erschuf, galt er im römischen Kult nicht nur allgemein als *kosmokrator*, *„Weltenschöpfer*, sondern eigens auch als *genitor luminis*, *„Erzeuger des Lichts"*: Eine im niederösterreichischen Deutsch-Altenburg, dem antiken *Carnuntum*, gefundene Weihinschrift lautet entsprechend: *D(eo) i(nvicto) M(ithrae) ... gen(itori) lum(inis)*, *„Dem unbesiegten Mithra, ... dem Erzeuger des Lichts"*.[11]

KOPF. Es ist nicht leicht anzuerkennen, daß die früheren Menschen um Phänomene „wußten", die in der Säuglingsforschung vor wenigen Jahren Wogen schlugen. Und doch ist es so. Gerade auch um jenes „Wissen" von der eingeschränkten optischen Wahrnehmung rankte sich ein ganzer Komplex von Mythen. Ob dieses „Wissen" dabei „explizit" und „bewußt" war, ist eine „moderne" Frage, die hier noch zurückgestellt sei. Man rümpfe aber nicht vorschnell die Nase; denn Sätze wie der folgende könnten sehr wohl auch Ausdruck eines solch „expliziten Wissens" sein. Er ist rund dreieinhalbtausend Jahre alt und entstammt wieder dem altindischen Rigveda:

Die Mutter trägt wohlgeboren an ihren Brüsten das Kind, das (noch) nicht sieht, es stillend.[12]

Wir werden auch noch andere Szenen aus dem Drama der optischen Welteröffnung kennenlernen. Für jetzt mögen die genannten ersten Beobachtungen genügen; machen sie doch schon hinreichend verständlich, warum das Motiv von Mithras Fels-„Geburt" nicht für die physische, sondern für die Geburt in die Morgenröte steht, mithin für ein Ereignis, das in der Mitte des ersten Lebensjahres, um den fünften, sechsten Monat einsetzt.

Diesem Befund entspricht recht genau, daß Mithras bei den Darstellungen seiner Felsgeburt nie als neugeborenes, sondern immer schon als größeres Kind begegnet. Nach manchen Skulpturen könnte er bereits zwei, vielleicht sogar drei Jahre alt sein; immer aber ist er mindestens fünf, sechs Monate alt. Dies ist nicht nur an seiner mitunter üppigen Lockenpracht und daran zu erkennen, daß er zumeist mit sicherem Griff einen Dolch und eine Fackel hält. Auch seine Körperproportionen sowie seine aus eigener Kraft aufgerichtete Haltung weisen ihn klar als ein Kind von mindestens sechs Monaten aus. Das eindeutigste Indiz ist aber Mithras großer, kugeliger Kopf: Bekanntlich verdoppelt sich beim Menschen das Hirnvolumen im

Laufe des ersten Lebensjahres, weshalb Neugeborene so markant kleinere Köpfe haben als Einjährige. Wo als Kind dargestellt, hat Mithra auf den Felsgeburtszenen immer einen bezeichnend großen Kopf; und einerlei ob es intuitiv oder absichtlich geschah: Zumal dies spricht dafür, daß man damit, auch als minder begabter Bildhauer, keinen Neugeborenen wiedergeben wollte, „Geburt" also gerade nicht als physische Geburt auffaßte.

Auch an diesem Punkt erhalten wir wieder Rückendeckung von den Volksmythen anderer Kulturen. Denn auch noch nach dem Volksglauben neuerer Zeit waren mit den „Geburten" der Kinder aus Erdhöhlen erkennbar nicht die physischen Geburten gemeint. Albrecht Dieterich recherchierte zum Beispiel, daß man, wie andernorts, so auch in Köln glaubte, die Kinder würden zu gegebener Zeit ihre unterirdische Welt durch Brunnen verlassen (oder, wie wir selbst als Kinder noch glaubten, von Störchen aus Sümpfen oder Seen gebracht). So wie *Braunschweig seinen Gödebrunnen*, habe daher Köln seinen *Klingelspütz* und *auch einen Brunnen an der St. Kunibertskirche*. Dort, so Dieterich, die Überlieferung wiedergebend, würden

> *... die Kleinen vor der Geburt um die Mutter Gottes herumsitzen, die ihnen Brei gibt und mit ihnen spielt.* (ME 18 f.)

Im physischen Sinn Ungeborene können weder sitzen, noch Brei essen, noch mit der Mutter spielen. All dies ist aber für gut Sechsmonatige durchaus charakteristisch. Ebenso daß sie, wie wir gleich lesen werden, in ihren Höhlen *unter der Erde jubeln und schreien*.

ZAPFEN. Die Vermutung liegt nahe, daß die Baumgeburt- und die Felsgeburt-Szenen des römischen Mithraskults zusammengehören und für ein gemeinsames Phänomen stehen. Und tatsächlich wurde auch längst bemerkt, daß der „Fels", aus dem Mithras steigt, zwar häufig einem Hügel, genauer wohl: einem Maulwurfshügel[13] oder einem tatsächlichen Felsen nachempfunden ist, bisweilen aber auch dem schuppigen Zapfen einer Pinie; zum Beispiel auf der weiter unten (Abb. 27) eingeblendeten Felsgeburt aus Güglingen. – Wir kennen das Motiv des Pinienzapfens auch aus dem kleinasiatischen und später auch römischen Kult um Attis, einem göttlichen Verwandten Mithras, der, wie er, die „phrygische" Zipfelmütze trug. Von Attis aber wissen wir überdies aus Textüberlieferungen, daß er in Gestalt einer Pinie (oder Fichte) verehrt wurde und deshalb als aus einem Zapfen geboren galt.[14]

Und auf den zweiten Blick hat die mythische Verwandtschaft des Felsgeburt-Motivs mit dem Motiv der Baum- und Zapfen-Geburten auch ihr Natürliches. Denn aus Bäumen zu wachsen besagt zugleich, aus der Erde zu wachsen. Deshalb eben wies Penelope ja bei Homer den Odysseus zurecht, er solle seine Herkunft nicht durch den geläufigen Volksmythos verbrämen:

Stammst du doch nicht von der Eiche im Sprichwort oder vom Felsen. (XIX 162f)

Und deshalb, so A. Dieterich, finde man es in Volksmythen oft ausgesprochen,

> ... *daß etwa, wo der Baum die Kinder trägt, sie eben drunten in der Erde waren, ehe sie herauswuchsen. So heißt es ... von der Linde bei Nierstein: „Da holen die Frauen aus der ganzen Gegend die Kinder. Wenn man das Ohr an die Erde legt, hört man, wie die Kleinen unter der Erde jubeln und schreien."* (ME 21)

In der Tat fanden und finden sich Mythen von erd-, baum- und felsgeborenen Kindern weltweit. Für uns besonders interessant sind natürlich wieder die Beispiele aus dem mitteleuropäischen Raum. Dieterich:

> ... *die Kinder kommen nach vielfachem Glauben aus Felsen und aus Höhlen, wie etwa im schwäbischen Staubachtale die Hebamme alle Kinder aus der Höhle des Rosensteins holt, wo sie von einer weißen Frau gereicht werden* ... (Seine Stelle finden darf hier auch) *der mehrfach belegte Glaube des Volkes in den Vogesen, daß aus diesen und jenen Felsen, die in den verschiedenen Gegenden eben verschieden sind, die kleinen Kinder zur Welt kämen ... In Pommern werden die Kinder vielfach aus Steinen, „Großsteinen", „Schwansteinen", dem Uskahn bei Saßnitz, dem Buskamen (d.i. Gottesstein?) vor Göhren auf Mönchgut zur Welt gebracht: es heißt wohl auch, die Steine würden mit einem Schlüssel aufgeschlossen und die Kinder herausgeholt* ... (ME 20)

Immerhin ein weiteres Beispiel von außerhalb Europas sei aufgrund seiner humorgewürzten psychologischen Sensibilität noch eingeflochten. Dieterich:

> *Aus Zentralaustralien berichten Spencer und Gillen von einem Erdloch und darunterliegendem Stein, ... aus dem die Kinder herauskommen: ... Weiber, die Kinder wünschen, wallfahrten zu diesem Steine. „Es wird fest geglaubt, daß der Besuch des Steines zu einer Empfängnis führt. Wenn eine junge Frau in der Nähe des Steines vorbeilaufen muß und kein Kind wünscht, wird sie sorgfältig durch Verkleidung ihre Jugend verbergen, ihr Gesicht verzerren, auf einen Stock gestützt gehen ... und sagen ‚Kommt nicht zu mir, ich bin eine alte Frau'."* (ME 13)[15]

***

Nach diesem kurzen Streifzug durch die Welt der „Geburts"- und Höhlenmythen ist es geboten, zu ersten allgemeineren Reflexionen über das Heilige inne zu halten. – Die leitende Frage dabei wird lauten: Wo in der menschlichen Welt ist der Ort des Heiligen; und damit: *Wo verläuft die Grenze zwischen Profanem und Hei-*

ligem? – Auf der von dieser Frage gewiesenen Grenz- und Gratwanderung werden wir uns von Mithras Höhle bisweilen beträchtlich zu entfernen und schweifenden Blicks auch Felder und Abhänge moderner Psychologie und Philosophie zu queren haben. Sie führt aber zielstrebig voran und immer wieder, und je mit verändertem Blick, zu Mithra zurück.

III.
Exkurs über das Heilige
Ein Grenzgang

Mach, daß er seine Kindheit wieder weiß;
das Unbewußte und das Wunderbare
und seiner ahnungsvollen Anfangsjahre
unendlich dunkelreichen Sagenkreis.

Rainer Maria Rilke

1. Mythos und Realität

ETIKETTIERT. Schon der Umstand, daß sich „Geburts"- und Höhlenmythen wie die besprochenen bei den unterschiedlichsten Völkern weltweit fanden und finden, spricht dagegen, daß es sich dabei einfach um puren Unsinn und Aberglauben handelt. Diese Mythen müssen vielmehr einem natürlichen Bedürfnis entsprungen und Ausfluß einer seelischen Schicht sein, die allen Menschen eigen war und ist.

Dabei traf, wenn überhaupt, nur in Ausnahmefällen zu, was wir (in solchen Dingen wahrlich schlecht) aufgeklärten Europäer allzu gerne noch immer unterstellen; nämlich daß die Menschen diese Mythen wort-wörtlich und für pure Realität genommen hätten. Deshalb war es und wäre es weiterhin ein herber *Fauxpas* zu meinen, die Menschen damals hätten, in Mythenglauben verfangen, zum Beispiel nicht gewußt, wie Kinder tatsächlich geboren werden. Oder will man allen Ernstes zumal den Frauen, es sei jenen aus *Zentralaustralien* oder jenen aus *Rheinhessen* unterstellen, sie hätten, nachdem sie schon mehrere Kinder zur Welt gebracht, wirklich geglaubt, Kinder würden im wörtlichen Sinn aus der Erde oder auf Bäumen wachsen? Der Vorwurf des Abergläubischen und „mythischen Bewußtseins" kehrt sich hier peinlich zurück an jene, die ihn erhoben.

Nein, Mythen wie die um Mithras Fels-, Höhlen- oder Baumgeburt wollten nicht für pure Realität, wollten nicht wort-wörtlich und im strengen Sinne für „wahr" genommen werden. Sie waren, mit dem amerikanischen Anthropologen Gregory Bateson gesprochen, *metakommunikativ* anders *etikettiert* als Aussagen mit Anspruch auf Objektivität:[1] Will sagen, sie waren mit nicht ausgesprochenen, zum Beispiel mimischen Zusatzinformationen versehen, die veranlaßten, sie anders als „ernst gemeinte" Aussagen einzuordnen. So markiert waren sie erkennbar nicht vom Typ politischer oder privater Absprachen, nicht vom Typ der Beschreibung oder Erklärung eines Naturereignisses, nicht Information über oder Mitteilung von „harter", „intersubjektiver", „objektiver" Realität. Mythen wie die von Mithras „Geburts"-Abenteuern gehörten stattdessen in die Welt des Geschichten-Erzählens; sie waren vom Typ der Sagen, Legenden, Märchen. Sie waren eher Literatur als Bericht, eher Fiktion als Physik. Die Atmosphäre ihres Vortrags war zwar gewiß nicht ohne Ernst. Aber es war ein anderer Ernst als beim Übermitteln von Nachrichten. Zum Ernst solcher Mythen gehörten halb verträumte, der Trance nahe und nach „innen" gerichtete Augen; kein nach vorn, sondern ein nach oben gerichteter oder eher gesenkter Blick; ein ruhiger, musikalischer Ton des Vortrags; und eher Kerzen- oder Öllicht, eher morgenroter Dämmerschein als mittägliche Helle …

Die Sprache des Heiligen gehört, auch wenn sie die selben Worte benützt und die selben grammatischen Regeln verwendet, einer ganz anderen Sphäre an als die

Sprache des Objektiven; und diese je unterschiedliche Sphäre, dieser je andere Rahmen, diese je andere Form der metakommunikativen Etikettierung gab den Aussagen je andere Bedeutung und war zumal mit einem je anderen Wahrheitsanspruch verbunden. – Nach meinem Kenntnisstand spricht alles dafür, daß Menschen seit jeher, von Extremsituationen abgesehen, beides sehr wohl zu unterscheiden wußten.

INTOLERANZ. Der oft gegen die Menschen des „Heidentums" erhobene Vorwurf, sie hätten ihre Mythen für pure Realität genommen, geht deshalb – zumindest beim hier in Rede stehenden Typ von Mythen[2] – ins Leere. Denn dieser Vorwurf gründet nicht in der mythischen Verfallenheit unserer Ahnen, sondern in der Befangenheit und mangelnden Sensibilität jener „moderner" Mythenforscher (zum Beispiel Ernst Cassirers[3]), die die metakommunikativen Unterscheidungen in den überlieferten Textzeugnissen nicht zu erspüren vermochten. *Sie*, nicht die Menschen damals, haben diese Mythen mißverstanden; denn *sie* nahmen sie, indem sie sie kühl, naserümpfend und wissenschaftlich „analysierten", für wort-wörtlich gemeint; während die Kriterien für angemessenes Verständnis hier doch entspannte Mundwinkel, weiche Augen, Humor oder religiöse Ergriffenheit sind.

Genauer besehen trifft der so lange und regelmäßig gegen die „Heiden" erhobene Vorwurf viel eher auf die „modernen" Religionen zu. Denn diese beanspruchen in der Tat immer wieder, daß Wahrheit und pure Realität sei, was für jeden gesunden Verstand nur Mythos sein kann: Zum Beispiel daß Jesus, und nur er, tatsächlich von einer Jungfrau geboren und Sohn Gottes gewesen sei; daß er überdies Wunder gewirkt habe, vom Tode auferstanden und gen Himmel gefahren sei … – Bei „Wahrheiten" dieses Typs *fehlen* metakommunikative Etikettierungen, die sie einer gesonderten Sphäre zuweisen. *Sie* sind mit dem Anspruch verbunden, von purer Realität zu handeln; und allein sie gerieten und geraten deshalb auch in Hader mit Erkenntnissen der Physik oder Biologie; und entsprechend klagten ihre Verfechter einen Kopernikus, Galilei, Darwin ja auch der Gotteslästerung an.

Solche Vermengungen der Sphären, solche Übergriffe auf fremdes Terrain sind zwar nicht die einzigen, aber doch wesentliche Gründe dafür, daß aus Religionen dieses Typs so regelmäßig Intoleranz und Aggressivität nach oben gären – und daß ihnen das Heilige so leicht in hitziger Rechthaberei und zwielichtiger „Moral" ertrinkt. Denn ihre „Wahrheiten" *muß* man glauben. Und wer es nicht tat oder tut, geriet oder gerät mit den bekannten Folgen zum Ketzer oder (wie es heute schon wieder heißt) zum „Ungläubigen" oder „Gottlosen". – Wer spürte aber nicht, daß „Wahrheiten", die derart mit Zwang und Gewalt bewehrt sind, niemand (die Eiferer eingerechnet) von Herzen glauben kann?

An die Baum- oder Felsgeburten des Volksglaubens (und wohl auch des römischen Mithraskults) dagegen *konnte* man glauben; und wer es nicht tat oder sich an andere Felsen, Höhlen oder Bäume hielt, wurde deshalb nicht zum verdammenswürdigen Feind. Solcher Glaube war eben deshalb glaub-würdig. Er wollte nicht „die" Wahrheit sein, sondern war nicht mehr als eine Geschichte – wenngleich eine heilige.

Obwohl kein nüchternes und objektives Abbild der Realität, haben und hatten die Mythen um Baum- und Felsgeburten dennoch Sinn. Denn sie spiegeln aus frühkindlicher Perspektive wider, was damals, am Anfang der menschlichen Welt „tatsächlich" geschah: Damals, in den versunkenen Urzeiten der Schöpfung brachen die Menschen eben „tatsächlich" durch wundersame Höhlenwände und krabbelten wie Maulwürfe ans Licht der Morgenröte … Der abrufbaren Erinnerung verschlossen und deshalb für die wache Alltagsrealität in der Tat transzendent, sind die Spuren dieser Schöpfungsdramen aber dennoch nicht erloschen. Sie bleiben vielmehr in jener zauberdurchtränkten Welt des „Unbewußten" verwahrt, in die gleichsam nur geheime Pfade, zum Beispiel der Religion, zurückführen.

2. Psychologisches Schema und Zarathustras Tabu

MUTTER ... Vor diesem Hintergrund zeichnet sich bereits ab, warum solche Mythen von einer Aura des Heils und des Heiligen umfangen, ja Medium und Inbegriff des Heiligen waren: Indem diese Mythen die so andere Realität der frühen Kindheit re-inszenierten, führten sie zurück in jene seelische Schichten, in denen, auch nach modernem Verständnis, therapeutische Interventionen vorrangig indiziert sind. – Es ist der Mühe wert, die hier wirksamen psychologischen Zusammenhänge genauer auszuleuchten. Dazu vornweg eine kurze Auffächerung der theoretischen und terminologischen Grundlagen:

Die Welt der frühen Kindheit, mithin die Welt jener unteren und älteren Schichten des menschlichen Gemüts, nannte Freud (vereinfacht wiedergegeben:) die Welt des *Primärprozesses*. Unsere, die darüberliegende Welt des „Bewußtseins" dagegen nannte er: Welt des *Sekundärprozesses*.[4] Daran angelehnt ordnet die moderne Hirnphysiologie die Welt der frühen Kindheit dem *limbischen System* zu, die „bewußte" und sekundäre Welt dagegen dem darüber liegenden *System des Neokortex* (vulgo: der Großhirnrinde).[5]

Weil sie zumal in den ersten, vorsprachlichen Lebensjahren gründet, ist die untere, limbische Welt des Primärprozesses im wesentlichen eine *präverbale* Welt: anschaulich und von – auch hier einstweilen noch salopp und unscharf formuliert: – *vorlogischen* Gestaltungsprinzipien komponiert.

Die untere, „limbische" Welt des Primärprozesses unterliegt, wie schon Freud betonte, desweiteren der *frühkindlichen Amnesie*: Sie ist dem gewöhnlichen, „deklarativen", das heißt dem abrufbaren und „bewußt" zugänglichen Gedächtnis verschlossen. Weiter als bis frühestens ins dritte Lebensjahr reicht „bewußte" Erinnerung nicht zurück.

Weil die „limbische" Welt dem gewöhnlichen Gedächtnis verschlossen bleibt, gilt sie insoweit zurecht als Welt des „Unbewußten". Im Mythos galt und gilt sie deshalb mit großer Regelmäßigkeit und über die Kulturen hinweg als Welt der *Finsternis* und wurde und wird daher der *Nacht*, dem *Unterirdischen* und überhaupt einem *Unten* zugeordnet.

Diese „finstere" und „untere" Welt des „Unbewußten" ist in den frühen Mythen nun ihrerseits regelmäßig zweigeteilt; und zwar wiederum – und bisweilen etwas verwirrend – nach den Schemen ‚oben/unten' und ‚licht/finster'. Die Ursache ist aber auch hier leicht zu verstehen.

Die besagten ersten drei „finsteren" Lebensjahre werden durch eine ganze Reihe Lebens- und Welt-gestaltender Ereignisse strukturiert. Das wichtigste Strukturprinzip läßt sich dabei wie folgt beschreiben:

Die ersten Lebensmonate des Neugeborenen sind maßgeblich durch *die Mutter* bestimmt. Ihre, der Mutter Wärme, ihre Haut, ihre Arme und ihre Brüste sind die Quellen der ersten Geborgenheit und Sicherheit. Ihre, der Mutter Formen des Pflegens, Spielens und Kontakt-Aufnehmens prägen die Formen der ersten und deshalb aller späteren Kommunikation. Ihre, der Mutter Stimme schult das schon so helle Gehör und legt mit ihren Melodien und Modulationen die Grundlage für das spätere Sprachverständnis und für alle, im zweiten Lebensjahr sich dann darüber legenden „Bedeutungen". Und nicht zuletzt: Ihr, der Mutter Anblick, zumal der ihres oft von verwegen wehenden Haaren gerahmten Gesichts und der daraus leuchtenden Augen, legt den Grundstein für alles spätere Schönheitsempfinden; und zumal das Wunder und Geheimnis der weiblichen Schönheit selbst hat natürlich hier seine Wurzeln. Die Einzelheiten dazu sind in meinem Indrabuch nachzulesen.[6] Aber auch intuitiv wird dieser Zusammenhang jedem einleuchten, der die Gesichter und das gesamte Auftreten junger Frauen zum Beispiel in der modernen Werbung für Kleidung oder Kosmetika bestaunt und studiert. Warum sonst würden diese zauberhaften Wesen gerade ihre Augen und ihr Gesicht mit solch eminentem Aufwand pflegen und schminken; warum sonst ihre Brüste mit Schmuck, Ausschnitt und Stützen so dezent und doch nachdrücklich betonen; warum sonst – als wärs noch immer für krabbelnde Einjährige – zumal auch ihre Beine, Füße und Schuhe mit soviel Spitzen-Gewirk, Geglitzer, Gefärb und Geblüm unterstreichen – wenn nicht mit all dem die verschollene Erinnerung aus der Perspektive Halb- und Einjähriger angerührt würde? – Die Bedeutung der weiblichen Stimme und optischen Schönheit, zumal der Augen, dieser eigentlichen Keime und Zentren der menschlichen Welt, kann für die gesamte weitere Entwicklung des Menschen nicht hoch genug angesetzt werden ...

... UND VATER. Gerade diese so Welt-fundierende Macht der Mutter und die deshalb so enge und existentielle Bindung an sie bedarf „eines Tages" aber um so dringender der Ablösung und wachsenden Distanz. Ab etwa dem achten Lebensmonat, so legen die Studien der modernen Säuglingsforschung und die chiffrierten Nachrichten der Mythen unserer Ahnen nahe; – ab etwa dem achten Lebensmonat gewinnt aus der Perspektive der Kleinen deshalb die zweite Weltgestaltende Person an Einfluß und Macht: *der Vater*. Die Attraktivität seiner optischen Erscheinung, seiner Stimm-Modulationen und auch seiner Haut- und Körpernähe bleibt hinter der der Mutter zurück, gewiß. Dafür aber bietet er den Kleinen nun, wie das heute heißt: einen anderen „Bindungsstil" an. Seine Spiele sind spannender, seine Grimassen witziger, sein Gehabe toller – und dennoch, nur anders, von inniger Liebe getragen. Deshalb aber können die Kleinen eben jetzt eine zweite Bindung eingehen und so die enge erste zur Mutter ein wenig lösen. – Der Vater mit seinem so anderen Bindungsstil tritt dabei genau zur rechten Zeit in die frühkindliche Welt. Denn jetzt, ab etwa dem achten Monat wächst die Mobilität und der Explorationswille der Kleinen – zur großen Freude der Väter ... und oft zur Sorge der Mütter: Mein Gott, was könnte nicht alles passieren ...

Die Freundschaft und Liebe zum Vater geht in der Welt der Kleinen nun mit einer ganzen Reihe von Welt-gestaltenden Neuigkeiten einher. Die beiden wichtigsten scheinen aus ihrer, der kindlichen Perspektive dabei die *Sprache* und die Macht der *Gebote und Verbote* zu sein. Beide kommen ab etwa der Mitte des zweiten Lebensjahres in vollem Umfang zum Tragen, und wir werden bald noch genauer sehen, wie nachdrücklich sie die kindliche Welt verändern. – Doch bringen wir vorab noch die Skizze unseres theoretischen Gerüsts zu Ende:

Die „untere", „finstere", „unbewußte" und der frühkindlichen Amnesie unterworfene Welt der ersten drei Lebensjahre, so wird nun verständlich, war in den frühen Mythen ihrerseits regelmäßig zweigeteilt in hier die Welt unter der Herrschaft der *Mutter* und dort in die Welt unter der Herrschaft des *Vaters*. Die erste und fernste dieser beiden Urwelten, die Zeit in den Armen und zu Füßen der Mutter, galt dabei tendenziell wiederum als „unten" und „finster", mithin als ihrerseits untere, finstere Welt in der ohnehin schon unteren, finsteren Welt der frühen Kindheit. Verständlich wird dies nicht nur ob der größeren Entfernung dieser Welt von unserer Tagwirklichkeit, sondern auch, weil diese Phase mit der Ausbildung der optischen Wahrnehmungsfähigkeit einhergeht: Erst in der Mitte des ersten Lebensjahres treten die Kleinen gleichsam heraus aus ihrer „finsteren", „unterirdischen" Höhle der ursprünglichen Kurzsichtigkeit – wie Mithras bei der Felsgeburt …

In der frühkindlichen Welt unter der Herrschaft des Vaters dagegen ist der Makel der Kurzsichtigkeit längst behoben; viele Zusammenhänge sind hier bereits bekannt und durchschaut, sodaß nachvollziehbar ist, warum diese Welt, obwohl noch immer der frühkindlichen Amnesie und „Finsternis" unterworfen, als „obere" und „lichte" Welt galt.

Beide Abschnitte der frühen Kindheit waren gerade auch in den alten indo-iranischen Mythen nach weiteren Kriterien untergliedert und entsprechend einer ganzen Reihe von Göttern zugeordnet. Im Rahmen unseres Themas aber genügt es, blinzelnden Auges ein einfaches und etwas vereinfachendes Schema über die Etappen der frühen Kindheit zu legen und festzuhalten:

Die unserer „bewußten" Tag-Welt vorgelagerte „mythische" Welt der frühen Kindheit gliedert sich wiederum in zwei Teile. Die „finstere", „untere", von Höhlendramen geprägte und von der Mutter dominierte Zeit entspricht dabei in etwa dem *ersten Lebensjahr*; die lichte, obere, vom Spracherwerb geprägte und eher vom Vater dominierte Zeit in etwa dem *zweiten und dritten Lebensjahr*.

DOMÄNEN. Graphisch läßt sich die besagte Struktur wie folgt darstellen:

UNSERE „BEWUSSTE" TAG-WELT

———————————frühkindliche Amnesie———————————
3., 4. Lebensjahr

MYTHISCHE WELT
„finster", „unbewußt", „unten"

2./3. Lebensjahr, vaterdominiert
licht, oben, Spracherwerb, Gebote und Verbote
— —

1. Lebensjahr, mutterdominiert
finster, unten, Höhle, optische Eröffnung

Noch einmal eigens betont: Auch die Welt des zweiten und dritten Lebensjahres, obgleich bereits von Sprache konturiert und durchwaltet, wird einst in den Schlünden der frühkindlichen Amnesie versinken. Obwohl im mythischen Sinn *obere* und *lichte* Welt, wird auch sie dann Teil des „finsteren" Unbewußten. Die dort herrschende Logik und Sprachkonturierung nämlich ist noch roh und noch sehr verschieden von unserer. Entsprechend haben auch die aus dieser, der Schicht des zweiten und dritten Lebensjahres stammenden Motive noch klar mythischen, nicht objektiven Charakter. Man denke nur noch einmal an die hier noch vorherrschende magische Kraft der Sprache, wie sie uns zum Beispiel im jüdischen Schöpfungsmythos begegnet: Gott schuf dort – für uns Erwachsene wahrlich kaum zu glauben – die Welt durch bloßes Sprechen: *Da sprach Gott: „Es werde Licht!" Und es ward Licht* (Gen 1,3). Aber so ähnlich muß es sich aus der Perspektive knapp Zweijähriger, die ihrem Papa so gut wie alles, selbst die Erschaffung der ganzen Welt, zutrauen, tatsächlich oft ausnehmen. Oder man denke an das in den verschiedenen Religionen so regelmäßig vom himmlischen Vater verordnete göttliche Recht: Auch dieses ist bekanntlich von wirklichem, vernünftigem und erwachsen-ausgehandeltem Recht oft sehr verschieden – was religiöse Eiferer leider oft nicht wahrhaben wollen, da sie die Unterschiede in ihrem Wahn nicht zu etikettieren wissen.

Obwohl noch immer der frühkindlichen Amnesie unterworfen, sind das zweite und dritte Lebensjahr dennoch Brücke und Übergang in unsere „bewußte", dem deklarativen Gedächtnis zugängliche Welt. Ja, die noch so rohen und magischen Kategorien dieser Phase der frühen Kindheit sind Grundlage und Ausgangspunkt der weiteren Entwicklung: Alle spätere und wirkliche Vernunft gründet auf dieser Früh-Vernunft, alle spätere Moral auf dieser Vor-Moral ...

Dieses Grenz- und Übergangsland des zweiten und dritten Lebensjahres nun – seinerseits „finster", im mythischen Sinne aber doch „licht" – war Mithras *ur-*

sprüngliche und angestammte Domäne. Mithra war schon eindeutig sprachbegabt und stand in enger Beziehung zu seinem Vater. Deshalb aber war Mithra auch bereits fähig, auf Absprachen und Normen einzugehen. Und in der Tat war dies *ursprünglich* seine eigentliche Kompetenz.

Mithras Name bedeutete nämlich nichts anderes als ‚(Gott) Vertrag'. Und dies besagte aus unserer Perspektive natürlich, daß Mithra ursprünglich ein Gott war, der für die basalen, frühkindlichen Fähigkeiten stand, die jeder sprachlichen Übereinkunft, jeder Absprache zugrunde liegen. Er repräsentierte ursprünglich die Bereitschaft und die psychologischen Voraussetzungen zu ausgehandelter Verläßlichkeit, oder – in der etwas schwerfälligen Formulierung Kants – die *Bedingung der Möglichkeit* zu rationalen Vereinbarungen. – Man sieht von daher schon hier in einem ersten Schimmer, warum Mithra ein Gott von solch eminenter Bedeutung war:

Die in der frühen Kindheit angelegte soziale Kompetenz, Übereinkünfte zu treffen und eben Verträge zu schließen, ist die Basis allen Rechts, es sei des Privaten, des Öffentlichen oder des Völker-Rechts. Eben deshalb leuchtet schon hier ein, warum Mithra zum einen ein Staats- und Königsgott war. Es leuchtet aber auch ein, warum er dabei dem Königtum, dem Recht und jedem Vertrag eine Aura des Heiligen verlieh. Verträge, Recht und Staat waren den Menschen damals mehr als Objekte oder Instanzen nüchterner Verwaltung. Sie waren verwurzelt in den heiligen Urzeiten der Schöpfung ...

Dies alles ist mehr als nur interessant, und der hier Schreibende hat vor, die Einzelheiten dazu in einer separaten Studie näher aufzuschlüsseln. Nicht minder „interessant" und die Kultur- und Religionsgeschichte bis heute prägend ist aber ein weiteres Phänomen:

KRIEG. Bei dieser *ursprünglichen* Domäne Mithras sollte es nicht bleiben. Denn im Laufe des ersten vorchristlichen Jahrtausend sollte sich an Mithra ein höchst merkwürdiger und kultur- und religionsgeschichtlich höchst folgenreicher Prozeß vollziehen. Zwar blieb Mithra weiterhin ein Vertragsgott, aber Mithra wuchsen jetzt weitere frühkindliche Kompetenzen zu; zumal solche aus dem *ersten* Lebensjahr! Als Mithra um die Zeitenwende zuletzt dann Rom erreichte, war er deshalb *auch* zum Repräsentanten der Höhlenabenteuer des ersten Lebensjahres geworden. – Was war geschehen? – Die Antwort ist komplex. Und sie ist fürwahr schwer zu glauben. Dennoch sei sie hier in thesenhafter Form und mit ersten Strichen schon vorschraffiert:

Mithra *reagierte* damit auf eine religiöse Revolution und mythische Deformation von weltgeschichtlichem Ausmaß. Irgendwann um die Wende des ersten vorchristlichen Jahrtausends nämlich wurde in Iran – und von dort bald auch nach Westen ausstrahlend – *ein Tabu über die Welt des ersten Lebensjahres* verhängt, ja ein Krieg, *ein Heiliger Krieg gegen jene „finstere" Welt in den Armen und zu Füßen der Mutter erklärt*. – Urheber und gleichsam erster General dieses „Kriegs gegen die Finsternis" war der altiranische Prophet Zarathustra. Der von ihm gestiftete neue Religionstyp ist Markstein jener Epoche der Achsenzeit, von der eingangs die Rede war.

Es muß hier noch offen bleiben, welche psychischen Kräfte in diesem Zarathustra näherhin woben. Nur soviel sei schon angedeutet: Es waren keine rationalen, keine „bewußten" Prozesse, die dieses Tabu verhängten. Nein, der Auftrag zu jenem „Krieg gegen die Finsternis" wurde dem altiranischen Propheten „offenbart": Er hörte Stimmen und vernahm sich überstürzende Gesichte. Und es kann aus heutiger Sicht und mit heutigem psychologischem Verständnis keine Frage sein, aus welchen psychischen Schichten diese „Offenbarungen" gärten und sprudelten: eben aus jener Welt des „Unbewußten" selbst, deren untere Hälfte er nun verdammte. Sie, diese untere und Mutter-geprägte Hälfte vernahm der Prophet in seinen Offenbarungen als Sünden-durchwuchert. Die obere, Vater-geprägte Hälfte dagegen vernahm Zarathustra als Inbegriff des Heiligen und Verehrungswürdigen. Der Vater im Himmel verblieb ihm deshalb als einziger und letzter Gott …

Der neue Monotheismus, so ist vor dem Hintergrund unseres graphischen Schemas zu formulieren, war also eine Religion, die mit infantil-rationalen und infantil-moralischen Kategorien aus dem zweiten und dritten Lebensjahr in den Krieg gegen die frühkindliche Welt der Mutter und die psychischen Möglichkeiten des ersten Lebensjahres zog. – Aber noch einmal: Die psychologischen Hintergründe seiner Offenbarungen und Prophetien durchschaute Zarathustra *nicht*. Er war vielmehr von der, wie er meinte, „höheren Erkenntnis" getragen, sein Krieg richte sich einzig gegen böse, gegen *falsche Götter*! Genau diese als falsch und böse apostrophierten Götter– sie hießen *Yima, Haoma und Indra-*Vrtraghna* – werden uns aber zur Rechnungsprobe werden. Denn *Yima, Haoma und Indra-*Vrtraghna* waren, wir werden es im einzelnen sehen, nichts anderes als Repräsentanten der seelischen Schichten des ersten Lebensjahres!

Zarathustra selbst blieb der politische Erfolg zwar noch weitgehend verwehrt. Seine zahlreiche Nachhut jedoch sollte weite Teile der alten Mythen und Götterwelten um das erste Lebensjahr bald schon in Schutt und Asche legen; mit hochdramatischen Folgen. – Wirklich zu gewinnen war Zarathustras „Krieg gegen die Finsternis" freilich nich. Und eine, eine schwer zu überschätzende Ursache für den schleppenden Fortgang des religiösen Feldzugs war – Mithra! Denn kaum daß Zarathustra begonnen hatte, jenen Krieg hinauszutragen, begann Mithra mit göttlichem Geschick, die Trümmer auf den jeweiligen Schlachtfeldern wieder aufzulesen, zu säubern und nach dem Vorbild der alten, jetzt scheinbar zerstörten Mythen neu zusammenzufügen …

Nehmen wir, um die psychologischen und religionsgeschichtlichen Hintergründe dieser so komplexen wie unglaublichen und dieser doch so folgenreichen Entwicklung genauer verstehen zu können, den Pfad entlang unseres Kraterrandes wieder auf:

3. Ressourcen und Blockaden

MEMBRAN. Daß jene untere, „unbewußte" und ihrerseits zweigeteilte Welt der ersten drei Lebensjahre ob der frühkindlichen Amnesie der Vergessenheit anheimfalle, ist natürlich nur die halbe Wahrheit. Denn in vielen Situationen drängt diese zweite und untere Welt auch im Stadium des Erwachsenseins ans Licht des „Bewußtseins". Typische Felder, in denen sie nach oben quillt, sind unsere Träume oder die von entsprechenden Drogen wachgerufenen Halluzinationen. Auch bei bestimmten Psychosen bricht diese zweite Welt, jetzt bedrohlich, nach oben; desgleichen in ekstatischen Zuständen und Trancen. Aber auch in der Liebe[7], im Humor und zumal natürlich im Religiösen spielt diese ältere Welt hinein und hinüber in die Welt des Alltäglichen. – Die frühkindliche Amnesie gleicht also keiner schroffen Barriere und undurchdringlichen Sperre. Sie gleicht vielmehr einem *Vorhang* oder einer halbdurchlässigen *Membran*[8]; einer Membran, deren Poren sich – je nach Situation – öffnen oder schließen: Während diese Poren im Schlaf, Rausch, ... ekstatischen Zuständen geweitet und frei durchlässig sind für die wilde Bilderwelt und Sprachmagie des „Unbewußten", verengen sie sich im Wachzustand und verschließen sich bei intellektueller Konzentration. – Hinzu kommt ein Weiteres:

Obwohl in der frühen Kindheit aufgebaut und zum Fundament der darübergewölbten neokortikalen Welt geworden, bleibt diese untere und verborgene Welt doch *zeitlebens aktiv*. Auch im Erwachsenenstadium registriert sie die Ereignisse des Tages, verarbeitet sie aber im Hintergrund und wiederum auf ihre eigene Weise, gewissermaßen in ihrer eigenen Grammatik. Zumal in Träumen läßt sich dies leicht beobachten. In ihnen drängen neben den uralten, in die früheste Kindheit zurückreichenden „Erinnerungen" regelmäßig auch Ereignisse der jüngeren Vergangenheit an die Oberfläche der Wahrnehmung; aber auch sie jetzt in Gestalt assoziativ und sprachmagisch verdichteter Bilder, und deshalb für die „bewußte", logisch und verbal strukturierte Tagwirklichkeit oft nicht verständlich.

Doch obwohl am gesamten Leben teilnehmend und insofern dynamisch, ist diese zweite Welt in ihrer Grundanlage dennoch relativ *statisch* und *unverformbar*. Die Grundstrukturen, die sich dort während der frühen Kindheit einprägten, sind durch später entwickelte Kompetenzen, zum Beispiel Reflexivität, sind aber auch durch Erziehung oder Bildung nur noch sehr eingeschränkt zu beeinflussen, und dann meist auch nur kompensatorisch und überformend: Gute Ratschläge und „hilfreiches" Zureden Dritter richten gegenüber den damals ausgebildeten „Anlagen" deshalb in der Regel so wenig aus wie eigene Anstrengung in Form von Beherrschung oder von guten Vorsätzen. – Ein moderner Neurobiologe, Ralph Dawirs, formulierte den Zusammenhang jüngst so:

*Besonders wichtig sind die ersten drei Jahre ... Erfolgt die Hirnentwicklung in diesem Stadium nicht optimal, dann ist sie später auch nicht mehr wegzupädagogisieren.*⁹

Hier, in diesen Schichten der frühen Kindheit, sind die Grundstrukturen des Psychischen, hier die Tönungen des Gefühlslebens, hier das persönliche Naturell, der „Charakter" maßgeblich verankert – ebenso wie viele Ursachen pathologischer, zum Beispiel depressiver Störungen.¹⁰

Zumal dies wirft natürlich die Frage auf, welche Möglichkeiten es gibt, Störungen, die dort, in dieser unteren und unbewußten Welt angelegt sind, eben doch zu beheben, jedenfalls zu lindern. – Doch sehen wir uns, bevor wir uns therapeutischen Strategien zuwenden, zuerst in einem kursorischen Durchgang genauer an, welche gesunden Kräfte, welche Ressourcen dort unten für gewöhnlich angelegt sind und still das Leben gestalten – und wie sie durch Zarathustras Tabu über das erste Lebensjahr verändert wurden:

VON SELBST. Unsere Träume und unsere Halluzinationen oder Phantasien sind ob ihrer oft so überraschend andersartigen Ausgestaltung nur die extremsten und augenfälligsten Belege dafür, daß unter der Oberfläche unserer Alltagserfahrung eine zweite und heimlich partizipierende Welt wirkt und webt. Weniger augenfällig und doch gleichermaßen aus diesem fernen Zauberland nach oben quellend ist eine Vielzahl von Sensibilitäten und Fertigkeiten, ohne deren unmerklichen Einsatz das Leben nicht gelingen könnte. Von ganz besonderer Bedeutung sind dabei jene Sensibilitäten und Fertigkeiten, die im ersten, dem „finsteren" und vorsprachlichen Lebensjahr gründen; in jener frühkindlichen Phase also, der Zarathustra den Krieg erklärt hatte.

Denn dort unten, in den ältesten und noch vorsprachlichen Schichten unseres Seelenlebens, ruht und lauscht eine feine Empfindsamkeit zum Beispiel für die Mimik und gesamte Körpersprache unserer Mitmenschen, für Stimmungen, die „in der Luft" liegen, ja überhaupt für die vielfältigen und scheinbar nebensächlichen Details und Fäden, deren Textur die stets emotionsgetönte Gesamtheit einer Situation bestimmt. – Und dort unten ruht und gestaltet zugleich ein Spektrum von motorischen und kreativen Fertigkeiten; zum Beispiel zur unmerklich feinen Ausformung und Komposition der eigenen Gesichts- und Körpersprache; desgleichen zur, wo nötig, humorvollen Intervention in heiklen Lagen oder auch zu „Einfällen" und Lösungen, nach denen bloß deduktive und erwachsen-„tunnelierte" Rationalität oft lange und vergeblich suchte.

All dies, und manches mehr, ist Ausdruck jener als ob selbstverständlichen Kompetenzen, die wir uns als Dreimonatige, als Halb- und Einjährige aneigneten und schon damals meisterlich einsetzten. Es dringt und drängt fortan permanent und während des gesamten Lebens über viele und feine Kapillaren nach oben und gestaltet unsere Erfahrungswelt gleichsam flüsternd mit. Und dabei gilt in der Tat: ‚Was Hänschen nicht lernt, lernt Hans nimmermehr'. Denn nur wenn das damals Eingeübte zuverlässig verankert ist, und nur wenn es seinen Weg *von selbst* nach oben findet, bleibt unser emotionales Urteil sicher und unser Verhalten authentisch. Mit Absicht und Wollen dagegen ist hier nur wenig oder nichts auszurichten. Ja, Absicht, Wollen und insgesamt der Versuch, „bewußt" und von oben auf diese hinter der Membran der frühkindlichen Amnesie verwahrten Ressourcen zuzugreifen, blockiert oft alle Spontaneität.

Was diese unterirdischen Schätze dagegen sehr wohl bedürften, wäre *Pflege*; Pflege, wie sie von den früheren, den „heidnischen" Religionen mit großem Aufwand und Nachdruck, und zumeist mit großer therapeutischer Kunstfertigkeit betrieben wurde: Nicht ausschließlich, aber elementar in solcher Pflege bestand das Heil und die Heiligkeit dieser Religionen. – Die Missionare und „Heiligen Männer" der neuen Religionen seit Zarathustra dagegen tabuisierten diese Strategien der Sinnvermittlung und setzten, wie sie meinten, rationale und moralische Imperative an ihre Stelle – mit dem bekannten Preis: Über Jahrhunderte hinweg war ihre neue Moral von blassem Ernst, von sauertöpfisch-verhärmten und verhärteten Gesichtszügen und aufgesetzter „Liebe" begleitet; einer „Liebe", die auch deshalb so oft in garstigen Haß umschlug. Denn alles Weiche und Authentische, alles wirklich Heitere und Herzliche verwehrt sich dem bewußten Abruf, dem herbeizitierenden Befehl und moralisierenden Appell. Die von dort unten, aus den „unbewußten" Schichten des ersten Lebensjahres heraufdrängenden Farben und Töne kommen und schwellen, wenn *sie* wollen, und sie wählen dabei *ihre*, dem Absichtlichen verborgene und verstellte Wege: Schleich- und Feenwege gleichsam durch dunkles Grün.

Und auf der Gegenseite ist natürlich zu erwarten, daß, wo solches Grün allzusehr vom Asphalt des Bewußten und Geplanten, von „Erziehung", von „Moral" und von verordneten „Werten" zurückgedrängt und abgetötet wird, Störungen auftreten. Ja, es steht zu vermuten, daß solche Störungen sich bereits auf breiter Ebene zeigten, als die „heidnischen" Strategien der Pflege im Zuge jenes zarathustrischen ‚Kriegs gegen die Finsternis' Schaden nahmen. Denn solche Pflege der frühkindlichen Schichten – zumal jener des ersten Lebensjahres – war in den alten, „heidnischen" Religionen allem Anschein nach seit Urzeiten betrieben worden und gehörte deshalb zum angestammten Verhaltensrepertoire des Menschen. Als solche Pflege im Zuge der Ausbreitung der „neuen" Erlösungsreligionen dann plötzlich ausblieb, werden sich daher auf kollektiver Ebene Defizite eingestellt haben; und es ist davon auszugehen, daß diese kollektiven Defizite jenen glichen und gleichen, die seit jeher bei Individuen auftraten, deren frühkindliche Entwicklung *unmittelbar* Schaden genommen hatte. Und in der Tat finden sich in den alten, noch „heidnischen" Texten (zum Beispiel des altindischen Rigveda) vielfältige Warnungen vor genau solchen Deformationen ... Man *wußte*, wie sehr gerade das erste Lebensjahr der religiösen Pflege bedarf – um das *irdische* Leben zu lieben und heiligen!

TÜCHER. Reißen wir gleich noch ein weiteres Beispiel an: Die Schönheit des Weiblichen. Sie ist maßgeblich in jenen Wahrnehmungsstrategien verwurzelt, die in den Schichten des ersten Lebensjahres angelegt wurden. Geschminkte Augen und geschwungene Brauen, freche Frisuren, betonte Brüste, kunstvoll lockende und verbergende Röcke und Strümpfe, sowie farbig glänzende, klappernde und Pelz- oder

Juwelen-besetzte Schuhe …: All dies ist ganz nach dem Geschmack und den Wahrnehmungsmöglichkeiten Halb- und Einjähriger – und bleibt es für Männer und Frauen zeitlebens und über alle Kulturen hinweg …

Das von Zarathustra erstmals verhängte Tabu über das erste Lebensjahr, so ist nach unserem Schema zu vermuten, mußte zur Folge haben, daß auch die Schönheit des Weiblichen fortan Schaden nahm. Und dies wiederum nicht, weil der Prophet das Weibliche *expressis verbis* denunziert hätte. Nein, *expressis verbis* geschah das schiere Gegenteil: Der Prophet wußte den züchtigen Lebenswandel sittsamer Frauen zu würdigen! Moralisierende Attitüde, in der Tat, war sein Markenzeichen und Mantel. Nein, die tatsächliche Entwürdigung des Weiblichen verlief wiederum schleichend und unbemerkt. Denn sie vollzog sich auch hier in den *unbewußten* Schichten des menschlichen Seelenlebens und wurde in Gang gesetzt durch das Ausheben vorgeblich *„böser"* und *„falscher"* Götter. Eben diese „falschen" Götter aber repräsentierten eben jene psychischen Schichten des ersten Lebensjahres, in denen die Schönheit des Weiblichen seine natürlichen Wurzeln hat. Mit dem verhängten Tabu über diese Götter wurden ihre Mythen und Kulte, und mit ihnen die Pflege dieser Schichten unterbunden …

Die Folgen sind unschwer auszumalen; befinden wir uns selbst doch in einer kulturellen Phase, in der die fatale und subversive Wirkung solcher Tabus auf der einen Seite zwar abzuheilen beginnt und die Frauen daher wieder mutig die Schönheit des ewig Weiblichen zeigen, in der aber auf der anderen Seite auch schon wieder religiöse Eiferer an den Pforten der Freiheit pochen und im Mantel der Moral den heiligen Krieg gegen den Zauber des Weiblichen neuerlich anzetteln: mit verordneten Tüchern, Kutten und Burkas.

Gewiß, gewiß, jene in den ältesten Schichten des menschlichen Gemüts verankerte Schönheit des Weiblichen birgt auch ihre Gefahren und Schattenseiten. Denn den erotischen Frühnebeln und morgenroten Geheimnissen, der knisternden Scheu und der oft überwältigenden und dann alle Kontrolle unterlaufenden Anziehung korrespondieren in der Tat die Exzesse des Rotlichtmilieus, in dem die so urwüchsigen Reize des Weiblichen im Sumpf von Geldgier und Gewalt zu Pornographie und Prostitution verwahrlosen. – Aber ist es denn je gelungen, die Exzesse des Sexuellen mit strenger „Moral" wirklich zu unterbinden? Ist es nicht vielmehr so, daß unter der Knute solcher „Moral" solche Exzesse oft erst wirklich zu wuchern beginnen? Seit Nietzsche und Freud gehört es zu den großen und kulturtragenden Einsichten des Abendlandes, daß ein hohes Maß an Freiheit auch die hier gründenden Gefahren zu großen Teilen *von selbst* eindämmt. Schöne und freizügige Frauen auf offener Straße sind in freien Kulturen eben gerade *nicht* die Vorstufe sexueller Exzesse, sondern im Gegenteil: Solche, von Selbstbewußtsein getragenen Frauen wissen sich vor Ausbeutung zu schützen! Und auch die Männer kommen mit freizügigen Realitäten offenbar besser zurecht als mit schuldbesetzten und unterdrückten Phantasien, die doch nur um so quälender wiederkehren, je mehr sie bekämpft und gehaßt werden.

Tabus zwischen den Geschlechtern gab es zu allen Zeiten; aber selbst den Griechen fiel die extreme und zwanghafte Form im zarathustrischen Iran auf. Plutarch beschrieb die persischen Männer jedenfalls als *maßlos eifersüchtig*. Und vor allem auf dem Land würden

> ... *ihre Ehefrauen und auch ihre Sklavinnen... streng bewacht, und kein fremdes Auge darf sie sehen. Sie leben eingeschlossen in ihren Gemächern, und wenn sie reisen müssen, fahren sie in Wagen, die auf allen Seiten mit Tüchern dicht verhängt sind ...* (Themistokles 26)

Und selbst als 66 n. Chr. der armenische König Tiridates III. mit großem Prunk und Aufsehen zu Nero nach Rom zog, *ritt,* so berichtet Dio Cassius,

> ... *neben ihm seine Frau und trug dabei anstelle eines Schleiers einen goldenen Helm, um nicht gegen die Traditionen ihres Landes zu verstoßen und ihr Gesicht sehen zu lassen.* (Hist LXII 4,2)

Die detaillierte Analyse der religionsgeschichtlichen Ursachen und Anfangsgründe solcher „Moral" würde den Rahmen des vorliegenden Bandes sprengen. Was es im Fortgang aber sehr wohl und bis in die Details zu studieren gilt ist aber, *wie Mithra* auf diesen unheimlichen und schleichenden Prozeß der Tabuisierung des Weiblichen einst *reagierte*. Denn Mithra regenerierte und restaurierte auch und gerade auf diesem Feld wichtige Elemente der von Zarathustra zurückgedrängten alten Mythen und Kulte ...

Dies letztere mag Fachkollegen befremden, da Mithra der modernen Forschung meist als reiner „Männergott" galt. Doch Geduld, im abgeschatteten Rotlicht morgenroter Psychologie wird sich selbst noch der römische Mithras *auch* als „Frauengott" und Löser von sexuellen Blockaden erweisen!

FLAUM. Und auch noch einen dritten jener unterirdisch eingehöhlten Schätze aus dem ersten Lebensjahr gilt es hier anzusprechen. Auch bei ihm werden wir später dann im Detail sehen, wie Mithra regenerierte und restaurierte, was unter Zarathustras Tabu zu ersticken drohte. – Die folgenden Seiten bieten zudem die Möglichkeit, mit ersten Strichen auch auf die Kontinuität und den philosophiegeschichtlichen Hintergrund der hier vorgetragenen Argumentationsfiguren zu verweisen: die Zarathustra-Philosophie Nietzsches.

Auf der Oberfläche des täglichen Erlebens werden auch die Früchte dieses dritten Schatzes aus der frühen Kindheit meist gar nicht wahrgenommen, ja entziehen sich, weil immer schon präsent und selbstverständlich, wie Gläser einer Brille der Beobachtung. Gemeint ist die uns so selbstverständliche *positive Grundtönung* unseres Gemüts: die stille und feste Überzeugung, daß das Leben, aller Widrigkeiten und Langweiligkeiten zum Trotz, von Sinn durchwaltet und deshalb lebenswert sei.[11]

Mit kühlem, nüchternem Blick betrachtet, ist dieser „Sinn", diese rosarote Überhauchtheit alles Seins und Lebens natürlich bloße Illusion – doch gottlob vermag solch nüchterner Blick diese Illusion nur zu durchschauen, nicht aber aufzulösen:

zu rhythmisch und eigendynamisch ist ihr Atem, zu elementar und alle Lebensbereiche durchwehend ihr frühlingshafter Duft. Nur pathologische Störungen vermögen die frostigen Abgründe in eine Welt ohne diesen zarten Wahn aufzureißen. Einige Andeutungen aus berufener Feder mögen eine Ahnung vermitteln, von was die Rede ist:

Friedrich Nietzsche muß auch schon in jungen Jahren (und nicht erst Anfang der 1880er Jahre) immer wieder ins Eismeer solcher Illusions- und Sinnlosigkeit gestürzt sein. Eine seiner erschütternden Schilderungen dazu steht in seiner – man beachte schon den bloßen Titel! – *Morgenröte, Gedanken über die moralischen Vorurteile*. In anonymer, aber klar genug auf ihn selbst bezogener Formulierung heißt es dort:

Der Schwerleidende sieht aus seinem Zustande mit einer entsetzlichen Kälte hinaus auf die Dinge: alle jene kleinen lügnerischen Zaubereien, in denen für gewöhnlich die Dinge schwimmen, wenn das Auge des Gesunden auf sie blickt, sind ihm verschwunden: ja er selber liegt vor sich da ohne Flaum und Farbe. ... (Mo 1088)

Wer in dieses Verließ der Sinnlosigkeit geworfen sei, so Nietzsche dann weiter, gedenke zwar noch der *gemütlichen warmen Nebelwelt, in der der Gesunde ohne Bedenken wandelt*; er gedenke noch *der edelsten und geliebtesten Illusion*; er sei aber nicht in der Lage, aus eigener Kraft wieder dorthin zurück zu kehren. Irgendwann könne das Wunder aber dann doch geschehen ... Moderne Nietzsche-Interpreten werden freilich hinzufügen: So schicksalsbestimmt und ausgeliefert sich Nietzsche bei seiner Rückkehr ins gesund umwölkte Leben auch erlebt haben mochte, so scheint er doch gleichzeitig der Überzeugung gewesen zu sein, diese Rückkehr auch *selbst in die Wege geleitet* zu haben. – Wie auch immer, hören wir mit einigen Sätzen zu, wie Nietzsche den Prozeß solcher Genesung beschrieb. In einer seiner berühmten Vorreden aus dem Jahre 1886 heißt es etwa:

Ein Schritt weiter in der Genesung: und der freie Geist nähert sich wieder dem Leben, langsam freilich, fast widerspenstig, fast mißtrauisch. Es wird wieder wärmer um ihn, gelber gleichsam; Gefühl und Mitgefühl bekommen Tiefe, Tauwinde aller Art gehen über ihn weg. Fast ist ihm zumute, als ob ihm jetzt erst die Augen für das Nahe aufgingen. Er ist verwundert und sitzt stille: wo war er doch? Diese nahen und nächsten Dinge: wie scheinen sie ihm verwandelt! welchen Flaum und Zauber haben sie inzwischen bekommen! (MaM 441 f.)

ARZT. Nietzsche deutete seine eigenen Abstürze und Genesungen als Widerspiegelung dessen, was sich auch im Großen, auf kultureller Ebene, vollziehen könne; dort freilich in Wellen, die nach Jahrhunderten rechnen. Auch dort, auf kultureller Ebene, sei psychische Gesundheit nur möglich, wo jene *edelste und geliebteste Illusion* die Menschen mehrheitlich und ganz selbstverständlich umhülle. Und auch dort breiteten sich Frost und Lähmung, breiteten sich depressive und nihilistische

Welt- und Sinnverlorenheit aus, sobald diese Nebel der Morgenröte von Krieg, Pest, Verlust des Rechts oder von religiösem Wahn zerrissen werden und ihre weltverzaubernde Macht und Schönheit verlieren. – Nietzsche schrieb daher schon 1873 in *Vom Nutzen und Nachteil der Historie für das Leben*, seine eigenen Erlebnisse dergestalt hochrechnend:

> *Alles Lebendige braucht um sich eine Atmosphäre, einen geheimnisvollen Dunstkreis; wenn man ihm diese Hülle nimmt, wenn man eine Religion, eine Kunst, ein Genie verurteilt, als Gestirn ohne Atmosphäre zu kreisen: so soll man sich über das schnelle Verdorren, Hart- und Unfruchtbarwerden nicht mehr wundern. So ist es nun einmal bei allen großen Dingen,*
>   *„die nie ohn' ein'gen Wahn gelingen",*
> *wie Hans Sachs in den Meistersingern sagt.*
> *Aber selbst jedes Volk, ja jeder Mensch, der reif werden will, braucht einen solchen umhüllenden Wahn, eine solche schützende und umschleiernde Wolke …* (NN 254)

Nietzsche nun war, man weiß es, der Überzeugung, daß gerade auch die abendländische Kultur – nicht zur Gänze, aber eben in wiederkehrenden Wellen – von Epidemien solcher Verfrostung heimgesucht wurde … – und dabei habe Nietzsche, man glaubt es gleichermaßen zu wissen, diese Epidemien dem Christentum zur Last gelegt. – Der Fairneß halber gilt es im Vorbeigehen immerhin hinzuzufügen, daß diese Interpretation seiner aufgeschreckten und gekränkten Gegner allenfalls die halbe Wahrheit ist. Nietzsche sah die Ursachen dieser Epidemien *auch* im Christentum, aber er sah das Christentum dabei erstens als seinerseits nur befallen und passiv an, und er sprach ihm zweitens konstruktives, lebensbejahendes, ja therapeutisches Potential nie ab.

Hinter Nietzsches Kultur-Diagnose stand ein kulturtherapeutisches Projekt: Nietzsche sah sich als *Arzt der Kultur* (Br 1087), und in kollegialer Anerkennung schrieb einer der großen Familientherapeuten des 20. Jahrhunderts, Helm Stierlin:

> *… ohne Zweifel sah sich Nietzsche bis Ende seines Lebens als eine Art philosophischer Kulturarzt.* (Ver 9)

Und auch Nietzsches Biograf Curt Paul Janz betonte, daß dessen Philosophie von ärztlichem Selbstverständnis getragen war:

> *„Der Philosoph als Arzt der Kultur": dies könnte man als Generaltitel über weite Teile des Nietzscheschen Werkes setzen…* (I 558)

Nietzsches kulturtherapeutisches Projekt muß dabei tatsächlich als Verallgemeinerung und Hochrechnung jener Therapie aufgefaßt werden, die er, wie er überzeugt war, an sich selbst erfolgreich erprobt und durchgeführt hatte. Entsprechend deutete er sich nicht nur als *Arzt der Kultur*, sondern zugleich *als Arzt und Kranker in einer Person* (MaM I 742).

Die Besprechung von Nietzsches konkreten therapeutischen Strategien würde den gesteckten Rahmen des vorliegenden Bandes sprengen. Einige kurze Andeutungen und Seitenblicke mögen aber immerhin die Fährte weisen:

Nietzsches Strategien glichen jenen, die sich einst im Umfeld Mithras herausgebildet hatten. Und in der Tat waren ja *beide* Zarathustra-Therapien:

IN TUNE. Nietzsche schilderte seinen eigenen Genesungsprozeß mehrmals in der uns wohlvertrauten Metaphorik und Dramaturgie – einer mithrischen Felsgeburt! Im Vorwort zu seiner *Morgenröte* schrieb er etwa:

In diesem Buche findet man einen „Unterirdischen" an der Arbeit, einen Bohrenden, Grabenden, Untergrabenden. Man sieht ihn, vorausgesetzt, daß man Augen für solche Arbeit der Tiefe hat –, wie er langsam, besonnen, mit sanfter Unerbittlichkeit vorwärts kommt, ohne daß die Not sich allzusehr verriete, welche jede lange Entbehrung von Licht und Luft mit sich bringt; man könnte ihn selbst bei seiner dunklen Arbeit zufrieden nennen ..., weil er weiß, was er auch haben wird: seinen eignen Morgen, seine eigne Erlösung, seine eigne Morgenröte ... Gewiß, er wird zurückkehren: fragt ihn nicht, was er da unten will, er wird es euch selbst schon sagen, ... wenn er erst wieder „Mensch geworden" ist. Man verlernt gründlich das Schweigen, wenn man so lange, wie er, Maulwurf war, allein war – – (Mo 1011)

Gewiß, Nietzsche hatte die psychologische Parallele zur Felsgeburt des römischen Mithras nicht gesehen.[12] Dennoch kann einmal geriebenen Augen nicht entgehen, daß Nietzsches Zarathustra-Philosophie (und nur von ihr ist hier die Rede) ein Spiegel seines eigenen Dramas ist. Wie er selbst, Nietzsche, es mußte, so müsse auch der das Abendland beseelende Geist Zarathustras noch einmal zurück in jene Höhle und in die Erlebnisschichten des ersten Lebensjahres. Dort habe er dann seine *Arbeit der Tiefe* und *dunkle Arbeit* zu bewerkstelligen und habe sich zuletzt gleich einem *Maulwurf* wieder nach oben zu arbeiten, um endlich zu genesen...

Mit einem Wort: Zentrales Thema auch der Nietzscheschen Zarathustra-Philosophie war *die therapeutische Reinszenierung des ersten Lebensjahres*. – Wem dieser Satz allzu verwegen erscheint, lese vorab schon einmal, sagen wir ‚*Das andere Tanzlied*' in ‚*Also sprach Zarathustra*'. –

Treten wir nun einen Schritt zurück, so zeichnet sich die Psychologie nicht nur von Nietzsches Kultur- und Selbsttherapie, sondern auch von Mithras heiliger Felsgeburt bereits in klareren Umrissen ab:

Bei seelischer Gesundheit quillt und dringt durch die poröse Membran der frühkindlichen Amnesie neben so vielem anderen auch die stille Zuversicht und das mundweiche Ja, das dem Leben Antrieb und Zuversicht verleiht, und das vor längeren und pathologischen Abstürzen ins depressive Nichts bewahrt. Dieses Urvertrauen und dieser Vertrauensvorschuß bringen dabei keine „objektiven" Sachverhalte zum Ausdruck. Sie sind vielmehr ein Nachklang aus den Urzeiten der Schöpfung. Sie sind die zeitlebens sanft im Hintergrund fortspielende Musik des frühkindlich-naiven Muts und staunend-aufblickenden Glaubens an tiefen und allumfassenden Sinn. Sie sind der sanft-rosane Wahn, der, noch nicht enttäuscht und gekränkt von den Fährnissen des „wirklichen Lebens", die vermeintliche „Objektivität" mit Schleiern der Schönheit und Sinnhaftigkeit stets dünn überzaubert. Sie sind, um es mit dem Säuglingsforscher-Team um Alison Gopnik zu sagen: *this feeling that we are in tune with the world* (210).

ZUWENDUNG. Um ein ungefähres Maß für diese stille und mächtige Kraft zu erhalten, beobachte man nur die herzende Zuwendung und hingebende Liebe, mit der unverdorbene Eltern ihre Kleinen so inbrünstig und über Jahre hinweg überhäufen: all das Tränenwischen und Loben, all das Heidschibumbeidschi-bum-bum, das jubelnde Singen und reimende Dichten, all das wiegende Tragen, Händchen-Halten, Wunden-Blasen, Streicheln, Drücken, Küssen ... Was die Eltern, obenan die Mütter, hier tun, hat guten Grund: Denn die sich zumal *im ersten Lebensjahr* ausbildende Daseinssicherheit muß, fürwahr, durchs ganze Leben tragen.

Zu den Möglichkeiten des Menschseins aber gehört auch, daß, durch Traumata oder andere Ursachen veranlaßt, die Poren in der Membran der frühkindlichen Amnesie für längere Zeit gleichsam verkleben und das Durchdringen des frühkindlichen Sinn- und Zauberglaubens blockieren. Dann verschwinden *Flaum und Farbe*, und Reif legt sich über die Welt. Was sich beim Einzelnen dann als Depression zeigt, hat, *cum grano salis*, auf kultureller Ebene sein Pendant in Formen des Nihilismus. Solcher Nihilismus mag sich, um nur *ein* Symptom zu benennen, in Lebensverachtung und deshalb im *Schlechtreden* der mütterlichen Erde äußern, wie es in den Jahrhunderten um die Zeitenwende und bis weit in die Frühe Neuzeit hinein auf breiter Ebene geschah. Er kann sich aber auch, wie in den Jahrhunderten seither und als deren Spätfolge, in Lebensgier und -sucht und deshalb im *Schlechtbehandeln* der mütterlichen Erde äußern ...

Zentrales Motiv zur Niederschrift dieses und auch schon meines Indrabuches war, aufzuzeigen, welchen Aufwand die Menschen einst trieben, um im täglichen Kult und Gebet jene seelische Schichten zu pflegen, aus denen auch diese unmittelbare Lebensbejahung quillt. Wie in der frühen Kindheit von Seiten der Eltern, so erhielten diese Schichten im Erwachsenenstadium Zuwendung von Seiten der Religion.

Doch dann ereignete sich mit einem Schlag und bald schon alle Lebensbereiche durchdringend das Unglaubliche:

Die „Techniken" zu solcher Pflege und insgesamt das einst fest verankerte „Wissen" zu solcher Zuwendung und *Arbeit der Tiefe* gingen beim Übergang zu den neuen, monotheistischen Religionen in weiten Teilen verloren. Im Laufe des ersten vorchristlichen Jahrtausends begann sich ein unheimlicher Fluch, ein Tabu über diese pflegenden Techniken zu legen; und eigentümlicherweise gerade über jene, die dem ersten Lebensjahr zugedacht waren: dem Jahr zu Füßen und in den Armen vor allem der Mütter. – Dieses *Tabu über das erste Lebensjahr* mußte nicht nur zur Folge haben, daß die Gesichter erblaßten, sich verhärmten und verhärteten. Auch die Schönheit des Weiblichen nahm damals Schaden und geriet nun in den permanenten und schier unlösbaren Verdacht des Sündhaften. Und überdies, und mit beidem eng verflochten, begann sich jetzt auch jener allgemeine Frost des Nihilismus über die Gemüter zu legen und sie, auch im Westen, schon in den Jahrhunderten um die Zeitenwende auf breiter Ebene mit unbestimmter aber alles durchsetzender Lebensangst zu infizieren ...

HIEB. Angesichts dieser, in der Tat, Verfinsterung der Welt nimmt es nicht wunder, daß sich als *Reaktion* darauf eine kollektive *Hoffnung auf Erlösung in eine andere Welt* auszubreiten begann. Und dem neuen Glauben an solche Erlösung standen naturgemäß noch immer die alten und nicht-tabuisierten Techniken zur Pflege des *zweiten und dritten Lebensjahres* zu Gebote, jener Entwicklungsphase also, in der die *Väter* so mächtig und gestaltend die kindliche Welt erobern. Diese, das zweite und dritte Lebensjahr umspannende Phase der frühen Kindheit, erfuhr daher nun eine nicht minder unheimliche *Überhöhung*. Sie endete zuletzt und bis heute in der unterwürfigen Huldigung nur noch eines Gottes: des launischen und gestrengen, weil jetzt vereinsamten und selbst verstörten *Vaters* im lichten Himmel. Einzig er, so die neue Hoffnung, könne aus der freudlosen, weiberverdorbenen und insgesamt mißlungenen Welt hienieden dereinst in sein Reich hinaus- und hinüberführen; und zwar, wie bei Regressionen ins zweite Lebensjahr nicht anders zu erwarten, allein dann, wenn seine *„offenbarten Wahrheiten"* kindlich-bedingungslos geglaubt und seine *Gebote und Verbote* kindlich-bedingungslos befolgt würden ...

Jener bei Zarathustra erstmals zu beobachtende Abspaltungsprozeß, jener kolossale Hieb, der das erste Lebensjahr und alle dort angelegten Ressourcen verdammte und der zugleich die frühkindliche Welt unter der Herrschaft des Vaters eifernd, flehend und sich niederwerfend überhöhte: *Er* markiert jene „Achsenzeit" des großen religiösen Wandels, *er* jenen vorgeblichen Schritt vom „Mythos zum Logos", er jedenfalls den Niedergang des „Heidentums" und den Aufstieg der neuen, Vater-zentrierten Erlösungsreligionen! Der „Achsenzeit" lag also durchaus etwas wie eine „Vergeistigung", wie Jaspers und andere meinten, zugrunde – aber nur in dem Sinne, daß jetzt *unbewußt* (und bis heute meist *unverstanden*) die *infantil-rationalen* Möglichkeiten des zweiten und dritten Lebensjahres gepuscht und die väterliche Welt überhöht wurden; auf Kosten der Anlagen und Möglichkeiten des ersten Lebensjahres.

Mithra konservierte die Spuren dieses unheimlichen Hiebes durch die Welt der frühen Kindheit so getreu wie kein anderer Gott. Dies nicht nur in Gestalt der Wunden und Schrunden, die auch er damals davontrug. Nein, er konservierte die Spuren dieses Hiebes auch und zumal in Gestalt seiner Regenerations- und Restaurationskraft: Denn obwohl ursprünglich ein *‚Gott des Vertrages'* und damit der Möglichkeiten des zweiten und dritten Lebensjahres, übernahm Mithra, nachdem das Tabu über das erste Lebensjahr verhängt worden war, schleichend und unmerklich einen Teil der jetzt abgespaltenen und verdrängten Mythen in *seine* Welt und Sphäre. Dies ist der Grund, warum Mithras, als er Rom erreichte, mit seiner Felsgeburt *auch* eine charakteristische Szene aus der Mitte des ersten Lebensjahres reinszenierte. – Und wir werden bald sehen: Die Felsgeburt war dabei nur *eine* Szene einer ganzen Sequenz, ja eines kompletten Dramas. Die Felsgeburt war, in Nietzsches Sprache, *ein* Stück jener *Arbeit der Tiefe*, das den Folgeschäden des zarathustrischen Tabus entgegenwirkte. – Diesen Kapitelabschnitt beschließend zwei Anmerkungen; die eine auf das bisherige Wegstück unserer Gratwanderung zurück-, die andere vorausblickend:

RUNDGESANG. Es soll mit all dem *nicht* gesagt sein, daß das Heilige *ausschließlich* in der Reinszenierung früher Kindheit bestehe. Die entschiedene Behauptung ist aber, daß die Reinszenierung der frühen Kindheit *eine wichtige Form* des Heiligen war und ist, die in ihrer Wichtigkeit sowohl von Laien als auch von Fachkollegen im allgemeinen unterschätzt wird. Und diese Unterschätzung wiederum ist einer der Gründe für das, was ich *die beiden Kardinalfehler* beim Beurteilen der früheren Religionen nennen möchte:

Der erste Kardinalfehler war und ist die Unterstellung, auch die früheren Religionen hätten – wie vorgeblich „jede Religion" – *primär* versucht, *angesichts des Todesschicksals Trost zu spenden* und dazu ein Leben im Jenseits, dort womöglich gar ein „ewiges" und besseres Leben verheißen.

Der zweite Kardinalfehler war und ist die Unterstellung, die früheren Religionen seien primär Versuche gewesen, *die Welt zu erklären*. In Ermangelung *unseres* Wissens hätten sich die Menschen einst mit allerlei mythischen und magischen Vorstellungen und „also mit Religion" beholfen.

Beide Unterstellungen sind nicht völlig falsch und bergen ihr Körnchen Wahrheit. Insgesamt aber führen beide in die Irre und sagen mehr über „moderne" Perspektiven als über die tatsächlichen Befunde aus. Wer die alten Religionen immer schon durch die Brillen christlicher oder muslimischer Werte anblickt oder mit den Maßeinheiten neuzeitlicher Naturwissenschaft verrechnet, erkennt darin eben deshalb immer schon verfehlte Religion und weitgehend „irrelevantes", wenn nicht dummes Zeug. Ihr Eigentliches, ihr Hauptthema wird aber von beiden Fokussierungen verfehlt – und man wird nicht ganz falsch liegen mit der Vermutung, daß dieses so regelmäßige Danebenblicken eine Spätfolge jenes Tabus ist, das sich vor mehr als dreitausend Jahren über das gesuchte Hauptthema dieser Religionen, das erste Lebensjahr, gelegt hatte.

Nein, die Geschichten, „Narrative" zumindest der alten Religionen Indiens und Irans waren primär *keine* Erlösungs- und Erklärungsgeschichten. Sie waren *Heilsgeschichten*, waren etwas wie tägliche therapeutische Interventionen, zielten auf ein erfülltes *irdisches* Leben. Ihre primäre Strategie war dabei die Pflege jener seelischen Schichten, die in der Erlebniswelt der frühen Kindheit verwurzelt sind. Und *hierbei*, wir werden es gleich sehen, waren sie alles andere als naiv oder „primitiv". Nein, betrachtet im Licht der Morgenröte, beginnen diese Religionen wieder ihre alte Schönheit und Erhabenheit zu entfalten und rücken von selbst und stimmig in die Reihe der großen Menschheitswerke ein. Und erst dann auch zeigen sich die einstigen Anhänger dieser Religionen wieder als Menschen in unantastbarer

Würde; in jener Würde, die den „Heiden" und vorgeblich „Gottlosen" in diesem schrecklichen, dreitausend-jährigen ‚Krieg gegen die Finsternis' so oft abgesprochen worden war.

Nietzsches Zarathustra-Philosophie war zumindest die auffälligste und irritierendste Fackel, die wieder einen Schein solch morgenroten Lichts in die abendländische Welt zurückwarf. Erste flackernde Eindrücke davon wurden oben bereits widergespiegelt. Und auch im Fortgang wird das rötliche Licht von Nietzsches Zarathustra-Philosophie als Grubenlampe dienen und die anstehende *Arbeit der Tiefe* befördern helfen; auch da, wo Nietzsche nicht eigens zitiert wird, und auch da, wo eigene und abweichende Wege einzuschlagen sind. Möge sich deshalb jenes Zauberlied aus ‚*Also sprach Zarathustra*' als leise Melodie im Ohr des Lesers, der Leserin festsetzen, das damals, zwischen 1880 und 1885, aus Nietzsches Schacht und Höhle drang. Komponiert als Refrain und *Rundgesang* zu seiner und unserer Therapie, ist es bis heute von einem Schauder des Heiligen umflogen:

> *O Mensch! Gib acht!*
> *Was spricht die tiefe Mitternacht?*
> *„Ich schlief, ich schlief–,*
> *Aus tiefem Traum bin ich erwacht:–*
> *Die Welt ist tief,*
> *Und tiefer als der Tag gedacht.*
> *Tief ist ihr Weh–,*
> *Lust – tiefer noch als Herzeleid!*
> *Weh spricht: Vergeh!*
> *Doch alle Lust will Ewigkeit–,*
> *–will tiefe, tiefe Ewigkeit!" (Za 558)*

Wie also, so die jetzt aufzunehmende Frage, wie können dort unten, in den Schichten der frühen Kindheit und zumal in den Schichten des ersten Lebensjahres im Fall pathologischer Störung mehr Ordnung und Heil organisiert, und wie im Fall seelischer Gesundheit die Ressourcen dort gepflegt und im rechten Maß lebendig gehalten werden?

4. Strategien der Pflege und Therapie

ANPASSUNG. Zu erwarten wäre, daß die heilkräftigen „Verfahren" im Bereich des Religiösen denen der modernen Psychotherapien seit Freud ähneln. Und so ist es in einigen Stücken tatsächlich. Dennoch sind die Unterschiede beträchtlich. Der Grund ist, daß die therapeutischen „Verfahren" der früheren Religionen durch einen ganz anderen Typ von *Arbeit der Tiefe* entstanden sind:

Die modernen Verfahren beruhen auf theoretischen Entwürfen, zum Beispiel zu entwicklungspsychologischen Zusammenhängen, und beanspruchen empirische Überprüfbarkeit; im Fall der Psychoanalyse wohl nur vorbehaltlich, im Fall der modernen Säuglingsforschung aber unbestritten mit Recht. Dies markiert einen elementaren Unterschied zu den Heilspfaden der früheren Religionen, den Mithraskult eingerechnet. Denn die Menschen damals hatten sicherlich kein vergleichbar aufbereitetes Wissen über die frühe Kindheit. Aus ihren Mythen spricht deshalb allenfalls ein „intuitives" und „naiv" erworbenes Wissen über die Anfänge der menschlichen Welt. Aber nicht einmal dies war unabdingbar. Sehr wohl denkbar ist nämlich auch, daß ihre Mythen, Riten und Kulte weder „erdacht" noch – wie auch immer – „intuitiv" ermittelt wurden. Sie könnten sich vielmehr in einem eigenen *Evolutionsprozeß* und insofern „von selbst" entwickelt haben; nach dem einfachen Prinzip: Man erzählte oder spielte schon vor Urzeiten „Geschichten", und jene, die gefielen und ergriffen, blieben erhalten und verbesserten sich durch solche Selektion weiter ... – Viele der alten Mythen und Kulte könnten in diesem Sinne also *gewachsen* sein; und gerade bei der Jahrtausende umgreifenden Geschichte eines Mithras ist eine *solche* Entstehungsweise durchaus wahrscheinlich.

Ein derartiger Entwicklungsprozeß würde nicht nur erklären, warum die „heidnischen" Religionen über die Kulturen und Kontinente hinweg oft so erstaunlich ähnliche Mythen hervorbrachten. Er würde auch verständlich machen, warum diese Mythen psychologisch oft so erstaunlich „richtig" sind und sich deshalb so auffällig mit den Ergebnissen der modernen Säuglingsforschung decken: Ihre Kongruenz beruhte dann (biologisierend gesprochen) auf *analogen Anpassungen* an die kulturüberspannende mentale und psychische Ausstattung des Menschen; und ihre „Richtigkeit" gliche eher der des an die Steppe angepaßten Hufes oder Fußes als jener des konstruierten Rades für Straße oder Schiene.

Gesetzt, daß sich viele Mythen tatsächlich auf diese Art entwickelten: Dann leuchtet überdies ein, daß es von untergeordnetem Belang ist, ob die Menschen überhaupt wußten oder wissen, daß solcher „Glaube" von früher Kindheit handelt. Ja solch reflektierendes und theoretisches Wissen war und ist nicht nur nicht erforderlich: es kann schädlich, weil blockierend sein – wie nicht zuletzt an vielen modernen Mythenforschern zu ersehen ist, deren reflektierender Blick die Entfaltung des Heiligen immer schon verhindert.

Und auch noch in einem zweiten wichtigen Punkt sind die modernen psychotherapeutischen Verfahren von jenen der frühen Religionen grundlegend verschieden:

Moderne Therapien behandeln *Patienten*, mithin „Leidende"; sie sind jedenfalls auf pathologische Strukturen bei einzelnen, hilfebedürftigen Personen fixiert. Wo sich diese Therapien an frühkindliche Wurzeln wenden, gehen sie deshalb von individuellen Verletzungen aus und versuchen, diese zu „bearbeiten". – Ganz anders die alten Schöpfungsreligionen. Sie reinszenierten in ihren Mythen, Riten und Kulten Mal um Mal und in starrer Stereotypie *gelingende* Kindheit – unabhängig vom Los des Einzelnen. Der Sinn für psychisch Gesunde war dabei, die frühkindlichen Fundamente stabil zu halten und zu pflegen. Bei traumatisch Geschädigten aber scheint der Effekt gewesen sein, daß die frühkindlichen Traumata, da in solch „liturgischer" Monotonie und Suggestion immer wieder von neuem „überspielt", allmählich „umgespielt", und deshalb zuletzt vielleicht sogar „weggespielt" und ersetzt wurden.

Um unter diesen doch sehr verschiedenen Voraussetzungen mit den in der frühen Kindheit angelegten seelischen Schichten in heilenden Kontakt zu treten, wurde im allgemeinen nach zwei „Prinzipien" verfahren:

HONIG. *Erstens* galt es, mit den frühkindlichen Schichten *angemessenen* Kontakt aufzunehmen; und angemessen heißt hier: in ihrer Sprache, in ihrer „Grammatik", in ihren Bildern ...

Der Kult, Ritus oder Mythos sollte daher ‚adäquat' inszenieren, was sich in den Urzeiten der Schöpfung abgespielt hatte. ‚Adäquat' will dabei aber natürlich gerade nicht besagen: exakt so, wie es in der frühen Kindheit war. Mythendichter waren keine und wollten sicherlich auch keine Säuglingspsychologen sein. ‚Adäquat' will hier vielmehr besagen: So, daß *mit den Mitteln der Erwachsenenwelt* ein möglichst berührender Kontakt mit jenen Schichten der frühen Kindheit entstehen konnte. – Beispiel: die oben bezeichneten Höhlen. Selbstverständlich befanden sich Kleinkinder real nie in solchen unterirdischen, von Bäumen überwachsenen Felsenhöhlen. Ihre „Höhle" bestand in optischer Kurzsichtigkeit und motorischer Eingeschränktheit während der ersten Lebensmonate. Aber das mythische Motiv der unterirdischen Höhle war und ist *für Erwachsene* offenbar das angemessenste „Gleichnis", um jene frühkindliche „Höhle" zu reinszenieren. Reale Höhlen dienen deshalb seit Urzeiten als kultische Orte, mythische Höhlen als Symbole des Heiligen.

Man versteht auch hier, warum es bei solchen Reinszenierungen nicht primär auf deren „Wahrheit" ankam. Was ihren Wert bestimmte, war vielmehr die adäquate (und entsprechend metakommunikativ etikettierte) „Übersetzung". Nicht das empirische oder logische Stimmen, sondern ihre psychologische Stimmigkeit verlieh diesen Reinszenierungen Schönheit, Heilkraft und damit Heiligkeit.

Und was für den Inhalt galt, galt selbstverständlich auch für die Form der Reinszenierung: Anrührend mußten diese mythischen „Wahrheiten" sein, ernst oder humorvoll, wohlklingend und tränenlösend. Nicht kühle Objektivität und abstrakte Richtigkeit, sondern daß entsprechende Mythen in augenfeuchtem Ernst erzählt, in bunte Metaphern gekleidet und in (Kinder-) Reimen komponiert, daß sie, wo es sich fügte, überdies von Gesang untermalt und beklatscht, bisweilen auch von Trommeln, Trance und Tanz begleitet wurden …: dies waren *hier* die Kriterien der „Wahrheit" und Wirksamkeit. – Und nur wem die frühkindliche Schöpfung, aus welchen Gründen auch immer, mißlungen war, nur wen die derart reinszenierten Schöpfungsgeheimnisse *nicht* bewegten, die Saiten seinen Gemüts *nicht* in Resonanz und Schwingung versetzten; mit einem Wort: nur wer hierbei blaß im Abseits saß, konnte dabei auf die Frage verfallen, ob das alles denn auch wirklich … „wahr" sei.

Die inhaltlich und formal adäquate Reinszenierung war aber nur das eine. Daneben galt es, *zweitens,* die so angesprochenen frühkindlichen Schichten und Welten *mit positiven Emotionen zu besetzen* und einzufärben; metaphorisch gesprochen: *mit Honig zu beträufeln.* Das gewöhnliche Verfahren dabei war, dem mit dem jeweiligen Schöpfungsabenteuer assoziierten Gott ehrfürchtiges Lob und devoten Dank entgegen zu bringen und damit zu suggerieren, daß die ihm zugedachten Schöpfungswunder geglückt und also die Welt als Ganze gelungen sei: Man sagte und sah, daß sie gut war. – Zwar enthält das wenige überlieferte Textmaterial zum römischen Mithras keine hinreichenden Belege; aber wir dürfen mit gutem Recht davon ausgehen, daß auch er noch mit ganz ähnlichen Lobliedern geheiligt wurde wie sein einstiger „Bruder" Indra im alten Indien. An ihn gerichtet hieß es zum Beispiel:

Singet ihm dieses neue Lied …, daß sich wie vormals seine Kräfte regen … – Erhöre den Ruf, o Indra, … denn diese Stärkungen richten dich auf … – Unter Spielen und Frohsinn wollen wir dich pflegen … – Ich will mich dir neigen wie die milchgeschwellte Frau (zu ihrem Kinde).[13]

Adäquate Reinszenierung und positive emotionale Besetzung waren die „Prinzipien" religiöser Heilsvermittlung. – Es gilt nun, genauer zuzusehen, wie diese „Prinzipien" mit Leben gefüllt und konkretisiert wurden, und welche Medien und „Techniken" dabei dienlich waren. Um bei dieser weiteren *Arbeit der Tiefe* voranzukommen, macht es Sinn, wieder zu Mithras und seiner Höhlenwelt zurückzukehren. Den Einstieg weist ein möglicher Einwand, der für manchen Leser wohl schon seit einiger Zeit im Raum steht; der Einwand nämlich:

Obwohl Mithras auf einer beträchtlichen Reihe von erhaltenen Darstellungen klar als kleines Kind begegnet, ist offenkundig, daß er auf den meisten Reliefs, Fresken oder Vollplastiken des römischen Kults eben *nicht* als kleines Kind, sondern als jugendlicher Erwachsener dargestellt ist. Ja wir haben guten Grund zu vermuten, daß Mithras darauf als 15jähriger Jüngling gezeigt werden sollte. Denn 15 galt nach altiranischer Auffassung als ideales „Mannes"-Alter, und Mithra wurde nicht nur einmal ausdrücklich als Gott dieses Alters beschrieben. So zum Beispiel in den Yäšts des Awesta:

... in der Gestalt eines fünfzehnjährigen, fürstlichen, lichtäugigen Jünglings, eines schönen ...; – so kam er herbei. (Yt 14,17; Lommel)[14]

Steht dies nicht in klarem Widerspruch zu der aufgestellten These, nach der Mithras generell als Kind aufgefaßt werden wollte? – Diese Frage führt uns in die Welt des Theaters.

5. Theater und Cinematographie

Eingefroren. Warum also hat Mithras häufig nicht, wie gefordert, die Gestalt eines Kleinkinds, sondern die eines schon erwachsenen Jünglings?

Die erste und naheliegendste Antwort ist überraschend einfach: Die in Form von Skulpturen, Reliefs und Malereien erhaltenen Szenen des römischen Mithraskults sind erkennbar der Welt des Schauspiels nachempfunden. Auf Theaterbühnen sind reale Kleinkinder aber nicht zu erwarten; auch wo ihre Welt Thema ist, muß sie von erwachsenen Schauspielern reinszeniert werden.

Den Mithrasinszenierungen scheint deshalb jenes Phänomen zugrunde zu liegen, das wir auch sonst aus dem antiken (und natürlich auch aus dem modernen) Theater kennen: Denn auch im griechischen Theater reinszenierte etwa der vatermordende Ödipus (wie wir seit Freud wieder wissen) in Gestalt eines erwachsenen Schauspielers ein kindliches Drama. Und nicht minder beweiskräftig ist das altindische Theater: Viele Strophen der altehrwürdigen Kultlieder des Rigveda sind erkennbar Theaterszenen entnommen. Und daß dabei zumal der herausragende Held, Indra, als kleines Kind verstanden werden wollte, kann als ebenso gesichert gelten, wie daß er von erwachsenen Schauspielern dargestellt wurde. Erhaltene (wiewohl viel jüngere) Skulpturen (zum Beispiel in den Höhlentempeln von Elephanta bei Bombay) zeigen deshalb Indra auch regelmäßig als königlichen Jüngling.

Schon der Höhlencharakter der mithrischen „Tempel" spricht dafür, daß sich der römische Kult aus einer für uns verschollenen, wahrscheinlich parthischen Schauspieltradition entwickelte. Denn auch wenn wir über das iranisch-parthische Theater kaum etwas wissen[15], ist es aufgrund der Theatertraditionen in Indien auf der einen Seite und in Griechenland und Rom auf der anderen sehr naheliegend, daß auch dazwischen, im riesigen *Regnum Parthorum*, Schauspiele über die Schöpfungsabenteuer der ansässigen Götter gegeben wurden. Auch dort werden – zumindest die großen – Inszenierungen im Rahmen des Königskults stattgefunden haben; und auch dort in eigens dafür präparierten oder angelegten Höhlen. Die offenen Anlagen des griechischen Amphitheaters waren jedenfalls nicht der gewöhnliche Rahmen des antiken Theaterspiels.

Der römische Mithraskult, obwohl erkennbar aus königlichem Schauspiel hervorgegangen, zeigt freilich deutliche Spuren einer „Proletarisierung". Schon Mithras selbst, einst zweifelsfrei von königlicher Würde, hat diesen Zug im römischen Kult fast gänzlich verloren; und auch der Kult um ihn war jetzt (ähnlich wie im Christentum) von eher sozialistisch anmutenden Ideen getragen: Hochrangige Römer, ja Kaiser, standen darin auf einer Stufe mit gewöhnlichen Soldaten, ja Sklaven.

Für die „Proletarisierung" eines ehemaligen Königskults spricht überdies, daß der römische Kult, gleich unserem Kino, nur ein imitierendes „Billig- oder Groschentheater" des ursprünglich höfischen „Hochtheaters" war. Denn statt realen Schauspielern und aufwendigen Kulissen wurden im römischen Kult zumeist nur noch reproduzierte und standardisierte Abbilder realer Szenen verwendet: Die erhaltenen Darstellungen sind – in der Sprache heutiger Film-Cutter: – *eingefrorene* Szenen. Es sind gleichsam die Schnappschüsse und Pressefotos aus realen Aufführungen vorausliegender Jahrhunderte. – Wahrscheinlich also zeigen die so stereotypen Darstellungen des römischen Mithraskults nichts anderes als die Hauptszenen, die Highlights aus höfisch-parthischen Kultspielen von einst.

CINEMATOGRAPHIE. Die kaiserzeitlichen Höhlenkulte waren deshalb etwas wie eine Frühform des modernen Lichtspiels oder Kinos. Nachvollziehen läßt sich dies besonders gut an den großen, oft mehrere Meter breiten Kultbildern des rheinländischen Typs (die wir aber auch aus Italien, etwa aus den Mithräen Barberini, Marino und S. Maria Capua Vetere kennen). Denn zumal bei ihnen wird das Hauptbild, in der Regel die Stiertötungsszene, von Kassetten gerahmt, in denen weitere Szenen zu Mithras' Abenteuern zu sehen sind. Wie es scheint, wurden diese Kassetten während des Gottesdienstes mit dem Licht einer Kerze oder Öllampe der Reihe nach hervorgehoben und so der Mythos Lichtbild für Lichtbild reinszeniert.

Bemerkenswert ist im Vorbeigehen, daß dieser Typ von Cinematographie in der christlichen Altar-Ikonographie bis heute fortlebt (ohne deshalb zwingend aus dem römischen Kult entlehnt sein zu müssen): Auf vielen christlichen Altararrangements ist das Hauptbild (in der Regel die Kreuzigungs- oder eine Marienszene) von Kassetten gerahmt, die weitere Motive der heiligen Geschichte enthalten; ganz ähnlich wie im römischen Kult. –

Im römischen Mithraskult war die cinematographische Inszenierung perfektioniert. Einzelne der besagten Kassetten ließen sich, wie es scheint, zusätzlich mit einem Tuch verhängen und im geeigneten Moment enthüllen. Sicher ist jedenfalls, daß dieser Effekt beim großen Hauptbild eingesetzt wurde: Sowohl archäologische Befunde als auch Inschriften geben klare Hinweise, daß ein *velum*, ein regelrechter „*Vorhang*", seinerseits lebhaft bemalt, das Hauptbild erst verbarg und dann weggezogen wurde.[16]

In mehreren Mithräen fand man auch eine Art Drehbühne; zum Beispiel in Nida-Heddernheim bei Frankfurt.[17] Die steinerne Relieftafel von dort zeigt auf der Vorderseite die Stiertötungsszene, ließ sich aber drehen und gab dann die Szene mit dem Kultmahl Mithras und des Sonnenvaters *Sol* frei (Abb. 21 und 22). Auf der Kultmahl-Szene hat *Sol*, rechts, seinen Strahlenkranz an einer Art Garderobe aufgehängt, hält aber seine Peitsche (zur bevorstehenden Himmelfahrt mit Mithras) im Arm. Mit der rechten Hand reicht er Mithras einige Stücke Brot, während Mithras selbst ein Trinkhorn mit Wein hält. Beide, Brot und Wein, galten als das Fleisch und Blut des geopferten Stieres. Der Stier selbst liegt hingestreckt vor den beiden Göttern und dient als Tisch.

Abb. 21: Großes Kultrelief aus Frankfurt-Nida mit drehbarer Hauptszene, Stiertötung auf der Vorderseite

Abb. 22: Kultmahl auf der Rückseite, Frankfurt, Museum für Vor- und Frühgeschichte (farblich rekonstruiert; Original im Museum Wiesbaden)

WANDLUNG. Es hat also den Anschein, daß Relieftafeln wie diese aus Nida zu dem Zeitpunkt der „Messe" gedreht wurden, als der – im kultischen Schauspiel, nicht real – „geopferte" Stier zu Brot und Wein „gewandelt" wurde; oder anders ausgedrückt: als die profanen Kultspeisen Brot und Wein in kultischer „Wandlung" mit der sakralen Kraft des „geopferten" Stiers zu Fleisch und Blut „aufgeladen" wurden. – Die Verwandtschaft zum christlichen Kult ist gewiß nicht zufällig, und man darf vermuten, daß die agierenden Mithraspriester das Brot und den Wein eben in diesem hochheiligen Moment mit Worten bedachten wie jenen schon zitierten, die sich als Graffito im Mithräum unter S. Prisca zu Rom erhielten[18]:

Et nos servasti eternali sanguine fuso, „Auch uns hast Du gerettet, indem Du das Blut vergossen hast, das uns unsterblich macht!" (Vermaseren GK 145)

Auch bei solchen Inszenierungen müssen kunstvoll arrangierte Lichteffekte eine bedeutende Rolle gespielt haben. Man fand zum Beispiel in verschiedenen Mithräen Altarsteine, die auf der Rückseite kleine Aushöhlungen hatten, in die Kerzen oder Öllampen gestellt werden konnten. Nach vorn hin waren diese Aushöhlungen in Gestalt einer Mondsichel oder nach oben gerichteter Sonnenstrahlen durchbrochen. Das flackernde Licht nahm sich im Publikum deshalb wie eine im Morgenrot untergehende Mondsichel oder eine aufgehende Sonne aus. Bemerkenswert dabei ist, daß dieser Effekt nur eintreten konnte, wenn der Kultraum insgesamt noch sehr dunkel war und also *frühe* Morgenröte symbolisierte. Wahrscheinlich wurde der Raum im Zuge der „Wandlung" dann in helleres, vormittägliches Licht gehüllt; ähnlich wie in der altindischen Schauspieltradition, wo der Theaterdirektor, so die Überlieferung, an einem wichtigen Punkt des Schauspiels *mit schnalzenden Fingern ... eine Lampe in die Mitte der Bühne stellte*.[19]

Alles spricht jedenfalls dafür, daß der Mithraskult ein Kult des Licht-Werdens war. Und sicherlich wurde das mit entsprechenden Effekten aufgeführte Lichtspiel dabei von kunstvoll vorgetragenen Mythen untermalt, die Bilderfolge also gewissermaßen mit Off- und Ontext vertont.

Auch dort, wo der Höhlentempel nur mit wenigen Bildern oder gar nur mit dem Hauptbild der Stiertötungsszene ausstaffiert war, ließ sich, nur eben weniger effektvoll, ein solches Ton-Lichtspiel vorführen. Und auch die vor allem im Donautal gefundenen kleinen Relieftafeln von oft nur 30 Zentimetern Kantenlänge wären zu solcher Cinematographie geeignet gewesen. Denn auch sie zeigen, nur kleiner als die aus Rom und dem Rheintal, eine Reihe von Einzelszenen aus Mithras Schöpfungsabenteuern. Vielleicht hatte sich hier der Brauch ausgebildet, daß, wer Mithras Legende rezitierte, die Tafel in effektvollem Licht mit der linken Hand vor sich hin hielt und, den Mythos erzählend, mit dem Zeigefinger der rechten auf die jeweiligen Bilder wies. Jedenfalls läßt sich die einstige Wirkung, mit Maarten Vermaseren gesprochen, noch heute gut nachempfinden:

Beim Betrachten der Monumente spult sich die Mithraslegende vor unseren Augen gewissermaßen wie ein Film ab. (Vermaseren GK 71)

IMITATIO. Die gewöhnliche, sonntägliche Messe wird primär solches Licht- und Tonspiel gewesen sein. Zu bedeutenderen Anlässen aber, zum Beispiel zur Neuaufnahme oder „Beförderung" von Gemeindemitgliedern, gab es neben den cinematographischen Inszenierungen überdies kultische Aufführungen mit realen „Schauspielern", die sich aus den Reihen der Gemeinde rekrutierten.

Auch dabei waren die Akteure natürlich Erwachsene – aber erwecken doch sehr den Eindruck, daß sie Kinderszenen spielten: Erhaltene Reliefs zeigen diese „Schauspieler" in den Rollen von Raben und Löwen. Besonders beeindruckend dazu ist die in Stein skulpierte Szene aus Konjic, Bosnien-Herzegowina, heute im nahen archäologischen Museum von Sarajevo (Abb. 23).[20] Sie zeigt Mithras und den Sonnenvater wieder beim Kultmahl. Beide stützen sich auch hier auf den toten Stier. Vor ihnen, neben dem sitzenden Löwen, ein Tischchen mit einigen Brotstücken. Mithras, links, wieder mit dem Trinkhorn, von Cautes, dem Fackelträger, wohl mit einem Trinkspruch bedacht... Hinter den beiden Säulen links und rechts außen aber treten hier zwei „Schauspieler" auf, einer in der Maske eines Raben, einer in der eines Löwen.

Abb. 23: Theaterszene mit Raben und Löwen; Mithras und Sol beim Kultmahl in der Mitte, Konjic, Museum Sarajevo

Was diese Raben und Löwen hier im einzelnen inszenierten, wissen wir nicht. Doch die verächtlichen Worte eines christlichen Autors vermitteln immerhin einen Eindruck:

Welche Entstellung, wenn sie in ihren Höhlen schauspielern ... Einige schlagen wie Vögel mit den Flügeln und imitieren die Stimmen der Raben, andere röhren wie die Löwen. Welch peinlicher Hohn für Menschen, die sich Weise nennen.[21]

Wir werden auf diese Tierspiel-Szenen und ihre Wurzeln in kindlicher Welt im Kapitel ‚*Erste Abenteuer vor der Höhle*' noch genauer zu sprechen kommen.

TRADITION. Anzumerken ist, daß das Theater seit Urzeiten Ort zur Reinszenierung des Heiligen ist. Schon die Höhlenmalereien des Jungpaläolithikums, die in ihren ältesten Schichten fast 40 000 Jahre zurückreichen, legen nahe, daß in Höhlen inszenierte Schauspiele bereits damals zum festen Bestand des Kults und der Kultur gehörten. Viele dieser Malereien, zum Beispiel die Bären-, Löwen- und Mammutdarstellungen der Grotte Chauvet im Tal der Ardeche, erinnern an Kinderwelt.[22]

Mit Beginn der „geschichtlichen" Zeit, seit also Textquellen genauere Aufschlüsse ermöglichen, ist bereits ein ganzes Spektrum von Schauspieltraditionen auszumachen. Aus dem indo-iranischen Raum etwa wissen wir von umherwandernden Schauspiel-Trupps, aber auch von Puppen- und Schattentheatern. Daß die letzteren auch schon in „vorgeschichtlicher" Zeit gepflegt wurden, bezeugt die Herkunft des altindischen Worts für Schauspieldirektor, *sutradhara*. Es bedeutet nämlich eigentlich „*Fadenhalter*"[23]: Denn so wie der *sutradhara* im Schatten- oder Marionettentheater ursprünglich seine Puppen mit Fäden dirigierte und tanzen ließ; so später im übertragenen Sinn auch die realen Schauspieler im „großen" Theater. Er hatte, wie es ja auch im Deutschen heißt, *die Fäden in der Hand*, bei ihm *liefen die Fäden zusammen*.

Die Inszenierungen in den verschiedenen Kulturkreisen dienten und dienen dabei zwar bisweilen gewiß nur der Unterhaltung, der Parodie, dem Spott oder der Belehrung; gesichert ist aber, daß sie darüber hinaus häufig kultischen Charakter hatten. Stoff der Inszenierung war dann zumeist das Drama der Morgenröte oder eine Episode daraus, mithin das heilige Nachspielen, die *imitatio* der Götter im Zuge der Erschaffung der Welt. Entsprechend war das Ambiente: Zumindest im indogermanischen Raum scheint schon früh ein roter Vorhang die dann von dämmrigem Kunstlicht erhellte Bühne inmitten der Theaterhöhle freigegeben zu haben …

Höhle, Bühne und Vorhang waren dabei eindeutige Formen metakommunikativer Etikettierung: Das gegebene Stück war nicht zuletzt dadurch klar von der alltäglichen Realität abgesetzt und als heilig markiert. – Die Bretter der Bühne bedeuteten deshalb gerade *nicht* die Welt. Das *theatrum sacrum* war vielmehr *imitatio*, war Schau-*Spiel* jener so anderen, zweiten und unteren Welt hinter dem „Vorhang" der frühkindlichen Amnesie. Ja, der Umstand, daß diese Schauspiele in Höhlen gegeben wurden, legt nahe, daß die Zuseher, nachdem das Schauspiel beendet war, nun auch noch selbst und gleichsam in einem letzten, krönenden Akt eine *imitatio* der Schöpfung vollzogen: die „Geburt" aus dem Felsen! – einfach, indem sie nun aus der Schauspielhöhle heraus- und in die alltägliche Welt zurücktraten. Die Kulthöhlen der Mithrasmysten legen jedenfalls nahe, daß eine solche *imitatio* der Felsgeburt die jeweilige Kultfeier abschloß. In Elmar Schwertheims Worten:

> *Mithras ist der Felsgeborene, und so symbolisiert die Höhle nicht nur die Geburt des Gottes, sondern sie ist auch der Ort der Wiedergeburt der Mysten. Hier werden sie … als Mithrasgläubige neu geboren und nach jeder Kultfeier treten sie, wie Mithras, aus dem Dunkel der Felsenhöhle an das Licht.* (Mi 52)

Und haben Schauspiele diesen Effekt des „Geborenwerdens" nicht bisweilen auch heute noch? Und lebt das *theatrum sacrum* denn nicht überhaupt in vielen Formen fort? Man denke nicht nur an unsere von höfischem Flair durchwehten und von blumenstreuenden Stuck-Putten durchtanzten Schauspiel- und Opernhäuser. Man denke auch nicht nur an Pulcinella und den Krokodil- oder Drachen-erschlagenden Kasperl auf ihren Guckkastenbühnen. Man denke vor allem auch an unsere Kirchen, die katholischen und orthodoxen obenan!

Mit einem Wort: Der römische Kult um Mithras hatte in seiner konkreten Ausgestaltung zwar sein Einzigartiges, stand in seinen Grundzügen aber in uralter und vielfach fortlebender Tradition.[24]

ZEICHEN. Daß Mithras auf den erhaltenen Bildzeugnissen zumeist als Jüngling und nicht als Kleinkind begegnet, steht mit der aufgestellten These also keineswegs in Widerspruch. Sie ist durch die Herleitung dieser Darstellungen aus der Theaterwelt hinreichend erklärlich. – Daneben lassen sich aber noch weitere Gründe geltend machen:

Zuerst einmal ist es natürlich sehr wohl möglich, ja wahrscheinlich, daß die Priester und Mysten des römischen Kults um den kindlichen Charakter Mithras *nicht* „wußten" und sich ihren Gott deshalb tatsächlich als erwachsenen Jüngling vorstellten. Dies besagt aber keineswegs, daß Mithras *in ihren Herzen* nicht dennoch Klänge der frühen Kindheit zur Resonanz gebracht hätte. – Ja man wird hier fragen dürfen und müssen: Wenn Mithras „eigentlich" ein Kleinkind repräsentierte, war dann nicht ein heranreifender Jüngling die dramaturgisch ideale Besetzung? Religion ist, auch wenn sie Kindheit inszeniert, immer primär ein Medium *für Erwachsene*. Deshalb aber hat es – assoziativ, nicht analytisch gedacht – sehr wohl seine Stimmigkeit, wenn Erwachsene, noch besser: soeben erwachsen-Werdende die in der Adoleszenz fortwirkenden seelischen Schichten der frühen Kindheit reinszenieren. – Zur Illustration ein „Experiment":

Angenommen, man sei Regisseur und habe die Aufgabe, frühe Kindheit zu inszenieren. Zur Auswahl stünden verschiedene Schauspieler; jedoch, wie im Normalfall, nur erwachsene. Welcher wäre der geeignetste? – *Ein* Kriterium wäre sicherlich: einer von jugendlichem Aussehen. Denn als solcher schlägt er die Brücke zwischen Kindheit und Erwachsensein gewissermaßen *in persona*. – Aber selbstverständlich gibt es weitere Kriterien – und mehrere davon fanden im Mithraskult tatsächlich Anwendung. Weiten wir also unser Experiment aus und fragen: Mit welchen Mitteln und „Zeichen" kann ein erwachsener Schauspieler kommentarlos und „nonverbal" frühkindliche Welt in Szene setzen?

Die möglichen Antworten sind Legion: Ein kurzes *Rabäh-h* oder *Ma-ma* zum Auftakt, ein watschelnder Gang, ein riesiger Schnuller, eine rote Stups- und Pappnase, ein verschmierter Latz ... Und sofort fällt hier natürlich ein, daß Requisiten dieses Schlags längst im Schwang und Konvention sind. Zum Beispiel in der Figur des Clowns. Jeder Clown spielt, genauer besehen, einen etwa Zweijährigen. Dafür stehen seine übergroßen Schuhe („noch zum Hineinwachsen"), sein unsicherer Gang und seine tolpatschigen Bewegungen; dafür im Sprachlichen noch allerlei Mißverständnisse und Versprecher; dafür auch der noch dünne Haarwuchs (meist zur Glatze stilisiert); und vor allem natürlich: seine vorwitzige Verschlagenheit. Denn jeder Clown spielt und prüft an den Grenzen des Erlaubten und „Anständigen" – wie eben Zweijährige. In diesem Alter nämlich müssen die kleinen Weltenschöpfer herausbekommen, was sie dürfen und was nicht; sie *müssen* jetzt, nur einen Moment unbeobachtet, an genau jener Lampenkordel ziehen, an der es ausdrücklich verboten wurde – und reizen damit die Erwachsenen oft nicht nur zum Lachen. Das amerikanische Forscherteam um Alison Gopnik schrieb deshalb – natürlich im Ton der Ironie – von den *terrible twos*, den „schrecklichen Zweijährigen" (37 ff.). Clowns reinszenieren zu unser aller Freude *terrible twos*. – Ob wir, die erwachsenen Zuschauer, diese fürwahr tiefere Ursache je *verstehen*, ist für den Erfolg der Clownerie freilich ganz ohne Belang.

MÜTZE. Nicht viel, aber doch ein wenig anders als mit unseren Zirkus-Clowns verhielt es sich mit Mithras. Denn selbstverständlich ging es im Kult für einen so erhabenen Gott nicht nur (aber sicherlich auch) um Komik und Lachen. Und doch wird aus unserer Perspektive und Distanz auch bei Mithras durchsichtig, daß er, ähnlich wie die Clowns mit ihren Pappnasen und Sprachfehlern, mit spezifischen „Zeichen" als Kleinkind markiert war – allerdings auf noch subtilere Art und auf noch leiseren Sohlen einschleichend: Es hat den Anschein, daß diese Zeichen ihr eigentliches Ziel in den entsprechenden seelischen Schichten zwar erreichen und also „ankamen", aber in dieser Funktion gerade nicht explizit durchschaut und verstanden werden sollten. – Sehen wir uns, bevor wir uns dem psychologischen Hintergrund solchen Einschleichens näher zuwenden, einige dieser „Zeichen" genauer an. Es macht Sinn, sie in zwei Rubriken einzuteilen. – Zuerst zwei Beispiele aus der Rubrik ‚Requisiten':

Da ist an erster und oberster Stelle natürlich Mithras rote Zipfelmütze! Erinnert diese Mütze denn nicht fast verräterisch an die Zipfelmützen auch noch unserer Kinder? – und überdies natürlich an die unserer Zwerge? Gewiß, gewiß, was akademische Forschung an weiteren Zusammenhängen zur Funktion und Entstehungsgeschichte dieser „phrygischen" Mütze ans Licht brachte, hat sein gutes Recht; und man nimmt gerne hin, daß dort manches, was nahe liegt, übersehen wird.[25] Aber dem nicht nur weitsichtigen Auge springt doch überdies entgegen, daß diese „phrygische" Mütze darüber hinaus nicht nur das Zeug zum Schutz empfindlicher Kinderohren, sondern auch zum Stolz seines Besitzers hat. Wem, frage ich, könnte im mediterranen Klima über Jahrhunderte hinweg eine solche Mütze als Requisite zugedacht worden sein, wenn keinem Kleinkind – oder Verehrern eines solchen Gottes? – Man nehme nur das Beispiel aus dem faszinierendsten aller Mithräen, dem aus Marino in den Albaner Bergen südlich von Rom. Mithras Zipfelmütze ist dort noch mit schützenden Ohrenklappen versehen – die freilich, einem bereits etwas älteren Feger wie Mithras ganz angemessen, schon aufgeschnürt sind und verwegen im Wind wehen (Abb. 24 und Tafel I). – Ob ihrer Bedeutung und Signalwirkung ist auf einer ganzen Reihe von Skulpturen einzig diese, die wichtigste Requisite Mithras, abgebildet; zum Beispiel auf einem Altarstein in Wiesbaden (Abb. 25).

Und da ist zweitens Mithras Nacktheit. Zwar begegnet Mithras nicht allzu häufig in dieser, wenn ich so sagen darf: frühkindlichen Garderobe.[26] Doch wo er es tut – zum Beispiel auf den im nächsten Abschnitt einmontierten Felsgeburten aus Güglingen und Ptuj – ist dies doch ein weiteres Indiz dafür, daß der dargestellte „Mann" „irgendwie" in der Rolle eines Kleinkindes agiert. Ähnliches gilt zum Beispiel auch für den meist nackt – und nicht selten als Säugling – dargestellten griechisch-römischen Drachen- und Löwenkämpfer Herakles-Herkules, auf den wir noch kommen werden.

Abb. 24: Mithras Zipfelmütze mit (offenen, wehenden) Ohrenklappen, Marino

Abb. 25: Mithras Zipfelmütze, Museum Wiesbaden

VIA REGIA. Es gilt später noch weitere solcher Requisiten an und um Mithra zu dechiffrieren: den gekrümmten Rücken und die heraushängende Zunge des geopferten Stiers, Mithras sonderbare Körperhaltung bei der Stiertötung und seinen wehmütigen Blick zurück ... Mit ein wenig Hintergrundswissen, wie jeder römische Myste es gehabt haben muß, prägen all diese Merk-Male dem „großen" Gott wie von selbst den Stempel ‚Kind' auf; auch da, wo er sich ansonsten als Jüngling gab – kaum merklich, aber vielleicht gerade deshalb um so treffsicherer jene Schichten erreichend, denen die geheime und verschlüsselte Nachricht galt.

Wichtigere Marker noch als solche Requisiten und bloße Äußerlichkeiten waren freilich die sonderbaren Episoden aus Mithras Schöpfungsabenteuern selbst: In der Cinematographie des römischen Kults so einzigartig zur Geltung gebracht, schleusten diese Bildgeschichten die geheimnisvollen Nachrichten um Mithras Schöpfungswunder in die tieferen Schichten des menschlichen Gemüts – die Instanz des bewußten Verstandes auch hier gleichsam umschleichend:

Daß diese Episoden tatsächlich frühkindliche Welt inszenierten, konnten wir an ersten Beispielen ja bereits genauer studieren: an Mithras Höhlen-, Fels- oder Baumgeburten. Sie standen für die Geburt in die Morgenröte, ein dramatisches Ereignis der Zeit um den fünften, sechsten Lebensmonat. – Die zu Mithras Felsgeburt bislang eingeblendeten Bildbeispiele zeigten unseren Gott auch rein äußerlich im Habitus eines Kleinkindes. Es fehlt aber nicht an Darstellungen, auf denen er klar als erwachsener Jüngling ausgearbeitet ist. Bei ihnen verweist also nicht

Abb. 26: Felsgeburt mit Mithras im Habitus eines erwachsenen, nackten Jünglings, Köln, Römisch-Germanisches Museum (gefunden an der Südseite des Doms, 3. Jh.)

Abb. 27: Felsgeburt mit Mithras im Habitus eines erwachsenen, nackten Jünglings, Güglingen

mehr Mithras Erscheinungsbild, sondern einzig die aus seinen Schöpfungsabenteuern herausgegriffene Episode selbst auf das Alter des Gottes. Die Episode ist hier der primäre Marker für Mithras Kindlichkeit – die freilich dennoch durch sakrale Nacktheit oder weitere Marker unterstrichen werden konnte. Beispiele sind Felsgeburten aus Köln und aus dem schwäbischen Güglingen (Abb. 26 und Abb. 27).

Immer wieder bei solchen Themen drängt sich uns Heutigen die Frage dazwischen, ob denn nicht zumindest die Bildhauer, Maler und „Regisseure" des Kults die hier waltenden Zusammenhänge hätten verstehen müssen, um sie überhaupt umsetzen zu können? Doch was waren, was sind schon „Absicht", „Verständnis" und „Bewußtsein" für die Kunst – und was gar in der Religion? Nein, Mithras kindliches Naturell, das aus unserer Distanz und mit psychologischem Blick zu rekonstruieren ist, wird (von den einfachen Mysten ganz zu schweigen) auch von den Künstlern zumeist nur intuitiv umgesetzt worden sein. – Aber ob nicht eben das genügte? ja, ob nicht gerade dies die *Via Regia, der „Königsweg"* in die geheimnisumwitterte Welt des Religiösen war?

Diesen schon mehrfach angedeuteten Gedanken gilt es nun schärfer zu fassen. Er eröffnet eine weitere wichtige Perspektive zum Verständnis des persischen Gottes und zum Verständnis des Religiösen insgesamt.

6. Konfusion und indirekte Suggestion

ÜBERLEBENSVORTEIL. Warum also, so jetzt die den Weg weisende Frage, könnten die Botschaften von Mithras Schöpfungswundern ihre Heilkraft vielleicht gerade dann besonders wirkungsvoll entfaltet haben, wenn ihre elementare Aussage, nämlich daß Mithras ein Kleinkind repräsentierte, nur gleichsam einschleichend, punktuell und als ob nebenbei vermittelt wurde? – Die Antwort erschließt sich aus den Mechanismen der frühkindlichen Amnesie:

Wir erinnern uns: Die untere, von frühkindlichen Wahrnehmungsprinzipien gestaltete limbische Welt der Primärprozesse ist von der oberen, neokortikalen der Sekundärprozesse durch eine Art poröser Membran getrennt. Unter gewissen Umständen versperrt diese Membran den Durchlaß. Insbesondere verwehrt sie den „bewußten" und „absichtlichen" Zugriff auf jene untere Welt, die deshalb oft wie verschüttet wirkt und daher eben als „unbewußt" gilt. Unter anderen Umständen freilich öffnen sich die Poren dieser Membran und verschaffen dann den dort verankerten Ressourcen Zugang nach oben: In Träumen, im Humor, in der Liebe, der Religion ... – Welches sind die Kriterien und spezifischen Umstände, die das Sich-Öffnen und Sich-Wieder-Verschließen dieser Poren bestimmen?

Die Antwort auf diese Frage muß in Vielem noch unscharf bleiben, weil unsere Vorstellungen über das „Wesen" der frühkindlichen Amnesie insgesamt noch unscharf und von ungelösten Problemen umlagert sind. Nur kurz in die Nebel gerufen: Warum, aus welchen *biologischen* Ursachen, hat sich diese so sonderbar durchlässige Gedächtnissperre ausgebildet? Warum war es, als sich diese Grenzschicht vor Urzeiten entwickelte, ein biologischer Vorteil, daß die doch so lebensnotwendigen Erfahrungen der ersten Lebensjahre nicht unmittelbar zugänglich und abrufbar blieben? War es im Kampf ums Überleben vielleicht eine neue Nische und Chance, daß Wesen mit solch eigentümlichem Gedächtnisverlust genötigt wurden, Methoden und „Techniken" zu entwickeln, die es ihnen dann doch, wiewohl nur auf Umwegen, ermöglichten, die Schätze hinter dieser Sperre freizusetzen und zu nutzen? War es also vielleicht von biologischem Nutzen, daß diese Wesen dann Kulte und Riten und zuletzt Mythen entwickelten, die jene verschlossenen Tore öffneten? Und war es, wenn diese Kulte, Riten und Mythen die Überlebenschancen erhöhten, indem sie zum Beispiel den sozialen Verband stärkten oder neue, vielleicht verrückte, aber dann bisweilen eben doch auch pragmatisch nützliche Entdeckungen hervorriefen; – war es dann gar von Vorteil, wenn sich die Poren jener Membran noch weiter verschlossen und damit diese sonderbaren Wesen nötigten, ihre Techniken des Wiederöffnens noch weiter zu verfeinern? Solange, bis aus den Kulten, Riten und Mythen komplexe Systeme und eben – Religion geworden war?

Man muß dies Lehr- und Übungsstück zur Kreativität des Vergessens nicht zu Ende spielen, um zu sehen, daß sich von ihm aus neue Evolutions-Szenarien entwerfen ließen, in die sich weitere, schon gesicherte Tatsachen, stimmig einfügten: So der Umstand, daß wir biologisch gesehen Frühgeburten sind und das erste Lebensjahr eigentlich im Mutterleib zubringen müssten; und so auch der Umstand, daß wir, mit keinem unserer biologisch Verwandten vergleichbar, extrem lange und gänzlich unbeholfen im Zustand der frühen Kindheit verharren ...

GUT UND BÖSE. Doch kehren wir nach diesem kurzen Ausflug auf die nebelumlagerte Nachbarinsel der Biologie wieder zu unserer psychologischen Frage zurück, die hieß: Welche „Mechanismen" öffnen und verschließen die Poren jener Membran der frühkindlichen Amnesie? Auch bei den Antworten hierzu bleibt der Boden unsicher, und wir marschieren weiterhin in – wiewohl schon sonnendurchstrahlten – Nebeln.

Sowohl nach Freuds, als auch nach der Auffassung moderner Neurophysiologen hängt die Ausbildung der frühkindlichen Amnesie (wiederum vereinfacht wiedergegeben) „irgendwie" mit dem Eintritt in die Welt des Sprechens und in die Welt der Gebote und Verbote zusammen.[27] Und tatsächlich sind ja die hinter dem Vorhang der frühkindlichen Amnesie ruhenden Schichten weitgehend non-verbal strukturiert und noch nicht von „Moral" und Konventionen über ‚das darf man' und ‚das darf man nicht' geprägt. Und tatsächlich setzt die Amnesie und Versiegelung der frühkindlichen Welt ja auch in etwa mit dem aktiven Erwerb der Sprache und der Aneignung von Normen (also ab der Mitte des zweiten Lebensjahres) ein.

Wie es Sprache und normative Regeln im einzelnen „machen", daß die frühkindliche Welt hinter ihnen in diese sonderbare Form der Vergessenheit verfällt, ist, jedenfalls mir, nicht wirklich klar.[28] – Doch halten wir – immerhin in Form einer begründeten Vermutung – den bloßen Sachverhalt fest: Im Zug des Spracherwerbs und der Aneignung „moralischer" Kategorien versinkt die Welt der frühen Kindheit allmählich in die Höhlen des „Unbewußten".

Für die Richtigkeit dieser Vermutung spricht nicht zuletzt, daß sie alt und bewährt ist. Einen ersten Eindruck, daß Nietzsche seine Philosophie über längere Phasen hinweg als ein Arbeiten an jener Grenze der frühkindlichen Amnesie verstand, gab schon die oben zitierte Beschreibung in seiner *Morgenröte*. Dort hieß es: *In diesem Buche findet man einen „Unterirdischen" an der Arbeit, einen Bohrenden, Grabenden, Untergrabenden* ... Und dieser *„Unterirdische"* grub sich zuletzt wie ein *Maulwurf* aus jener Höhlenwelt des „Unbewußten" in unsere obere Welt und fand so *seinen eignen Morgen, seine eigne Erlösung, seine eigne Morgenröte* (Mo 1011). – Prompt bezeichnete Nietzsche nun an anderen Stellen jene ältere und „jenseitige" Höhlenwelt des „Unbewußten" auch als das „Reich" des *Jenseits von Gut und Böse*. Denn in der Tat, dieses von frühkindlichen Kategorien geprägte Zauberland ist die Welt *jenseits* nicht nur der sprach-, sondern auch der normenkonturierten Welt, und insofern die Welt *jenseits von Gut und Böse*. – Ihm, diesem *Jenseits von Gut und Böse,* galt Nietzsches besondere Zuwendung: Nach den Jahrhunderten und Jahrtausenden der Verdrängung und Tabuisierung ging er daran und forderte auf, dieser verborgenen Welt wieder mehr Aufmerksamkeit, mehr Lebensrecht und Vertrauen entgegen zu bringen.

Gewiß, unter anderen Voraussetzungen gelesen mußte Nietzsches Polemik gegen die abendländische Über-Moralisierung und Über-Rationalisierung der menschlichen Welt oft überspitzt und überzogen vorkommen. Vor *diesem*, dem entwicklungs- und schöpfungspsychologischen Hintergrund gelesen aber verwandelt sich diese polemische Schärfe fast durchweg in griffige Psychologie; zum Beispiel an der folgenden Stelle. Nietzsches Plädoyer gilt dort, wie so oft, der rabaukenhaften Welt des griechischen Dionysos. Da Dionysos (wie Indra, Herakles und so viele andere Götter) aber bei den meisten seiner Schöpfungsabenteuer kaum älter als ein Jahr sein kann, ist seine Welt zugleich die Welt *jenseits von Gut und Böse*. Entsprechend formulierte Nietzsche:

> ... diese meine dionysische Welt ..., dies mein „Jenseits von Gut und Böse", ... – wollt ihr einen Namen für diese Welt? ... ihr Verborgensten, Stärksten, Unerschrockensten, Mitternächtlichsten? – *Diese Welt ist der Wille zur Macht* ... (NA 916 f.)

Bekommt nicht auch die von seinen Interpreten oft so böse entstellte Wendung ‚*Wille zur Macht*' vor diesem, dem morgenroten Hintergrund wieder einen einfachen und sympathischen Sinn? Ja ist *solcher* (im ersten Lebensjahr gründender) „*Wille zur Macht*", ist *solches* (von Mutterküssen überhäuftes) „Übermenschentum" ... – ist *solche* Stärke und Unerschrockenheit nicht tatsächlich eben das, woran es den Menschen der neuen Vater-Religionen so lange schon fehlt, woran sie – kranken?

Nietzsches Zarathustra-Projekt, so zeichnet sich bereits ab, war weniger bedrohlich und war doch revolutionärer, als manche seiner Deuter vermuten lassen. Denn das vornehmste Ziel dieses Projekts war: das von Zarathustra vor mehr als 3 000 Jahren erstmals tabuisierte erste Lebensjahr wieder aufzuwerten, und im Gegenzug das zweite und dritte Lebensjahr wieder mehr abzudimmen! Fürwahr: eine *„Umwertung aller Werte"*!

ADAM UND EVA. Nietzsches Wendung ‚*Jenseits von Gut und Böse*' spielte natürlich auf den zweiten biblischen Schöpfungsbericht an. Und tatsächlich: Wer es versteht, die Geschichte von Adam und Eva entwicklungspsychologisch zu lesen, erkennt, daß sie bis in die Details der Phase des Sprach- und Normenerwerbs zuzuordnen ist und dabei klar genug die besagten Kriterien der frühkindlichen Amnesie zur Geltung bringt.

Adam und Eva nämlich verweilten, von Juwelen und morgenrotem Gold umflutet, solange im Paradies und Garten Eden, bis – charakteristisch – ihr *Vater* ein (ihnen naturgemäß noch *unverständliches*) Verbot auferlegte. Von allen Bäumen dürfe man essen, nur von x-beliebig einem nicht. Die beiden *terrible twos* mußten daraufhin, wie alle gesunden Kinder dieses Alters, unabdingbar ausloten, was geschieht, wenn das Verbotene eben doch getan wird – und taten es. Und prompt hob eben damals Adam auch zu sprechen an und gab deshalb ... *seinem Weibe den Namen Eva.* Und prompt schämten sich Adam und Eva nun auch ihrer Nacktheit und Jahwe *bekleidete sie* ... Und prompt sprach nun auch Jahwe, der Vater:

> *„Siehe, der Mensch ist geworden wie einer von uns, so daß er Gutes und Böses erkennt ..."*

Daraufhin aber mußte der Vater, wie alle Eltern, die beiden Süßen aus dem Zauberland des ‚Jenseits von Gut und Böse' vertreiben und verwehrte den Zutritt fortan durch eine bewachte Grenze – eine Grenze, die sich aus unserer Perspektive unschwer als Grenze der frühkindlichen Amnesie zu erkennen gibt:

> *Und als er den Menschen* (= Adam und Eva) *vertrieben hatte, stellte er östlich von dem Garten Eden die Kerube auf und das zuckende Flammenschwert, damit sie den Weg zum Baum des Lebens bewachen.* (Gen 3)

Und allerdings: Mit dem Essen vom Baum der Erkenntnis wurden wir alle einst aus dem Garten Eden vertrieben ... In psychologischer Formulierung: Mit dem Spracherwerb und dem Übergang in die Welt der Normen begann die frühe Kindheit ihr Ende zu nehmen. Und solange im späteren Leben sprachliche und normative Kategorien unsere Aufmerksamkeit dominieren, bleiben die Poren zu der dort unten fortlebenden Welt auch verschlossen ...

Im Übrigen ist von der grenzziehenden Macht des *Gut und Böse* nicht nur im biblischen Schöpfungsbericht die Rede. Setzt man wie billig voraus, daß die typisierte Nahrung der frühen Kindheit (und damit der Götter) Milch und Honig war, erschließt sich zum Beispiel die folgende Stelle des Buchs Jesaja im selben Sinn:

> *Seht, das junge Mädchen wird empfangen und einen Sohn gebären und ... Immanuel nennen. Von Dickmilch und Honig wird er sich nähren, bis er versteht, das Böse zu verwerfen und das Gute zu erwählen.* (7,14)

Damit liegen die Prämissen hinreichend ausgebreitet vor uns, um die in Rede stehende Frage beantworten zu können, die hieß: Welches sind die Königswege, um Botschaften von hier oben, aus unserer „bewußten", sekundärprozeßhaften, neokortikalen Welt nach dort unten, in jene „unbewußte", primärprozeßhafte, limbische Welt hinter der porösen Wand der frühkindlichen Amnesie zu übermitteln?

Die Antwort muß jetzt natürlich lauten: Diese Botschaften sollten in Kontexte „verpackt" sein, die geeignet sind, jene obere Welt mit ihrem Ernst des Sprachlich-Rationalen und Moralisch-Normativen zu umschleichen oder vorübergehend lahmzulegen, sie jedenfalls einzuschläfern und abzudimmen.

Die dann eintretenden Zustände mag man als hypnotisch oder auch als Trancen oder Absenzen bezeichnen. Sie sind jedenfalls weit häufiger und gewöhnlicher als moderne Europäer meist wahrhaben wollen. Sie ereignen sich zum Beispiel in jenen Freiräumen, in denen sich Ruhe und Entspannung ausbreiten, und in denen die Dinge wie im Schlaf, traumwandlerisch sicher und als ob von selbst vonstatten gehen. Dann, als ob aus heiterem Himmel, fällt in erstaunlichen Bildern oft ein und zu, was eben noch gesucht wurde; dann wird die Mimik weich und die Antwort der Mitmenschen freundlich; dann die Stimmung licht und zuversichtlich …

NARKOTIKUM. Doch fragen wir noch etwas genauer: Welche konkreten Mittel und erprobten Möglichkeiten vermögen die Poren in jene andere Welt zu weiten und damit trance-artige Zustände hervorzurufen?

Nun, zur Welt des Religiösen gehören seit alters und noch heute „Techniken", die, wenn übermäßig angewandt, zu Ekstasen und Exzessen, die aber auch sonst, dann nur zu milden Trancen führen. An erster Stelle sind hier natürlich Tanz, Musik und Gesang zu nennen; jene wohl urwüchsigsten Methoden zur Verschiebung der Aufmerksamkeit und zur Abschattung des Alltagsernstes. Fast alle Religionen, auch Christentum und Islam, nutzen diesen Königsweg in die Welt des Heiligen. – Oft in Verbindung mit Tanz und Musik wurden sodann Drogen zur Abblendung genutzt. Ihre einst heilige Macht ist vielfach belegt und gibt sich nicht zuletzt noch an ihren unseligen Enkeln und Erben: Sucht und Verbot zu erkennen.

Neben diesen bieten sich viele weitere Möglichkeiten zur Trance-Induktion: angefangen von fremdartigen Gerüchen (Weihrauch) und morgenrot-abgedämmertem Licht bis hin zu Schlafentzug, Fasten, Kasteiung …

Auch im Rahmen des Mithraskults wurden solche Möglichkeiten angewandt. Leser, die sich hier für Einzelheiten interessieren, seien auf die Fußnote verwiesen.[29] Im Rahmen unseres Themas aber gilt es, noch ein Verfahren ganz anderer Art kenntlich zu machen; ein Verfahren, das, obzwar ebenso erprobt und wirksam, in seiner Mechanik weniger leicht zu durchschauen ist; ein Verfahren überdies, das, obwohl betäubender und verführerischer als manche Droge, gerade in jenen Religionen, denen Drogen tabu sind, etabliert und tägliches Instrument ist. Gemeint ist das Narkotikum der – Verwirrung!

Nach dem ersten Erstaunen über diesen Satz leuchtet für die Welt außerhalb des Religiösen freilich sofort ein, daß „Techniken" der Verwirrung ihren ganz eigenen Reiz haben und deshalb ganze Branchen ernähren:

Schon ein wenig Nonsens kann die Schwermut des Alltags vertreiben und dadurch aus versperrten Seelenschichten ein Schmunzeln und Lachen befreien: Oft genügt dazu schon eine Albernheit wie: ‚*Allerscheinheiligen*'; und das Wirrspiel muß keineswegs immer von solch geradezu religionsphilosophischem Hintersinn sein wie das folgende Heinz Erhardts:

Äußerlich bin ich völlig gelassen, aber innerlich schlage ich die Hände über dem Kopf zusammen.

Auch inszenierte Versprecher tun hier ihre Dienste: In einem Kinderzirkus hörte ich zur großen Freude auch des älteren Publikums einen Clown einmal rufen: *Liebe Schulstinker, äh Schulkinder!*

Es bedarf keiner weiteren Beispiele, um in unserem Zusammenhang den Sinn und die Wirkweise solcher Wirrspiele verständlich zu machen: Der Unsinn solcher „Witze" hält unseren nüchternen Verstand gleichsam hin, beschäftigt ihn mit sich selbst und lullt ihn ein. So ruhiggestellt und lahmgelegt, öffnen sich dann die Poren und Pforten in jene andere Welt, aus der nun Gelächter hallt. – Unsinn und logische Verwirrungen dieses Typs strecken dem ansonsten alles kontrollierenden Verstand, indem sie ihn, huschhusch und unbemerkt, aufs Glatteis führen, gleichsam die Zunge heraus: Sie zeigen dem sonst immer mahnenden Zeigefinger der Rationalität nun selbst einmal den Finger und lassen dadurch den wilderen und ungebundeneren Bildern und Emotionen jener zweiten und unteren Welt ihr freies Spiel.

Natürlich muß solches Wirr- und Spaßspiel im Rahmen bleiben und die Möglichkeit bergen, sogleich wieder unbeschadet in die „harte" und eher konsistente Alltagsrealität zurückzukehren. Und doch würde das menschliche Leben Wert und Würde verlieren, wenn die Schichten des „Unbewußten" und der frühen Kindheit nicht auch mit diesen Mitteln Lebensrecht und Geltung erführen.

OE EO IOO. Gelächter ist freilich nicht die einzige Quelle, die, sobald von Wirrnis und Unsinn freigelegt, aus jener anderen und älteren Welt nach oben sprudelt. Wirrspiele auf der Ebene des Sprachlichen können auch Rührung, Tiefe ... Pathos, und zumal natürlich auch religiöse Ergriffenheit erwecken. Zu Rührung, Tiefe und Pathos möge der Hinweis genügen, daß Wendungen wie: *Tiefgemauert in der Erden* ... oder: *Warte nur balde* ... zwar in der Tat kein schlechtes, aber dennoch ungewohntes, wenn nicht falsches Deutsch sind; und damit angetan, die Erwartung kurz zu irritieren. Sie sind, wie es im Deutschen treffend heißt, *lebendige* Sprache. Sie wecken mehr und Tieferes als nur Bedeutungen. – Analog der Effekt im Religiösen: Formulierungen wie *Vater unser, der du bist im Himmel* ... (statt: *Unser Vater* ...) sind ungewohnt, ja grammatisch falsch, verschieben aber gerade deswegen die Aufmerksamkeit weg vom Gewohnten der Alltagsordnung. In höherer Dosis wurde und wird dieses Narkotikum in Gestalt von Rätseln (zum Beispiel der Sphinx), von Mantra- oder Orakelsprüchen und insgesamt von Mysterien und Geheimnissen des Glaubens verabreicht.

Natürlich hat auch die Reim- und insgesamt die lyrische Dichtkunst hier, in diesen – man könnte sagen: – „Techniken der sanften *Konfusion*" ihren psychologischen Ursprung; und Reim- und Dichtkunst sind daher seit jeher und noch heute wichtige Medien auch im Kult und Gottesdienst: Durch den Gleichklang der Reime und durch die Rhythmen der Metrik zieht lyrische Dichtung die Aufmerksamkeit von der puren Bedeutungsvermittlung ab, ja betreibt ein kunstvolles *Konfusion*sspiel der Bedeutungsvermischung und -vernebelung: Lyrische Dichtung übersingt und überspielt gleichsam die semantische und syntaktische Strenge der profanen Alltagslogik. Dadurch aber öffnet sie wiederum die Poren und Tore zu freieren, eher primärprozeßhaften Assoziationen und verwandelt und verzaubert dadurch die sonst so nüchterne Objektivität mit Sinn, Schönheit, bewegender Intimität oder eben mit Gottesnähe.

Kurz: Raunende, musikalische und oft schwer- oder unverständliche Sprache ist ob ihrer Kraft zu sanfter *Konfusion* seit jeher ein wichtiges Medium des Religiösen. Und auch die neuen Religionen, die oft so sehr betonen, alles Gewicht auf die nüchterne Wahrheit des Worts zu verlegen, verzichten auf diese Mittel keineswegs …

Ein besonders eindrückliches Beispiel solcher „Konfusionstechnik" ist uns auch aus dem römischen Mithraskult (zumindest aus seinem Umfeld) überliefert, nämlich in der sogenannten *Mithrasliturgie*, einem umstrittenen[30], im Kern aber doch wohl authentischen Text, der sich im sogenannten Großen Pariser Zauberbuch erhielt. – Nachdem zuvor ein Gebet an die Sonne rezitiert worden war, wurden die Mysten mit dem gleich zitierten Textstück daraus zu allerlei sonderbaren Verhaltensweisen aufgefordert, die sich aus unserer Perspektive alle als Formen einer Trance-Induktion zu erkennen geben. Nach einer „Atemübung", einer „Phantasiereise" … und dem paradoxen Auftrag ‚Schweigen zu sprechen', wurden die Mysten zuletzt auch angewiesen, sich einer – extremen – Form der Sprachkonfusion auszusetzen. *Hole*, beginnt der Text, von den eben besungenen *Strahlen* (der Sonne) *Atem* …:

Hole von den Strahlen Atem, dreimal einziehend, so stark du kannst, und du wirst dich sehen aufgehoben und hinüberschreitend zur Höhe, sodaß du glaubst, mitten in der Luftregion zu sein … Sehen wirst du aber, wie die Götter dich ins Auge fassen und gegen dich heranrücken. Du lege sogleich den Zeigefinger auf den Mund und sprich „Schweigen! Schweigen! Schweigen!"… Darauf pfeife lang, dann schnalze und sprich und dann wirst du sehen, wie die Götter gnädig auf dich sehen und nicht mehr gegen dich heranrücken … – Du aber sagst sogleich das hier folgende Gebet her: Erhöre mich, … öffne mir, weil ich anrufe … die Namen, die noch nie eingingen in sterbliche Natur, die noch nie in deutlicher Sprache ausgesprochen wurden von einer menschlichen Zunge oder menschlichem Laut oder menschlicher Stimme, die ewig lebenden und hochgeehrten Namen EEO OEEO IOO OE EEO EEO OE EO IOO OEEE OEE OOE … (Dieterich ML 7 ff., Meyer 9 ff.)

Genug. Fassen wir fürs erste zusammen und gleichen wir dann, bevor wir weitere Schlüsse ziehen, die Strategie solcher Heilsvermittlung wieder mit modernen psychotherapeutischen Verfahren ab.

Nebel aus Wirrnis, Widersinn, Wahn, so sahen wir bislang, haben das Zeug, Menschen auf andere als ihre alltäglichen Gedanken zu bringen, sie von ihren Sorgen zu entlasten, ja sie in die Trance des Vergessens und von daher vielleicht auch des Wiedererinnerns und Freispülens verschütteter oder sonst verschlossener seelischer Schichten zu führen.

ERICKSON. Eingang in die moderne Psychologie fand die Erkenntnis dieses Zusammenhangs erstmals durch Sigmund Freud; bei ihm allerdings mit speziellem Fokus nur auf die Wirkung von Witzen im engeren Sinn und noch ohne systematische Anwendung in der therapeutischen Praxis.

In seiner Schrift *Der Witz und seine Beziehung zum Unbewußten* arbeitete Freud heraus, daß Witze zwei Ebenen unseres Gemüts ansprechen. Auf der Ebene unseres sprachkonturierten Bewußtseins setzten sie durch *Abweichungen vom normalen Denken*, insbesondere durch *Widersinn* und überhaupt durch inszenierte *Denkfehler* eine, so Freud, *Vorlust* frei. Diese *Witzeslust als Vorlust* habe dann die Kraft, die Ventile oder Poren in jene andere Welt des Unbewußten zu öffnen und also, so Freud weiter, *durch die Aufhebung von Unterdrückungen und Verdrängungen neue Lust zu erzeugen.* Die *unterdrückte Tendenz* (zum Beispiel einer sexuellen Phantasie) erhalte somit *durch die Hilfe der Witzeslust* (am bloßen Widersinn) *die Stärke, die sonst stärkere Hemmung zu überwinden* – mithin verschlossene Poren zu öffnen. (Witz 48, 111)

Zum zentralen „Prinzip" und Leitfaden für immer wieder neue und originelle therapeutische Interventionen wurde dieser sonderbare Wirkmechanismus dann aber erst bei dem großen amerikanischen Therapeuten des 20. Jahrhunderts, Milton H. Erickson. Um die tieferen und unbewußten Schichten des Seelenlebens anzusprechen, bediente sich Erickson einer, so ausdrücklich: *Konfusionstechnik*.

Ericksons *Konfusionstechnik* bestand darin, die bewußten Schichten des jeweiligen Patienten durch Vereinnahmung mit irgendeinem Unsinn oder mit unlösbaren „Problemen" gleichsam zu betäuben und lahmzulegen, um dann mit den unbewußten Schichten Kontakt aufzunehmen. – Beispiel: In einem Weiterbildungsseminar Ericksons erklärte sich eine Klientin bereit, sich in einen hypnotischen Zustand versetzen zu lassen, war aber skeptisch, ob dies bei ihr möglich sei. Erickson bat sie daraufhin, auf einem Stuhl Platz zu nehmen. Er forderte sie dazu allerdings mit unstimmigem und aufgesetzt freundlichem Ton auf, wies gleichzeitig mit der Hand *neben* den Stuhl und schob den Stuhl, als sich die Klientin setzen wollte, mit noch immer unstimmiger und aufgesetzt höflicher Geste ein wenig zur Seite und, nachdem sie ihre Bewegung korrigiert hatte, wieder zurück.

Was Erickson damit wollte, war, so der „Meister" selbst, daß

> *... bei der dieser Prozedur unterworfenen Person ... ein unerträglicher Zustand der Verwirrung und Konfusion und dazu ein zwingendes und sich steigerndes Bedürfnis (entsteht), auf irgendeine Art zu reagieren, um die zunehmende Spannung loszuwerden ...* (I 363)

War dieser Zustand erreicht und die Klientin, der Klient also auf der bewußten Ebene hinreichend in die Klemme gebracht, bot Erickson dann eine Lösung an, auf die sich der Klient zuvor so nicht eingelassen hätte. Erickson nannte diesen Typ von Lösungsangebot: *indirekte Suggestion*. Solche *indirekte Suggestion* bot, erstens, einen einfachen und als ob nebensächlichen Ausweg aus der künstlich geschaffenen Not, und sie führte, zweitens, zugleich in jene andere seelische Schicht, mit der Erickson in Kontakt treten wollte. Am Beispiel der besagten Klientin: Als diese noch immer verwirrt und verlegen vor ihrem Stuhl halb stand, halb saß, sagte Erickson, und dieses Mal in stimmigem Ton und den Stuhl in angemessener Form hinschiebend:

"Setzen Sie sich, schließen Sie die Augen, schlafen Sie tief und fest."

Und sie tat es! – In diesem Fall weckte Erickson die Klientin erst nach einer Stunde wieder auf, und es zeigte sich dann:

(Sie) *hatte eine vollständige Amnesie über die Ereignisse der verflossenen Stunde und sagte: "Aber Sie haben mich so durcheinandergebracht, ich weiß überhaupt nicht, was ich machen soll. Ist es in Ordnung, wenn ich so dasitze ...?*

Ericksons erläuternder Kommentar der gesamten Prozedur:

(Die Klientin hatte) *ein dringendes Bedürfnis ..., daß das Verwirrende an der Situation geklärt werde. Daher nimmt sie die dargebotene Trancesuggestion als eine eindeutige Idee bereitwillig an und verhält sich entsprechend. Die Anweisungen ("Setzen Sie sich ...") zerstreuten all ihre zuvor empfundene Verwirrung.*

Insgesamt ging es darum, so Erickson, eine Technik anzuwenden, die bei der Klientin

... zunächst einmal zu ihrer Verwirrung beitragen, ihren Widerstand umgehen würde und sodann eine leichte Induktion der Hypnose ermöglichen konnte. (alles I 291 ff.)

FEIND. Das Repertoir, das Erickson einsetzte, um seine Klienten oder Patienten erst mit *Konfusion* in tranceartige Zustände zu versetzen, um dann mithilfe *indirekter Suggestion* in Kommunikation mit der Welt des „Unbewußten" zu treten, war überaus breit gefächert. Häufig bediente sich Erickson zur *Konfusion* wohl vorbereiteter, kirre machender Wortspiele, ja bisweilen regelrechter Wort-Salat-Spiele, die er aber wieder mit aufgesetzt-großem Ernst vortrug, als verberge sich tiefer Sinn darin. Aus der damit künstlich erzeugten Not und Verwirrung erlöste Erickson dann wiederum mit einer *indirekten Suggestion*, die nun leicht die Poren der Membran durchdrang. Dazu genügte, so Erickson, häufig ein einfacher (aber wiederum gut vorbereiteter) Satz. Denn nachdem derart in die Bredouille gebracht, so Erickson,

... springt ... die betreffende Person auf die erste präzise und leicht verständliche Mitteilung an, die sich bietet ... (I 363)[31]

So spannend und lehrreich das Zitieren weiterer Beispiele aus Ericksons Praxis wäre, unser Thema gebietet auch hier Kürze. Bei der konkreten Anwendung auf unser Gebiet wird aber manche offene Frage später noch ihre Antwort finden.

Ericksons psychologischer und therapeutischer Ansatz gibt den geeigneteren Schlüssel zum Verständnis der frühen Religionen an die Hand als Freud. Denn für Freud (hier noch ganz im Fahrwasser der neuen Erlösungsreligionen) hatte die Welt des finsteren Unbewußten und des kindlich-vorsprachlichen *Es* insgesamt noch etwas Bedrohliches und Destruktives. Im therapeutischen Prozeß sei diese Welt des *Es*, so Freud in seinem *Abriß der Psychoanalyse* einmal, unser *Feind* und *Gegner*. Deshalb aber gelte es im Zuge der Psychoanalyse, *das geschwächte Ich* durch *Erweiterung seiner Selbsterkenntnis ... zu stärken* (Abr 32,37). Mit anderen Worten: Heilung erfolge durch Bewußtmachung des Unbewußten. – Ganz anders Erickson. Gleich Nietzsche und den Menschen der früheren Religionen war ihm die Welt des Unbewußten und der frühen Kindheit eine Fundgrube, ja eine juwelen-gleißende Schatzhöhle, deren verborgene Ressourcen keineswegs ans Licht des Bewußtseins gezerrt werden müssen, um sich immer wieder als Basis gelingenden Lebens entfalten zu können. Bedrohlich und destruktiv wird diese Welt nach Erickson allein, wenn sie (und sei es von Therapeuten) gekränkt, mißverstanden oder mißbraucht wird; zum Beispiel durch ein Allzuviel an Rationalisierung, Moralisierung und insgesamt Verlichtung ... – Helm Stierlin faßte den Unterschied treffend zusammen:

> *Während Freud dazu neigte, das Unbewußte eher negativ zu bewerten – das heißt als Ort ungezügelter und potentiell destruktiver Triebbedürfnisse, sah Erickson das Unbewußte eher positiv als Quelle von konstruktiven Energien, Ressourcen, Kreativität und Lösungsmöglichkeiten für anstehende Probleme. Wo Freud gleichsam Heilung durch Einsicht und Bewußtmachung anstrebte („Wo Es war, soll Ich werden"), wollte Erickson Heilung eher durch Ausschalten von Bewußtheit und Rationalität (so etwa durch Verwirrungstechniken, die Bewußtheit und Rationalität gleichsam überrumpeln) erreichen. – Viele von Ericksons therapeutischen Interventionen ... erscheinen darauf abgestimmt, die Schatzkammer des Unbewußten zu öffnen ...* (IuA 90, 108)

„SINNLICHE" WELT. Die Schlaf- und Trance-Stätten des Ericksonschen Tempels mit ehrerbietigem Gruß und Dank nun also dahinter lassend, gibt das Beispiel mit dem verrückten Stuhl freilich die Aufforderung mit auf den Weg, unsere theoretische Basis noch um ein Stück auszubauen – und damit eine weitere Tür zu öffnen:

Nach den Ausführungen von oben weiten sich die Poren in die „unbewußte" und frühkindlich strukturierte Welt, sobald Sprache und Normen ihre Dominanz verlieren. Daß diese Dominanz dabei mit verwirrenden Sprachspielen, also mit *Konfusion* auf der Ebene des „Geistigen", lahmgelegt werden kann, hat sein Plausibles. Erickson öffnete die Poren in die Welt der Trance in dem geschilderten Fall aber durch das Hin- und Herrücken eines Stuhls und durch unstimmige mimische Aufforderungen, also mit *Konfusion* auf der Ebene des „Sinnlichen". Widerspricht dies nicht der aufgestellten These und Mutmaßung, daß die Steuergrößen zum Öffnen und Verschließen jener Poren eben Sprache und Normen, mithin „Geistiges" seien? – Oder sollte gar, was wir Erwachsene als „sinnlich" bezeichnen und für unmittelbar abgebildete Realität halten, seinerseits von Sprache und Normen derart aktiv mitgestaltet sein – daß auch diese gewöhnliche und scheinbar einfach "sinnliche" Realität, sobald durch *Konfusion* in Schlaf gewogen, die Poren unter sich freigäbe in jene andere Welt des „Unbewußten"?

Auch auf diese Frage ist eine exakte Antwort, zumindest mir, nicht möglich; und so gerne man hier auch das Instrumentarium zum Beispiel eines Kant zum Einsatz bringen würde, bleibt die Frage an den entscheidenden Punkten offen. Denn zu nebelumweht zeigt und verbirgt sich auch hier das „Wesen" der frühkindlichen Amnesie. – Wer in solchem Morgendämmer aber weichzeichnend-impressionistische Unschärfe zu schätzen weiß, mag die folgende, wohl immerhin halbe Wahrheit dennoch für bedenkenswert halten:

Obwohl es dem ersten Nachdenken widerstreben mag, sind Sprache und Normen in der Tat nicht nur bei „Geistigem", sondern auch bei der Ausgestaltung unserer „sinnlichen" Welt mit am Wirken und Gestalten. Denn auch diese uns so selbstverständliche und für pure Realität genommene „sinnliche" Welt unterscheidet sich in Vielem recht erheblich von jener „unbewußten", zweiten Welt, die nach den vorsprachlichen Möglichkeiten der frühen Kindheit strukturiert ist. Wie sehr sie sich unterscheidet, brachte nicht zuletzt wieder die moderne Säuglingsforschung ans Licht:

ENTE. Versuchsanordnung: Man führt Sechsmonatigen vor, wie ein Spielzeug in einer bestimmten Bewegungsrichtung und mit einer bestimmten Geschwindigkeit hinter einem Schirm verschwindet. Wenn dieses Spielzeug nun am anderen Ende des Schirms mit der gleichen Bewegungsrichtung und mit gleicher Geschwindigkeit wieder auftaucht, zeigen sich die Kleinen wenig beeindruckt: Die Dinge verliefen gemäß ihrer Erwartung. Taucht das Spielzeug aber – weil von den Experimentatoren manipuliert – mit anderer Bewegungsrichtung und mit anderer Geschwindigkeit wieder auf, sind die Kleinen merklich erstaunt; genau wie wir es wären. Aus beidem folgt: Die Kleinen haben offenbar von Geburt, jedenfalls von sehr früh an eine Vorstellung von dem, was Physiker *Impuls* nennen. Darin stimmen sie mit uns Erwachsenen überein. – Ganz anders im folgenden Fall:

Zeigt man den Kleinen, wie ein blaues Auto hinter den Schirm verschwindet und (mit gleichem Impuls) am anderen Ende als gelbe Ente wieder auftaucht, zeigen sie sich erstaunlicherweise ganz und gar nicht verwundert. Die Kleinen, so Alison Gopnik und ihre Kollegen nach der Schilderung dieses Experiments,

> *... scheinen sich damit abzufinden, daß das Spielzeug hinter dem Schirm auf magische Weise ein anderes wurde ... Der* (in Kabaretts oft vorgeführte) *Zaubertrick, bei dem sich ein Halstuch in eine Taube verwandelt, würde sie nicht verwundern. Obwohl Säuglinge zwischen gelb und blau, und ebenso zwischen Enten- und Autogestalt unterscheiden können, scheinen sie sich bei der Bestimmung von Objekten auf diese unterschiedlichen Erscheinungsweisen nicht zu verlassen.* (81)

Dahingestellt und im Unscharfen belassen bleibe die Frage, inwieweit solche *Bestimmung von Objekten* auf sprachlich vermittelten Kategorien beruht und wie diese es gegebenenfalls „machen", daß sich die menschliche Welt im zweiten Lebensjahr dann so erheblich verändert. Aber obwohl die genauen Mechanismen, zumindest mir, nicht bekannt sind, ist der Sachverhalt selbst gesichert: Ab da, mithin im Zuge des Spracherwerbs, versinkt diese „magische" Welt hinter der Gedächtnisschranke der frühkindlichen Amnesie und führt ihr Leben fortan im Geheimen und untergründig fort. Wunder, wie daß sich blaue Autos ohne Umstände in gelbe Enten verwandeln können, begegnen deshalb von nun an nur noch an den bekannten Brunnenschächten des „Unbewußten": im Traum, dem Rausch, der Psychose, ... dem Humor, der Religion – und eben in Zauber-Shows.

Ein weiteres Beispiel möge unterstreichen, wie verschieden von unserer, der oberen und bewußten Welt, jene zweite und untere Welt ist, die von den Prinzipien und Möglichkeiten der frühen Kindheit gestaltet wird. Das Wort habe noch einmal das Autorenteam um Alison Gopnik:

Nehmen Sie an, Sie zeigen einem Sechsmonatigen irgend etwas wundervoll Interessantes, eine Armbanduhr oder einen Schlüsselbund. Er lächelt, richtet sich erregt auf und beginnt, danach zu greifen. Decken Sie jetzt die Schlüssel mit einem Waschlappen ab. Der Kleine erstarrt in seinen Bewegungen. Das erregte Augenleuchten wird zum puren Staunen. Ziehen sie den Waschlappen wieder weg und das Leuchten kehrt zurück. ... Obwohl man zeigen kann, daß ein Säugling dieses Alters sich andere Dinge für Tage und Wochen merken kann, scheint er hier nicht zu glauben, daß die Schlüssel unter dem Waschlappen noch existieren. Für ihn ist das Wiedererscheinen unter dem weggezogenen Waschlappen etwas wie für uns das Kaninchen des Zauberers im Zylinder: ein geheimnisvoller Akt oder ein Zaubertrick ... Es hat den Anschein, daß die Auffassung kleiner Säuglinge über das, was geschieht, wenn etwas verschwindet, sehr verschieden ist von der der Erwachsenen. Und dies bedeutet, daß der Säugling in einem Universum lebt, das sich grundlegend von unserem unterscheidet ... Der Säugling lebt durchgängig in einer Zauber-Show, in der Objekte oft ohne Sinn und Grund von einem Ort zum andern herumzuwirbeln scheinen. (71 ff.)

TRANSSUBSTANTIATION. Vor diesem Hintergrund zeichnet sich ein weiterer Aspekt in jener Psychodynamik ab, die sich Erickson mit seinem hin und her geschobenem Stuhl zunutze machte. Da es hinter dem Rücken der Klientin geschah, war der Stuhl für sie immer wieder aus unerklärlichen Gründen und deshalb wie durch ein Wunder verrückt. Auf der Ebene der bewußten Wahrnehmung mußte sie dies verwirren; und zu dieser Verwirrung trug weiterhin bei, daß Erickson das Stuhlrücken mit unstimmiger Gestikulation begleitete. – Auf der Ebene des Unbewußten dagegen sind solche „Wunder" gang und gäbe und deshalb gewissermaßen vertraut. Deshalb könnte Ericksons „magisches" Stuhlrücken sehr wohl *zweierlei* mit *einem* Streich bewirkt haben. Erstens: eine *Konfusion* in der Welt des Bewußten, und zweitens: einen Wink an jene andere und untere Welt, ein Kommunikations-Angebot und eben eine *indirekte Suggestion* des Inhalts: Wir gehen nun über in deine frühkindlich und „magisch" organisierte Welt des „Unbewußten". – Wie es bei

Erickson auch immer gewesen sein mag; daß es diesen doppelten Effekt gibt, steht außer Zweifel. Und er ist keineswegs selten.

Erstes Beispiel: Zauberkünstler. Sie faszinieren – in der Regel gewiß, ohne es zu wissen – durch beides, *Konfusion* und *indirekte Suggestion,* in einem. Durch *Konfusion*, indem sie auf der Ebene bewußter Erwartung verwirren und täuschen; durch *indirekte Suggestion*, indem sie dadurch gleichzeitig jene Welt von damals reinszenieren. Eier, Tauben oder Kaninchen aus Ärmeln oder Seidentüchern geschüttelt oder aus Zylindern gezogen; zerschnittene und hernach wieder aufgespannte Seile; zersägte und hernach wieder in Federbäuschen tanzende Mädchen ...: dies alles ist nicht nur fürwahr unglaublich, sondern genau auf jenes, noch einmal mit Alison Gopnik gesprochen: *Universum ... der Säuglinge* zugeschnitten, die sich tatsächlich und *durchgängig* in einer solchen *Zauber-Show* befinden. Und dabei ist es in solchen Zauber-Shows natürlich alles andere als Zufall, daß auch die von Blasmusik und Trommelwirbeln überschmetterten Kulissen aus Schwarz, Rot und silbrigem Flimmer die Welt von damals korrekt reinszenieren, desgleichen natürlich die mimik- und gestenreichen Auftritte des Zauberers und mehr noch die seiner befiederten, geschminkten, halbnackten und ihrerseits wahrlich zauberhaften Assistentinnen. – Kein Zweifel, Zauberkunst dieser Art hat seit jeher seinen Platz im Heiligen Theater und Kult für die Götter; und Zauberkunst ergänzt daher noch heute in Kabarett und Zirkus, auf Volksfesten und Umzügen aufs Stimmigste die zu Tieren vermummten Menschen und vermenschlichten Tiere dort, nicht anders als die Clowns, Akrobaten, „Zwerge", stelzenden Riesen ... – Zu den religionsgeschichtlichen und entwicklungspsychologischen Hintergründen der alten Theater- und Umzugskultur sehe man die entsprechenden Passagen in meinem Indra-Buch.[32]

Zweites Beispiel: Und lebt diese doppelte „Strategie" denn nicht auch in der Welt der „modernen" Religionen fort? Die Verwandlung von Wasser zu Wein auf der Hochzeit von Kana (Joh 2) scheint – was auch immer dort real geschah – genau nach der Psychologie von *Konfusion* und *indirekter Suggestion* vonstatten gegangen zu sein: das Unglaubliche scheint auch hier die Pforten in jene andere Welt geöffnet und zugleich unmerklich in sie hinüber geleitet zu haben. Nicht zufällig feierte die frühe Christenheit zu Epiphanie (6. Januar) das Offenbarwerden der Göttlichkeit Christi, indem sie als Zeichen dafür nach der geheimnisvollen Höhlen-Geburt, der Anbetung der Magier und der Taufe am Jordan eben dieses Wunder Jesu aufzählte.[33] Nach dem Johannesevangelium (dem es seine ganze Wahrheit schuldet) soll das Wunder von Kana ja das erste und damit repräsentativ für alle weiteren gewesen sein. Und in der Tat: Es folgte nicht nur die Brotvermehrung und das so bewährte wie köstliche Wandeln übers Wasser ... Es folgten und folgen bis heute all die geheilten Lahmen, Blinden und Aussätzigen, all die – gleich Mithras – aus Höhlen oder Astgabeln erscheinenden Jungfrauen, all die nicht gerinnenden Blutstropfen und nicht verwesenden Zungen, all die erhörten Gebete und Verwünschungen; und nicht zuletzt: das unglaubliche und doch immer wieder neu geglaubte mithrische und katholische Wunder der Wandlung oder Transsubstantiation von Brot und Wein zu Fleisch und Blut. – Dies letzte ausgenommen, wissen wir zwar über Wunder im römischen Mithraskult nichts; aber es wäre selbst ein Wunder, wenn dergleichen nicht auch in seine Glaubenswelt gehört hätte.

PROBE. Gewiß, die Welt der Zauberei und des Wunderwirkens ist auch gefährliches Pflaster und seit jeher Tummel- und Marktplatz für Scharlatane und Gauner. Was Madonnen-und Heiligen-Maler so regelmäßig in ihren Bildern aufzeigten, muß deshalb Verführern wie Gutgläubigen immer wieder neu ins Herz und Buch geschrieben werden: das Heilige weilt inmitten gebirgiger Abgründe.

Der einzige Schutz gegen Mißbrauch ist auch hier die Etikettierung und Rahmengebung: Solange Wunder und Zauberei auf den Podien und Bühnen des Sakralen, hinter geöffneten Vorhängen, jedenfalls auf abgegrenztem Boden inszeniert werden, bleiben sie harmlos und frei von Betrug. Nur im *Spiel* (dies Wort im weitesten Sinne genommen[34]), und damit auch im Kult, Ritus und Mythos, können sie ihre heilige Wirkung entfalten. Ohne solche Rahmengebung aber werden sie, wo nicht zum ordinären Betrug, zum gottverlassenen Blendwerk des Eifertums und von da leicht zur Brechstange der Gewalt. Es ist hier ähnlich wie mit den fingerfertigen Zauberkünstlern, die dem Publikum der ersten Reihe unmerklich Uhren und Broschen entwenden: Was im Rahmen der Show belustigt und fasziniert, würde auf der Straße zur Straftat und verabscheuenswert.

Nicht übersehen werden sollte, daß dem Mißbrauch des Grenz-Überschreitens der Mißbrauch überzogener Einengung gegenübersteht. Er ist nicht minder gefährlich. Denn wo das Wunderbare pauschal mit Skepsis überschüttet wird, erstickt diese säuerliche Chemikalie leicht auch die weiteren Geschenke, die jene so andere Welt der frühen Kindheit bereithält. Die „moderne" Getriebenheit, noch das Letzte zu erklären und zu vernutzen, gibt sich auch in diesem Licht als (alte) Verwandte des religiösen Eifertums zu erkennen. – Beide Extreme mißverstehen und mißachten die menschliche Kindheit: hier, indem sie deren Zauberwelt als höhere, letztgültige und alles legitimierende Realität auslegen, dort, indem sie sie mit ihrem Allzuviel an Rationalität und Erklärungssucht verleugnen und verdecken.

Doch nehmen wir nun den Faden wieder zu Mithras auf, um auch dort eine erste Probe aufs Exempel zu machen! – Was hat Mithras, was seine Mythenwelt mit *Konfusion* und *indirekter Suggestion* zu tun? – Selbst wenn aus der Ferne und noch ohne Augenmerk auf die Details betrachtet, findet Milton H. Ericksons Strategie auch hier sofort Reibung:

Obwohl nur in Bildersprache überliefert, muß der zentrales Mythos des römischen Kults in etwa gelautet haben: In einer Höhle erdolchte ein Jüngling von etwa 15 Jahren einen weißen Stier und kroch hernach, nackt und einem Maulwurf gleich aus der Höhle nach oben ... – Dies war zumindest eine sonderbare Geschichte. Daß dieser Jüngling eben damit aber die gesamte Welt erschaffen habe, machte sie vollends absurd und deshalb jeden gesunden Verstand konfus.

Mit den Mitteln dieser, unserer Welt läßt sich eine solche „Erklärung" der Weltentstehung schlechterdings nicht verstehen – wohl aber mit den Mitteln jener anderen! Denn klammern wir die Stierszene noch aus, dann können wir ohne Umschweife zustimmen. So, genau so ist die Welt *„tatsächlich"* entstanden: Als ob aus einer aufbrechenden Höhle begann sich die menschliche Welt um den fünften, sechsten Lebensmonat zu ihrer jetzigen Form zu öffnen und weiten …

Der einfache römische Myste wird diesen Zusammenhang *nicht* verstanden haben. – Wir Heutige dagegen überblicken den „Mechanismus": Der schrille Widersinn dieser Geschichte legte jeden Versuch, sie ernsthaft und mit klarem Verstand erfassen zu wollen, lahm. Dergestalt konfusionsbetäubt öffnete sich aber das Gemüt für die einschleichende *indirekte Suggestion*: daß dieser übermächtige Gott in Wirklichkeit die „Heldentaten" eines Kleinkinds reinszenierte. Ihre heimliche Botschaft hieß: ‚So war es einst, in den fernen und „vergessenen" Urzeiten der Schöpfung, … und es ist gut gegangen!'

An Mitteln für diese *indirekte Suggestion,* mithin an stillen, ja bedeckt gehaltenen, aber dennoch gleichsam fingerschnalzenden Hinweisen auf Mithras Kindlichkeit fehlte es dabei nicht. Es waren eben jene Marker, die oben fürs erste zusammengestellt wurden: Mithras Nacktheit, seine Zipfelmütze, all die anderen, durch den Erwachsenen-Habitus hindurchschimmernden kindlichen Züge, … und *last, not least* die Episode der Maulwurfsgeburt selbst …

Schon in den gewöhnlichen Stiertötungs- und Felsgeburtsszenen wird also das Wechselspiel von *Konfusion* und *indirekter Suggestion* seine Wirkung entfaltet haben. Doch dabei sollte es es nicht bleiben. Gerade auch am römischen Mithraskult läßt sich studieren, was für diese Jahrhunderte durchaus charakteristisch war: nämlich daß sich jetzt über die alten „heidnischen" Mythen und Bilder eine *neue Schicht* aus, man möchte fast sagen: „höheren Wahrheiten" zu legen begann oder schon gelegt hatte. Ihnen, diesen „höheren Wahrheiten", ist der nächste Kapitelabschnitt zugedacht. Und im Rahmen des hier eingeschlagenen Weges ist klar, daß es dabei *nicht* darum gehen wird, den *objektiven* Wert dieser „Wahrheiten" auszuloten. Nein, mögen sie wie auch immer „wirklich wahr" gewesen sein. Unsere Aufmerksamkeit wird sich auf den *subjektiven* Wert dieser „höheren Wahrheiten" konzentrieren: will sagen: auf ihre Macht zu *heiliger Konfusion*.

7. Substanz und astrologische Lasuren

SIEBEN SPHÄREN. Es herrscht Konsens darüber, daß sich in den Jahrhunderten, vor und in denen Mithras Rom und den Westen eroberte, neue, lasierende Schichten wie Sinter über die Substanz des alten Gottes gelegt hatten; Schichten, deren Reflexe den ursprünglichen Charakter Mithras zwar bisweilen überschillern, die aber, sobald entfernt, die alte und substantielle Farbigkeit doch wieder hervortreten lassen. Vor allem zwei dieser lasierend überlagernden Einflüsse sind hier zu nennen: (1) Die *astrologischen Spekulationen* zumal babylonischer Provenienz und (2) die *apokalyptischen Spekulationen* in der Tradition Zarathustras. Beide bestanden, so nun die These, primär aus „rationalen" Konstrukten mit hohem Potential zur Konfusion. – Die apokalyptischen Spekulationen Zarathustras müssen im Rahmen der vorliegenden Studie ob der Komplexität des Themas, von einigen Andeutungen abgesehen, zwar ausgeklammert bleiben. Die astrologischen Spekulationen dagegen sind schon hier genauer vorzunehmen.[35] Sie bestanden aus mehreren Strängen, die teils einzeln, teils in Vermengung gelehrt und geglaubt wurden. – Zuerst zum Konstrukt der sieben Himmelssphären.

Die Antike kannte sieben „Planeten": Sonne und Mond sowie die fünf galileischen und mit bloßem Auge sichtbaren: Merkur, Venus, Mars, Jupiter, Saturn. Vor dem Hintergrund des gemächlichen und gleichförmigen Rundlaufs des Fixsternhimmels beschreiben diese „Planeten" eigentümliche und als ob eigenwillige Bahnen. Man schrieb ihnen deshalb je eigene und ineinander geschachtelte *Sphären* zu: riesige Glaskugeln gleichsam, die je einen Planeten trügen und die als kosmische Gewölbe oder Schalen um den Mittelpunkt des ansonsten verschwindend kleinen irdischen Betrachters rotierten.

Schon in der Mitte des ersten vorchristlichen Jahrtausends nun begann sich diese „Weltanschauung" mit einer durchaus pessimistischen Haltung zu verbinden. Der Mensch nämlich, so lehrten seit damals und immer häufiger „weise" Männer, sei hienieden fremd und heimatverloren: ein armseliger Gefangener in diesem Riesengetriebe, ja eingekerkert von diesen träge und stur rotierenden Planetensphären. Des Menschen *Seele* dagegen (ein damals noch junges und Vielen unglaubliches Konstrukt) sei „eigentlich" außerhalb dieses kosmischen Planetengetriebes beheimatet: im Reich des fernen Fixsternhimmels. Von dort her sei die Seele einst auf die Erde verschlagen worden. Und nach dorthin gelte es dereinst auch wieder aufzusteigen. Sphäre für Sphäre und Himmelspforte für Himmelspforte werde die Seele nach dem irdischen Verscheiden dann wieder nach oben dringen und zuletzt im „siebten Himmel" angelangen und erlöst sein ...[36]

Abb. 28: Symbole der sieben Weihegrade und Planetensphären, Ostia, Miträum des Felicissimus

Im römischen Mithraskult spielte dieses Konstrukt eine nicht unerhebliche Rolle. Zuverlässigster Beleg ist das Bodenmosaik des *Mitreo delle Sette Sfere* in Ostia. Auf ihm wurden im Mittelgang des Mithräums sieben Halbbögen mit seitlichen Toren eingelegt, über die die Mysten rituell von Sphäre zu Sphäre zum Altar hin vorschreiten und „aufsteigen" konnten. Auch im *Mitreo del Felicissimo*, kaum hundert Meter weiter, waren sieben Kassetten in den Fußboden eingelegt, die wohl dem selben Zweck dienten (Abb. 28). – Daß die Mithrasmysten der Lehre vom Ab- und Aufstieg durch die sieben Planetensphären anhingen, wird weiterhin durch einen Hinweis des Kirchenvaters Origenes bestätigt.[37] Vor allem aber im Logenwesen des Kults mit seinen sieben Weihegraden schlug sich diese „Sphärenmystik" nieder: Der hierarchische Aufstieg in der Kultgemeinde jedenfalls scheint als etwas wie der rituelle Aufstieg durch die sieben Planetensphären gegolten zu haben …

Die Einzelheiten und Spielformen dieses sonderbaren Konstrukts sind für den römischen Mithraskult, sind aber auch darüber hinaus vielfach beschrieben worden. Im hier verhandelten Kontext ist darauf nicht näher einzugehen. Wohl aber ist festzuhalten, daß dieses Konstrukt von fürwahr atemlähmender Absurdität war:

Das Modell der sieben Himmelssphären selbst mochte mit gesundem Menschenverstand zwar noch vereinbar sein. Daß aber die „Seele" des Einzelnen durch diese Sphären einst herabgestürzt sei und bald schon wieder nach oben wandern werde, überstieg die Möglichkeiten des menschlichen Verstandes und Vorstellungsvermögens so grundsätzlich, daß sich als Reaktionen nur gähnendes Staunen, mithin heilige *Konfusion* einstellen konnte … Sie aber vermochte verklebte Poren zu öffnen – und damit den Weg frei zu machen für *indirekte Suggestionen*. Und eben hier eingreifende *indirekten Suggestionen* lassen sich in den antiken Quellen nun in der Tat vielfältig nachweisen. Und *sie* waren nun von ganz anderem Holz! oder richtiger: von *wahrem Gold*; nämlich vom Gold der alten Schöpfungsmythen! Dort, im Reich der „Transzendenz" jenseits jener sieben Sphären, so hieß es nämlich, erstrahle das Grün und der Juwelenglanz der Paradieseswiese, dort umschmeichelten hübsche und musizierende Mädchen den Erlösten, dort wüchsen süße Früchte und dort flössen, weiß Gott, Bäche voll Wein, Milch und Honig …! – Derart blumige und sinnlich-unphilosophische Ausschmückungen jenes Paradieses im Jenseits des Fixsternhimmels werden uns in den antiken Quellen nicht nur einmal geschildert, und wir können davon ausgehen, daß auch die römischen Mysten an sie glaubten.

TOBAK. Man hüte sich deshalb vor der halben Wahrheit: Das Konstrukt der aufsteigenden Seelen war *nie mehr* als bloßes Medium zur Konfusion. Für sich und isoliert aufgefaßt bot das schwarze, von fernen Sonnen überpunktete, ansonsten aber menschenleere Nichts des Sternenhimmels wenig Perspektive für ein besseres Leben; damals so wenig wie heute. Schon bei Platon[38] – und bei ihm geradezu exemplarisch – war dieses Nichts des Fixsternenhimmels deshalb mit *indirekten Suggestionen* des besagten Typs kombiniert; ähnlich dann auch in den „Systemen" der späteren Gnosis, und ähnlich eben sicherlich auch bei den römischen Mithrasmysten.

Gerade bei ihnen, den römischen Mithrasmysten aber, tritt diese Wechselwirkung von Konfusion und indirekter Suggestion besonders schön und offenkundig zu Tage. Denn dort ist (wenngleich nur für uns Heutige) klar durchschaubar, daß die astrologischen Spekulationen nur Kleid und Verpackung, nur Mittel und Katalysator zu indirekten Suggestionen waren. Denn kaum irgendwo sonst leuchten die Bilderfolgen dieser indirekten Suggestionen in so kraftvollen Farben und in so kunstvoller dramaturgischer Ausgestaltung durch den dünn übergelagerten Sinter. *Ihr* Inhalt war das alte Drama der Morgenröte! Und die Aufbereitung von dessen Szenen vollzog sich nach gänzlich anderen „Prinzipien" als jener Mythos der sieben Himmelsphären: Ihr Medium war nicht das abstrakte Wort und das Geflüster des Tiefsinns, sondern das plastische Bild in cinematographischer Reinszenierung. Was dem *Ohr* in den Heiligen Messen des Kults durchgeistigt, hochgestochen und esoterisch vorgekommen sein mag, blieb für das *Auge* stets einfach, naiv, kindlich. Es war die schlichte Bildgeschichte von Mithras Felsgeburt, der hereinbrechenden Morgenröte, dem Wasserwunder … und all den anderen göttlichen Schöpfungsabenteuern, die wir uns bald genauer zu Herzen nehmen werden. –

Obwohl nur in Kombination mit solch indirekten Suggestionen wirksam, sollte die Macht heiliger Konfusion nicht unterschätzt werden. Und dies um so weniger, als sie gerade in Zeiten der Not eine so eigenwillige wie heilkräftige Dynamik zu entfalten scheint.

Noch einmal betont: die in Rede stehenden Jahrhunderte waren, mit Eric R. Dodds zu reden, ein *Zeitalter der Angst*.[39] Weltuntergangsstimmung und Perspektivenlosigkeit, Unsicherheiten im Persönlichen und Politischen verfinsterten auf breiter Ebene und für nicht enden wollende Jahrzehnte und Jahrhunderte das Leben. – Unter diesen Verhältnissen bekam das Konstrukt der Sphären-durchsteigenden Seelen Konjunktur. Und aus verständlichen Gründen: Erstens nämlich gebar der allgemein um sich greifende Pessimismus die Sehnsucht nach Weltflucht, und diese wiederum schuf sich (neben anderem) das Konstrukt der Sphären-durchsteigenden Seelen; besagte es doch im Grunde und psychologisch verstanden schlicht: ‚Nichts wie weg hier! Lieber noch hinterm Mond als hienieden weiter durchhalten!' – Dennoch aber war dies abstruse Konstrukt vom Aufstieg durch die Himmelssphären *mehr* als nur Ausdruck von Weltflucht. Es war, zweitens, eben auch Medium zur Konfusion und damit *auch* Keim zur Heilung, ja zur *Erlösung* – zur Erlösung immerhin von solchem Pessimismus! Denn indem solche Konfusion die verstopften Kanäle zur Welt der frühen Kindheit öffnete, begannen sich nun wieder morgenrote Nebel übers Land zu legen und die absterbende Welt neuerlich mit *Flaum und Farbe* zu umschleiern ...

Not und Weltangst schufen sich hier also über den Umweg der Konfusion und indirekten Suggestion ihre eigene Linderung und „Erlösung"; ähnlich wie es bei manchen Psychosen geschieht. Und in der Tat würde ja ein Gutteil der „geistigen Führer" jener Jahrhunderte nach heutigen Maßstäben als psychotisch diagnostiziert. – Vielleicht ist es nicht zu hoch gegriffen, hier ein allgemeines psychologisches Prinzip anzusetzen. Es würde lauten: ‚Menschen, die in Ängste und ausweglose Sorgen verfangen und deshalb außergewöhnlich „blockiert" sind, tendieren zu konfundierenden Wahnvorstellungen. Diese Wahnvorstellungen aber haben dann ihrerseits die Tendenz (und den lebenserhaltenden Sinn), die verklebten und verstopften Kanäle in die unteren Schichten des Seelenlebens gleichsam wieder freizuschneuzen und durchzuräuspern und können so[40] frischer Luft und positiveren Haltungen wieder zum Durchbruch verhelfen ...

Das Narkotikum der Konfusion, so wäre zu schließen, kann durchaus beruhigen, Sinn und (wie man heute umschreibt) Endorphine freisetzen. Ja, es scheint zumal in schlimmen Zeiten geradezu süchtig machen zu können. Denn der starke Tobak, der in den Jahrhunderten um die Zeitenwende unter anderem mit dem Konstrukt der Sphären-durchsteigenden Seelen verabreicht wurde, scheint in der Tat süßlich verlockt, und je absurder aufbereitet, desto mehr die Massen begeistert und in eifernden Taumel versetzt zu haben.

HEILIGE MÄNNER. Damit ist aber auch schon der Finger zur Warnung erhoben. Dem heilkräftigen Effekt solchen Tobaks stehen Risiken und Nebenwirkungen gegenüber. – Gewiß, solange solche Konstrukte heiliger Konfusion nur im Rahmen des Religiösen, nur in Meditationen und nur bei Trance-Induktionen zum Tragen kommen, zeigt sich die hier lungernde Gefährlichkeit nicht. Sobald sie aber hinaus, an die Öffentlichkeit, und dort in die Diskurse des Alltags, der Wissenschaft, der Ökonomie, des Rechts ..., der Politik und Diplomatie geraten, droht das Wirrspiel solch vermeintlicher Weisheiten den Verkehr der Menschen zu stören. Wie die Viren und „Würmer" in unseren Computern können sie dann den gesunden Menschenverstand verderben; und wie diese, sind auch sie von oft fataler Dynamik und oft langer Latenz. Was in schlimmen Zeiten und damals aus Not zum Heil und zur Betäubung der Menschen ersonnen und ersponnen wurde, kann, zu Mythen, Dogmen, Philosophemen geronnen, für Jahrhunderte als Hort scheinbarer „Wahrheiten" liegenbleiben, plötzlich aber wieder ausbrechen und dann die Geschicke der Menschen ins Unheil treiben; auch dann, wenn neues Frühlingsgrün und neue Morgenröten längst gesündere Epochen eröffnet hatten. – Große Philosophen der jüngeren Vergangenheit sahen deshalb eine wesentliche Aufgabe darin, solche aus anderen Zeiten überkommenen und liegengebliebenen „Würmer" des Wahns und Widersinns aufzuspüren und mit geeigneten Mitteln aufzulösen. Neben Nietzsche ist hier zumal Wittgenstein zu nennen.[41]

Die größte Schwierigkeit beim Versuch, solch liegengebliebene Gespinste des Widersinns aufzulösen und zu heilen, liegt freilich an den Interessen, mit denen sie verknüpft sind; zuoberst an den Interessen jener – fast durchweg – „heiligen Männer", deren Lebenssinn und tägliche Aufgabe, deren Würden und Aufstiegschancen, deren Institutionen und Pfründen oft auf „Wahrheiten" dieses Typs gebaut sind. Und man durchschaut unschwer, daß der Einsatz dieser „heiligen Männer" mit der Absurdität der zu verteidigenden Inhalte steigen muß; nicht selten bekanntlich zu jenem verstiegenen und gefährlichen Eifer, der zuletzt die sinnliche Wahrnehmung, gesunden Menschenverstand und klare Urteilskraft insgesamt als Teufelswerk stigmatisiert ... – Jeder verantwortungsbewußte Politiker wird solchen „heiligen Männern" gegenüber die *Ohren* eher zu, die *Augen* aber offen halten.

Verglichen mit anderen religiösen Bewegungen, zum Beispiel der Gnosis, war der Mithraskult in dem besagten Wahngetaumel und Sphärengeschalle der Spätantike nach allem, was wir wissen, eine milde Variante. Exzesse wie jahrzehntelanges Säulensitzen, wie die Blutlust des Märtyrertums oder die kalte Unmenschlichkeit des Gotteskriegertums sind von den Mithrasmysten nicht bekannt. –

Als durchaus harmlos sollte sich zumal bei den römischen Mysten auch eine zweite astrologische Spekulation erweisen. Auch sie erfüllte ihre narkotisierende und schleimlösende Wirkung ohne bedrohliche Nebenwirkungen. Gemeint sind die Mythen um die Tierkreiszeichen, sowie die Mythen um die Präzession.

SCHICKSAL. Der Lauf der Gestirne wurde und wird in vielen Kulturen beobachtet und ausgelegt. Nur in wenigen aber wuchs die Deutungskunst und wucherte der Deutungswahn zu solchen Höhen wie im antiken Babylonien. Die hinterlassenen Spuren sind daher bis heute tief und reichen vom System der Stundenzählung und des Kalenders bis hin zu den Horoskoprubriken der Regenbogenpresse.

Nach Westen fand und brach sich die Flut dieser Gedankenwelt eine Vielzahl von Kanälen. Einer war der römische Kult. Wir wissen um die Einzelheiten nicht; irgendwo aber auf Mithras Weg aus seiner indo-iranischen Heimat ins Imperium Romanum hatte sich ihm diese fremde Deutungswelt als schillernder Überzug angelagert und seinem Charakter den Anschein des Neuen und den Schein geheimnisvoller, esoterischer Tiefe verliehen.

Daß es babylonische Spekulationen waren, die sich über die Mythen um Mithras legten, ist zumal aus den zwölf (bis heute gleich gebliebenen) Tierkreiszeichen zu ersehen. Denn selbstverständlich lassen sich in die der Ekliptik entlang wandernden Sternenpünktchen des nächtlichen Firmaments alle möglichen Figuren hineininterpretieren; und die Chinesen etwa sahen und sehen dort ganz andere „Zeichen". Der römische Kult hatte aber genau jene, die aus Babylonien stammen: Steinbock, Wassermann, … Krebs … – Sechs dieser Tierkreiszeichen begegneten uns schon oben auf dem Altarstein aus Trier. Der in der Morgenröte aufsteigende kleine Sonnen-Mithras drehte dort das Himmelsrund mit den sommerlichen Zodiacalzeichen Widder, Stier, Zwilling, Krebs, Löwe, und Jungfrau. Auch die übrigen „Sternzeichen" sind für den Mithraskult mehrfach belegt.

Welches Gewicht die römischen Mysten den Tierkreiszeichen beimaßen, ist schwer zu entscheiden. Ähnlich wie bei den Spekulationen über die sieben Planetensphären scheint man in Rom mehr darauf gegeben zu haben als anderswo im Imperium. Wahrscheinlich hatte sich auch zumal dort etwas von dem angestammt babylonischen „Glauben" erhalten, daß die Tierkreiszeichen mit dem *Schicksal* des Einzelnen bedeutungsschwer verstrickt und verwoben seien. Mit der Berechenbarkeit des Kreislaufs jener überweltlichen Figuren, so dieser „Glaube", habe man daher die Möglichkeit, auch in sein eigenes, ansonsten so unvorhersehbares und oft so tragisches Schicksal Einblick zu erhalten, ja der Vorsehung womöglich ein Schnippchen zu schlagen …

Die Herstellung eines Zusammenhangs zwischen Schicksal und dem Lauf der Sternbilder ist nun, wie absurd und „unwissenschaftlich" auch immer, in der Tat eine Konfusionsstrategie mit erprobter und schwer bestreitbarer Wirkung. Die „Mechanik" dabei ist aus unserer Perspektive leicht zu durchschauen:

Jeder systemische Therapeut weiß: Bei Menschen, die in scheinbar ausweglose Schicksalsschleifen oder „Teufelskreise" verfangen sind, kann ein nachhaltiger Fremdimpuls (fast egal welcher Art) ihr eingefahrenes und pathologisches System „stören" und dadurch *zum Positiven verändern*. Wie aber könnte eine solche „Störung" bei gutgläubigen Menschen geschickter inszeniert werden als mit ernsthaft vorgetragenen Sätzen der Art: ‚Die Beziehung zu Ihrem Liebespartner scheint unwiederbringlich zu zerbrechen. Aber Saturn mit Mars im Aszendenten zeigt auch an, daß es dafür an der Zeit ist. Auch weist der Mond im Juli darauf, daß ein neuer Partner schon wartet, wenngleich Venus in Konjunktion mit Jupiter zu bedenken gibt, daß das neue Glück Geduld erfordert …' Solch komplementäres Miteinander von Konfusion und indirekter Suggestion kann zuverlässiger aus Sackgassen helfen, als manches Psychopharmakon. Ja, solcher Widersinn ist bei geeigneten Klienten von so zuverlässiger Wirkung, daß es – man verzeihe – ein gerüttelt Maß an „wissenschaftlicher" Borniertheit braucht, um solchen Sternenglauben widerlegen zu wollen.

Aber selbstverständlich gilt auch hier: So harmlos auch dieses Medium der Konfusion gemeinhin ist; es kann auch ambivalente und gefährliche Folgen zeitigen. Man denke etwa an jene Astrologen, die Weltgeschichte schrieben, indem sie einen Cäsar, einen Wallenstein oder Hitler berieten. – Im römischen Mithraskult jedenfalls scheinen die Tierkreiszeichen harmlose Spekulation geblieben zu sein.

UNTERGANG. Noch ungefährlicher war eine dritte astrologische Spekulation des römischen Kults. Auch sie deutete Sternbilder; jedoch nicht, um das Schicksal des Einzelnen zu eruieren, sondern, man könnte sagen: um den Lauf des Jahres und der Jahrtausende zu beschreiben und mythisch zu verklären. – Auch die Sternbilder dieser Spekulation waren (und sind) zum größten Teil Tiersymbole. Sie stehen aber auf einer anderen Linie des nächtlichen Himmels als dem Zwölferkreis der Zodiacalzeichen. Es sind die sogenannten „Sternbilder des Südens" mit Namen *Scorpio* („*Skorpion*"), *Spica* („*Ähre*"), *Corvus* („*Rabe*"), *Krater* („*Krug*"), *Hydra* („*Schlange*"), *Leo M.* („*Löwe*"), *Canis* („*Hund*"), … *Taurus* („*Stier*").

Erstaunlicherweise wurde erst im Jahre 1975 bemerkt, daß just die mit dieser Reihe von Sternbildern bezeichneten Tiere und Gegenstände auf vielen Hauptreliefs des römischen Mithaskults wiederkehren. Nicht immer, aber regelmäßig, macht sich dort ein *Skorpion* an den Hoden des sterbenden Stiers zu schaffen; regelmäßig begegnet auch die aus dem Schwanz des Stieres wachsende *Ähre*; regelmäßig ein *Rabe*; regelmäßig der *Krug*, der *Löwe*, die *Schlange*, der *Hund* und eben auch der *Stier*. – Erst 1975 hielt Stanley Insler[42] auf dem großen *Internationalen Kongreß für Mithras-Studien* in Teheran einen Vortrag mit dem Titel *Eine neue Interpretation des Stiertötungs-Motivs* und stellte diesen Zusammenhang her. Insler hielt den Vortrag damals außer der Reihe der angekündigten Redner, brach aber Dämme. Die anwesenden Mithrasforscher, die Crème der damaligen „Szene", so erinnerte sich später István Tóth, *applaudierten so stürmisch, als wären sie im Theater oder im Konzert* (72 f.); und auch Inslers großer Lehrer, Paul Thieme, äußerte mir gegenüber noch ein Jahrzehnt später Lob und Stolz.

Insler nun argumentierte weiter, daß um die Zeitenwende diese Sternbilder von Skorpion bis Stier während der Wintermonate, mit der Tag-und-Nacht-Gleiche des Herbstes beginnend, der Reihe nach am abendlichen Ost-Himmel erschienen und sich dann Tag für Tag ein Stück weiter bewegten. An der Tag-und-Nacht-Gleiche des Frühlings dann begann der Zug dieser Sternbilder wieder im Westen zu versinken: der Stier an erster Stelle. Dieser *Untergang des Stiers* nun, so Insler, werde durch die Hauptreliefs des Mithraskults bezeichnet. Und da der so verstandene *Untergang des Stiers* zugleich das Ende des Winters markierte, habe der römische Kult zuoberst den Sieg des Frühlings über den Winter begangen …

Dies klingt plausibel; und um so mehr, als nach Inslers weiteren Ausführungen in diesen Zeiten auch das alte persische Mihragan, das Jahresfest für Mithra, in etwa auf den Frühlingsbeginn gefallen sei. Eigentlich war – und ist! – das Mihragan seit Urzeiten zwar ein Herbst- und Ernte-Dank-Fest (wir kommen noch darauf). Aber der iranische Kalender hatte in parthischer Zeit aufgrund fehlender Schalttage den Effekt, daß die Festtage sich Jahr für Jahr verschoben. Im Lauf der Jahrhunderte wanderten Sommerfeste daher gen Winter und Winterfeste gen Sommer. Insler rechnete nun anhand der – vagen – Informationen über den parthisch-iranischen Kalender zurück und fand prompt: Just um Christi Geburt mußte das einstige Herbstfest zu Ehren Mithras auf die Tag-und-Nacht-Gleiche des Frühlings gefallen sein.[43] Genau damals, so schloß Insler, müßte deshalb der römische Kult gegründet worden sein, und genau deshalb wäre er alles drei in einem gewesen: (1) ein Kult zum Untergang des Sternbilds Stier, (2) ein Kult zum Sieg über den Winter und (3) ein Kult in der Tradition des alten persischen Mihragan-Fests.

Inslers Argumentation besticht nicht zuletzt durch das geforderte Datum für die Gründung des Kults. Denn *die Stiertötungsszene*, so präzisierte Insler anhand seiner Kalenderberechnungen noch,

> ... *muß irgendwann im ersten Viertel des ersten vorchristlichen Jahrhunderts erschaffen worden sein.* (BM 534)

Dies stimmt, wie in der *Hinführung* schon erwähnt, gut mit der immer wieder verworfenen Angabe Plutarchs überein, der römische Kult sei von kilikischen Seeräubern zur Zeit des Pompeius ausgegangen; es stimmt auch gut zu den Ausgrabungsbefunden aus Doliche/Dülük.

Dennoch ist es aus der Perspektive des vorliegenden Buches angezeigt, Inslers Argumentation in Anführungsstriche zu setzen:

NABEL UND POL. Daß Sternbilder in indo-iranischen Opferkulten eine Rolle spielten, ist schon in den ältesten Textschichten dazu, denen des altindischen Rigveda, bezeugt. Zumal in Liedern zum sogenannten Somaopfer wurden dort die wandernden Sternbilder erwähnt. Es ist deshalb instruktiv, hier schon einen ersten Blick auf dieses Somaopfer zu werfen:

Stenographisch formuliert war Soma eine heilige Pflanze, deren berauschender Saft beim Kult in aufwendigem Ritual ausgepreßt und dann getrunken wurde. Genau wie es die römischen Kultbilder für das Stieropfer suggerieren, wurde auch das Somaopfer bei Nacht begangen: Das Soma-Ritual hob etwa eine Stunde vor Sonnenaufgang und also noch in tiefer Nacht an. – Deshalb verwundert es nicht, daß in manchen der erhaltenen Somalieder auch des nächtlichen Himmels gedacht wurde. Und wie überwältigend muß das nächtliche Sternen-Gewölbe ohne das Kunst- und Streulicht der modernen Städte damals doch noch gewirkt haben? Und selbstverständlich deuteten auch die Menschen des alten Indien in die Gruppen einzelner Sterne allerlei Phantasiegebilde und sahen deshalb Sternbilder; welche im einzelnen, wissen wir allerdings nicht. Und selbstverständlich beobachteten die Menschen auch hier den langsamen, drehenden Zug dieser Sternbilder um die Polachse. Denn um die zwischen dem Polarstern und dem Betrachter gezogene imaginäre Linie scheinen die Fixsterne und ihre Bilder ja gemächlich zu rotieren ... – Hier also, am unteren Ende der Polachse, am *Nabel* oder *Schoß* des nächtlichen Kosmos', saßen die Opfernden und bestaunten das riesenhafte Getriebe des Himmels. Und hier, auf dem Opferplatz, bereiteten sie nun den heiligen Preßtrank Soma, der dabei in sein Opfergeschirr, einen Krug, abfloß wie *in den wohlbereiteten Schoß, – ... in sein Nest*.

Zu dieser nächtlichen Opfer-Zeremonie unter dem rotierenden Sternenhimmel erhielten sich nun zwei, wiewohl nur kurze, rigvedische Passagen, die ein bezeichnendes Licht auf die römischen Hauptreliefs werfen. Sie lauten:

(1) ... *in den Schoß dieser Sternbilder ist Soma gestellt.* – (2) *Fließe ... ab, o Saft! Läutere dich, Herr der Weltpole, du belohnender Saft* ...[44]

Diese kurzen Verweise auf die Polachse und die rotierenden Sternbilder bezeichnen gewissermaßen das Urschema, das auch den römischen Kult noch prägen sollte. Denn in immer neuen Variationen ist auf den Hauptbildern dort *in den Schoß der Sternbilder* die Opferszene mit Mithras und dem sterbenden Stier gestellt. Wie Soma im altindischen Kult, stehen Mithras und der sterbende Stier auch hier im Zentrum und werden von den Sternbildern *Skorpion, ... Schlange, Krug, Hund, Rabe* gleichsam umkreist.

Auf der *Isola die Ponza*, nordwestlich von Neapel, fand sich ein Mithräum, in dem die Idee vom ‚Opfer im Schoß der Sternbilder' gar architektonisch umgesetzt wurde.[45] Der steinerne Höhlenhimmel war dort ringsum mit dem Kreis der Zodiacal-Zeichen geschmückt, und im Zentrum über dem Betrachter stand fix der Polarstern, markiert durch seine ihn so charakteristisch umwandernden Sternbilder des Großen und des Kleinen Bären. (siehe unten, Abb. 38)[46] Aller Wahrscheinlichkeit nach wurde in der Mitte unter diesem künstlichen Himmelsgewölbe, also am anderen Ende der Polachse, Mithras Stieropfer reinszeniert. Als *Herr der Weltpole* ward Mithras und sein Opfer dann *in den Schoß dieser Sternbilder ... gestellt* – wie schon der altindische Soma.

Und doch ist der Unterschied zwischen der alt-indischen und der römischen Vorstellung erheblich. Denn den rigvedischen Indern war der Sternhimmel offenbar bloße Kulisse des nächtlichen Somaopfers: Macht zur Konfusion besaß sein Anblick hier einzig ob seiner erhabenen und übermenschlichen Weite und unbegreifbar gleichförmigen Bewegung. – Den römischen Mysten dagegen scheint stärkerer Tobak verabreicht worden zu sein. Für sie wurde (wenn Insler denn recht hatte) der Untergang des *Sternbilds* Stier mit dem (mythischen) Tod eines *realen Opferstiers* widersinnig verquickt:

Den Himmelsstier als bloßes „Sinnbild" eines realen Opferstiers aufzufassen, würde noch hingehen. Aber den „heiligen Männern" des römischen Kults lag offenbar daran, eine zufällig gleiche Bezeichnung einiger Himmelspünktchen nicht nur als Gleichnis oder religiöse Metapher stehen zu lassen. Ihnen lag vielmehr daran, dies Zufällige zur „höheren Wahrheit" umzuetikettieren – und als solche mußte sie in der Tat die Sprache verschlagen: Ein sterbender Stier aus Fleisch und Blut schien nun plötzlich „tatsächlich" mit ein paar Himmelspünktchen und ihrem Lauf zusammenzuhängen, ja, das eine schien sich im andern zu spiegeln und „irgendwie" damit identisch zu sein. Was blieb da außer weitäugigem Starren und ratlosem Staunen?

PRÄZESSION. Dennoch schlummerte auch in diesem grandiosen Unsinn wieder tiefer Sinn. Denn in der römischen Szene des Stieropfers ruhte und verbarg sich, wir werden sehen, ein wichtiges Element des alten und immergleichen Dramas der frühkindlichen Morgenröte – und harrte gleichsam auf Möglichkeiten zur indirekten Suggestion. Sinn der so wild darüber gelagerten und deshalb konfundierenden astrologischen Spekulation war es, die verschleimten Kanäle *dorthin* frei zu räuspern ...

Und wie mit dem sterbenden *Stier* verhielt es sich auch mit dem *Raben*, der *Ähre*, dem *Krater* (Krug), dem *Löwen*, der *Schlange*, dem *Hund*. Sie alle waren mehr als nur bildliche Platzhalter von Sternbildern. Sie alle hatten *auch*, wir werden es ebenso noch sehen, ihren festen Platz im alten Drama der Morgenröte.

Kurz: Auch die von Stanley Insler rekonstruierte astrologische Spekulation war nicht mehr als ein *Aspekt*, ja ein Stück sekundär angelagerte Sinterschicht im Rahmen des römischen Kults. Ähnlich wie vielleicht schon die Priester und *Patres* des Kults, blieb Insler allzusehr auf diesen *Aspekt* fixiert. Und was für Insler, galt auch schon für Franz Cumont und gilt auch für Roger Beck und John Hinnells. Und Ähnliches gilt auch, und bei ihm in besonderem Maß, für David Ulansey. – Mit Ulanseys Theorie sei nun auch noch kurz die vierte astrologische Spekulation angesprochen, die den römischen Kult – vielleicht – *mit*trug:

Ulanseys *Die Ursprünge des Mithraskults*, 1989 in Oxford erstmals veröffentlicht, schlug ein Jahrzehnt später auch in Deutschland bemerkenswerte Wogen. Vom Konrad-Theiss-Verlag wortgewaltig angekündigt mit: *Eines der großen Rätsel der Römerzeit ist gelöst! – Eine völlig neue Sicht der Mithrasmysterien*[47], stellte Ulansey darin die Hypothese auf, dem Mithraskult liege die Entdeckung der sogenannten *Präzession* zugrunde. – Unter Präzession versteht man ein in Jahrzehntausenden rechnendes Torkeln und kreiselartiges Wanken der Erdachse. Es hat zur Folge, daß die (imaginären) Himmelspunkte der Tag-und-Nacht-Gleichen in langsamem Zyklus durch den Tierkreis wandern. – Es ist in unserem Zusammenhang nicht erforderlich, sich in die astrophysikalischen Phänomene genauer hineinzudenken. Den mit solchen Dingen befaßten Lesern seien Ulanseys eigene Worten aber kurz wiedergegeben:

Einfach ausgedrückt: Die Präzession der Tagundnachtgleichen resultiert in einer langsamen Bewegung der Äquinoktialpunkte rückwärts durch den Tierkreis, durch ein Sternbild alle 2160 Jahre und durch den gesamten Zodiakus in 12 mal 2160 oder 25 920 Jahren. Heutzutage haben wird das Frühlings-Äquinoktium, wenn die Sonne im Sternbild Fische steht, aber in einigen hundert Jahren wird es in der Konstellation Wassermann stattfinden (die sogenannte Dämmerung des Wassermann-Zeitalters) ... (46, Klammer von Ulansey)

In esoterischen Kreisen wird diesen durch die Präzession bestimmten Epochen und jener *Dämmerung des Wassermann-Zeitalters* bekanntlich auch heute wieder Bedeutung zugeschrieben ...

Genau dieser langsame Gang der Äquinoktialpunkte durch den Tierkreis jedenfalls, so Ulansey, sei nun damals ermittelt worden und, zu Bildern chiffriert, fortan von den Mithrasmysten als Werk ihres Gottes ausgelegt worden. – Glücklicher Entdecker der Präzession sei ein gewisser Hipparchos gewesen, dessen Lebensleistung aber habe Poseidonios von Apameia, ein Stoiker, nach Tarsos, dem angeblichen Geburtsort der Mithrasmysterien vermeldet. Da der dortige Stadtgott, Perseus, die selbe Zipfelmütze trug wie Mithras, sei also Mithras eigentlich Perseus usw.

Inwieweit Ulanseys Theorie stichhaltig ist, soll hier nicht entschieden werden. Neben die Begeisterung in den Medien mischten sich in Fachkreisen jedenfalls bald auch skeptische, bisweilen despektierliche Stimmen. Ein Manfred Clauss, sonst nüchterner Wissenschaftler und verdienter Mithras-Experte, stufte Ulanseys Argumentationsfiguren als *Akrobatik des Geistes* ein und kommentierte fast schon ein wenig ungehalten: Sei dem von Alfred Schütze im Jahre 1972 anthroposophisch zurechtgemachten Mithras gegenüber ein sanftes Lächeln angemessen gewesen, sei *bei Ulansey herzhaftes Lachen angebracht.* (MP 219, 225)[48]

„KONSISTENZ". Ob nun verstolpertes Akrobatenstück oder ernst zu nehmende Rekonstruktion: Auch Ulanseys Buch ist ein Beispiel für das, was Wittgenstein einmal *eine Hauptursache philosophischer Krankheiten* nannte, nämlich

> ... *einseitige Diät: man nährt sein Denken mit nur einer Art von Beispielen.* (PhU 593)

Sicherlich, die Menschen damals bewunderten die Gleichförmigkeit und Rhythmik des nächtlichen Himmels. Man beobachtete und maß und sah im Wunder des Regelmäßigen den Plan des persischen Gottes ... – Die fesselnde Kraft solchen Beobachtens ist unbenommen. Und unbenommen ist selbstverständlich auch, daß die zu Figuren zusammengerafften Pünktchen am nächtlichen Himmel den Bauern Termine zur Aussaat, den Beamten Termine zu Festen und Steuerbescheiden, den Seefahrern Anhalt zur Navigation gegeben haben. Daß diese fernen Pünktchen aber von sich aus Lebenssinn oder Trost hätten stiften können, ist bar jeder psychologischen Möglichkeit. Zu weit sind sie von allen unmittelbaren Lebensbezügen entfernt.

Die insgeheime Unterstellung eines David Ulansey oder Stanley Insler, die Mysten des römischen Kults seien ernsthafte Astronomen gewesen und hätten sich gar im modernen Sinn um „Theoriebildung" und wissenschaftliche „Konsistenz" bemüht, ist aus der Lebenswelt moderner akademischer Forschung zwar verständlich. Aber diese Unterstellung war und ist religionspsychologisch ohne Boden. Nein, die hintergründig webende Kraft dieser Spekulationen war allem Anschein nach gerade nicht auf „Konsistenz" und „Theoriebildung" im modernen Sinn aus. Sie wob Religion! – und deshalb sprachverschlagende Wunder, Geheimnisse und Rätsel. Und der gen Himmel oder sonst ins Leere flüsternde Kommentar der Priester und „Eingeweihten", daß just diese Wunder und Rätsel die pure Wahrheit und nichts als die Wahrheit seien, umgarnte all dies Unverständliche nur noch mehr mit solchem Latein.

Doch zugegeben: Saubere Methodik verbietet auch hier, das Gegenteil gänzlich auszuschließen. Deshalb ist einzugestehen:

Vielleicht, vielleicht verfügten die römischen *Patres* tatsächlich über ein (selbst nach modernen Maßstäben) „konsistentes" astronomisches „Theorie"-Gebilde. Und vielleicht, vielleicht bargen diese „Wahrheiten" gar psychologische, esoterische, ja „transzendentale" Möglichkeiten, die diese *Patres* zu einer wahrlich geistigen Elite aus Priestern, „Weisen" oder „Erleuchteten" erhöhten und entsprechend mit einem Charisma der Reinheit, Reife und moralischen Integrität umgaben ...

Letztgültig auszuschließen ist dies nicht. Doch selbst wenn dem so gewesen wäre: Mit *irdischen Mitteln* sehr wohl auszuschließen ist, daß die *Massen* der Mithrasmysten von diesem Schlag gewesen wären. Ein astronomisches „Weltbild", so komplex und kompliziert, daß es sich der modernen Forschung bis dato nicht entzifferte, kann von den Massen der einfachen Mysten schwerlich verstanden worden sein. Für sie könnte ein solches „Weltbild" nur Medium heiliger *Konfusion* gewesen sein: geheimnisvoller Schlüssel für die Pforten in jene andere Welt – in jene Welt der Schöpfung und der frühen Kindheit, die hinter den Schranken der frühkindlichen Amnesie ihr Eigenleben führt, und die, gerade in Zeiten der Not und der Sinnleere, besonderer Zuwendung und Pflege bedarf. Und wir werden bald sehen: An (indirekt suggestiven) Botschaften für diese, die frühkindliche Welt war der Mithraskult nun in der Tat überreich!

Einzig diese Welt und einzig, was die breiten Massen der „einfachen Menschen" bewegte, ist Thema dieses Buches. Ihm geht es um „naive", um die Religion des „kleinen Mannes" – und kleine Männer, man verzeihe, sind auch die „großen Männer" in den meisten Dingen des Alltags; und bekanntlich oft desto kleiner, je größer sie sich wähnen.

ABSTRAKTION. Genug nun wieder. – Die aufgezählten Argumente sind hinreichend Legitimation, die Lasurschicht aus astrologischen Spekulationen von nun an methodisch auszuklammern. Dies schillernde Zellophan sei deshalb jetzt abgelöst und abgezogen und die Leserin, der Leser gebeten, sich darauf einzulassen, daß ab dem nächsten Kapitel nur noch die darunterliegenden, die substantiellen und urwüchsigen Schichten Thema sind: Mithras Dramen und Abenteuer, wie sie sich im Licht der Morgenröte und vor dem Hintergrund indo-iranischer Mythentradition zeigen.

Es wird nicht jedem Leser, nicht jeder Leserin immer leicht fallen, die Bilderwelt des römischen Kults in ihrer substantiellen Einfachheit zu sehen. Der Sog, mehr und „Tieferes" hinein zu deuten, verlockt auch uns „Modernen" noch allzu sehr und reißt immer wieder mit. Hier bedarf es einer ganz eigenen Art von Zurückhaltung, von intellektueller Bescheidenheit und zugleich von liebevoller Zuwendung. Wer aber die Kraft zu solcher Abstinenz und Abstraktion hat, dem schlägt die Wahrnehmung gleichsam um, und er kommt dadurch in eine ähnliche Lage, wie die einstigen Mysten des Kults selbst. Der Unterschied ist einzig: *Ihre*, der Mysten, Perspektive verschob sich durch *Konfusion*, *unsere* verschiebt sich dann durch *Abstraktion*. Durch beides aber öffnen sich neue Pforten; und heute wie damals beginnt hinter dem Wust des Unbegreiflichen dann eine zweite „Wahrheit" und Realität durchzuscheinen: eben das frühkindliche Drama der Morgenröte.

Natürlich ist unser, das abstrahierende Verfahren dabei nicht von der selben Eindringlichkeit; aber es vermittelt immerhin eine Ahnung, was mit den Mysten geschehen sein muß, als sie so in die Welt des Heiligen übertraten: Von *Konfusion* in Trance versetzt, begann ihnen plötzlich das scheinbar Nebensächliche farbig zu werden und eigenmächtig zu leuchten; und was bislang als bloße Illustration und Versinnbildlichung des vermeintlich „Höheren" und „Geistigen" abgetan worden war, entfaltete nun eigene Dynamik und begann seine eigene, so ganz andere Geschichte zu erzählen. – Es verhielt und verhält sich hier im Religiösen ähnlich wie auch oft im Alltag:

Das scheinbar Nebensächliche, das nur Angedeutete und als ob nur zufällig Durchspitzende fasziniert, reizt und weckt auf seine Art. Denn daraus spricht häufig die Ehrlichkeit des Unmittelbaren und Anschaulichen, die Authentizität des Unverstellten und gleichsam noch frühkindlich Nackten. Ein Versprecher etwa in einem durchstilten Vortrag, ein sonderbar herausgerutschtes Wort, eine unerwartet dazwischengefahrene Geste bedeuten und sagen daher oft mehr als all das Gekünstel und Gespiegel des Indirekten und Intellektuellen, als all das Maskenspiel des Umständlichen, Verklausulierten und Neurotischen; und sie sagen es oft um so klarer und eindeutiger, je größer die Anstrengung ist, sie zu überspielen, wieder zurecht zu biegen, zurecht zu lügen …

Die meisten Bilder und auch manche Textfragmente des römischen Mithraskults sind von eben solcher Ursprünglichkeit. Sobald im abgedimmten Licht der Morgenröte betrachtet, zeigen sie noch immer diese Authentizität und Eindringlichkeit. Noch immer und in alter Frische spitzt dann das göttliche Knäblein der indo-iranischen Mythentradition hervor. Und in noch immer scharfer Zeichnung und kräftiger Pigmentierung zeigt dies Knäblein dann auch wieder seinen stürmischen Mut, seine Heiterkeit und auch seine kindlich-ernste Schöpfermacht. – So aufgefaßt läßt sich schwerlich abweisen: auch jetzt noch, in der römischen Kaiserzeit, war es primär dieses untergründige kindliche Naturell, das Mithras seine Heiligkeit verlieh.

8. Tabuisierung und Regeneration

ADITI UND VAC. Ein wichtiger Punkt steht noch offen. Zarathustra, der so folgenreiche altiranische Religionsstifter, so wurde oben ausgeführt, war der erste in der Reihe jener Propheten, die den *Krieg des Lichts gegen die Finsternis* erklärten; einen Krieg, der, psychologisch verstanden, nichts anderes zum Ziel hatte, als mit den „lichtvollen" seelischen Schichten des zweiten und dritten Lebensjahres die „finsteren" des ersten zu bekämpfen. Warum Zarathustra diesen Krieg erklärt hatte, welche psychologischen Kräfte in ihm woben und auf welchem mythischen Boden eine solche Kriegserklärung möglich war – diese und weitere Fragen dazu müssen hier ausgeklammert und einer separaten Studie vorbehalten bleiben. In einem ersten Anlauf schon hier angegangen werden kann aber die Frage, welche Folgen Zarathustras Kriegserklärung *für unseren Mithra* hatte.

Mithra, so wurde oben schon angedeutet, begann nach Zarathustras Zerstörung, die Trümmer und Scherben der Mythen um das erste Lebensjahr gleichsam wieder aufzulesen, neu zusammenzusetzen und in seine „Person" aufzunehmen ... – Dieser Prozeß des Wiederaufbaus und der Regeneration macht verständlich, warum schon der altiranische Mithra einen eigentümlich *doppelten* Charakter hatte. Er war ein *bipolarer*, war ein *„Kompositgott"*: Da er die Kompetenzen eines zweiten Gottes in sich aufgenommen hatte, war er jetzt gleichsam *zwei Götter in einem* – und trat nicht selten als jener andere auf, den man hinter Mithra zunächst gar nicht vermuten würde ...

Neben seiner Kindlichkeit ist dieser bipolare Charakter die zweite Eigenheit Mithras, die von der bisherigen Forschung nicht oder zuwenig beachtet wurde, und deretwegen Mithras in diesem Buch in so anderen Farben aufscheint als bislang.

Welche Folgen nun also hatte Zarathustras Kriegserklärung für Mithra?

Für Mithra, den alteingesessenen Gott des damaligen Iran, war die „Offenbarung" Zarathustras zwar sehr wohl eine Gefahr; aber keine allzu große. Sperrig und kantig für Zarathustras neue Religion war einzig Mithras lebens- und diesseits-bejahender Sinn. Passend und einfügbar war dagegen, daß Mithra damals noch primär eben jenes zweite und dritte Lebensjahr repräsentierte, aus deren Horizonten Zarathustras „Offenbarung" stammte und aus deren Möglichkeiten der Prophet alle Erlösungshoffnung zog:

Zur Zeit Zarathustras war Mitra/Mithra (gemeinsam mit dem ihm regelmäßig beigesellten *Varuna/*Vouruna*) sowohl in Indien als auch in Iran der „Älteste" in einer Reihe mythischer Kleinkinder, die in ihrer Gesamtheit eine entwicklungspsychologische Schichtenfolge darstellten. Diese (wie ich sie in meinem Indra-Buch nannte[49]) *kleine Rasselbande* hieß im alten Indien *Adityas*, wörtlich *„Söhne der*

Aditi". Sie bestand aus den altersabgestuften Söhnen[50] der altindischen Göttermutter, die eben als *a-diti*, „*nicht-bindend*" galt.[51] Wenige Jahrhunderte vorher noch, in „proto-arischer" Zeit (mithin vor der Verzweigung in hier die altiranische, dort die altindische Kultur) scheinen die Götter dieser süßen Rasselbande noch als Kinder der Göttin *Vac*, „*Stimme*" gegolten zu haben.[52] – In einem rigvedischen Lied, der archaischen *Vac* in den Mund gelegt, heißt es daher:

> ... *Ich trage beide, Mitra und Varuna, ich Indra und Agni*, ... – *Ich trage den stürmischen Soma* ... – *Ich bin die Gebieterin*, ... *die Erste unter den Opferwürdigen* ... (X 125,1 ff.)

YAMA UND SOMA. Mitra und Varuna, die beiden Ältesten dieser göttlichen Rasselbande, standen für die letzte Etappe der frühen Kindheit, in etwa für die Zeit zwischen dem 18. und dem 36. Lebensmonat. In unserem Zusammenhang genügt es, sie als charakteristische Repräsentanten des zweiten und dritten Lebensjahres anzusetzen: Der Spracherwerb und der Übertritt in die Welt der Normen war ihr auffälligstes Merkmal: *Varuna* war deshalb ein Rechts- und Eidgott, seine Name bedeutete wörtlich: „*Gott wahre Rede*". *Mitra*, wir sahen es schon, bedeutete eigentlich „*Gott Vertrag*".

Mitra und Varuna, den beiden Ältesten, war eine ganze Reihe jüngerer Götter vorgelagert, die wir wiederum sowohl aus dem alten Indien als auch aus dem alten Iran kennen. Ihnen drohte von der neuen Religion Zarathustras größere Gefahr, denn sie, diese Kleineren, repräsentierten zumal eben jenes erste Lebensjahr, dem Zarathustras Tabu galt. Zu nennen sind hier zuvorderst die Allerkleinsten und Süßesten der alten Götterschar: *Yama* (altiranisch *Yima*) und *Soma* (altiranisch *Haoma*). Beide waren einst äußerst beliebt und Mittelpunkt zahlreicher Kulte und Lieder; und beide werden sich uns noch an einer Vielzahl von Indizien als allenfalls vier Monate alt erweisen. – So unglaublich es auch erscheinen mag: Auch sie waren Ziel von Zarathustras Attacke. Die Quellenlage ist eindeutig:

In den *Gathas*, den von Zarathustra selbst verfaßten „*Singstrophen*", bezeichnete der Prophet Yima in sehr negativem Tonfall als (in Lommels Übersetzung) *einen der Frevler*; Humbach übersetzte mit ,... *Yima* ... *became notorious for such crimes*' (Ga-II 133). Wer sich von diesem Yima *erfreuen* lasse, so Zarathustra weiter, werde am Ende der Tage dafür bestraft. Er, der Prophet und seine Gemeinde aber, werde *bei deren (der Frevler) Bestrafung* (durch Gott höchstselbst) *abgesondert*, mithin der Bestrafung entgehen. (Y 32,8; nach Lommel Gath 61).

Ähnlich bei Haoma. – Wir lasen schon, daß dieser Gott in Gestalt eines kultischen Rauschtranks verehrt wurde, der rund eine Stunde vor Sonnenaufgang, noch im *Schoß der Sternbilder* gepreßt und gekeltert und dabei im alten Indien (und sicherlich auch in Iran) mit Versen bedacht wurde wie:

> *Fließe ... ab, o Saft! Läutere dich, Herr der Weltpole, du belohnender Saft* ...[53]

Diesen mit dem süßen kleinen Gott identifizierten Preßtrank nun verspottete und beschimpfte Zarathustra mit Worten aus der Fäkalsprache. *Wann*, rief er Ahura Mazda, seinen neuen Monotheos, flehend an,

> ... *wann wirst du den Harn dieses Rauschtranks niederschlagen* ... (Y 48,10; Lommel Gath 150)[54]

Humbach übersetzte mit ‚*Pisse von Rauschtrank*‘ (Ga-I 141), Hinz mit ‚*Rauschtrank-Jauche*‘ (196), Duchesne-Guillemin mit ‚*Schmutz von einem Getränk*‘ (ZA 247).

Dennoch ist festzuhalten: So leidenschaftlich Zarathustras Angriff gegen Yima und Haoma, diese Allerkleinsten, auch war: schon wenige Jahrhunderte nach dem Ableben des Propheten waren die süßen beiden wieder weitgehend rehabilitiert und in ihre alten Rechte eingesetzt. Ja in Iran wurde Yama/Yima (wieder?) zum „Prinzen" des *Now Ruz*, des Neujahrsfests, und wird hier in Gestalt des *Jamschid* noch heute gefeiert.[55] Und nicht viel anders bei Haoma, später Hom: Bald schon nach Zarathustras Angriff wurde der heilige Trank wieder zu Ehren des gleichnamigen Gottes gekeltert; und er wird es noch heute: Ich selbst durfte Zeuge sein, wie angehende Priester der Parsen von Bombay das uralte Ritual durchexerzierten und dabei in archaischer Sprache den Hom-Yäst rezitierten, ein Kultlied, dessen älteste Schichten wohl in die Zeit vor Zarathustra zurückreichen.[56] – Wir werden auf Yima und Haoma noch ausführlich zurückkommen.

DAEVAS. Härter als diese Allerkleinsten der einst so bunten Rasselbande traf Zarathustras Revolution jenen Gott, der Yima und Haoma in der Altersabstufung folgte, und der einst wohl der prominenteste Gott des gesamten indo-iranischen Pantheons war. Er muß ursprünglich *Vrtraghna, wörtlich: „*der Sieg, der Siegreiche*" geheißen haben (das Sternchen steht für die rekonstruierte Namensform), erhielt aber schon sehr früh (in „proto-arischer" Zeit) und aus unbekannten Gründen auch den Namen *Indra*.[57]

Indra alias *Vrtraghna repräsentierte die frühkindliche Phase zwischen etwa dem sechsten und dem 14. Lebensmonat; für unsere Zwecke ist es hinreichend präzis zu sagen, die *zweite Hälfte des ersten Lebensjahres*. Goldig und vom Gold der Morgenröte überstrahlt, zähneprangend, pausbackig, dickbäuchig, von gewaltigem Durst und Appetit; ein Schürzenjäger und Blickeräuber, lobsüchtig und von unanfechtbarem Lebensmut ... war Indra-*Vrtraghna eben erst im Begriff, gehen zu lernen – aber noch nicht sprachbegabt. Weltschaffend, weltbewegend und welterobernd wie er war, genoß er höchste Ehren und sollte (zusammen mit Mitra) bald schon der bedeutendste und beliebteste Gott des rigvedischen Indien werden. Und wie nicht zuletzt aus Zarathustras Attacken gegen ihn zu erschließen, wird es sich im vorzarathustrischen Iran nicht anders verhalten haben.

Auch ihm, Indra-*Vrtraghna, dem Helden zumal der zweiten Hälfte des ersten Lebensjahres, erklärte Zarathustra den Krieg – und ihm mit besonderer Schärfe und Konsequenz. – Zwar wird Indra-*Vrtraghna selbst in den *Gathas* niemals mit Namen erwähnt; wie bei einem Tabu-besetzten „Dämon" auch nicht anders zu erwarten. Aber wir wissen, daß Indra-*Vrtraghna der Erste und Anführer einer Götterschar war, die altindisch *Devas*, altiranisch *Daevas*, „die Himmlischen, die (morgenrot) Leuchtenden" hieß. Und gegenüber diesen abstrakten ‚Daevas' nun war es dem Propheten offenbar möglich, seinen Bann auszusprechen; und dabei wird noch immer deutlich genug, welchen Haß und Widerwillen er dabei empfand. Eine Passage aus den *Gathas* lautet:

Aber ihr Daevas alle seid Abkömmlinge des Schlechten Denkens, und wer euch gar sehr verehrt, (ist) *der Lüge und des Hochmuts...* (Y 32,3; nach Lommel RdZ 91)

Wir können also schon aus den von Zarathustra selbst verfaßten Texten ersehen, was die altiranische Kultur fortan prägen sollte: *Von den Gathas ab*, so Stig Wikander, *ist daeva im altiranischen Sprachgebrauch ein Schimpfwort gegen Ketzer...* (AM 57); und die *Daevas* selbst wurden, mit Kurt Rudolph gesprochen, *seit Zarathustra in Iran zu Teufeln* (Prie 301).[58] Und was für die *Daevas* im Allgemeinen, galt für ihren Obersten in eminenter Weise: Indra-*Vrtraghna war nun zum Teufel schlechthin geworden. – Doch die Dynamik der Tabuisierung und Verteufelung des goldigen Gottes sollte sich anders gestalten, als Zarathustra vorgehabt hatte:

EXEKUTIVMACHT. Obwohl von verschiedenem Alter waren sich Mithra und Indra-*Vrtraghna vor Zarathustras Revolution sehr nahe gestanden; sie waren, mit James R. Russell zu reden, *close companions* (Za 215). Alle anderen Götter an Beliebtheit und Prominenz überragend, waren sie die Tausendsassas des indo-iranischen Götterhimmels, die Garanten geglückter Schöpfung. – Aber nicht nur wegen ihres Erfolgs und Glücks; auch sonst waren Mithra und Indra-*Vrtraghna einst eng aufeinander bezogen. Denn sie vollbrachten ihre Schöpfungswunder gleichsam Hand in Hand; und man versteht leicht, warum: Weil der kleinere Indra-*Vrtraghna seine Aufgaben so bravourös bemeisterte, konnte es, darauf aufbauend, auch Mithra:

Der Spracherwerb und die Ausbildung normativer und moralischer Kategorien, beides typische Meisterwerke Mithras, konnten diesem nur so glücklich von der Hand gehen, weil Indra-*Vrtraghna schon mehr als ein volles Jahr auf die Sprache der Großen genau geachtet und ihre Melodien, Rhythmen und Interpunktionen hellen Ohres abgelauscht hatte. Nicht zufällig galt Indra (-*Vrtraghna) deshalb als *Scharfhöriger, der alles hört, der nicht hereinzulegen* ist und *fehlerlose Gesänge bevorzugt*.[59]

Vor allem aber waren es Indra-*Vrtraghnas Ungestüm und Antriebskraft, die Mithra jetzt, bei den im zweiten und dritten Lebensjahr anstehenden Schöpfungswundern flankierten. Denn Mithra, schon eingebunden in die Welt der Gebote und Verbote, wäre ohne Indra-*Vrtraghnas Energie, wäre ohne den im ersten Lebensjahr erworbenen urwüchsigen Lebensmut und Lebensdrang, von abwägender Lethargie und zaudernder Reflexivität bedroht gewesen. So aber stützte und trug (in Nietzsches Sprache) Indra-*Vrtraghnas noch ungebrochener „*Wille zur Macht*" und Indra-*Vrtraghnas noch unrelativiertes „Übermenschentum" Mithra weiter mit Mut und welterschaffender Tapferkeit.⁶⁰ In Paul Thiemes Worten war Indra-*Vrtraghna deshalb nicht nur einfach *der Assistent, ... der mit Mithra zusammenarbeitet*, sondern zumal auch *der Helfer und die kämpferische Exekutivmacht von Mithra.* (Gods 312 ff.)⁶¹ – Der Begriff *Exekutivmacht* (*Indra the executive, ... the militant executive of Mitra*) ist, typisch für Thieme, überaus treffend gewählt: denn nach dem Gleichnis moderner Staaten war Mithra in der Tat die legislative, Indra-*Vrtraghna dagegen die exekutive Macht. Entsprechend lesen wir denn auch im Mihr-Yäst des Awesta:

> (Den) *Mithra (verehren wir), vor dem einherfährt der ...* (Gott) *Sieg* (= Verethraghna, *der Erbe Indra-*Vrtraghnas*)*, gestaltet wie ein Eber mit spitzen Hauern, ... mit ehernen Hinter- und Vorderbeinen, mit ehernen Sehnen und Schwanz und mit ehernen Kiefern.* (Er, Verethraghna,) *der dem Gegner zuvorkommt und gefolgt ist von Ungestüm zusammen mit mannhafter Tapferkeit ...* (Y 10, 70 f.)

Kurz: Indra-*Vrtraghnas Tatendrang und Mithras „Reflexivität" ergänzten sich zur gesunden, ausgewogenen Basis eines gelingenden Lebens.

Diesem Indra-*Vrtraghna also, dieser seelischen Exekutivmacht und urwüchsigen, im ersten Lebensjahr ausgebildeten und im weiteren Leben allerdings aus der „Finsternis" des Unbewußten nach oben drängenden Lebensenergie und -bejahung; – ihr erklärte der altiranische Prophet den Krieg. Und wie Zarathustra, so mit ganz ähnlichen Konnotationen die großen Propheten der nachfolgenden zwei Jahrtausende ...

INTEGRATION. Und wie nicht anders zu erwarten: Mit der Liebe für jene göttlichen Repräsentanten des ersten Lebensjahres begannen nun auch die ihnen gewidmeten Kulte zu verfallen – und mit ihnen die Pflege der entsprechenden seelischen Schichten ...

Deshalb aber muß sich damals zum ersten Mal ein unheimlicher Nebel und früher Frost über die Gemüter der Menschen gelegt haben; ohne daß sie verstanden hätten, warum. Ihre Gesichter müssen jetzt fahler, ihr Ausdruck angestrengter geworden sein; die Blicke nach „unten" gerichtet, „finster" und jetzt in der Tat oft ein wenig „böse" ... – Und auch wenn die rauhstimmigen Rufe der damaligen Propheten im Morgenrot der neuzeitlichen Aufklärung psychologisch enttarnt wurden und ihre „Wahrheit" einzubüßen begannen – die Erblast dieses antiken Göttersterbens liegt bis heute auf unseren Schultern; die Narben und Nachwirkungen stehen uns allen noch ins Gesicht geschrieben. Denn das einst so unbedingte Lächeln dieser Götter, ihr einst so unbedingtes Ja zu *diesem* Leben, sollten so nie mehr wiederkehren. Stattdessen geht seit damals und noch heute eine eigentümlichen Daseins-Unsicherheit wie ein schleichender Schatten um: ein schweigend umherschweifendes Gespenst des Nihilismus, ein einst religiös unterlegter und deshalb noch immer kollektiver Geist der Weltflucht, des Lebensüberdrusses und der Selbstzweifel ... – Am Beispiel des altiranischen Zarathustrismus ist dazu Wichtiges zu lernen:

Verglichen nämlich mit den so analogen Kriegserklärungen der späteren Propheten hinterließ die *erste*, die zarathustrische Attacke gegen die „Finsternis" eher nur oberflächliche Spuren. Dies nicht nur, weil hier Yama/Yima und Soma/Haoma bald schon wieder Oberwasser gewannen. Nein, dort, im alten Iran, schlug eben jetzt auch die Stunde – Mithras:

Für Mithra, den schon etwas Älteren der kleinen Rasselbande, stand es in der neuen Religion wie gesagt besser als für Indra-*Vrtraghna. Zwar wurde auch er von Zarathustra mit dem Bann des Schweigens belegt: In den *Gathas* des Zarathustra wird Mithra ebensowenig mit Namen genannt wie Indra-*Vrtraghna. Aber Mithra, das Kind des zweiten und dritten Lebensjahres, paßte besser in die rationalisierenden und moralisierenden Schemen der neuen Vater-Religion. Und prompt: In der nächst jüngeren der erhaltenen Textschichten des Zarathustrismus – knapp tausend (!) Jahre später als die *Gathas* des Zarathustra –, begegnet Mithra wieder völlig etabliert, und wieder als Gott von größter Beliebtheit und kultur- und staatstragender Macht. Beinahe als wenn nichts geschehen wäre, enthalten diese Texte ehrfurchtsvolle Huldigungen an Mithra, ja ein zweifelsfrei in höchstem Ansehen stehendes Kultlied eigens an ihn: den Mihr-Yäst oder Yäst 10.[62] – Doch nicht nur das: Mithra war jetzt darüber hinaus ein anderer geworden! Und dies ist das eigentlich Spannende:

Mithra hatte jetzt überdies wichtige – wenn auch bei weitem nicht alle! – Züge des goldigen Indra-*Vrtraghna übernommen und dessen Rolle in seine integriert!

Offenbar hatte das alte und freundschaftliche Miteinander der beiden Götter jetzt möglich gemacht, daß sich an und durch Mithra eine Regeneration, ja eine Reparatur wichtiger mythischer Elemente zu den Schöpfungsabenteuern des ersten Lebensjahres vollzog. Mithra jedenfalls war von nun an ein Gott, der beide Schöpfungsphasen, die des ersten *und* die des zweiten und dritten Lebensjahrs umfaßte! – Zwar blieb es dabei: Indra-*Vrtraghna selbst war jetzt tabu und blieb ins Reich der Teufel verbannt, aber Mithra hatte von dessen Schöpfungsgeheimnissen gerettet, was noch zu retten war!

Was genau in den dazwischen liegenden, „dunklen" und immerhin fast ein Jahrtausend umspannenden Zeiträumen vorgefallen war und über welche Mechanismen die Mythen des ersten Lebensjahres auf Mithra übertragen wurden, wissen wir nicht. Vielleicht war, ohne Nachrichten zu hinterlassen, eine Art Gegenprophet aufgetreten. Vielleicht auch hatten alte Priesterschaften, konservativ wie zumeist, rachsüchtig und flüsternd hinter dem Rücken des neuen Zarathustrismus den altangestammten Mythen um Indra-*Vrtraghna das Überleben gesichert und schleichend auf Mithra übertragen. Zumal dies wäre eine gute Erklärungsmöglichkeit; denn der altiranischen Priesterschaft war Zarathustra, der Neuerer und Bedroher auch alter Pfründen, anfangs erkennbar ein Dorn im Auge; und es muß Jahrhunderte gedauert haben, bis Zarathustras eigene Gefolgschaft ihrerseits mit konservativer Gerechtigkeit das Altehrwürdige auch ihres Glaubens behaupten, durchsetzen und behüten konnte. – Noch größere Wahrscheinlichkeit freilich liegt bei der dritten, der demokratischen Möglichkeit: Es könnte auch das Volk, es könnten auch die Herzen der Millionen gewesen sein, die den Verlust des goldigen Indra-

*Vrtraghna über Jahrhunderte hin nicht verschmerzten und deshalb das Gedenken an ihn im Verborgenen bewahrten. War dem so, dann konnten sie, auch wenn unter politischer oder priesterlicher Knute stehend, erst wieder Ruhe finden, als die süßen Mythen und Abenteuer-Geschichten ihres geliebten Helden wieder leben, wieder erzählt und im Kult wieder besungen werden durften: nur jetzt eben nicht mehr in Indra-*Vrtraghnas, sondern im Namen seines alten Freundes: im Namen Mithras![63]

KÖNIGE. Wie es im einzelnen auch immer zugegangen sein mag: Indra-*Vrtraghna, der einst herausragende Repräsentant des ersten Lebensjahres, war jetzt – trotz hinterlassener Spuren – aus der iranischen Religion weitgehend verschwunden; wichtige Züge von ihm aber fanden sich fortan bei Mithra. Mithra aber hatte sich dadurch aus einem Gott, der ursprünglich für das zweite und dritte Lebensjahr stand, zu einem Gott verwandelt, der nun zusätzlich die Schöpfungsabenteuer des ersten Lebensjahres repräsentierte.[64]

Den Prozeß der Verschmelzung von ursprünglich zwei Göttern zu jenem einen Mithra können wir nicht nur erschließen. Wir können ihn geradezu beobachten; und zwar noch Jahrhunderte, nachdem er abgeschlossen war:

Das „Wissen", daß die Gestalt des Mithra für *zwei* Götter stand, blieb im kollektiven Gedächtnis nämlich lebendig und drängte gerade in den Jahrhunderten um die Zeitenwende wieder in den Vordergrund. Damals repräsentierte deshalb eine ganze Reihe von Königen nicht nur, wie sonst üblich, *einen* Gott, sondern genau jene *zwei Götter in einem*. Diese Könige waren primär irdische Repräsentanten von Mithra, sekundär aber auch und ausdrücklich von (Indra-)*Vrtraghna. In ihren Königskulten und in ihren Insignien spiegelte sich daher beides, die Verschmelzung und die alte Doppeltheit, die Kompositbildung und die fortbestehende Bipolarität des nachzarathustrischen Mithra wider. Weitere Einzelheiten zu diesem merkwürdigen, aber doch eher peripheren Phänomen sind in ‚Anhang II.' zusammengestellt.

Von zentraler Bedeutung ist ein anderer Zusammenhang. Auch er beginnt sich erst vor dem Hintergrund abzuheben, daß Mithra seither ein Kompositgott, mithin zwei Götter in einem war:

In der kleinen Rasselbande der indo-iranischen Götter war Mithra ursprünglich etwas wie der ältere „Bruder" Indra-*Vrtraghnas. Im alten Iran sollten nach Zarathustras Kriegserklärung dann aber beide zu jenem einen Kompositgott namens Mithra verschmelzen. Im alten Indien dagegen nahm Indra-*Vrtraghnas Schicksal einen anderen Lauf. Hier sollte sich nach der Trennung vom iranischen Kulturkreis aus dem alten Indra-*Vrtraghna der rigvedische Indra entwickeln; festzumachen in der Zeit um etwa 1500 vor unserer Zeitrechnung. Und hier, im rigvedischen Indien, bestand Indra, wie zu erwarten, unabhängig und als eigenständiger Gott *neben* seinem älteren „Bruder" Mitra fort.

Man versteht angesichts dieser unterschiedlichen Entwicklung in Iran und in Indien zum einen, warum der rigvedische Mitra ein gegenüber dem altiranischen Mithra vergleichsweise blasser Gott war: Der iranische Mithra war nun eben *zwei*

Götter in einem und deshalb reicher an Kompetenzen.[65] Eben deshalb auch konnte er jetzt in Iran, wenn auch nicht gerade zu einem Monotheos, so doch zu einem überragenden Hauptgott werden. Man versteht vor dem Hintergrund dieser unterschiedlichen Entwicklungen aber auch, warum der indische Indra dem iranischen Mithra jetzt in vielem auffallend ähnlich ist, ja mit ihm oft detailgetreu übereinstimmt: Der iranische Mithra hatte jetzt die selben Züge des alten Indra-*Vrtraghna in seine Person integriert, die im rigvedischen Indra eigenständig und in separater Linie fortlebten. Was Hermann Güntert 1923 noch ein wenig verhalten formulierte, trifft deshalb tatsächlich zu:

> (Wir) *können uns des bestimmten Eindrucks nicht erwehren, der awestische Mithra sei mit denselben Farben gemalt wie der indische Indra ... Mithra hat also die volkstümlichen Züge Indras ererbt, er ist in vieler Hinsicht ein anderer, ein zweiter Indra ...* (57)

Und auch der skandinavische Iranist Stig Wikander hielt fest:

> *Es bleibt jedenfalls eigentümlich, daß so viele Züge Indras sich beim iranischen Mithra wiederfinden ...* (Vayu 128)

BRÜCKE. Diese Parallelität zwischen dem iranischen Mithra hier und dem rigvedischen Indra dort, hat für die Mithraforschung – und zumal auch für die Erforschung des römischen Mithraskults! – beträchtliche Konsequenzen. Denn die *Quellenlage zum altindischen Indra* ist einzigartig *günstig*. Wir dürfen getrost davon ausgehen, daß wir aus den vielen hundert erhaltenen rigvedischen Kultliedern, in denen Indra begegnet, praktisch alle seine Charakterzüge kennen. Beim *iranischen Mithra* dagegen stehen die Dinge vergleichsweise *schlecht*. Das Bild, das die Quellen hier zeichnen, ist voller Lücken. – Deshalb aber eröffnet die Parallelität zum altindischen Indra die Möglichkeit, diese Lücken immerhin *hypothetisch* zu schließen, indem wir die für Mithra fehlenden Züge von Indra her übertragen. In Stig Wikanders Formulierung:

> *Die Erkenntnis von der Übertragung der Indra-Attribute auf Mithra ... scheint wertvollste Aufschlüsse über die altiranischen Kulturverhältnisse zu geben ...* (Vayu 133)

Die Vorsicht in Wikanders Formulierung hatte aber natürlich ihren Grund. Solches *Übertragen* bleibt mit Unsicherheiten behaftet. Denn es ist ja nicht auszuschließen, daß der altindische Indra in den Jahrhunderten seit der Abspaltung von dem ursprünglich indo-iranischen Indra-*Vrtraghna neue Züge angenommen hatte. Sie auf den altiranischen Mithra zu übertragen, würde selbstverständlich in die Irre führen ... – Jetzt aber die entscheidende und weiterführende Frage:

Wie, wenn sich in der *jüngsten* Überlieferungsschicht, beim *römischen* Mithras, Züge fänden, die zwar in der so dünnen altiranischen Überlieferung[66] fehlen, in der altindischen aber vorliegen? Dies wäre doch in der Tat ein zuverlässiger Hinweis dafür, daß wir in der römischen Schicht sehr wohl alte iranische Mythen antreffen, jedoch solche, die in der iranischen Quellentradition *inzwischen* verloren sind. – Gewiß, bloßer Zufall und psychologische Analogien könnten auch hier noch hinein gespielt haben. Aber wenn charakteristische Züge des *altindischen Indra* in *Rom* wiederkehren, und dies zudem *im Gewand Mithras*, kann dies allenfalls in Einzelfällen das Werk bloßen Zufalls sein. Und selbstverständlich schwinden die Möglichkeiten des Zufalls weiterhin, wenn die Brücke zwischen dem altindischen Indra und dem römischen Mithras nicht nur auf einigen äußeren Ähnlichkeiten beruht, sondern auf deutlichen, substantiellen und spezifischen Kongruenzen, und dies darüberhinaus in einer Vielzahl von Fällen. All dies aber ist, wir werden es sehen, der Fall! – Mit anderen Worten:

Der römische Mithras, obwohl sicherlich iranischer Abkunft, hat Züge, die wir so aus Iran *nicht* kennen. Dies ist auch nicht weiter verwunderlich; denn der Quellenbefund aus Iran ist, gemessen an der eminenten Bedeutung, die Mithra hier einst hatte, eher dünn. Viele Texte und andere Überlieferungen müssen hier verloren gegangen sein. Dennoch können wir diese Lücken weitgehend schließen:

Denn eine beträchtliche Anzahl von Motiven um den römischen Mithras begegnet im fernen Indien auffällig kongruent wieder; dort in den Mythen um den rigvedischen Indra. Diese mythischen Elemente werden nicht direkt von Indien nach Rom gelangt sein. Sie werden vielmehr zurückgehen auf den gemeinsamen indo-iranischen Urahn Indra-*Vrtraghna, der in Indien als Indra, in Iran in jenem neu gebildeten Kompositgott namens Mithra fortlebte.

Halten wir mit den Worten F.B.J. Kuipers fest:

... *die* (römische) *Mithras-Religion scheint alte „heidnische" Motive bewahrt zu haben, von denen das Awesta* (und insgesamt die Überlieferung zur altiranischen Religion) *nichts weiß.* (Mi 58; vgl. 53)

Und diese *alten, „heidnischen" Motive*, daran ließ auch Kuiper keinen Zweifel, lebten einst zwar auch in Iran, sind inzwischen aber verschollen und sind *uns* deshalb nur noch vom altindischen Indra her bekannt.[67]

GEBRÜLL. Es ist erstaunlich, daß diese Brücke bislang nicht hinreichend genutzt wurde. Denn diese Verbindung von Rom nach Indien ist nicht nur methodisch gangbar. Sie ist, ähnlich den alten Seidenstraßen, auch gleichsam gut ausgebaut und „breit": Die cinematographische Bilderwelt des römischen Mithraskults deckt sich in vielen Punkten, bisweilen geradezu flächig, mit den altindischen Texten. Mehr noch, die altindischen Texte setzen in der römischen Bilderwelt oft Konturen frei, die ohne sie leicht unbeachtet blieben. – Machen wir dazu gleich die erste Probe aufs Exempel:

Die folgenden Passagen sind rigvedischen Liedern an Indra entnommen. Sie handeln von Indras Felsgeburt – und wirken dabei wie Kommentare zu den Felsgeburtszenen des römischen Mithras.

Aus Iran erhielten sich nur wenige und nur indirekte Nachrichten über Mithras Felsgeburt. Die altindischen dagegen sind überreich, und sie spiegeln nicht nur das bloße Motiv wider, sondern entziffern auch seine psychologische Bedeutung; oder vielleicht richtiger: flüstern sie, in weitere Bilder verschlüsselt, dem für solche Intuition offenen Ohr zu. Denn die Felsgeburt handelt, wir sahen es, zumal von jener Weitung der Seh- und Tiefenschärfe, die sich in der Mitte des ersten Lebensjahres ereignet. Und auf eben diese Phase der frühen Kindheit spielen die rigvedischen Texte hier auch mit weiteren Mitteln an. Denn von was, wenn nicht von einem gut sechsmonatigem Kleinkind, sollte das *Gebrüll* und *Geschrei*[68] beim Öffnen jener Felsen-Höhle stammen? Wem sonst könnte ein derart ungebrochenes Selbstbewußtsein zugeschrieben werden, ... wem sonst die Kraft und Kunst, die *Morgenröte*, und nach ihr die ganze Welt aus der *hartnäckigen Finsternis* zu befreien. Und wer sonst würde in dieser Phase als vormals *Blinder sehend* und als vormals *Lahmer* fähig, sicher dazustehen? Und wer sonst ... – Man lese selbst:

> (Indra) *erbrach gepriesen den Fels. – Du, Indra, hast jenen breiten Berg ... in Stücke gespalten ...* – (Indra) *spaltete den Berg ... als Sieger seine Stärke offenbarend. – ... schon mit deiner Geburt, bist du ohne ebenbürtigen Gegner. Indra hat den Vala* (= die Höhle) *... durch sein Gebrüll wie mit der Hand zerschnitten. – ... durch das Gebrüll* (Indras,) *des Bullen, ...* (kam die Morgenröte) *zum Vorschein ... – Du sprengtest ... unter schmetterndem Tone ... den Fels, ... o mächtiger Indra, unter Geschrei die Höhle.*
> *Er fand den im Versteck verborgenen Schatz des Himmels, der im Fels verschlossen war wie die Brut des Vogels (im Ei), im endlosen Fels ... – Es verschwand die hartnäckige Finsternis, der Himmel erglänzte, das Licht der göttlichen Morgenröte brach hervor, die Sonne beschritt die hohen Gefilde ... – ... gepriesen hast du Meister das Dunkel aufgedeckt samt der Morgenröte* (und) *der Sonne ...*
> *... zum Vorschein kommend erhob sich der Aussetzling. Der Lahme stand fest, der Blinde wurde sehend ... Er erbrach die Höhle, ... er zersprengte die Festen des Berges, er räumte ihre künstlichen Wälle fort. – Im Rausche des Soma hat das Indra getan.*
> *Der Jüngling spaltete den Berg und holte den Reisbrei, der jenseits im Berge gekocht wurde. Wie ein kleines Knäbchen bestieg er den neuen Wagen – ... den goldigen.*[69]

Gewiß, ob die römischen Mysten sich über ihren Mithras Details wie den Mythos vom gekochten *Reisbrei* oder von Indras *Gebrüll* und seinem *neuem Wagen* erzählten, bleibt unsicher. Insgesamt aber liegt doch auf der Hand, daß die römischen Felsgeburt-Szenen mit ihrer morgenroten Aura hier ihr Vorbild und ihre Vorgeschichte haben. –

Genug. Wo die altiranischen Quellen schweigen, wird uns von nun an auch der altindische Indra ein wichtiger Schlüssel zu Entzifferung und eine reiche Palette zur farbigen Rekonstruktion der Bilderwelt des römischen Kults werden. Der geeignetste Begriff, um Indras Rolle dabei zu charakterisieren, scheint mir der des *Doubles* zu sein. Denn so wie in Spielfilmen das *Double* dem Hauptakteur ähnelt, aber für Fähigkeiten und Qualitäten einspringen muß, die ihm fehlen – so auch hier: *Das „Double" Indra kann einspringen, wo iranische Nachrichten über Mithras fehlen.*

KUNSTBEGRIFF. Ziehen wir nun einen Strich, so sehen wir im iranischen und römischen Mithra/Mithras jetzt einen eigentümlichen Gott vor uns. Er ist ein Kompositgott, zwei Götter in einem. Die eine und ursprüngliche Hälfte von ihm ist der Nachfahre des alten indo-iranischen Rechts- und Vertragsgottes Mithra. *Sie wird im vorliegenden Band nur mit einigen Seitenblicken bedacht.* – *Im Zentrum dieser Untersuchung steht die andere Hälfte des Kompositgotts: jene Hälfte, die dem ursprünglichen Mithra erst nach der Revolution Zarathustras zugewachsen war und die ihre Ursprünge in dem alten indo-iranischen* (also noch „proto-arischen") *Indra-*Vrtraghna hat.* Dieser, der Repräsentant des ersten Lebensjahres, nahm durch Zarathustras Kriegserklärung zweifelsfrei Schaden, und Mithra konnte gewiß *nicht alle* ursprünglichen Züge von ihm retten. Trotzdem aber müssen durch Mithras Rettungsaktion *mehr* Züge erhalten geblieben sein, als aus dem eher dünnen iranischen Quellenbefund heute zu schließen wäre. Dies deshalb, weil sich beim römischen Mithras Züge finden – zum Beispiel das Motiv der Felsgeburt –, die in dieser Form keine erhaltenen Vorbilder aus Iran haben. Sie haben aber Vorbilder in den erhaltenen Quellen Altindiens. Die römischen Züge werden deshalb mit hoher Wahrscheinlichkeit auf den fernen, gemeinsamen indo-iranischen Vorfahren, eben Indra-*Vrtraghna, zurückgehen; aber eben über altiranische Kanäle, die für uns verloren sind. – *Diese Hälfte unseres Kompositgotts sei im Fortgang durch den Kunstbegriff Mithra-*Vrtraghna bezeichnet.*

Der Kunstbegriff *Mithra-*Vrtraghna* ist zwar linguistisch nicht korrekt (denn die angemessene Ableitung aus dem alten Wort ‚*Vrtraghna*' müßte für die fraglichen Jahrhunderte um die Zeitenwende wohl *Bahram* lauten). Er macht aber dennoch Sinn. Denn zum einen bringt das hochgesetzte Sternchen in Mithra-**Vrtraghna* zum Ausdruck, daß damit ein nur rekonstruierter Gott angesprochen ist; zum anderen wird dadurch in Erinnerung gehalten, daß dieser Gott über verschlungene Wege eben doch der Erbe des alten (Indra-)*Vrtraghna ist. – Und auch noch ein dritter Sachverhalt kommt durch diesen Kunstbegriff zur Geltung; ein Sachverhalt, der bislang zurückgestellt worden war:

Genauer besehen nämlich verlief die weitere Geschichte des alten indo-iranischen Indra-*Vrtraghna noch ein wenig komplizierter als bisher geschildert. Denn in Iran sollte Zarathustras Revolution den kleinen *Vrtraghna weniger hart treffen als Indra, den obersten der Daevas. Beide waren zwar „irgendwie" identisch, aber „irgendwie" doch eben auch nicht. Vielleicht daß die Bezeichnung ‚*Vrtraghna' in manchen Regionen vorgezogen wurde, und daß Zarathustra aus inzwischen unerfindlichem Grund seinen Haß speziell gegen den Namen Indra richtete. *Vrtraghna jedenfalls überstand die Attacken der neuen Erlösungsreligion besser.[70]

Selbst in den heiligen Texten des iranischen Kernlands, dem Awesta, erhielt sich daher ein eigenes Kultlied an **Vrtraghna*, inzwischen *Verethraghna*: der Yäst 14. Verse daraus werden noch heute rezitiert, und insgesamt ist *Verethraghna*, später *Bahram*, so Mary Boyce, selbst den modernen Parsen noch immer *eine dominante Gestalt* (HZ I 62).[71] In den Jahrhunderten um die Zeitenwende trugen nicht weniger als fünf der parthischen Großkönige den Namen *Bahram*. – Auch im Osten des alten Iran fanden sich Zeugnisse für die fortlebende Würde dieses Gottes.[72] Am vielfältigsten und farbigsten blieb das Gedenken an den alten *Vrtraghna aber allem Anschein nach in den Pufferstaaten nach Westen. Dort sollte ihm um die Zeitenwende gar eine neue Karriere bevorstehen: Im griechischen Sprachraum begegnet er hier jetzt als *Artagnes*, und zumal in Armenien wurde er, dort als *Vahagn*, später *Vahe*, sehr beliebt.

Auch in dieser, über Verethraghna-Bahram-Artagnes-Vahagn-Vahe führenden Erblinie des alten *Vrtraghna erhielten sich wichtige Motive und Episoden, die zum Verständnis des römischen Mithra-*Vrtraghna beitragen. Auch hierzu gleich wieder eine erste Probe aufs Exempel:

VAHE, VAHE. Aus Armenien, wo *Vrtraghna* in den Jahrhunderten der Zeitenwende wie gesagt zu *Vahagn*[73] geworden war, erhielt sich ein Textstück über die „Geburt" dieses Gottes. Sie erfolgte danach zwar nicht, wie bei dem rigvedischen Indra[74], aus einer Höhle oder einem Felsen, aber doch sehr ähnlich und wie oft in frühen Mythen aus einer Insel: einem Urhügel, der sich soeben aus dem Urozean erhob. Die Schilderung von *Vahagns* „Geburt" gibt Einzelheiten wieder, die, zumindest in Seitenlinien, so auch für den römischen Mithras gegolten zu haben scheinen. Der armenische Text im Wortlaut:

> *Der Himmel war in Aufruhr, die Erde war in Aufruhr und ebenso das* (morgenrot-) *purpurne Meer. Der Aufruhr im Meer bemächtigte sich des rötlichen Schilfs, und es begann erst ein Rauch und dann ein Feuer daraus aufzusteigen. Und aus den Flammen schlug ein Junge mit goldenen Haaren hervor,* (ein Junge) *mit feurigen Haaren und feurigem Bart. Seine Augen waren kleine Sonnen* ... (Russell ZA 197)

Auch im Mithraskult spielte *Oceanus* eine nicht unerhebliche Rolle. In S. Maria Capua Vetere zum Beispiel sind zu Füßen der Stiertötungsszene rechts *Tellus* oder *Terra*, die römische Erdgöttin, links *Oceanus* dargestellt (Tafel 2). Beide werden hier, wie auch in anderen Mythen, als tragende Basis der Schöpfung und Welt verstanden werden müssen: Tellus gewissermaßen als das Land, das sich aus dem Oceanus erhebt.[75] Auch im Mithräum von S. Prisca in Rom findet sich eine imposante Gestalt des Oceanus – und überhaupt zeigt ein Blick ins Register von Vermaserens CIMRM, daß Oceanus und Tellus im römischen Kult ihren Part hatten. – Und auch daß der armenische *Vahagn* bei seiner „Geburt" *aus Flammen schlug*, hat seine Parallele im römischen Kult: Eine Szene auf dem Relief von Nersae, nördlich von Rom jedenfalls zeigt, wir sahen es, wie Mithras sich bei seiner Felsgeburt aus Flammenzungen erhebt (oben, Abb. 18).

Im Zuge der Christianisierung sollte der armenische Vahagn dann zwar verdrängt werden. Aber nur dem Namen nach. Denn jetzt ist, mit Bernhard Geiger zu reden, *der Engel Gabriel an die Stelle des Vahagn getreten* (65 f.); und die *Bilder aus* *dem Lied von der Geburt Vahagns*, so James R. Russell, *kehren in der christlich-armenischen Dichtung über die Geburt Christi wieder* (PA 2681). – Diese Kompatibilität von Vahagn mit unserem Christkind ist ein weiteres wichtiges Indiz dafür, daß die Parallelisierung des Mithra-*Vrtraghna mit Christus nicht etwa ein Werk moderner Interpreten, sondern alten Volksglaubens war.

Im Volksglauben Armeniens lebte Vahagn gar noch im 20. Jahrhundert, jetzt als *Vahe* fort; und er wurde dort und wird wohl noch heute unter anderem im Refrain eines Hochzeitslieds besungen mit:

Grüße, o Grüße der Morgenröte! Laßt uns das Heraufdämmern der Sonne begrüßen, um dem ... Bräutigam Sonne und langes Leben zu schenken. Vahe, Vahe ... (Russell 194 f.)

Ein Hochzeitsgott und wahrer Frauenheld war auch schon *Vrtraghnas östlicher Erbe und Mithras *„Double"*, der goldige Indra Altindiens; weshalb mein Indra-Buch ja den Untertitel trägt: *Warum Indra mit dem Dreirad zur Hochzeit fuhr.* – Ob sich nicht auch beim römischen Mithras, jenem angeblich „reinen" Soldaten- und Männergott, noch Spuren dieses alten Hochzeitsgottes finden – oder gar jenes Frauenhelden und leidenschaftlichen Liebhabers, der der knapp einjährige Indra-*Vrtraghna zweifelsfrei einmal war? Wir werden sehen.

***

Beenden wir nun also unseren Grat- und Höhenweg durchs Grenzland des Heiligen und blicken wir noch einmal kurz zurück:

In der ‚*Hinführung*' zeichneten zwei Thesen den einzuschlagenden Weg vor. Die eine besagte, daß zumal im römischen Mithraskult zwischen einer Oberflächen- und einer Tiefenstruktur zu unterscheiden sei. – Und in der Tat zeigte sich, daß sich über den alten Bestand zumal eine Sinterschicht aus astrologischen Spekulationen gelegt hatte. Dieses Konfusionswerk war für die römischen Mysten zwar etwas wie ein Katalysator in die Welt des Heiligen. Es verdeckte in der modernen Forschung aber dennoch nicht selten den Blick auf die tieferliegende Schicht darunter.

In seiner Tiefenstruktur zeigte sich uns Mithras gleich zu Anfang schon als kleines Kind im Licht der ersten Morgenröte. Bei genauerem Zusehen gab dieses Kind dann aber einen eigentümlich bipolaren Charakter zu erkennen. Mithra war ein Kompositgott, und in seinen zwei Rollen dominierte gerade jene, die mit dem urwüchsigen Mithra = „Gott Vertrag" wenig zu tun hatte. Denn hinter dem Namen Mithra/Mithras verbarg sich vielmehr auch und zuvorderst der alte *Vrtraghna. Seine Spur gilt es in den nun folgenden Kapiteln aufzunehmen, und wir dürfen ihn dabei, wo immer die iranischen Quellen schweigen, mit dem altindischen Indra „*doubeln*"...

Steigen wir nun also mit diesem methodischen Rüstzeug und Grabungsgerät wieder hinab in die Täler der konkreten Bild- und Textanalyse, und von dort in die frühkindliche Höhlen- und Zauberwelt Mithra-*Vrtraghnas. Man stelle sich auf kindlich-heitere, aber auch auf überwältigende Eindrücke von urwüchsiger Heiligkeit ein!

IV.
MITHRAS DRACHENKÄMPFE UND YAMAS GLÜCKSGLANZ

WEHR. Obwohl der altiranische Mithra, wie wir ihn vor allem aus den Texten des Awesta kennen, viele Züge des alten Indra-*Vrtraghna übernommen hatte, scheint gerade der wichtigste Zug verloren gegangen zu sein. Denn Indra-*Vrtraghna war der indo-iranische Drachenkämpfer *par excellence*. Der Mithra des Awesta dagegen war kein Drachenkämpfer – jedenfalls auf den ersten Blick. Und was für den awestischen Mithra, gilt ähnlich auch für den Mithras des römischen Kults.

Der Name *Vrtraghna*, zumeist mit „*der Sieger*" übersetzt, bedeutete genauerhin „*der Vrtra-Töter*"; und im altindischen Rigveda war *vrtrahan*, „*Vrtra-tötend*" ein häufiges Beiwort für Indra. Altindisch *Vrtra*, altiranisch *Verethra*[1] aber war der Inbegriff jenes Drachenungeheuers, das Indra-*Vrtraghna am Ausgang seiner Höhle zu vernichten hatte. *Vrtraghna* bedeutete demnach eigentlich „*der Drachentöter*". – Wie also ist es zu erklären, daß, mit Stig Wikander gefragt,

> … *so viele Züge Indras sich beim iranischen Mithra wiederfinden, seine Haupttat aber, die Drachentötung, im Awesta gar nicht direkt erwähnt wird?* (Vayu 128)

Die eine Antwort lautet, daß die Rolle des Drachenkampfes hier, in Iran, von anderen göttlichen Helden übernommen worden war und Mithra deshalb gleichsam davon freigestellt war. Wir werden diese drachenbekämpfenden „Freunde" und „Verwandte" Mithras bald noch genauer kennenlernen. Sie hießen *Kursaspa* und *Thraitauna* (woraus später *Fredun/Faridun*) und waren beide *alter egos* und bloße Substitute für den alten *Vrtraghna. – Die andere Antwort aber muß lauten: Weil in der iranischen Überlieferung die Drachenkampfszenen um Mithra *verloren gegangen* sind. Allerdings ist Stig Wikanders Formulierung ernst zu nehmen: Die *Drachentötung* ist hier *nicht direkt* erwähnt – sehr wohl aber indirekt! Denn wir werden gleich sehen: Sobald im Licht morgenroter Psychologie betrachtet, beginnen sich die scheinbar fehlenden Konturen in den alten Quellen sogleich wieder abzuzeichnen …

Dies gilt zumal auch für den Mithras des römischen Kults. Denn obwohl auch bei ihm das Motiv des Drachenkampfes *nicht direkt* überliefert ist, läßt die Sonne und Sonde der Morgenröte doch wieder Szenen hervortreten, die den kleinen Gott in Vielem fast wieder so farbig und kraftstrotzend, so mutig und weltgestaltend zeigen, wie der alte *Vrtraghna gewesen sein muß. Kurz, auch wenn es anfangs kaum zu erkennen ist: Mithras war ein Drachenkämpfer! – und wer den Blick dafür erst einmal freibekommen hat, kann nicht anders als hinzufügen: ‚Und was für einer!'

Um zu verstehen, was es mit diesem Kampf gegen den Drachen Vrtra/Verethra auf sich hatte, gilt es, sich zu vergegenwärtigen, daß ‚Vrtra (maskulinum)' eigentlich *„der Versperrer"* bedeutete. Das indo-iranische Wort ist mit unserem *(sich) wehren* und *Gewehr*, auch mit unserem *warnen*, vor allem aber auch mit unserem *Wehr, „Damm, Mauer, Schutz"*, verwandt.[2] Thieme übersetzte mit „Wehr" und „Wall", und begründete:

Das Neutrum vrtra „Einschließung" vereinigt die Bedeutungen „die Wehr" und „das Wehr"… Die Übersetzung „Wall" empfiehlt sich wegen des männlichen Geschlechts des deutschen Ausdrucks und weil sie die zwei Bedeutungen einigermaßen erkennen läßt. (Rig 26, 28)

Vrtra stand also für einen versperrenden Wall und Widerstand, der im Mythos zu einem phantastischen Drachenungeheuer „personifiziert" war; einer feuerfauchenden Fabel-Echse ganz nach der Art, wie wir sie auch im Westen kennen; es sei aus der Welt der Sagen, Märchen oder Komiks, oder aus den „christlichen" Mythen um den Erzengel Michael, den Heiligen Georg, … oder das Jesuskind in den Armen der Mutter Gottes.[3]

Vor dem Hintergrund unseres entwicklungspsychologischen Ansatzes ist die Rolle dieses Drachens Vrtra unschwer zu durchschauen: Um den fünften, sechsten Monat, wenn die Kleinen die enge Welt ihrer bisherigen Kurzsichtigkeit und motorischen Beschränktheit zu überwinden haben, müssen sie diese „Höhle" eben aufbrechen und das Bollwerk der dabei entgegenstehenden Widerstände und Wälle aus dem Weg schaffen. Der Drache steht also für die *eigenen* Blockaden und „Wehre" der kleinen Götter; der Drachenkampf für deren Überwindung. – Sehen wir uns zuerst die „Wehre" und die drachenkämpferische Überwindung der motorischen Blockaden an.

1. Motorische Blockaden: Giganten, der Löwe und Azi, die Schlange

GIGANTEN. Die beim Auszug aus der Höhle der ersten Lebensmonate noch unreifen motorischen Fertigkeiten galten als besonders heimtückische und gefährliche „Wehre". Vrtra, Repräsentant dieser Wehre, galt entsprechend als *hand- und fußlos*, und der „große" Drachenkämpfer Indra alias *Vrtraghna mußte, um sich dieser Hindernisse zu entledigen, den bösen Drachen und Versperrer auch dafür „töten". – Man versteht von daher, warum Vrtra auch als eine *ahi, „Schlange"* galt: Denn wie Schlangen lungerte er ohne Hände und Füße am Ausgang einer Höhle herum und versperrte den Ausgang. – Über den Drachenkampf des altindischen Indra, Mithra-*Vrtraghnas „Double"*, heißt es entsprechend:

> *Ohne Hand und Fuß kämpfte er* (Vrtra) *gegen Indra … – Den … Handlosen … hast du zerschmettert, vielgerufener Indra. Auf den sich auswachsenden Vrtra, den Feindseligen, den Fußlosen hast du, Indra, mit der starken (Keule) losgeschlagen.*[4]

Im römischen Mithraskult nun begegnet der Kampf gegen den hand- und fußlosen Drachen in eigentümlicher Legierung mit einem alteingesessen-westlichen (und wahrscheinlich urverwandten) Mythos: dem Gigantenkampf. Die Giganten herrschten nach dem griechisch-römischen Mythos ja noch vor dem Auftreten der eigentlichen Götter. Erst nachdem diese fürwahr im Chaos lebende Ungeheuerschar aus halbtierischen Riesen und wilden Ein- und Mehräugigen niedergerungen war, konnten die Götter ihre eigentlichen Schöpfungswunder angehen. – In Stein gemeißelte Szenen aus diesem Gigantenkampf sind vielfach erhalten, zum Beispiel, und dort in einzigartiger Ausgestaltung, auf dem Berliner Pergamonfries (Abb. 29).

Szenen aus dem Gigantenkampf begegnen aber auch auf Darstellungen des römischen Mithraskults. Das abgebildete Skulpturenfragment eines Menschen mit Schlangenfüßen fand man im Mithräum unter der Kirche Santa Prisca in Rom (Abb. 30). Vollständige Szenen des Gigantenkampfes finden sich zum Beispiel auf den Reliefs aus Nersae und Klagenfurt (Abb. 31 und 32), sowie, dort allerdings nur noch schlecht erkennbar, auf einer Malerei aus Marino (Tafel 7a). Die Beine und Füße der Giganten sind auch auf diesen Darstellungen, ihre Gehbehinderung symbolisierend, „hand- und fußlosen" Schlangen nachgebildet, und ein Gott streckt sie mit einer Waffe nieder.

SCHWÄMME. Es ist nicht immer leicht zu entscheiden, wer genau dieser Gigantenbekämpfende Gott ist. Auf manchen Reliefs glaubt man klar den westlichen Zeus/

Abb. 29: Gigantenkampf, Berlin, Pergamonmuseum

Jupiter mit seinem Blitzbündel oder Donnerkeil auszumachen. Die Analogie zum indo-iranischen Drachenkampf wäre auch dadurch gegeben. Denn bekanntlich ward auch Zeus aus einer Höhle „geboren" (im antiken Mythos dann aber schon bald zum Himmelsvater gealtert). Reinhold Merkelbach machte aber klar, daß dieser „Jupiter" des Mithraskults *nicht der römische Jupiter, der König der Götter* war. Vielmehr, so Merkelbach weiter, *wird man vermuten dürfen*, daß die Mithrasmysten *nach einem griechisch-römischen Äquivalent für einen* (der) *persischen Drachensieger gesucht* haben. Dafür aber *kam natürlich nur Jupiter in Frage*. (Mi 109; vgl. 254). – Auch noch weitere Indizien sprechen dafür, daß dieser „Jupiter" in der Tat *für einen persischen Drachensieger*, eben für unseren Mithra-*Vrtraghna stand.[5]

Dennoch sollte zum Beispiel bei der Darstellung aus Klagenfurt statt zuerst an „Jupiter" in der Rolle Mithra-*Vrtraghnas auch unmittelbar an Mithra-*Vrtraghna gedacht werden. „Jupiters" Waffe gegen die Giganten nämlich war gewöhnlich das Blitzbündel, Mithra-*Vrtraghnas Waffe dagegen war entweder der Bogen oder die Keule. Auf dem Relief von Klagenfurt ist die Waffe des Gigantenkämpfers zwar nicht mehr klar zu erkennen, sie ist hier aber mindestens ebenso wahrscheinlich

Abb. 30: Gigant mit Schlangenfüßen, Rom, Mithräum S. Prisca (Reproduktion der Vorlage: Vermaseren SP Plate LXXVII,1.)

Abb. 31: Gigantenkampf, Nersae, jetzt Rom, Museo Nazionale Terme di Diocleziano (der rechte Kämpfer im Erscheinungsbild eines Säuglings, ganz rechts der Kopf des Sonnenvateres Sol mit Peitsche)

Abb. 32: Gigantenkampf, Klagenfurt, Städtisches Museum

eine Keule wie ein Blitzbündel. Auszuschließen ist dies um so weniger, als ein antiker Text von einem „wirklichen" solchen Drachen- und Gigantenkampf berichtet, bei dem der Kämpfer eindeutig eine Keule schwang und, auch anderweitig erkennbar, sicher *nicht* in der Rolle des Zeus/Jupiter agierte:

Aelius Lampridius, ein Biograf römischer Kaiser, hielt sich insbesondere gegen den ungeliebten Commodus (161 – 192 n. Chr.) mit gehässigen Bewertungen und bösen Beschimpfungen nicht zurück. Dennoch werden seine Schelten einen wahren Kern haben. – Von Commodus nun wissen wir überdies, daß er ein Mithrasmyste war. In einem Mithräum zu Ostia nämlich erhielt sich eine Inschrift aus dem Jahre 190 n. Chr., die den Kaiser ausdrücklich erwähnt.[6]

Deshalb aber ist es – im Kern – durchaus glaubhaft, wenn Aelius Lampridius in einem einzigen Absatz Commodus für zwei „Verbrechen" beschimpft. Er warf ihm nämlich zum einen vor, daß er *die Geheimnisse des Mithras ... durch wirklichen Menschenmord befleckte*. Zum anderen aber und unmittelbar davor kolportierte Lampridius, Commodus habe gehbehinderte Menschen zu Giganten verkleiden lassen und sie dann erschossen. Und dabei nun ließ Lampridius den Kaiser eben gerade nicht in der Rolle des blitzeschleudernden Zeus/Jupiter auftreten, sondern – noch einmal: unmittelbar vor der Bemerkung zu den befleckten *Geheimnissen des Mithras* – bewaffnet mit einer *Keule*.[7] Die Stelle im Wortlaut:

Mit seiner Keule erlegte er (Commodus) ... *auch Menschen. Personen, welche schwache oder zum Gehen unfähige Füße hatten, suchte er dadurch eine Ähnlichkeit mit den Giganten zu geben, daß er ihnen von den Knien an Schlangenfüße aus Tüchern und Linnen ansetzen ließ, und schoß sie sodann mit Pfeilen nieder. Die Geheimnisse des Mithras ... befleckte er ... durch wirklichen Menschenmord.* (IX)

Schon dies spricht klar genug dafür, daß der „Gigantenkampf" des Commodus als eine westlich adaptierte und nur überformte Version des alten indo-iranischen Drachenkampfs aufgefaßt werden muß.[8] Unterstrichen wird dies weiterhin dadurch, daß Commodus' vorgeblicher Gigantenkampf nach der Lampridius-Stelle ausdrücklich ein Kampf gegen *dracones*, *„Drachen"* war: Präziser als in der zitierten Übersetzung heißt es nämlich:

> (Commodus ... ließ jenen) *Personen, welche schwache oder zum Gehen unfähige Füße hatten, ... von den Knien an, aus Tüchern und Linnen gefertigt, gleichsam Drachen (quasi dracones) ansetzen – und schoß sie dann ... nieder.*

Bestätigt wird diese Lesart durch die Überlieferung des Historikers Cassius Dio. Er hatte, anders als Aelius Lampridius, die Ära Commodus noch selbst miterlebt und beschrieb die „Morde" des Kaisers wie folgt:

> *Einmal ließ er* (Commodus) *in der Stadt alle, die durch eine Krankheit oder ein anderes Mißgeschick an den Füßen schwach waren, zusammenbringen und ihnen um die Knie Nachbildungen von Schlangen binden; er gab ihnen Schwämme, mit denen sie statt der Steine werfen sollten, und erschlug sie mit der Keule als Giganten.* (72, 20,3; nach Merkelbach 108)

Daß Commodus diese „Giganten" mit ihren Drachen- und Schlangenfüßen nach dieser Überlieferung bei Cassius Dio nicht (wie nach Lampridius) mit dem Bogen *nieder ... schoß*, und sie auch nicht (wie „Jupiter") mit dem Blitzbündel, sondern eben mit der *Keule ... erschlug*, wird die historische Realität wohl am getreuesten wiedergeben.[9] Und daß Commodus in diesem Gigantenkampf seine (sonst Steinewerfenden) „Gegner" mit Schwämmen bewaffnen ließ, mag als Feigheit ausgelegt werden, ist aber doch wohl eher Ausdruck für den nur rituell-inszenierten und insgesamt unblutigen Charakter der gesamten Szene.

BARHATAKIN. Und zuletzt: Commodus' „Mord" an den künstlich zugerichteten „Giganten" = Drachen = Gehbehinderten erhält, so verstanden, auch wirklichen Sinn – und zwar orientalischen Sinn. Denn in der uralten Tradition des sakralen Königtums spielten auch die orientalischen Mithraskönige dieser Jahrhunderte die Schöpfungswunder der Götter, und sie natürlich zumal die ihres Mithra, kultisch nach:

So wissen wir etwa durch den arabisch schreibenden Polyhistoriker Al Biruni von einer Inthronisationsfeierlichkeit noch des frühen 8. Jahrhunderts in Kabul. Der König, Barhatakin, zog sich dabei einige Tage vor der eigentlichen Inthronisation in eine Höhle zurück. Dann aber kroch er wie ein kleines, noch gehbehindertes und motorisch noch blockiertes Kind aus ihr wieder hervor. Die Öffnung der Höhle nämlich war, so Al Biruni ausdrücklich, *außer durch Kriechen auf Händen und Knien* nicht zu passieren. Und prompt wurde der aus der Höhle herauskriechende neue König auch eines solchen Königs würdig empfangen. Draußen nämlich, vor der

Höhle, so Al Biruni, warteten bei dieser kultisch reinszenierten Felsgeburt *Hirten,*
... die ihn anschauten wie ein neugeborenes Kind (Ind 207/325 f.).[10]

Diese kultisch nachgestellte Szene eines aus der anfänglichen Höhle kriechenden Säuglings erinnert nicht nur an unsere Weihnachts- und Krippenszenen. Sie erinnert auch an viele Felsgeburtsszenen des römischen Kults. Man denke nur noch einmal an die Skulptur aus Trier, die den kleinen Mithras zeigt, wie er das Himmelsrund in Drehung versetzt (oben, Abb. 6). Auch dort (und oft) scheint der Kleine soeben aus einer Höhle weniger herauszutreten als herauszukriechen und -krabbeln. – Sehr wahrscheinlich hängt damit auch zusammen, daß den Magiern, den persischen Priestern, zur Verwunderung des römischen Naturforschers Plinius, die Maulwürfe heilig waren. *Die Magier bewundern,* schrieb er,

... von allen Tieren am meisten die Maulwürfe, die doch so vielfach von der Natur benachteiligt sind, ständig blind und überdies in einer anderen Finsternis verborgen ... sind ... Kein anderes Tier halten sie für geeigneter zum Götterdienst...
(XXX, 7,19)

Daß Mithraskönige solche Maulwurfs- und Felsgeburten wie die des Barhatakin von Kabul auch andernorts, zum Beispiel im anatolischen Kommagene, reinszenierten, ist durchaus wahrscheinlich; und nicht minder wahrscheinlich ist, daß im Rahmen entsprechender Kultfeiern auch alte Drachenkampf-Rituale in Szene gesetzt wurden. In der Tradition solcher Felsgeburts- und Drachenkampf-Rituale wird auch der „Kampf" des Commodus gegen jene zu *Drachen* drapierten Beine und Füße, *schwach oder zum Gehen unfähig,* gestanden haben.

KAISER. *Solche* Drachen zu „töten", um zu Ende des ersten Lebensjahres allmählich auf die Beine zu kommen und gehen zu lernen, war ein charakteristisches Verdienst der alten Götter und, in kultischer Repräsentation, der alten Könige. Es ging den „heidnischen" Mythen also gerade nicht um den Kampf gegen das vorgeblich in Drachengestalt auftretende „Böse". Es ging um den Sieg über frühkindliche Gebrechen und Blockaden und um das Feiern und Reinszenieren des Auf-die-Beine-Gekommen- und Auferstanden-Seins im Zuge gelungener Schöpfung!

Ungezählte Quellen über das alte sakrale Königtum wissen daher von der heiligen und heilenden Kraft der einstigen Könige, mit der sie zumal Lahme gehend und Blinde sehend machten.[11] Dabei wird man Lahmheit und Blindheit nicht nur, aber sicherlich *auch* im wörtlichen Sinn verstanden haben; überdies aber auch im übertragenen: unter Lahmheit also zum Beilspiel auch Antriebsschwäche, Impotenz, Depression, ..., unter Blindheit auch, wie noch heute, Eifersucht, Neid, Geiz ...[12] Überhaupt wird man die Wirksamkeit solch königlicher Heilkunst eher mit modernen Psychiatern und Psychotherapeuten als mit Orthopäden oder Ophthalmologen diskutieren wollen.

Wie so viele andere Könige bis weit in die Neuzeit und in vielen Ländern der Welt fanden sich auch noch bemerkenswert viele römische Kaiser in dieser Tradition: Allein unter den Claudiern und Flaviern sollen Augustus, Claudius,

Galba, Otho, Vitellius und Domitian gehinkt oder anderweitig gelahmt haben; was doch schwerlich anderes besagen kann, als daß sie Gehbehinderungen oder andere motorische Blockaden gezielt reinszenierten oder zumindest angedichtet bekamen. Nach mehr als 500 Jahren römischer Republik und Kampf gegen das alte Königtum! – Man weiß freilich seit langem, daß die römischen Kaiser schon seit Cäsar orientalisch, und das muß doch heißen: auch von jenem königlichen Mithra inspiriert waren, der in parthischer Zeit, also schon rund 200 Jahre vor Beginn der römischen Kaiserzeit, eine neue Renaissance erfahren hatte.

Daß Reinszenierungen frühkindlicher Gebrechen und ihrer „Besiegung" auch in Rom als heilkräftig galten, ist immerhin für Vespasian und Hadrian belegt: beiden wurde ausdrücklich die Kompetenz zugeschrieben, Lahme und Blinde von ihren Leiden befreien zu können.[13]

Wie entsprechende Rituale näherhin vonstatten gingen, erfahren wir aber auch bei ihnen nicht. Gerade dies macht die Nachricht über Commodus' Drachenkampf so wertvoll; und man wird fragen dürfen, ob sich die Verunglimpfung des Commodus bei dem christlich engagierten Lampridius vielleicht gerade daraus erklärt, daß sich auch der später gekreuzigte *König der Juden* auf die Heilung von Lahmen und Blinden verstand – und diese Kompetenzen und die sie umrankenden Legenden womöglich auch, wie die römischen Kaiser, von den mächtigen Mithraskönigen des Ostens entlehnt hatte. Alle diese königlichen Heiler könnten sehr wohl Erben Mithras, in letzter Instanz Erben des kleinen, schon „proto-arischen" Indra-*Vrtraghnas gewesen sein.

Halten wir fest: Sobald das Drachenkampf-Motiv entwicklungspsychologisch und also als eine Schöpfungsszene aus der Mitte des ersten Lebensjahres aufgefaßt wird, verweist eine ganze Reihe von Indizien aus dem römischen Kulturkreis auf – ansonsten verschollene – Drachenkampf-Mythen altiranischer Herkunft. Erhärtet werden diese Indizien durch den vielleicht wichtigsten, jedenfalls unmittelbarsten Erweis:

SCHLANGE UND LÖWE. Vrtra, der Drache, galt wie gesagt auch als *„Schlange"*, altindisch *ahi-*, altiranisch *azi-*; beide verwandt mit dem griechischen *echsis* und von daher mit unserer Echse.[14] – Schlangen begegnen nun auch und häufig im römischen Mithraskult; so auf fast allen Stiertötungsszenen, und so zum Beispiel auch auf einem Fresko in einem Mithräum in Ostia: Tafel 7b. – Welche Rolle die Schlangen in diesen Szenen spielen, ist nicht unmittelbar durchschaubar. Klar ist ihre Rolle aber auf vielen Felsgeburtszenen. Dort nämlich blockiert und behindert die Schlange unseren kleinen Gott offenbar bei seinem Herausarbeiten aus der unterirdischen Höhle. Besonders beeindruckend dazu ist die Felsgeburtszene aus dem Mithräum I in Ptuj (Abb. 33). Gefährlich umwindet die Schlange dort den „großen" Gott, der dennoch erkennbar Sieger bleibt.

Von einer Schlange bedrohlich umwunden und doch auch da als dominierender Kämpfer erkennbar ist auch der sogenannte Löwenköpfige Mann des römischen Kults (Abb. 34). – Das Mit- und Gegeneinander von Löwe und Schlange erschließt sich, sobald man sich klar macht, daß sich hinter der Schlange der alte Drache,

Abb. 33: Felsgeburt mit Schlange, Ptuj, Mithräum I.

Abb. 34: Löwenmensch mit Schlange, Rom, Vatikanisches Museum (Magazin)

hinter dem Löwen aber niemand anderer als unser süßer Mithra-*Vrtraghna selbst verbarg. Daß dem tatsächlich so war, wird im ‚Anhang I.' näher ausgeführt.

Der Löwenköpfige Mann des Mithraskults ist *eine*, eine besonders bedrohlich wirkende Erscheinungsform des als Löwe auftretenden Mithra-*Vrtraghna. – Kein Zweifel, diese sonderbare Figur ist von allerlei astrologischem Sinter überlagert (und trägt deshalb zum Beispiel häufig einen Himmelsschlüssel). Sie scheint insgesamt eine eigene, für uns nicht mehr faßbare Entwicklungsgeschichte hinter sich zu haben und war, mit John Hinnells gesprochen, *wahrscheinlich Teil eines Mythenkreises, von dem wir nichts wissen*. (RLH 353) – Andererseits wird, wer sich ein wenig Naivität bewahrte, den infantilen Charakter auch dieser Figur schwerlich abstreiten können. Um ihn zu sehen, müssen auch keine psychoanalytischen Traktate Anna-Freudscher oder Winnicottscher Prägung bemüht werden. Es genügt ein vergleichender Blick in Kinderbücher oder –zimmer, in Königspaläste, heraldische Lexika … katholische Kirchen oder in Nietzsches *Also sprach Zarathustra*, um zu ermessen, welche Rolle solch gefährliches Getier – es sei Bulle oder Bär, Tiger oder eben Löwe – bei der Erschaffung und Fundamentierung der menschlichen Welt seit jeher spielt. Zumal der Löwe ist ein starkes, königliches und vielfach mit der Sonne assoziiertes Tier, und war deshalb besonders geeignet, Mithra-*Vrtraghna zu repräsentieren. Und daß ein Löwe wie Mithra-*Vrtraghna überdies etwas Grimmiges und Furchterregendes haben mußte, versteht sich fast von selbst …

Aber nicht nur der stets klar als *maskiert* dargestellte Löwenköpfige Mann des Kults hatte Anspruch auf diese Attribute, sondern auch jene Mysten, die den

Abb. 35: Löwe, Krater und Schlange, Frankfurt, Museum für Vor- und Frühgeschichte

Abb. 36: Löwe, Krater und Schlange, Heidelberg-Neuenheim, jetzt Karlsruhe, Badisches Landesmuseum

vierten Weihegrad, eben den Grad des Löwen, erreicht hatten. Auch sie standen, wie im ‚Anhang I.' genauer erläutert, für Mithra-*Vrtraghna, den Drachensieger. Im Mithräum vom S. Prisca in Rom erhielt sich eine ganze Sequenz von Inschriften zu diesem Weihegrad – und diese Inschriften portraitieren unseren süßen Gott durchaus mit den zu erwartenden Zügen. Sie lauten unter anderem:

> *Nama Niceforo Leoni, „Verehrung dem Löwen Nicephorus (dem Siegbringer)"* – ... *Nama Phoebe Leoni, „Verehrung dem Löwen Phoebus (dem Glänzenden, Sonnenartigen)"* – *Nama Gelasio Leoni, „Verehrung dem Löwen Gelasius (dem mit dem lachenden, strahlenden Gesicht)"* – *Nama Salvatio Leoni, „Verehrung dem heilbringenden Löwen"* (Vermaseren SP 148 f., 162, 165; Übersetzung nach Merkelbach Mi 106)

Wer, wenn nicht der kleine, drachenkämpfende Löwe Mithra-*Vrtraghna, soll sich hinter diesem *heilbringenden Löwen* und *Siegbringer* mit *sonnenartigem* und *strahlendem Gesicht* verbergen?

GALOPP. Und auch noch in einem dritten Kontext begegnen Löwe und Schlange, will sagen: Mithra-*Vrtraghna und Drache im römischen Kult; und zwar in Verbindung mit einem eigentümlichen Krug, dem *Krater*. Die Frage, was es mit diesem Krater auf sich hatte, muß hier noch zurückgestellt werden. Auf den angesprochenen Darstellungen jedenfalls tritt der infantile Charakter des Löwen oft besonders unmittelbar zutage. So zum Beispiel auf den Szenen der großen Hauptreliefs aus Frankfurt-Heddernheim und Heidelberg-Neuenheim (Abb. 35 und 36). Eher harmlos und nach der Art von Stofftieren stehen sich hier die Kontrahenten Löwe und Schlange gegenüber und strahlen wenig Bedrohliches aus.

Diese eher friedfertigen „Kampf"-Szenen stimmen dazu, daß *Azi*, die „böse" Schlange, nach den Darstellungen des römischen Kults den Kampf mit dem mäch-

Abb. 37: Mithras beim Ausritt (zur Jagd?) mit Schlange und Löwe, Heidelberg, Kurpfälzisches Museum

tigen Löwen Mithra-*Vrtraghna offenbar gänzlich unbeschadet überlebte. Ja, die Schlange konnte bei den späteren Ausritten des „großen" Gottes, ganz im Sinne kindlicher Phantasie, wieder gar munter mitgaloppieren (Abb. 37).

Die so zauberhafte kleine Relieftafel aus Neuenheim zeigt auf dem Pferdchen wohl nicht Mithra-*Vrtraghna, den allenfalls Einjährigen, sondern bereits das *alter ego* unseres Kompositgottes: den im zweiten und dritten Lebensjahr stehenden Mithras. Den Drachenkampf längst hinter sich, wird er von, man könnte sagen: beiden Entwicklungsschichten, Löwe und Schlange, weiterhin begleitet.[15] – Das Pferdchen erinnert ob seiner Proportionen wohl nicht zufällig an ein Schaukelpferdchen oder an das Roß des Tiroler Zwergs Laurin, das *nur so groß war wie ein Reh*.[16]

Nein, die „böse" Schlange überlebte! Denn „Tod" ist in diesem Typ von Mythen niemals so ernst und wörtlich gemeint wie im wirklichen Leben, und „Auferstehung von den Toten" war in solcher Götterwelt ein regelmäßig zu beobachtendes Phänomen. Wir werden gleich unten noch näher darauf einzugehen haben.[17] – Ebensowenig ist es ein „Widerspruch", daß die „böse" und bedrohliche Schlange, nachdem wieder auferstanden, offenbar auch sympathische Züge hatte. Denn entwicklungspsychologisch aufgefaßt stand die Schlange eben für die der „Geburt" um den sechsten Monat vorausliegenden Lebensmonate, mithin für die in diesen Monaten noch herrschende „Hand- und Fußlosigkeit" = motorische Blockade. Auch diese, die noch vrtra-haft versperrte Phase der frühen Kindheit, hat weltgestaltende Macht und Kreativität und erfuhr deshalb religiöse Würdigung. Vieles, was sich ab dem sechsten Monat dann ausbilden wird, hat hier Wurzeln und Fundament. Schon im Rigveda ging es deshalb gut mit den Lobeshymnen auf Indras siegreichen Kampf gegen die Schlange Ahi und den Drachen Vrtra zusammen, daß es in anderen Liedern über eben dieses Schlangen- und Drachenungeheuer hieß:

Auch der Drache der Tiefe soll uns hören ... – Zum Glück soll uns der einfüßige Ungeborene Gott sein, zum Glück uns der Drache der Tiefe ... – ... der einfüßige Ungeborene ... fand Gefallen an der Dichtung und dem Opferdienst.[18]

Als *ungeborener Gott* galt der Drache dabei natürlich, weil er eben für die frühkindliche Entwicklung *vor* dem fünften, sechsten Lebensmonat und also für die Zeit *vor* Indras (Fels-) „Geburt" stand. Und eben deswegen galt Vrtra hier natürlich auch als der *einfüßige ...*; erkennbar ein Synonym für seine „Fußlosigkeit" und seinen Schlangencharakter.

INVICTUS. Dennoch: Um den sechsten Monat hatte Indra alias Mithra-*Vrtraghna die Schlange zu besiegen; und da ihm dies so bravourös gelungen war, hatte schon *Vrtraghna, obwohl in wörtlicher Übersetzung der „Drachentöter", eben auch als „Sieger" gegolten, ja als Inbegriff des Sieghaften schlechthin. In einer berühmten Strophe des Mihr-Yäst hieß es jedenfalls um 500 v. Chr. an Mithra gerichtet:

verethrava zaena hacimno hutasta ..., verethrava xvarena hacimno, „Siegreich, gerüstet mit einer wohlgefertigten Waffe ... siegreich, von Glück begleitet ... (ist Mithra) " (Yt 10,141; Lommel, Gershevitch).

Man wird davon ausgehen müssen, daß das hier zweimal fallende Wort ‚*verethrava*' noch immer an die alte Bedeutung von **verethra-*, „Drache, Versperrer" erinnerte.[19]

Kurz: Der alte Orden und Ehrentitel *„Sieger, Unbesiegter"*, einst wohl nur von Indra-*Vrtraghna getragen, war nun ein Kronjuwel auch Mithras. Es sollte unserem Gott nun auch auf seinem Weg nach Westen vorausleuchten. Schon im Griechischen galt Mithras daher als *aniketos, „unbesiegt, unbesiegbar"* und, mit gleicher Bedeutung, in Rom dann als *invictus*. Ja, Mithras war nun zum *invictus* schlechthin geworden und der bloße Titel daher auch zum Synonym für seinen persischen Namen. Ungezählte Inschriften sind daher dem *D. I.* oder *D. I. M.*, dem *D(eo) I(nvicto) M(ithrae)*, eben *„dem unbesiegten Gott Mithras"* geweiht.

Unbesiegter Gott war Mithras auch deshalb, weil er, auch hierin Erbe von Indra-*Vrtraghna, mit der Sonne und ihrem täglichen und jährlichen Sieg über die Nacht und den Winter identifiziert wurde. Entsprechend lauten ihm zugedachte Inschriften auch *S. I. M.* = *S(oli) I(nvicto) M(ithrae)*, „Der unbesiegten Sonne Mithras". – Von daher lag es natürlich nahe, daß Mithras alter Titel sich allmählich auch auf *Sol,* „die Sonne" selbst übertrug. Sol jedenfalls, bislang von gänzlich untergeordneter Bedeutung im römischen Götterhimmel, stand nun als *Sol invictus*, ja häufig als *Invictus* schlechthin, eine steile Karriere bevor. Und ohne an die Titel-leihende Patenschaft Mithras noch je eigens zu erinnern, hatte *Sol invictus* dann, mit Hermann Usener zu reden,

> ... mindestens während des halben Jahrhunderts von Aurelianus (Kaiser ab 275) ... bis unter Constantin ... an der Spitze der Staatsreligion gestanden. (SI 467)

Und nicht nur das: Wie Herrschende mit Weltmacht-Allüren so oft deuteten sich auch die römischen Kaiser jetzt als Sonnengötter – und übernahmen deshalb nun auch ihrerseits Mithras alten Ehrentitel. In den Worten von Manfred Clauss:

> (Das) Epitheton *Invictus, der Unbesiegbare,* ... *ein Beiname, den Mithras seit Anbeginn getragen hatte,* (wurde nun) *Teil der halboffiziellen kaiserlichen Titulatur.* (Mi 33)[20]

Was die Kaiser im einzelnen dazu veranlaßte, Mithras Titel zu tragen, wissen wir nicht. Als gesichert gelten kann immerhin, daß es Commodus, der Mithrasmyste des zweiten Jahrhunderts war, mit dem die neue Entwicklung ihren Anfang nahm. Mit Franz Cumont gesprochen:

> *Seit der Regierung des Commodus, von welcher an der Triumph der orientalischen Kulte und besonders der Mithrasmysterien datiert, führen die Kaiser offiziell die Titel ... invictus, die seit dem 3. Jahrhundert einen regelmäßigen Bestandteil der amtlichen Titulatur bilden.* (MM 88)

Wie es im einzelnen auch immer zugegangen sein mag; gesichert scheint: Mithras hatte nicht nur dem bald schon so hochverehrten Staats- und Sonnengott Sol, sondern auch den römischen Kaisern seinen, ja letztlich Indra-*Vrtraghnas Ehrentitel *invictus* vererbt.

WEIHNACHT. Und auch noch eine dritte geschichtsgestaltende Spur hinterließ Mithras Drachenkämpfer-Titel *invictus*. – Werfen wir, um die Hintergründe auszuleuchten, vorab wieder einen kurzen Blick in Mithras Heimatland:

Das, neben dem herbstlichen Mihragan wichtigste Fest zu Ehren Mithras wurde (wohl schon in altiranischer Zeit) zur Wintersonnenwende begangen, nach heutiger Kalenderrechnung um den 21., nach römischer am 24./25. Dezember.[21] So wie sich in den mythischen Urzeiten der Schöpfung Indra-*Vrtraghna und später auch Mithra nach ihren Drachenkämpfen aus ihrem Felsverlies nach oben, ans Licht des Tages, gearbeitet hatten: ebenso tut es die Sonne jeden Morgen und eben auch jedes Jahr von neuem. Am 24./25. Dezember Mitternacht ist der tiefste Punkt des Jahres erreicht, die Finsternis des Winters besiegt, und der neue Weltentag des Jahres nimmt, geführt vom Sieg der Sonne, seinen Anfang.

Sol Invictus Mithras wurde deshalb in Rom, vielleicht schon im zweiten oder dritten Jahrhundert, nachweislich dann jedenfalls ab der Mitte des vierten Jahrhunderts zur Mitternacht und Mette des 24./25. Dezember mit Kerzen und anderen Lichteffekten als wieder-, als neugeborener Gottessohn begrüßt. Und so beliebt und mythisch stimmig war das Fest zur Geburt des kleinen Gottes aus seiner unterirdischen Höhle, daß jetzt auch seine erbittertsten Gegner, die aufstrebenden Christen, nicht umhin konnten, sich der Feier des Heiligen Abends anzuschließen. Wie Sol und die Kaiser adaptierten deshalb auch sie jetzt den alten Ehrentitel Mithra-*Vrtraghnas und riefen daher auch ihr Krippenkind als *invictus* aus. Prompt fand sich *in der nie versagenden Rüstkammer der Bibel* (Usener SI 480) sogleich auch der beweisende Spruch: daß mit diesem *invictus* nicht etwa Mithras, sondern eigentlich Christus, und nur er, gemeint sei und sein könne. In einer erhaltenen Weihnachtspredigt dieser Jahrzehnte lautete es daher bereits programmatisch:

> *Aber man nennt den Tag auch Geburtsfest des* Invictus. *Ja wer ist denn so unbesiegbar außer unserem Herrn, der den Tod siegreich unterworfen hat? Und wenn man sagt, es sei der Geburtstag der Sonne, nun er selbst ist die Sonne der Gerechtigkeit, von dem der Prophet Malachias gesagt hat (4,24): „Aufgehn wird euch, wenn ihr seinen Namen fürchtet, die Sonne der Gerechtigkeit ... "* (nach Usener SI 466)

Man übersehe im Vorbeigehen nicht, daß die Zeit des jesuanischen *Gebt dem Kaiser, was des Kaisers ist ...* (Mt 22,21 u. //) nun vorüber und die des priesterlichen Gezüngels und Gezündels um die Staatsmacht angebrochen war: Denn nicht nur Mithras wurde hier um seinen angestammten Titel betrogen; auch dem Staatsgott Sol und zumal den Kaisern wurde nun die Herrschaft streitig gemacht. War doch die Nachricht: Der wahre Kaiser und Invictus ist Christus – und (ins Aufrichtige übersetzt:) wir, seine Priester, sind dessen irdische Repräsentanten! –

Unser Weihnachtsfest geht also auf Mithra zurück. Es ist, neben dem Sonntag[22], wenn auch nicht Mithras bedeutendste, so doch seine offenkundigste Hinterlassenschaft im Abendland. – Und hat das Christkind, es sei in der Weihnachtskrippe oder drachentötend im Arm seiner Mutter, nicht noch heute durchgängig das Alter des kleinen Mithra-*Vrtraghna? Das Christkind wird *nie* als Neugeborenes, sondern regelmäßig als Kind in der zweiten Hälfte des ersten Lebensjahres dargestellt: als ein Kind mit wachen Augen, motorisch schon recht behende und das Köpfchen, wie bei seinen vergessenen Ahnen, zumeist vom rot-goldenen und heiligen Schein der eben aufbrechenden Sonne umstrahlt – ganz so also, wie es sich für einen siegreichen Drachenkämpfer gebührt; und ganz so, wie es sich bei der Fels-„Geburt" um den sechsten Monat tatsächlich verhält. Zumal der Stroh- und Sonnengoldene Schopf unseres *holden Knaben in lockigem Haar* ist auch schon für Mithra[23], ja schon für Indra, Mithras altindisches *„Double"*, bezeugt und muß deshalb auch schon bei dem uralten, ins dritte vorchristliche Jahrtausend zurückreichenden „proto-arischen" Indra-*Vrtraghna besungen worden sein; gewiß auch damals schon mit feuchten Augen und sehr wahrscheinlich auch damals schon zur Weihnacht und Wintersonnenwende jener von Kerzen erhellten, stillen, heiligen Nacht seiner „Geburt". – In einem rigvedischen Lied an Indra hieß es entsprechend:

Du *goldhaariger Indra ... mit goldgelbem Haupthaar, ... du goldig Geborener ...*[24]

2. Optische Blockaden: Drachensplitter, das Sternenfirmament und die Königs-Epochen neuer Morgenröten

VERSCHEUCHT. Vrtra, der Versperrer, repräsentierte nach der alten mythischen Vorstellung nicht nur die motorische Enge und haptische Unbeholfenheit der ersten Lebensmonate. Er stand auch für optische Enge: für jene Kurzsichtigkeit und mangelnde Tiefenschärfe, die sich erst um den fünften, sechsten Lebensmonat verliert; etwa in dem Maß, in dem sich nun eben auch der motorische Aktionsradius vergrößert. – Subjektiv, aus der Perspektive des Kleinkindes, muß sich diese optische Blockade wie eine „finstere" Höhle ausnehmen: begrenzt von zwar juwelenschillernden, aber doch zugleich trüben und nebelgleichen, jedenfalls undurchdringlichen Wänden. – Dieses Wehr, diese Wälle aus „Nebeln" und „Finsternis" also hatten die kleinen Götter einst zu durchbrechen und zu besiegen; und demgemäß lesen wir über Indra, Mithra-*Vrtraghnas altindisches *„Double"*:

> (Ihn, den Drachen Vrtra,) *der im sonnenlosen Dunkel groß geworden war, ... hat der Bulle Indra ... erschlagen, ... den Sohn des Nebels, ... den ... im Dunklen Wandelnden.*
> *Indra ... treibt mit Hurrageschrei den Staub hoch empor, er, der mit kühner Stärke die Finsternis verscheucht.*

Und in einem Lied an Indra und den noch etwas kleineren Soma heißt es:

> *Ihr habt die ersten großen Taten getan; ihr fandet die Sonne, ihr das Himmelslicht; alle Finsternis habt ihr verjagt ... Ihr lasset die Morgenröte aufleuchten, ihr führet die Sonne mit dem Lichte herauf ... ... Ihr erschlaget den Drachen ...*[25]

In der Tradition dieser Metaphern und Bilder steht auch noch der römische Mithras. – Bei seiner Felsgeburt trägt Mithras daher regelmäßig einen Dolch zur Tötung der Schlange sowie eine Fackel zur Beseitigung des bisherigen Dunkels. Ausdrücklich galt der Gott hier deshalb auch noch als *genitor luminis*, „Erzeuger des Lichts" ... [26]

Dennoch spiegeln diese Szenen nur etwas wie den Grundmythos, nur etwas wie den nackten Kern wider, der sich, sobald genauer besehen, wie in einem Kaleidoskop farbig verästelt und oft halb ins Verrückte auffächert. – Tauchen wir für die folgenden Seiten in diese wilde, schier ausufernde Mythen-Welt der alten Drachenkampf-Szenen ein – die noch immer ihr Frisches und zeitlos Menschliches hat:

SIEBENTÖTER. In den Kulthöhlen der römischen Mithrasmysten finden sich noch heute Hinweise auf Mythen und Kulte um den Drachenkampf Mithra-*Vrtraghnas, die in der bisherigen Forschung unberücksichtigt blieben. Bislang nirgends bedacht ist meines Wissens zumal der Mythos, nach dem Mithra-*Vrtraghna die Reste und Splitter des zerstückelten Drachen als Juwelen und Gestirne ans Firmament seiner Höhle schleuderte und dort fixierte. Überliefert ist uns dieser Mythos wieder von Mithra-*Vrtraghnas „*Double*", dem kleinen Indra Altindiens. In einem fiktiven Selbstlob Indras heißt es:

„*Ich war es, der den ... Vrtra zerschmetterte, ich der Vrtratöter,* (der) ... *den (Vrtra) am fernen Ende des Raumes in Himmelslichter verwandelte ... – Ich bin der Siebentöter...* "²⁷

Karl Friedrich Geldner, der Übersetzer dieser Verse, kommentierte unter Heranziehung weiterer altindischer Literatur:

Der zerschlagene Vrtra wurde als Mond und Sterne an den Himmel versetzt. – Nach einer in den (späteren) *Brahmanas erzählten Sage teilte Indra den Vrtra und machte aus der einen Hälfte den Mond bzw. die Sterne.* (III 209 u. 372)

Zumal die sieben Planeten (nach antiker Auffassung die galileischen Planeten sowie Sonne und Mond) galten als die verstreuten Glieder Vrtras, Indra deshalb in solch sprühender Phantasie eben als der *Siebentöter*. – Die meisten und überschwenglichsten Legenden rankten sich freilich um das dominanteste „Gestirn" der Nacht, den Mond. Dazu später.

Auch dieser Mythos hat auf den ersten Blick sein Befremdliches. Denn mutet es nicht wieder allzu ausschweifend an, daß die Gestirne Reste und Fetzen eines besiegten Drachens seien? Und doch: Auf den zweiten Blick und aus entwicklungspsychologischer Perspektive hat alles wieder seine naive Stimmigkeit:

Indra befreite sich aus der Nacht und optischen Enge der ersten Lebensmonate durch den Sieg über den Versperrer Vrtra. Schon in der „Finsternis" seiner Höhle gleißten aber die engen Wände bereits wie von Juwelen; und wie die nächtlichen Himmels-Juwelen aus Sternen und Mond *unserer* Welt schon gleichsam die Lichtkeime des folgenden Tages sind, so waren auch diese Juwelen in Indras Höhle die Vorboten jener *ersten* Morgenröte und sich bald schon zum Jüngsten Tag entfaltenden Welt ...

Auch der Drachen selbst, als Symbol für die versperrenden Höhlenwände, galt im Rahmen dieses Mythos deshalb als von Juwelen und goldenen Schuppen übersät, die sich eben, nachdem das Ungeheuer zerstückelt und aufgelöst, übers Firmament zerstreuten. Schon im Rigveda ist daher vom *Funkeln des Drachen* die Rede (VIII 93,14) – und ebenso in ungezählten Märchen und Mythen seither; man denke nur an die *farbig goldbeschuppten Drachen* in Goethes Faust (II 6016); man werfe aber auch einmal Blicke in heutige Kinderbücher, zum Beispiel in jenes, dem (die erst weiter unten einmontierte) Abbildung 45 entnommen ist. Dem selben Bilderkreis entstammt natürlich auch der Schatz- und Juwelen-hortende Drache. Auch er begegnet durch die Jahrtausende und bis in unsere Tage so häufig, daß sich Belege erübrigen.

Und nicht viel anders verhält es sich auch mit der mythischen Deutung der Gestirne. Den Dichtern galten sie durch die Jahrtausende und gelten sie noch heute ganz selbstverständlich und in mannigfachen Ausgestaltungen als Juwelen, ja – obgleich oft unvermerkt – als Juwelen frühkindlicher Welt. Die *Silberschnur* und *Himmels-* oder *Jakobsleiter* der *Milchstraße* verweist halb flüsternd darauf; und der Name unserer *Milky Way* wird ja wohl nicht zufällig der ersten Nahrung verschrieben sein; gleich wie ja schon ihr griechischer Lehnwort-Pate *Galaxia* der *gala*, eben der „*Milch*". Man denke auch an Matthias Claudius' berühmtes ... *die goldnen Sternlein prangen*, an die oft so süßen Himmelswelten unserer Kinderbücher und auch an die mit Holzsternen und baumelnden Monden geschmückten Wiegenhimmel ... – Wieder näher der Welt der Literatur und Dichtung zugewandt, mag man auf John Lennons *Lucy in the Sky with Diamonds* verweisen, oder, gleich ins Volle der Schatztruhe greifend, auf die Romantiker, obenan Jean Paul. Eine seiner wunderbaren Landschaften malte er einmal mit den Worten:

Der Saturn ging eben auf und ... reihte sich als ein sanfter blitzender Juwel in den schimmernden Zaubergürtel des Himmels. (Titan 556)

Ganz in derselben Bilderwelt und ohne daß sich dazwischen ein Sprung in der Entwicklung des menschlichen Bewußtseins ausmachen ließe, lesen wir auch „schon" im Rigveda über die *Angiras*, die priesterlichen *Väter* und Assistenten bei Indras großem Drachenkampf:

(Sie) *schmückten den Himmel mit den Gestirnen aus, wie einen Rappen mit Perlen* ...[28]

KATHEDRALEN. Und nicht nur das engere Gleichnis, daß der nächtliche Himmel mit Juwelen übersät sei, trug und trägt in seinen unendlichen Variationen durch die Jahrtausende. Auch das weitere, daß der so überschmückte Himmel dabei eine Höhle mit gold- und edelstein-gleißenden Decken, Wänden und überhaupt überquellenden Schätzen sei, findet, wie einst, so auch noch heute, immer wieder neue und doch je ähnlich dichtende Worte. Zumal wieder in der Romantik brach sich dieses Gleichnis mächtig Bahn, und es sei hier nur auf die beiden wohl großartigsten Schilderungen eben dieser doppelsinnigen Höhlenwelt verwiesen: auf Jean Pauls *Unsichtbare Loge* und das fünfte Kapitel in Novalis' *Heinrich von Ofterdingen*, in dem es über eine Höhle der Schwäbischen Alb einmal heißt:

Was ihre hellen Augen sahn – In der Gestirne weiten Sälen ... (72)[29]

Und natürlich webt die Vermengung und Verschmelzung von Juwelenhöhle und kosmischer Sternenkuppel nicht nur in Dichtkunst und Mythos, sondern auch in

Kulten mannigfach fort – auch (man achte einmal darauf!) in denen der „modernen" Werbung und des Konsums. Archetypische Vor- und Urbilder der – zumal weihnachtlichen – Trance- und Einkaufskathedralen sind dabei die ägyptischen Tempel mit ihren Stern-übersäten steinernen Decken, orientalische Moscheen oder auch noch die gummierten Zirkuskuppeln mit ihrem nächtlichen Blau und ihrem Sternengefunkel. Mächtige Sternen-bepunktete Nacht-Firmamente und steinernbestirnte Himmelsgewölbe tragen natürlich auch mittelalterliche Kathedralen und antike und neuzeitliche Adels-Paläste; und weder hier noch dort fehlt es an Drachen und Drachenkämpfern, die den Sinn und die Wucht dieser kirchlichen und königlichen Kolossalhöhlen gleichsam kommentieren.

All diese Sternenhöhlen in Kult, Mythos und Dichtung verkünden und reinszenieren die endende Nacht, die anbrechende Morgenröte und bald aufziehende Sonne; und sie vermengen und untermischen dabei, psychologisch geschickt und angemessen, jene erste Morgenröte um den sechsten Lebensmonat mit jeder späteren und gewöhnlichen, in der sich das Schauspiel von damals analog wiederholt ... – Die menschliche Welt, so die verschlüsselte Nachricht, nahm ihren Anfang in einer Höhle aus licht-gleißenden Wänden und Wällen frühkindlicher Enge und Kurzsichtigkeit. Erst als diese Blockade „besiegt" und das versperrende Wehr dieses schillernden „Drachen" überwunden und zu Himmelsjuwelen zerstoben war, konnten die kleinen Götter sich und die Welt ins erste Gold der Morgenröte tauchen und, unter der aufsteigenden Sonne, die Welt in ihrem jetzigen Zustand eröffnen. In den Dichterworten des Rigveda:

Als du, Indra, den Drachen mit aller Kraft erschlagen hattest, da ließest du am Himmel die Sonne zum Schauen aufsteigen. – Indra fand den im Versteck verborgenen Schatz des Himmels, der im Fels verschlossen war ..., im endlosen Fels ... – Du, Indra, ... brachtest die Sonne, den Himmel, die Morgenröten zur Entstehung und hast dir wahrlich seitdem keinen Feind mehr gefunden.[30]

Damit nun wieder näher zurück zu Mithra und dem römischen Kult. – Der Mythos des zu Himmelsjuwelen zersplitterten Drachens ist auch hier Schlüssel zum Verständnis einer ganzen Reihe von Phänomenen. Zuerst zu den eher peripheren:

In vielen Mithräen fanden sich, zumal an den Deckengewölben, Hinweise auf einst angebrachte Juwelen, (blinkende) Glassplitter und aufgemalte Sterne. Über das so überwältigende und *in situ* erhaltene Mithräum von S. Maria Capua Vetere (Tafel 2) etwa schrieb Barbara Grassi:

Das Gewölbe über dem Raum ist geschmückt mit sechsstrahligen roten oder grünen Sternen auf gelbem Untergrund. Ursprünglich befand sich ein funkelndes Stück Glas in der Mitte jedes solchen Sterns, um in die Illusion eines sternübersäten Himmels zu versetzen. (29)

Gerade Glassplitter, so mag man vermuten, waren besonders geeignet, den zersplitterten Drachen zu symbolisieren ... – Der gelbe Untergrund stand natürlich für den aus der Sternennacht hereinbrechenden Morgen. Ein daran erinnerndes Decken-Arrangement aus einem Mithräum im Schwäbischen Güglingen wurde erst jüngst rekonstruiert.[31]

HERRSCHAFTSZEIT. Einige Schiffs- und Zugstunden von S. Maria Capua Vetere entfernt, im Mithräum auf der Isola di Ponza, war der steinerne Höhlenhimmel gar mit dem Kreis der Zodiacal-Zeichen, dem Polarstern sowie dem Großen und dem Kleinen Bären bemalt und beschmückt (Abb. 38). Die beiden Bären waren dabei eigens umschlängelt von (so Vermaserens Interpretation:) *Draco*, dem „*Drachen*" (MiII 10). – *Draco* war freilich auch der Name eines Sternbilds, und Vermaseren schloß daher, daß die Darstellung auf Ponza von astrologischem Gehalt war. In der Tat ist dies gut möglich[32], und der akademische Reiz, ihn zu entschlüsseln, verständlich. Aber sollte man mit Blick auf die gewöhnlichen Mysten des Kults nicht die einfachere Lösung stärker gewichten; nämlich daß auch hier zum Ausdruck gebracht wurde, daß Mithra-*Vrtraghna einst den Drachen zu nächtlichen Himmelsjuwelen zerstückelt und zerstoben hatte? – Gewiß, der *Pater* und die Ranghöheren des Kultzirkels mögen in der spezifischen Anordnung der aufgemalten Sternbilder mehr und Tieferes gesehen haben. Aber es ist wenig wahrscheinlich, daß ihr geheimnis-umkrämtes „Wissen" bei den einfachen Mysten mehr bewirkte als Schauder heiliger Konfusion – die dann die Pforten und Poren um so leichter in die Urzeiten der Schöpfung öffneten.

Der zutreffendste Kommentar zur dem Planetariums-artigen Höhlenhimmel von Ponza scheint mir wiederum der Altarstein von Trier zu sein: Der kleine Mithras dreht und schleudert dort gleichsam die Sternbilder und Drachensplitter ans nächtliche Firmament, während er selbst, ähnlich wie König Barhatakin aus Kabul *durch Kriechen auf Händen und Knien* die Höhle verläßt, um dort von *Hirten* empfangen zu werden, *die ihn anschauten wie ein neugeborenes Kind*: Vgl. Abb. 6.

Auf dem schon mehrfach erwähnten Nemrud Dagi, diesem imposanten und sein Umland überragenden Gebirgskegel Ostanatoliens, steht auch das sogenannte Löwen-Horoskop (Abb. 39). Darauf ist eine Gestirnskonstellation dargestellt, die, so rekonstruierten moderne Astronomen, den 7. Juli 62 v. Chr. bezeichnet[33], das (wohl ein wenig „frisierte") Inthronisationsdatum seines Stifters Antiochos von Kommagene. An diesem Datum standen zumal die auf dem Löwenhoroskop inschriftlich bezeichneten Planeten *Jupiter, Mithras (= Merkur) und Mars* in Konjunktion mit *dem Basilikus, also dem Königsstern des Antiochos* und müssen insgesamt einen imponierenden Eindruck hinterlassen haben. Die geläufige Schlußfolgerung dazu in den Worten Jörg Wagners:

Während sie (diese Planeten) *am Königsstern des Antiochos vorbeizogen, begrüßten sie diesen in ihrer Mitte. Antiochos I. und seine Hofastrologen deuteten diese glückliche Konstellation als sichtbares Zeichen der Aufnahme des Königs unter die Götter.* (Ko 116f)

Dies ist, auch wenn die Beweise fehlen, sicherlich richtig. Und dennoch: Unseren alten Drachenmythos unterlegt, ergibt sich ein ebenso plausibler und zumin-

Abb. 38: Deckenmalerei auf der Isola di Ponza (nach Vermaseren MiII 9)

Abb. 39: Löwenhoroskop auf dem Nemrud Dagi

dest ergänzender Sinn. Denn diese Konstellation wird auch als Wiederholung des mithrischen Drachensiegs gegolten haben: als neuerliches Zerstobensein des getöteten Ungeheuers zu diesem prangenden Juwelenspiel am nächtlichen Höhlenhimmel – und damit zugleich als Zeichen dafür, daß eben jetzt, nach dieser wundersam-heiligen Nacht eine neue Morgenröte angebrochen sei: die durch eben diese Felsgeburt eröffnete Herrschaftszeit des neuen Königs im Namen Mithras ...

HIRTEN. Vor diesem Hintergrund zeigen sich auch die beiden Kulthöhlen von Arsameia am Nymphenfluß, einige Gehstunden vom Gipfel des Nemrud Dagi entfernt, in neuem Licht. Sie könnten – ich habe es selbst versucht[34] – sehr wohl als „Geburts"-Höhlen genutzt worden sein, aus denen sich die Könige von Kommagene bei ihren Inthronisationsfeierlichkeiten *durch Kriechen auf Händen und Knien* gleich Maulwürfen herauszuarbeiten hatten; ähnlich wie König Barhatakin aus Kabul, und ähnlich wie Mithra-*Vrtraghna im Mythos und auf seinen in Stein gemeißelten Felsgeburts-Szenen (Abb. 40). – Die landschaftlichen Verhältnisse in Arsameia wären dabei durchaus geeignet gewesen, solche Höhlen-„Geburten" auch vor größerem Publikum zu inszenieren. Denn zum einen hat der gegenüberliegende Hang dort etwas von der Tribüne eines riesigen Amphitheaters; und zum

Abb. 40: Kulthöhle in Arsameia am Nymphenfluß; auf der präparierten Fläche oberhalb der Höhle die sognannte Große Kultinschrift

anderen läßt sich gut vorstellen, wie hier bei kultischen Inszenierungen vor den Höhlen *Hirten* warteten, um die herauskriechenden Könige zu empfangen und sie anzuschauen *wie ein neugeborenes Kind*.

Die hier noch einmal wiedergegebenen Formulierungen Al Birunis seien genutzt, um noch zwei weitere Felsgeburt-Szenen des römischen Kults einzumontieren. Die eine befindet sich auf einem Relief aus dem schwäbischen Besigheim und ist heute im Stuttgarter Landesmuseum zu bewundern (Abb. 41); die andere auf einem Relief in Poetovio/Ptuj (Abb. 42). Beide zeigen, wie „Hirten" (wohl Cautes und Cautopates) den kleinen Mithras bei seiner Felsgeburt empfangen. Auf dem kleinen Relief aus Nersae, das wir uns weiter oben schon ansahen (Abb. 16), werfen die beiden Hirten dem Kleinen zu seiner „Geburt" in die Morgenröte gar Handküsse zu.

Als Drachensplitter und Himmelsjuwel einer besonderen nächtlichen Planetenkonstellation und damit als Vorboten einer neuen Morgenröte und königlichen Ära, so scheint es, wurde auch jener alles überstrahlende Kometenstern erlebt, der bei den Inthronisationsfeierlichkeiten des großen Königs von Pontos, Mithradates Eupator VI. (ca. 132 – 63 v. Chr.) am Firmament gestanden haben soll. Justinus jedenfalls überlieferte,

> ... *seine kommende Größe hatten sogar himmlische Wunderzeichen vorausgesagt. Denn sowohl in dem Jahre, in dem er geboren wurde, wie in jenem, in dem er*

MITHRAS DRACHENKÄMPFE UND YAMAS GLÜCKSGLANZ

Abb. 41: Felsgeburt neben einem Schäfer, Besigheim, jetzt Stuttgart, Baden-Württ. Landesmuseum

Abb. 42: Hirten empfangen Mithras, Ptuj, Mithräum III.

zuerst zu regieren angefangen hat, leuchtete ein Kometenstern, bei beiden Gelegenheiten während 70 Tagen so stark, daß der ganze Himmel in Flammen aufzugehen schien. Denn teils hatte er durch seine Größe ein Viertel des Himmels in Besitz genommen, teils durch seinen Glanz den Hellglanz der Sonne übertroffen ...[35]

Daß die Legende hier die „Geburt" des pontischen Königs so eng mit der Antrittszeit seiner Herrschaft zusammenstellte, kann schwerlich wieder anderes besagen, als daß im Zuge der Inthronisationsfeierlichkeiten auch hier die göttliche *Felsgeburt* reinszeniert wurde. Und entsprechend wird das wahrhaft unglaubliche Gepränge des *Kometensterns* wiederum nicht anders denn als reinszenierter Drachensieg Mithra-*Vrtraghnas aufgefaßt worden sein: Der 70 Tage so mächtig erstrahlende Drachensplitter war prahlender Auftakt und Ankündigung einer neuen Morgenröte und Epoche ... Und obwohl es nicht eigens überliefert ist, wird man auch bei dem großen Mithradates unterstellen dürfen, daß die Felsgeburt seines Regierungsantritts wiederum mit großem Pomp in Szene gesetzt wurde, und daß auch bei ihm Hirten zugegen waren, die ihn anschauten *wie ein neugeborenes Kind*.

GLÜCKSGLANZ. Ähnlich hochgespielte Legenden wie die um Mithradates Eupator rankten sich, rund 350 Jahre später, auch um den ersten König der Sasaniden-Dynastie, Ardaschir Papakan. Bevor er 224 n. Chr. den Thron bestieg, erkannte, so die Überlieferung, *der Oberste der Astrologen*:

*Das Sternbild Nahazikan (Capricornus) ist untergegangen und der Stern Ohrmazd (Jupiter) ist wieder zu seiner Kulmination zurückgekommen und er steht Vahram (= Bahram = Verethraghna = *Vrtragna, Mars) und Anahit (Venus)* *zur Seite … Dies bedeutet, daß ein neuer königlicher Herr und Oberherrscher in Erscheinung tritt … und die Welt wieder unter seine Alleinherrschaft bringen wird.*

Die Konstellation war hier eine ganz andere als bei Antiochos von Kommagene und Mithradates Eupator von Pontos; aber auch sie hatte das Zeug, den Mythos vom zerstückelten Drachen und der hereinbrechenden neuen Morgenröte zu reinszenieren. Prompt, so die Legende nämlich weiter, konnte Ardaschir angesichts eines solchen Sternenspiels jetzt alle Widerstände brechen und alle Widersacher abschütteln – und *der Oberste der Astrologen* erkannte deshalb bald schon, wie die Sterne Ardaschirs Königtum jetzt endgültig ankündigten, und er „weissagte":

Der Widder (Aries) hat sich … mit Ohrmazd (Jupiter) und Tir (Sirius) verbunden, und der Herrscher der Himmelsmitte steht unterhalb vom Glanz des Mihr (Mithra, der Sonne) …

Und siehe da: Mit fliegenden Rossen war Ardaschir und die künftige Königin schon auf dem Weg zur Krönungsstadt. Und wie zu erwarten, hob nach diesen nächtlichen Vor- und Drachenzeichen sogleich auch die neue Morgenröte an, und *die Leute,* die das wundersame Reiterpaar gesehen, berichteten:

Am Morgen früh, als die Sonne ihren Glanz heraufführte, sind sie so schnell wie der gerechte Wind vorbeigekommen.

Wie schon über Arsakes I., den Gründer der nun besiegten Dynastie der parthischen Arsakiden, überliefert, wird nun auch Ardaschir Papakan von sich gesagt haben können, er sei

… Genosse der Sterne, Bruder der Sonne und des Mondes …[36]

Zuletzt legte sich noch das *Xvarnah*, der *„Glücksglanz",* um Ardaschir und hüllte ihn, wie alle Großkönige Irans, in eine blendende Aura morgenrot-goldenen Lichts. Ein Kundiger, der dies gesehen, rief daher aus: *Der Glücksglanz … ist zu Ardaschir gelangt …* [37] Und ausgestattet mit diesem schillernden Nimbus trat der neue König nun die Herrschaft an … – Auf das *Xvarnah* werden wir bald noch zurückkommen.

Es ließen sich weitere Beispiele aufzählen. Aber die zitierten mögen genügen, um in Anlehnung an die Forschungen Geo Widengrens festzuhalten, daß anscheinend alle diese iranischen Inthronisationslegenden einem Mythos des Mithra-Kreises nachgebildet sind: dem Mythos von Mithra-*Vrtraghnas Zersplittern des Drachens zu Himmelsjuwelen sowie seiner anschließenden „Geburt" aus der Höhle ans Licht der Morgenröte.

Bei der Umsetzung dieses Mythos im Rahmen konkreter Inthronisationsfeierlichkeiten fiel den *Magiern,* den iranischen Priestern und Astrologen, jedesmal von neuem die Aufgabe zu, eine markante Himmelskonstellation oder einen Glücksstern auszumachen und zu verkünden. Dieser Glücksstern galt dann, so Widengren,

> ... als *Zeichen der Geburt des Weltkönigs und Weltheilands* ... (und der entsprechende) *König als eine Inkarnation Mithras.* (IG 226)[38]

Die *Magier* scheinen es dabei immer wieder verstanden zu haben, die jeweilige Himmelskonstellation wortreich zu deuten. Die eingeflochtenen Beispiele belegen aber anhand ihrer Unterschiedlichkeit, daß es dabei weder auf die konkrete Himmelserscheinung, noch auf die konkrete astrologische Deutung ankam. Wichtig war das Markante und vorgeblich Einzigartige des jeweiligen Sternenspiels; denn der wirkliche und allerdings tiefe Sinn ihrer Verkündigung war: Nach der Vakanz des Thrones und dem damit verbundenen gefährlichen Zustand der Rechtlosigkeit kehrt, in Gestalt des neuen Königs, der Drachenzersplitterer Mithra aus einer heiligen, von besonderen Konstellationen bezeichneten Nacht ins Morgenrot einer neuen Ära zurück!

BETHLEHEM. Und der König und Weltheiland der Christenheit? – Eingekleidet in die Geschichte um jene *Magier aus Anatolien* (Mt 2,1,16) muß auch der Stern von Bethlehem für viele Zeitgenossen den Drachensieg, die Höhlengeburt und den Anbruch eines neuen Weltentages und Aions symbolisiert haben – wenn vielleicht auch nicht eigens im Namen Mithras, aber doch sicherlich noch immer mit An- und Nachklängen des alten iranischen Gottes. Wie einst dieser lag und liegt seither das Christkind, in die leuchtende Aura seines *Xvarnah* gehüllt vor seiner Höhle, die Morgenröte der neuen Epoche eröffnend: in stiller, heiliger Nacht, von Engeln umschwebt und von *Hirten*[39] bestaunt, sechsmonatig und in goldlockigem Haar.

Ob jene „Krippe", jenes „Haus" oder jener „Stall" von Bethlehem bei den beiden Evangelisten nun tatsächlich als „Höhle" gemeint war, sei dahin gestellt. Maler und Krippenbauern jedenfalls waren sich darin stets einig; und auch die schriftlichen Überlieferungen, zumal der Ostkirchen, wissen immer wieder von einer Geburtshöhle.[40]

Und die Figuren jener *Magier aus Anatolien* selbst? Erkennbar geht die *Magier*-Szene des Matthäus-Evangeliums auf *den selben*, auf den selben *mithrischen* Mythos zurück wie die *Hirten*-Szene bei Lukas, wenn auch in anderer Überlieferungslinie. Denn jene „Hirten", die zu den iranischen Königskulten engagiert und dann im Lukasevangelium zitiert wurden, waren ebenso *Magier*, mithin persische Priester, wie jene „Astrologen", die im Matthäusevangelium wiederkehren. – Wird die ursprüngliche Identität der beiden Weihnachtslegenden nicht zumindest von den Meßnern noch heute zugestanden? In den Weihnachtskrippen unserer Kirchen jedenfalls werden am 6. Januar neben die Hirten des Lukas die „Heiligen Drei Könige" des Matthäus einfach hinzugestellt.

Abb. 43: Magier mit Kranz, Vatikanisches Museum

Daß die Magier vor der Weihnachtskrippe dem Christkind oft halbe Handküsse zuwerfen, mag Zufall sein; die Zusammenstellung ihrer berühmten Geschenke war sicherlich keiner.[41] Denn schon auf der Großen Kultinschrift des Nemrud Dagi hieß es etwa 50 Jahre *vor* Christus:

(Ich, König Antiochos von Kommagene, bestimme den 16., den Tag ‚Mithras', eines jeden Monats) … *zur Feier meiner Geburt* … – … *an den Tagen der Offenbarung* …, *die monatlich und jährlich für immer zu feiern ich angeordnet habe, sollen die Priester unter Anlegung der persischen Gewänder … alle mit den goldenen Kränzen bekränzen* …, *und sie sollen reichliche Spenden an Weihrauch und aromatischen Kräutern auf den Altären darbringen* … (J. Wagner, Ko 139 f.)

Weihrauch, aromatische Kräuter, goldene Kränze … Daß man das *Gold* (Mt 2,11) der *Magier aus Anatolien* auch in christlichen Kreisen lange als ‚*goldene Kränze*' auffaßte, ist durch viele „Drei-Königs"-Szenen, wie sie bis etwa ins 6. Jahrhundert üblich waren, überliefert (Abb. 43). Und daß man sich dabei jene *Magier* auch tatsächlich als parthische Mithras-Priester vorstellte, belegen neben den ungezählten kleinen Szenen dieses Typs zumal die frühen farblichen Darstellungen. Die „Drei Könige" tragen darauf dieselbe Tracht wie Mithras auf den Malereien von Marino und S. Maria Capua Vetere. Die eindrücklichsten Beispiele dazu sind die Magierszenen aus S. Apollinare Nuovo, Ravenna, und aus S. Maria Maggiore, Rom (Tafeln 9 und 10).

Man wird in paradoxer Formulierung zusammenfassen dürfen: *Magier aus Anatolien* brachten nicht nur jene berühmten Geschenke nach Israel, sondern die Weihnachts- und Dreikönigsgeschichte insgesamt.

3. Der Mond und gehörnte Drachen

Krümmt. Die Frage, die nun im Raum steht, lautet: Aber warum tötet Mithra-*Vrtraghna auf den Reliefs des römischen Kults nicht wie der altindische Indra und wie gewiß auch ihr gemeinsamer Urahn, Indra-*Vrtraghna, einen Drachen, sondern einen Stier? – Die aufrichtige Antwort lautet: Wir wissen es nicht. Keine einzige Textpassage aus dem Umfeld des römischen Kults gibt auch nur einen ungefähren Hinweis darauf. – Dennoch können wir ernsthafte Hypothesen formulieren:

Indra-*Vrtraghna, so sahen wir, zerstückelte nach der indo-iranischen Mythentradition Vrtra, den Drachen, und zerstob die Splitter zu Himmelsjuwelen. – Die Parallelen zur Stiertötungsszene in der Höhle Mithras sind schwer zu übersehen. Denn beiseite gesetzt, daß Mithra dort keinen Drachen, sondern eben einen Stier erstach, treten die Ähnlichkeiten hervor:

Auch die Stiertötungsszene Mithras fand noch in einer Höhle statt, die mit Juwelen, Glassplittern oder aufgemalten Sternen ausgeschmückt war. Und wie Indra-*Vrtraghna einst den Drachen Vrtra, so verwandelte auch Mithras den Stier – zum Mond! Es ist längst aufgefallen, daß der sterbende Stier in der Hauptszene des römischen Kults ob seiner gekrümmten Rückenlinie und seiner weißen Farbe regelmäßig einer Mondsichel gleicht.[42] Es ist ein Mondstier! – Auf praktisch allen Darstellungen – zum Beispiel auch auf den farbigen (Tafeln 1 bis 4) oder auch auf der großartigen Skulptur im Mithräum der Bäder, Ostia – biegt und krümmt Mithras den sterbenden Stier zur Sichel des Mondes, indem er ihm in seiner typischen Haltung mit dem linken Knie Schulter und Nacken nach unten drückt und gleichzeitig, in die Nüstern greifend, den Kopf nach hinten reißt (Abb. 44; vgl. auch Tafel 6a, 8a und 8b).

Bereits nach dieser ersten Beobachtung können wir in begründeter Vermutung festhalten: Auch in den Stiertötungs-Szenen des römischen Kults war Mithra eine Art Drachentöter. Denn der Drache ist nur „irgendwie" durch einen Stier ersetzt. Aber dieser Stier wird nun gleichermaßen zu einem Himmelsjuwel, eben zum Mond zerstoben und verwandelt wie einst der Drache. – Es scheint daher für den römischen Mithras in der Tat wieder ähnliches gegolten zu haben wie schon für Indra, sein rigvedisches „*Double*". Dies wird um so offenkundiger, wenn das oben schon zitierte „Selbstlob" Indras durch eine zweite, den Mond hervorhebende Stelle ergänzt wird:

„Ich war es, der den ... Vrtra zerschmetterte, ich der Vrtratöter, (der) ... den (Vrtra) am fernen Ende des Raumes in Himmelslichter verwandelte ... – Ich bin der Siebentöter..." – (Indra) *ist der Vrtratöter mit seiner mächtigen, zerspal-*

Abb. 44: Stier als Mondsichel, Ostia, ‚Miträum der Bäder'

tenden (Keule) ... Du (Indra) *setztest* (den Mond) *als Einteiler der Monate an den Himmel; den von dir Zerspaltenen trägt der* (Sonnen-) *Vater als* (Mond-) *Scheibe*.[43]

MESSEN. Daß der Mond hier gegenüber den anderen Gestirnen hervorgehoben wird, verwundert nicht. Denn naturgemäß rankten sich um keinen anderen der mythischen Drachen-Splitter vielfältigere Legenden.

Der Mond imponiert nicht nur ob seiner Größe, ob seiner eigenwilligen Bahnen und ob seines Zu- und Abnehmens; er bestimmt seit jeher überdies den Rhythmus des menschlichen Lebens und gab und gibt wichtige Maßzahlen des Kalenders vor. Deshalb eben galt er als der *Einteiler der Monate*; und deshalb auch heißt es im Hochzeitslied des Rigveda: *der Mond ist die Grundform der Jahre.* – Unser Wort ‚Mond', altindisch *ma*, altpersisch *mah*, althochdeutsch *mano* geht denn auch auf die indogermanische Wurzel *me-, „messen" zurück; ebenso wie natürlich unser ‚Monat' und das lateinische *mensis*, „Monat" und *menstruus*, „monatlich".[44] Und ähnlich wie in den „arischen" (=indo-iranischen) Kulturen war es auch in den semitischen. Psalm 104 etwa preist Jahwe mit den Worten:

Du bist es, der geschaffen den Mond, daß er messe die Zeiten ... (19)

Man sollte dazu wissen, daß, wie in vielen frühen Kulturen, so auch in der altindischen und der altiranischen, die Menschen ursprünglich nach dem siderischen, das heißt nach dem Mond-Kalender rechneten. Da der Mond eine exakte Umlaufzeit von 27,32 Tagen hat, zerfiel das Jahr in 13 Monate zu je 27 Tagen, zusammen 354 Tage. – Jeder Tag war dabei einer jeweiligen Phase des Mondes sowie seinem spezifischen Standort, auch „Haus des Mondes" genannt, zugeordnet.[45] Die Woche (von Wech-sel) war, den Mondwechseln entsprechend, wie bei den westlichen Indogermanen wahrscheinlich auch im alten Iran 14-tägig. – Die Entwicklung komplexerer Kalenderstrukturen, bei denen die Mondrhythmen mit dem Sonnenjahr abgeglichen werden mußten, scheinen erst mit dem Ausbau der großen Staatsgebilde und mit der Notwendigkeit zu einheitlichen Terminen erforderlich geworden zu sein. Gerade auch in Iran ergaben sich dabei mannigfache und über Jahrhunderte hinschleppende Schwierigkeiten.[46] Im *Mythos* aber scheinen sich die alten Vorstellungen lange erhalten zu haben.

Die sich in ihrem regelmäßigen Zu- und Abnehmen addierenden und wieder subtrahierenden Sichelstücke des Mondes fügten sich zumal natürlich im Rahmen der alten Mondrechnungen glücklich in den Mythos vom zerstobenen Drachen: Indra (und wohl auch Mithra-*Vrtraghna), so muß dieser Mythos genauerhin gelautet haben, zerhieb und zerstückelte beim Anbrechen der urzeitlichen Morgenröte den chaotisch funkelnde Drachen zu Sternen und Mond und gestaltete dabei die Sichelstücke und Mond-„Häuser" zu jener Ordnung, die es den Menschen seither ermöglicht, den Kalender zu berechnen. Deshalb eben heißt es in dem zitierten rigvedischen Gedicht:

Du (Indra) *setztest (ihn,* den Mond*) als Einteiler der Monate an den Himmel; den von dir Zerspaltenen trägt der* (Sonnen-) *Vater als Scheibe.*

Es bleibe der Intuition der Leserin, des Lesers überlassen, was genau es mit dieser vom *Vater* getragenen *Scheibe* auf sich hat. Insgesamt jedenfalls wird Karl Friedrich Geldner zuzustimmen sein, der die Stelle kommentierte mit: *Indra regelt die Mondphasen* (III 219).

Kurz: Indras gesamtes Schöpfungswerk: sein Zerstieben des Drachens und sein Entfalten des morgenroten Kosmos' im Zuge seiner Felsgeburt konnte auch in Strophen wie den folgenden besungen werden:

Es ordneten sich die Tage, die Monate, es ordneten sich die Bäume, die Pflanzen, die Berge und willig die beiden Welthälften (= Himmel und Erde)*, die Gewässer dem Indra unter, als er geboren wurde. – Er spaltete den Vala* (= die Höhle) *..., gewann die Pflanzen, die Tage; die Bäume gewann er, die Luft.*[47]

HÖRNER. Noch einmal aber: Warum tötete der römische Mithras keinen Drachen, sondern einen Stier? – Auch wenn mangels Quellen keine definitive Antwort möglich ist, gibt es doch noch weitere Indizien, die immerhin eine Näherung ermöglichen. Eines dieser Indizien ist, daß die Sichel des Mondes im Mythos häufig – als Rinderhörner gedeutet werden. Mit Herman Lommel zu reden:

... bekanntermaßen ist der Mond in der Anschauung vieler Völker ein Stier; die cornua lunae sind die Stierhörner. (KS 320)

Wenn Ovid uns daher berichtet, bei einem Stieropfer habe man die *Hörner vergoldet* (Met 15, 131), wird dies besagen, man habe das Opfertier als Mond-Stier geweiht. Und wenn es im altiranischen Awesta in einem Kultlied an den Gott Verethraghna heißt, er sei *in der Gestalt eines schönen goldbehörnten Stieres* erschienen (Yt 14,7; Lommel), wird auch dies verstanden werden müssen als: ‚in Gestalt des Mondes'. – Im Rigveda heißt es über Soma, den Gott des Rauschtranks und des Mondes, einmal im selben Gleichnis:

Es brüllt der furchtbare Bulle im Gefühl seiner Stärke, die goldenen Hörner wetzend ...

Und in einem Schlaflied des Rigveda lesen wir:

Der tausendhörnige Stier, der aus dem Meere aufging, mit diesem Mächtigen schläfern wir die Leute ein.

Auch dieser *Stier* ist erkennbar der Mond, und das ‚*tausendhörnig*' will dabei natürlich im Sinne von ‚immer wieder' oder ‚in immer neuer Gestalt' aufgefaßt werden; ähnlich wie in dem Lied, wo es heißt:

Immer wieder wird er neu geboren, als das Wahrzeichen der Tage geht er der Usas (der „Morgenröte") *voran: ... der Mond.*

... und ähnlich auch wie in jenem Danklied, das Indra für die Schöpfung des frühmorgendlichen Himmels preist mit:

Hundert weiße Stiere glänzen wie die Sterne am Himmel.[48]

Wie seit Urzeiten, so gilt die Sichel des Mondes ja auch heute noch als Gehörn eines Stiers; zwar nicht mehr in den Schichten des „gebildeten" (oder verbildeten) Bewußtseins, aber sehr wohl zum Beispiel noch in der naiven Gewohnheit des Sprechens: Im Französischen etwa heißt die Mondsichel daher *croissant (de la lune)*, im Englischen *crescent* ... Und nicht anders in der Kunst: Ungezählte, zumal südländisch-katholische Madonnen stehen auf einer Mondsichel, die, von seinen Stirnlocken halbiert, unverkennbar auch Hörner eines Stieres sind. Und brüllt nicht auch noch in Marc Chagalls berühmtem *An den Mond* (1953) ein überdimensionaler morgenroter Stier sein himmlisches Konterfei der Mondsichel an? – Ich selbst nutze jede klare Neumond-Sichel, um gegenüber meinen Begleitern scherzend zu äußern: ‚Seht, wie sich der Stier wieder in die Kurve legt …!' – und wurde bislang nie mißverstanden.

Die Liste ließe sich fortsetzen.⁴⁹ Sie ergänzt die oben angeführte Assoziationsfigur. Dort sahen wir, daß die Stiertötungsszene des römischen Kults für die alte Drachenkampfszene stehen konnte, weil dort der Stier, wie sonst der Drache, in eine Mondsichel verwandelt wurde. Nahe lag diese assoziative Verbindung von Drache und Stier dabei um so mehr, als die Mondsichel überdies seit alters nicht nur als Drachensplitter, sondern eben auch als Stiergehörn galt.

Wahrscheinlich hängt mit beidem zusammen, daß auch die äußere Gestalt des Drachen in der indo-iranischen Mythentradition schon früh mit der des Stiers verschmolzen war, nämlich zu einem Drachen mit Stier-Gehörn:

HINTERN. Im altindischen Rigveda lesen wir über ein *alter ego* Vrtras, den Drachen *Susna*:

> *Indra … zerhieb den gehörnten* (!) *Susna. Mit ganzer Wucht … hast du Gabenreicher* (Indra) *… den kampflustigen Feind* (Susna) *erschlagen.* (I 33,12)⁵⁰

Die selbe Vorstellung von einem Ungeheuer halb Drache, halb Stier begegnet auch im alten Iran. Und da die dortige Bezeichnung *azi srvara, „behörnter Drache"* mit der altindischen etymologisch verwandt ist, muß das Motiv bereits in jener („protoarischen" oder gar indogermanischen) Vorzeit existiert haben, in der die altindische und die altiranische Kultur noch vereint waren.

Im alten Iran war es zumal der Held *Kursaspa*, ein angestammter Kompagnon unseres Mithra, der es mit diesem sonderbaren Ungeheuer halb Stier, halb Drache aufzunehmen hatte. Und er tat es in höchst witziger und kinderweltlicher Weise. Kursaspa nämlich, so der schon in den Yästs des Awesta überlieferte Mythos, kochte einst auf freiem Feld zu Mittag. Der Höhlenausgang wird nicht weit gewesen sein; aber die Sonne stand an diesem Jüngsten Tag schon im mittäglichen Zenit. – Kursaspas Feuer muß bereits einige Zeit gebrannt haben, und das Wasser in seinem erzernen Topf war schon am Sieden, als sich – plötzlich der Boden als Rücken, ja als Hintern eines aufgeschreckten – und eben behörnten – Drachenungeheuers entpuppte:

> *Kursaspa, … ein junger lockiger Keulenträger von überlegener Kraft, (erschlug) … den horntragenden Drachen, den Rosse und Menschen verschlingenden, … auf dem gelbes Gift schwoll auf seinem Hintern, so hoch wie eine Lanze, … (als) Kursaspa im Erz(gefäß) Speise kochte zur Mittagszeit. Heiß wurde es dem Bösen und er fing an zu schwitzen; er sprang zur Seite (…) vom Kessel (Erz) weg und verschüttete das siedende Wasser; zur Seite lief voll Schreck (auch) der mannhaft gesinnte Kursaspa …* (Yt 19 u. Hom-Yäst Y 9,10; Lommel Yt 179 u. 189)

Ein Plot dieser literarischen Qualität hatte wahrlich das Zeug zu schierer Unsterblichkeit. Und allem Anschein nach hielt er sich tatsächlich durch Jahrtausende.

Denn nicht nur das Awesta wußte um solche *horntragenden Drachen*. In einem (weit jüngeren) Pahlevi-Kommentar heißt es:

> *Einer (von den bösen Wesen) ist der gehörnte Drache* ... (nach Wikander Vayu 108)

Und auch noch im *Aogemadaeca*, einem Parsentraktat, begegnet, so Stig Wikanders Übersetzung,

> ... *ein Drache ... von der Stärke eines Stieres, rosseanfallend, männeranfallend,* ... – *ein Drache von der Größe eines Stieres* ... – *stark wie ein Stier.* (Vayu 99, 170)

Und kennt nicht auch der Westen vielerlei behörnte Drachengestalten?[51] Schon der Johannes, dem Apokalyptiker, erschienene *Drache* war

> ... *feurig und gewaltig groß, mit sieben Köpfen und zehn Hörnern und sieben Diademen* ... (Off 12,3)

Wir werden auf Kursaspa und sein enges Verhältnis zu Mithra bald noch einmal zurückkommen.

Wohl nicht nur von Kursaspas witzigen Abenteuern her inspiriert, begegnen behörnte Drachen, in Öl gemalt oder in Stein gehauen und allerlei Erzengel, Heilige oder den Jesusknaben fordernd auch im Westen; – in katholischen Kirchen nicht anders als in königlichen Parks, Höfen oder Schlössern. Und anzutreffen sind solche grotesken Hornträger nicht zuletzt auch wieder in unseren Kinderbüchern. Wie zu erwarten, horten sie dort Schätze und hüten Jungfrauen; lungern in Sternen-übersäten Höhlen herum und begleiten oder bedrohen welterschaffende Helden der Morgenröte wie ehedem. Immerhin ein Bild sei zur Veranschaulichung einmontiert. Es zeigt einen solchen Hörnerträger mitten im Sternengesplitter des nächtlichen Firmaments – in das freilich, und in geradezu vulkanischer Eruption, schon die Morgenröte bricht (Abb. 45).

„AUFERSTEHUNG". Im Vorbeigehen läßt sich aus dieser Perspektive auch die sonderbare „Phänomenologie" all jener Drachenungeheuer immerhin erahnen:

Vrtra und alle Drachen sind „Fabelwesen": überdimensionale, meist erd-grüne Reptilien[52], bisweilen drei-, sieben-, 12- oder gar 100-köpfig. Sie trampeln oder schlagen wild um sich, sie zischen und fauchen und hausen ansonsten träge und verfressen in Höhlen. Dort halten sie meist „Jungfrauen" gefangen und horten, nachtaktiv, mit Fledermausflügeln besetzt und feuerspeiend, regelmäßig Schätze ... Solche Wesen gehören den Welten des Traums, der Phantasie, der Psychose – und, dem Typ nach, sehr wahrscheinlich auch der Welt der ersten Lebensmonate an. Sie sind, wie ich es andernorts nannte, Produkte *wilder Synthesen*: In ihnen sind objektiv unvereinbare Wahrnehmungselemente zu Phantasiegebilden verdichtet

Abb. 45: Bodo, behörnter Drache in einem Kinderbuch bei Sonnenaufgang (das untere, linke Bilddrittel ist im Original in kräftigem Morgenrot, der übrige Hintergrund in tiefem Blau gehalten. Bild aus: Gemmel u. Sacré)

und verschmolzen.[53] – Im Falle der Drachen ist dabei unschwer zu durchschauen, daß hier nicht nur das wild synthetisierende Kompositionsverfahren, sondern auch die dabei ineinandergemengten Elemente selbst jener Welt der ersten Lebensmonate nachempfunden sind. Die Kleinen kriechen wie Reptilien, sind träge, hausen wie Fledermäuse in „finsteren" aber juwelengleißenden Höhlen …

Mit all dem, und zumal auch mit jener phantastischen Welt wilder Synthesen geht es aber in der Mitte des ersten Lebensjahres zu Ende. Der Drache muß nun „getötet" werden und sich zu Nichts auflösen … Und ganz ähnlich wie die Menschen des alten Indien und Iran könnten auch wir Heutige noch sagen: Der Drache muß jetzt ‚auf den Mond geschossen' werden; er ist von nun an ‚hinterm Mond' und ‚steht in den Sternen'.

Nüchtern und abstrakt formuliert: Drachenkämpfe sind mythische Reinszenierungen der Zeit um den fünften, sechsten Lebensmonat. Der „Tod" des Drachen und der Sieg der Drachenkämpfer stehen dabei für das Beenden der zurückliegenden und das Eröffnen der nachfolgenden Lebensphase des Kleinkindes. – Insofern will der Mythos des Drachenkampfs als *ein Mythos um „Tod" und „Auferstehung"* aufgefaßt werden; „Tod" dabei aber gerade nicht im Sinn von substantieller Vernichtung verstanden, sondern im Sinn von *erfolgreich zu Ende gebracht haben*; „Auferstehung" im Sinn von *Aufbruch zu neuen Ufern*. – Der „Tod" des Drachen und die „Geburt" des Drachensiegers markieren also einen *Übergang*, eine *Verwandlung*, einen *Fortschritt im Verlauf der frühkindlichen Entwicklung*. Und die ein wenig vorgreifende (und vielleicht provozierende) Anmerkung darf hier nicht fehlen: Die Mythen um „Tod" und „Auferstehung" in den späteren Erlösungsreligionen sind aus *solchen*, aus *heidnischen Dramen dieses Typs* hervorgegangen. Nicht zufällig kehren in den apokalyptischen Weltuntergangs-Visionen bei einem Zarathustra, Johannes ... oder Mani so regelmäßig und detailgetreu die Drachenkampf-Motive der alten Religionen der Morgenröte wieder ... – Der spannende Fragenkomplex, wie sich die Transformation der alten Welteröffnungs-Mythen zu jenen neuen Weltuntergangs-Mythen im einzelnen vollzog, muß im Rahmen der vorliegenden Untersuchung freilich ausgeklammert bleiben.

Halten wir fest:

Die römischen Reliefplatten zeigen zwar, wie Mithras einen Stier tötet, aber diese Szene erinnert dabei nicht zufällig an alte Drachentöter. Dies, weil Mithras dabei den Stier in einer Höhle zum Mond und damit zu einem kolossalen Drachensplitter verwandelt; dies, weil der Mond in verbreiteter Phantasie als Gehörn eines Stiers galt und gilt; und dies, weil Drachen seit alters und noch heute Züge von Stieren haben und dann als *behörnte Drachen* inszeniert werden.

4. Bullen-Reihen und Schichtenpsychologie

SOMA. Der Drache war nach all dem, was wir über Mithra-*Vrtraghna nun bereits erfahren haben, die dramaturgisch ideale Besetzung als sein Gegenspieler. Daß es der große Gott im römischen Kult aber dennoch mit einem Stier aufzunehmen hatte, macht, zuletzt, auch noch das folgende und sich erst hier einreihende Argument verständlich:

In den Mythen des alten Indien waren viele Götter zugleich Rinder. Insbesondere bestand die komplette Rasselbande der *Adityas*, der *„Söhne der Aditi"*, aus Stieren. Yama, Agni und Soma galten ebenso als Bullen wie Indra und Visnu, und auch wie Varuna und Mitra, die einstigen Repräsentanten des zweiten und dritten Lebensjahres. Nur eine kurze rigvedische Textprobe zu den letzteren. – An Mitra und Varuna:

> *Die Menschenvölker feiern euer beider Geburt, die preiswerte, die beiden Welten* (= Himmel und Erde) *zu großem Erfolg (gereicht), ihr Bullen ... – Allherrscher, gewaltige Bullen, Herren des Himmels und der Erde sind Mitra und Varuna ...*[54]

Und was im altindischen Kulturkreis, galt ganz ähnlich im altiranischen sowie in anderen frühen Religionen. Stiere, Kühe und Kälber waren mit Abstand die häufigsten Erscheinungsformen der alten Götter. – Zwar wird man nicht alle diese Rinder-Götter und göttlichen Rinder-Helden auf den hier eingeschlagenen Weg treiben und als Repräsentanten von Kleinkindern ansetzen dürfen. Bei einem Baal, Marduck, Gilgamesch und Enki, auch bei einem Telipinu, bei einem Dionysos und zumal eben bei einem Soma, Indra, ... Mithra aber können einmal wachgeriebene Augen schwerlich daran zweifeln.

Da nun also auch die indo-iranischen Götter so regelmäßig als Bullen galten, ist davon auszugehen, daß der von Mithras auf den römischen Hauptreliefs geopferte Bulle ebenso einen *Gott* repräsentierte; einen Gott, dessen „Tod" dann die „Auferstehung" von Mithras ermöglichte. – Welcher Gott aber könnte damit gemeint gewesen sein?

Wenden wir den Blick nur kurz zu Mithra-*Vrtraghnas altindischem Verwandten und *„Double"*, zu Indra, so ist die Antwort sofort völlig eindeutig. Es muß *Soma* gewesen sein! – Hunderte von erhaltenen Kultliedern des Rigveda bezeugen das Somaopfer; und hinter all den vielen blumigen Details, die uns in diesen Opferliedern überliefert sind, zeichnet sich klar und immer wieder erneut ab: der „Tod" des Bullen *Soma* ermöglichte um den fünften, sechsten Lebensmonat die „Geburt" und

„Auferstehung" Indras. Er, der Bulle Soma, repräsentierte deshalb die Zeit *vor* Indras „Geburt", genauer: die frühkindliche Phase um den dritten, vierten, vielleicht noch fünften Lebensmonat.

Was für die beiden indischen Bullen Soma und Indra galt, so ist wieder zu erwarten, muß auch für die beiden altiranischen und später römischen Bullen Haoma (= Soma) und Mithra-*Vrtraghna gegolten haben. Und in der Tat beginnt sich hier der Kreis zu schließen. Denn Soma/Haoma war ein Gott von exakt jenem Alter und jener frühkindlichen Entwicklungsstufe, die Mithras Felsgeburt vorangingen. Ausdrücklich galt Soma als Wiegenkind; und ganz dem entsprechend war er noch ein Gott der Nacht und vielfältig mit dem Mond assoziiert, während Mithra-*Vrtraghna schon für den hereinbrechenden Morgen und die aufgehende Sonne stand. Deshalb aber konnte der kleine Bulle Soma/Haoma genau als jenes nächtliche Mondkalb gelten, das unterzugehen und zu „sterben" hatte, als Mithra die Herrschaft übernahm ... – Eine vielgliedrige Indizienkette wird uns die Richtigkeit dieser Gleichungen erweisen.

SÜSSE WOGEN. Die Züge und Eigenschaften Somas/Haomas machen auch seine assoziative Nähe mit dem Drachen verständlich. Beide waren zwar in ihrem äußeren Erscheinungsbild von Grund auf verschieden: Dieser war nächtlicher Bulle, jener fauchende und feuerspeiende Schlange; dieser ein real mögliches Wesen, jener ein nur imaginatives Produkt wilder Synthesen. Dennoch waren beide, Soma und der Drache, etwas wie *Parallelgötter*, die in entsprechenden Szenen gleichsam für einander einspringen konnten. Genau deshalb war auch schon der altindische Indra *beides in einem: Somaopferer und Drachentöter*; und entsprechend war auch Mithra in Iran ein vielfach gefeierter Drachenbesieger, gerade im römischen Kult aber auch Besieger des Mondstiers.

Was die beiden Parallelgötter Drache und Soma trennte, war allenfalls ihre „Gefährlichkeit". Denn der Drache war in den alten Mythen, ähnlich wie noch heute, überwiegend negativ besetzt. Zwar wurde auch er keineswegs auf der ganzen Linie verteufelt, und es erhielten sich daher Lieder, in denen es hieß:

Zum Glück soll uns der einfüßige Ungeborene Gott sein, zum Glück uns der Drache der Tiefe ...

Dennoch stand Vrtra, der Versperrer, überwiegend für Blockaden und Hindernisse und galt deshalb als Ungeheuer.

Ganz anders Soma/Haoma. Er galt (und gilt noch heute) als ein segensreicher Gott. Und aus gutem Grund: Die Schichten der ersten Lebensmonate bestanden keineswegs nur aus Defiziten. Sie bargen auch und zuoberst *wertvolle Ressourcen*, die nun auf Indra und Mithra-*Vrtraghna, die schon etwas älteren Gottessöhne, übertragen wurden. Zumal für solche Ressourcen stand der kleine Bulle *Soma*. Soma/Haoma repräsentierte deshalb in etwa die selbe frühkindliche Entwicklungsphase wie der Drache Vrtra/*Verethra; er war aber, plakativ gesprochen, der „gute" Teil dieser Phase, Vrtra/*Verethra der „böse".

Sehen wir uns, um dem Gesagten gleich hier schon etwas mehr Halt zu geben, erste Textbelege an! – Was also hatte es, näher besehen, mit der Opferung Somas/Haomas auf sich? Wie im einzelnen sah das Ritual dieser Opferung, wie der Kult um seinen „Tod" und Mithra-*Vrtraghnas nachfolgende „Auferstehung" konkret aus? – Wir sind zur Beantwortung dieser Fragen zumal wieder durch das reichhaltige Quellenmaterial Indiens gut gerüstet. Und wenn die Beobachtungen von dort vielleicht auch im Detail nicht eins zu eins auf Iran und Rom übertragen werden dürfen; *in etwa* und blinzelnden Auges dürfen sie es sehr wohl.

Vollzogen wurde die „Tötung" Somas nicht etwa durch den „Ritualmord" an einem Kleinkind; und es gibt auch keinen vernünftigen Grund zu unterstellen, der uns bekannte Kult habe sich je aus einem solchen „Ritualmord" entwickelt. Somas „Tötung" wurde, obwohl der Gott als Bulle galt, in der Regel nicht einmal durch die Schlachtung eines wirklichen Bullenkalbs inszeniert. Nein, Somas „Tötung" bestand *im Auspressen einer heiligen Pflanze*; einer Pflanze, die ihrerseits Soma hieß und den kleinen Gott und Bullen *Soma repräsentierte*:

Im frühmorgendlichen Kult wurden dazu die getrockneten Stengel dieser Pflanze vorab in aufwendigem Ritual geputzt und gewässert und dann, begleitet von ausgelassenen Liedern, zwischen zwei Steinen ausgepreßt und insofern „getötet". Der abfließende Saft wurde hernach erst in einer Seihe aus Schafswolle geläutert und dann in einem Krug aufgefangen. Dort wurde er in der Regel mit Milch und Honig vermischt und zuletzt getrunken. – Während des gesamten Rituals wurde die „sterbende" Pflanze und ihr Saft dabei als *Gott*, als *Bulle*, ja als (Bullen-) *Kalb* und als – offenkundig noch sehr kleines – *Kind* angesprochen. In rigvedischen Liedern an Soma heißt es daher:

Wie ein Kind, so richten sie ihn mit Opfergebeten, mit Lobsprüchen her. – Wie ein Kalb wird der zur Eile getriebene Saft mit seinen Müttern (= der Mischmilch) vereinigt, ... mit Gedichten herausgeputzt. – Schmücket ihn wie ein Kind mit Opfergebeten aus ... Lasset ihn wie ein Kalb mit seinen Müttern zusammen ... – Indem Soma sich im Schafhaar läutert, ist er, wie ein Kind spielend, abgeflossen ..., er läutert sich für Indra ...

Durch eben diese Pressung war Soma rituell „getötet", war der Leib Somas „hingegeben", war der kleine Gottessohn und Bulle geopfert worden. Entsprechend sang man:

Soma! Dich, der selbst die Opfergabe ist, wollen wir mit Opfergabe verehren![65]

BLUT. Die Opfernden selbst identifizierten sich während des Rituals mit dem nach Somas „Tod" „auferstehenden" Indra (in Iran entsprechend mit Mithra). Deshalb „meditierten" sie sich gleichsam in die von Indra repräsentierte frühkindliche Schicht:

Der Kult begann daher etwa eine Stunde vor Tagesanbruch. Noch prangten Mond und Sterne; aber schon färbte sich der Himmel tief-violett und zuletzt morgenrot. Und endlich dann, mit dem Aufgang der Sonne, wurde Indra „geboren". Jetzt galt es deshalb, alle in Soma, das heißt in den ersten Lebensmonaten angesammelten Ressourcen und „Energien" gleichsam auf Indra zu übertragen. Dazu wurde der ausgepreßte Saft, Somas Opfer-„Blut", nun getrunken, und in begleitenden Kultliedern an Indra Worte gerichtet wie:

> *Zieh ein* (o Soma) *in das Herz des Indra, ... in des Indra Bauch! – Wie die Kuh mit der Milch zum Kalbe,* (kommen) *die Säfte, die süßen Wogen* (des Soma) *zum Keulenträger Indra. – Die schönfarbigen Wogen des sich läuternden Soma gehen in des Indra Leib. – Wann Indra das ... ausgemolkene somische Süß getrunken hat, wächst er, geht er in die Breite, fühlt er sich als Bulle. – (Er ist der) Finder des Himmelslichtes ... – Unerschütterlich wie ein Berg in seinen Grundfesten ist Indra.*[56]

Ähnlich wie dieses altindische Opfer des „Bullen" Soma wird auch das altiranische einst vollzogen worden sein; und ganz im Sinne des alten Somaopfers dort scheint auch noch das Stieropfer auf den römischen Hauptreliefs gedeutet worden zu sein. Wie das *Kalb* und *spielende Kind* Soma, so wurde auch der römische Mond- und Himmelsstier „getötet" und „geopfert", und so wie im altindischen Kult Somas „Energien" rituell auf Indra übertragen wurden, so auch die des römischen Stiers auf Mithra-*Vrtraghna ... – Worin diese im „Blut" Somas gespeicherten „Energien" bestanden, gilt es im nächsten Kapitel, *Das Somaopfer*, im einzelnen zu rekonstruieren. Nur soviel sei schon vorweggenommen: Es waren zumal *erotische* Energien ...

Den alten Rauschtrank Soma verwendeten die römischen Mysten zwar nicht mehr, nachweislich aber Brot und Wein wie die Christen. Und so wie bei diesen die Gleichung ‚Brot und Wein = das Fleisch und Blut des geopferten Gottes-Lamms und Gottes-Sohns', so galt bei den römischen Mysten die gänzlich analoge Gleichung: ‚Brot und Wein = das Fleisch und Blut des Gottes-Kalbs Soma, des (dritten) Sohns der Göttermutter Aditi'.

Das „Fleisch" und „Blut" des geopferten Soma-Stiers nahmen die römischen Mysten dabei sicherlich ähnlich bedächtig zu sich wie einst die Kommunizierenden des alten Indiens und Irans und wie gleichzeitig die konkurrierenden Christen. Und die geweihte Opferspeise wurde gewiß auch bei ihnen mit demütig gesprochen Worten gereicht wie: „das Blut und der Leib des Gottessohnes" oder „das Blut und das Fleisch, das für euch hingegeben wurde". Zur Erinnerung: Im Mithräum unter Santa Prisca (Rom) ist immerhin das Graffito überliefert:

> *Et nos servasti eternali sanguine fuso,* „Auch uns hast du gerettet, indem du das Blut vergossen hast, das uns unsterblich macht!" (nach Vermaseren SP 217)

VERERBT. Es werden noch weitere Indizien hinzukommen; aber als begründete Vermutung darf bereits hier festgehalten werden: *Der auf den römischen Reliefs von Mithras getötete Stier steht für den heiligen Preßtrank mit Namen Soma, iranisch Hao-*

ma. Dieser Preßtrank repräsentierte seinerseits den Gott Soma sowie ein Bullenkalb, vor allem aber ein kleines Kind im Alter von wenigen Monaten. –

Dieser Keim für das Verständnis des römischen Hauptreliefs beginnt sich sogleich weiter zu entfalten, wenn wir nun wieder die eher theoretische Reflexion aufnehmen.

Die kleine Rasselbande der kindlichen Götter war im alten indo-iranischen Kulturraum wie gesagt durch eine Bullenreihe repräsentiert. Und ähnlich wie Soma/Haoma gegenüber Indra/Mithra altersabgestuft war, so war es auch mit allen übrigen Göttern. Auch bei ihnen wurden die *Übergänge* von frühkindlicher Schicht zu frühkindlicher Schicht, mithin von Gott zu Gott oder von Bulle zu Bulle, *durch "Tod" und "Auferstehung"* markiert und symbolisiert. Dem „Tod" eines kleineren Bullen folgte die „Auferstehung" eines schon älteren auf einer höheren Stufe oder Organisationsform. Mit dem „Tod" des kleineren Bullen, so die mythische Vorstellung, wurden dabei nicht nur dessen Mängel und Unvollkommenheiten überwunden; mit seinem „Tod" wurden auch die von ihm ausgebildeten und angesammelten Ressourcen auf den nächstälteren Gott und Bullen übertragen und gleichsam vererbt.

Hinter den einstigen Schöpfungsreligionen Indiens und Irans stand also, man könnte fast sagen: ein „theoretisches" Entwicklungsmodell. – Und nicht nur dort. Denn obwohl die konkrete Ausgestaltung dieses „psychologischen Modells" im Kulturkreis Indo-Irans einzigartig war, war es das allgemeine Prinzip keineswegs. Auch in den Schöpfungsmythen der Griechen und Römer ist noch eine solche Schichten-Struktur auszumachen:

Die „Geburt" der eigentlichen Götter, wir sahen es schon, baute auch dort auf dem „Sieg" über die Titanen und schlangenfüßigen Giganten auf … Eine kurz in die Nähe gezoomte Szene aus solchen Götterkämpfen veranschaulicht, wie verwandt die Psychologie dabei war:

Nonnos, ein griechischer Epiker des 5. Jh. n. Chr., erzählt im sechsten Buch seiner *Dionysiaka*, wie der *gehörnte Zagreus* einst in einer Höhle „geboren" wurde. Gleich nach der „Geburt" schon schwang der Kleine Gott (wie Indra) *Blitzstrahl* und *Donnerkeil* und machte sich auf, den Himmelsthron mit Vater Zeus höchstselbst zu teilen. Die eifersüchtige Stiefmutter Hera ertrug dies aber nicht und stachelte die Titanen auf. Diese hieben den Kleinen daraufhin in Stücke. – Doch siehe da:

Zagreus beschloß sein Leben, zerfleischt vom Schwert der Titanen,
aber begann als Dionysos gleich aufs neue zu atmen …

Dergestalt „neu auferstanden" bestand Dionysos nun weitere Abenteuer. Insbesondere verstand es *das seltsam gestaltete Kleinkind*, man weiß es, sich einmal zum *Löwen*, einmal zum *Tiger*, einmal zum *Drachen* zu verwandeln – und prompt auch zum *Stier*. Als solcher *stieß er die Titanen zurück mit seinen schneidenden Hörnern*. Aber die eifersüchtige Hera hetzte neuerlich auf, und Dionysos erlitt das Schicksal des „Todes" ein zweites Mal. Vom Schwert seiner Mörder tödlich getroffen, *knickte jäh in die Knie der tapfere Stier* – und „auferstand" auch diesmal wieder: Schon im nächsten Gesang des Nonnos war Dionysos wieder wohlgemut und voll göttlichen Tatendrangs. (165 ff.)

Und setzte nicht auch die moderne Entwicklungspsychologie solche Stufenfolgen an – wenn auch in weniger dramatischer Reinszenierung? Man denke nur an Freuds Phasen-Lehre oder erinnere sich an das *Dreimonatslächeln*, die *Achtmonatsangst* ... und die damit verbundenen *Organisatoren* in den Entwürfen eines René Spitz.

VIERTER. Wieder in den alten Kulturraum Indiens und Irans gewandt, wäre es natürlich naiv, hinter den dortigen Götter- und Bullen-Reihen eine klare und konsistente Systematik zu erwarten. Mehr noch als bei den „Klassikern" der modernen Entwicklungspsychologie tut man bei den einstigen Religionen vielmehr gut daran, von einer Art natürlicher Unordnung auszugehen. Denn was bei einem Freud und R. Spitz im Kleinen, vollzog sich dort im Großen: Da wurde nachgebessert und repariert, eingerissen und neu aneinandergefügt; und was daraus im Gang der Jahrhunderte wuchs und wilderte, gleicht daher eher einem Altstadtviertel als einem Reißbrettbezirk: Der Verweis auf diese etwas „chaotische Systematik" schien mir indiziert, weil ich in meinem Indra-Buch aus den verwinkelten Texten des Rigveda *eine* solche Schichten-Systematik herausgehoben und skizziert hatte. Sie besagte:

Die rigvedischen *Adityas*, die *„Söhne der Aditi"*, repräsentieren sieben frühkindliche Entwicklungsstufen: *Yama, Agni und Soma* standen danach für die Schichten vor dem sechsten Lebensmonat; *Indra*, der zentrale und *vierte Aditya*[57], für die mittlere Schicht vom sechsten bis etwa zum 14. Monat; *Visnu* für die darauffolgenden Monate bis zum aktiven Spracherwerb; und *Mitra* und *Varuna* für die letzte, sich etwa vom 18. Monat bis ins dritte, vielleicht vierte Lebensjahr erstreckende Phase.[58]

Diese Skizze war und ist, noch einmal betont, vereinfachend; die gezeichnete Entwicklungslinie in den realen Texten von anderen überformt. Dennoch spricht für ihre Richtigkeit und Wichtigkeit, daß sie – immerhin zum Teil – nicht nur die altindischen, sondern auch die altiranischen Verhältnisse abbildet – und, sehr bemerkenswert, letztlich auch noch die des römischen Mithraskults. Dies letztere freilich *nicht* (oder wenn, dann nur in unübersichtlichen Zusammenhängen), weil sich die sieben Weihegrade oder die Spekulation über die sieben Planetensphären von hier ableitete. Nein, die alte Siebenerreihe scheint im römischen Kult in Gestalt eines *Fragments dieser Siebenerreihe* fortgelebt zu haben; nämlich in Gestalt des *Dreischritts*:

1. CAUTES   –   2. MITHRAS   –   3. CAUTOPATES
(linker Fackelträger)   (rechter Fackelträge*r*)

Sehen wir genauer zu:

Im vorliegenden Band genügt es, sich nur auf die erste Hälfte der alten Siebenerreihe aus Göttern und Bullen zu konzentrieren. Denn zentrales Thema dieses Bands sind die Mythen des ersten Lebensjahres. Diese sind aber nach der besagten

Reihe mit den Göttern und Bullen (1) Yama/Yima, (2) Agni, (3) Vrtra/*Verethra *oder* Soma/Haoma und (4) Indra/Mithra-*Vrtraghna abgedeckt.

Diese scheinbar künstliche Reduktion auf die ersten vier Götter und Bullen der alten Siebener-Reihe, ist alles andere als willkürlich. Denn ausgerechnet in Iran sollte diese *verkürzte Götter-Reihe* die gesamte religiöse Entwicklung elementar bestimmen; ja diese Einschränkung, diese Konzentration auf die Götter des ersten Lebensjahres sollte ab der Zeitenwende dann auch auf das Abendland übergreifen und auch dort Spuren hinterlassen.

Vorgeprägt war die Kappung und Verkürzung der alten Siebener-Reihe seit langem. Denn schon im alten Indien galt Indra, der *vierte Aditya* in dieser Siebener-Reihe, nicht nur als der zentrale und mittlere, sondern klar als der wichtigste Gott. Die allermeisten der altindischen Kultlieder sind auf ihn hin orientiert. Und genau das selbe muß auch für seinen fernen Bruder in Iran, Mithra-*Vrtraghna, gegolten haben und galt auch noch für den „Mithras" = Mithra-*Vrtraghna des römischen Kults. – Während nun aber in Indien auch die älteren Adityas der „ursprünglichen" Siebener-Reihe ein immerhin blasses Leben fortführten, sollte sich prompt in Iran ein wirkmächtiger Mythenstrang herausbilden, der *allein noch jene verkürzte Siebener-Reihe* zum Inhalt hatte. In dieser verkürzten Götter-Reihe bildete jetzt also Mithra-*Vrtraghna, *der* einstige *Vierte* von *Sieben*, den *Endpunkt*.

Ein wenig verwirrend und der verwilderten Systematik zuzuschreiben ist ein weiteres. Aus dieser zurückgeschnittenen Götter- und Bullen-Reihe fiel nun überdies auch noch *Agni*, der Gott *„Feuer"* heraus. Er war zwar einst – auch in Iran – ein sehr beliebter Gott und wurde als Vorbote Somas und des Sonnenaufgangs (Indras/ Mithras) mit vielen Kultliedern besungen. In der in Rede stehenden Götterreihe und Schichtenpsychologie spielte Agni aber nur eine untergeordnete, richtiger: hintergründige Rolle. Agni ist deshalb in der folgenden Schematisierung in Klammer gesetzt; er wird aber im ‚Anhang I.' noch seine angemessene Würdigung finden.

SCHEMEN. Die verkürzte Reihe bestand also nur noch in jenen *drei* Hauptgöttern, die in der folgenden Tabelle in Großbuchstaben hervorgehoben sind:

Altindisch	Altiranisch
1. YAMA	YIMA = Yim, Yama, Jam, Jamshid, Dschemschid
2. (Agni)	
3. SOMA/VRTRA	HAOMA/DRACHE = *verethra, Azi Dahak, Sohak, Beverasp
4. INDRA	MITHRA (-*VRTRAGHNA) = Kursaspa, Thraitauna (Faridun)
5. (Visnu)	
6. (Mitra)	(Mithra = ältere Hälfte des Komposit-Gotts (2./3. Lebensjahr))
7. (Varuna)	(*Vouruna, Apam Napat)

Um die Darstellung dieser etwas komplexen Struktur nicht weiter zur Zumutung auswachsen zu lassen, seien die beiden jüngsten der indo-iranischen Bullen- und Götterreihe fortan nur noch in der *altindischen Schreibung* wiedergegeben. Es stehe also künftig wo immer möglich nur noch *Yama* (statt Yama/Yima, Yim, Jam, Jamshid ...) und *Soma* (statt Soma/Haoma, Hom). Desgleichen sei Somas Parallel-Gott, der Drache, wo immer möglich nur durch *Vrtra* (statt *verethra, Azi Dahak ...) oder eben durch *Drache* wiedergegeben. – Horizontal abgebildet werden wir es fortan deshalb mit der folgenden *Götter- und Bullen-Reihe* zu tun haben:

(1)	(2)	(3)
	VRTRA	
YAMA	Parallelgötter	MITHRA (-*VRTRAGHNA)
	SOMA	

In Iran bildete diese Götterreihe aus *Yama, Soma/Vrtra und Mithra(-*Vrtraghna)* das herausragende Drei-Gestirn; schon in awestischer Zeit, und auch noch in den mittelalterlichen Schriften bei Firdausi und Al Biruni. Dieses Dreigestirn zumal brachte nach iranischem „Glauben" die Schöpfung zustande; dieses Dreigestirn bestimmte die Hauptfeste des Jahres (Now Ruz und Mihragan); und dieses Dreigestirn gab die wichtigsten Schemen der Königs- und Staats-Ideologie vor. – Es nimmt daher nicht wunder, daß es eben dieses Dreigestirn *Yama – Soma/Vrtra – Mithra* war, welches auch noch den Kult der römischen Mysten prägte und dort die Struktur der Hauptreliefs vorgab.

Daß gerade diese Götter-Dreiheit die iranische Religionsgeschichte so nachhaltig bestimmen sollte, ist, am Rande bemerkt, ein höchst erstaunlicher Befund! Denn just diese drei Götterfiguren waren es doch, denen Zarathustra einst den Krieg erklärt hatte: Yama, dem *Frevler*; Soma, der *Pisse* von Rauschtrank; und dem einjährigen *Daeva* Indra-*Vrtraghna, der Zarathustra recht eigentlich zum Teufel geraten war – der dann aber durch seinen alten Freund Mithra jenes merkwürdige *Comeback* erfuhr, das oben beschrieben wurde! Wie war dies möglich? – Nicht zuletzt um auch diese Frage beantworten zu können, ist es nun vonnöten, jene Hauptgötter unseres Dreigestirns genauer zu studieren.

Was, im einzelnen, also symbolisierten dieses Bullen, und was ihre „Opferung"? – So viel ist nach dem bisherigen schon klar:

Alle drei, Yama, Soma/Vrtra und Mithra, waren Hauptakteure bei der Reinszenierung gelingender Schöpfung. Die Dramaturgie dieser Reinszenierung war dabei stets von neuem auf den Sieg Mithras = Mithra-*Vrtraghnas hin orientiert. Für ihn mußte Yama „getötet", für ihn der Drache erschlagen oder Soma geopfert werden. Doch deren „Tod" war kein wirklicher Tod. Ihr „Opfer" markierte vielmehr nur das Ende von spezifisch frühkindlichen Blockaden und Gebrechen. Nachdem diese überwunden und besiegt waren, so die mythisch codierte Botschaft, konnte Mithra „auferstehen" und aus dem Fels „geboren" werden. – Das „Opfer" seiner kleineren „Geschwister" markierte darüber hinaus aber auch und zumal das Übertragen und

Vererben von bis dorthin ausgebildeten Fertigkeiten und Ressourcen. Auf sie, diese von Yama und Soma aufgehäuften Schätze, sei von nun an das primäre Augenmerk gerichtet. Denn mit ihnen, diesen Schätzen aus der „Finsternis", konnte Mithra dereinst dann vor die aufgesprengte Höhle hintreten, die Morgenröte und den ersten Sonnenaufgang beschwören und gleichsam ausrufen wie Nietzsches „Zarathustra":

„Wohlan! ... Zarathustra ward reif, meine Stunde kam: -
Dies ist mein Morgen, mein Tag hebt an: herauf nun, herauf, du großer Mittag!"
- -
Also sprach Zarathustra und verließ seine Höhle, glühend und stark, wie eine
Morgensonne, die aus dunklen Bergen kommt. (ZA 561)

Errät man bereits, warum Nietzsche diese Worte entgegen aller historischen Realität ausgerechnet *Zarathustra* in den Mund legte?

5. Yama und die Vererbung des Xvarnah

Kissen. *Yama*, *Soma* und *Mithra-*Vrtraghna*, so unser Schema, markieren die Entwicklungsstufen des ersten Lebensjahres, die durch „Tod" und „Auferstehung" auseinander hervorgehen.

Für Yama ist diese Rolle schon im Rigveda gut belegt. Er galt als der Erste, der den Weg des „Todes" beschritt; und in einem ihm zugedachten Pferdeopfer wurde das edle Tier vor seiner Tötung daher eigens angesprochen mit:

Du bist Yama, bist der Aditya ...

Und auch über den psychologischen Sinn von Yamas „Tod" kann kein Zweifel bestehen: Durch sein „Sterben" ebnete er den Weg für die weitere frühkindliche Entwicklung, mithin für die „Auferstehung" weiterer Götter:

Als Yama ist er geboren, als Yama (erzeugt er) das künftige Geschlecht (der Götter) ... – Den Göttern zuliebe zog (Yama) den Tod vor ...[59]

Und was für Indien, gilt auch für Iran. Auch dort mußte Yama eines Tages „getötet" werden, um die nächste Stufe der morgenroten Entwicklung zu ermöglichen. Sein Nachfolger war, je nach „Systematik" der „böse" Drache oder der „gute" Bulle Soma, der von Mithra dann seinerseits getötet werden mußte.[60] –

Sehen wir wieder genauer zu:

Yama galt nicht nur als der Erste, der den Weg des Todes beschritt; Yama galt überhaupt als der *erste Mensch*. Und er war es im übertragenen Sinn tatsächlich: Denn Yama (man glaubt es schon in seinem Namen zu hören) repräsentiert die ersten Monate des menschlichen Lebens. Bei den meisten seiner Abenteuer kann Yama nicht älter als allenfalls drei oder vier Monate gewesen sein.

Deshalb war Yama noch Aionen davon entfernt, das Gehen zu lernen. Er galt daher als fußlahm, ja von einem Fuß Yamas sagte man in überzeichnender Metaphorik, er sei *von Würmern zerfressen*, mithin noch durch und durch faul.

Dem ganz gemäß wohnte Yama, einem Maulwurf gleich, auch noch in einer Höhle. Diese, *vala* oder *var* genannt, lag *unter einem schön belaubten Baume* und galt als *Yamas Götterpalast*. Wie ob der Kurzsichtigkeit des kleinen Gottes nicht anders zu erwarten, war dieser Höhlenpalast von undurchdringlichen, aber juwelengleißenden Wänden umgeben. Einst in noch eher schlichten Wendungen geschildert, heißt es darüber in einer späten (mittelalterlichen) Pahlevi-Schrift, dem *Ayatkar i Zamaspik*:

In Var, der von Yama gemachten Einschließung ... hat es sieben Mauern: die erste aus Eisen, die zweite aus Kupfer, die dritte aus Stahl, die vierte aus Erz, die fünfte aus Bergkristall, die sechste aus Silber, die siebente aus Gold.

Der Bewohner eines solchen Gold- und Glitzer-Palasts war natürlich, wie alle Adityas, ein *König*, ja Yama war Urbild und Inbegriff des indo-iranischen Königtums und residierte in seinem Palast daher auch würdevoll auf einem

... allstrahlenden, goldnen, auf goldenem Thron, auf goldenem Kissen, auf goldenem Teppich ...

Hier, in diesem unterirdischen Götterpalast, ließ es sich Yama wohlergehen, und hier fand er angemessene Beschäftigung. Ein Zwerg[61] wie er war, grub und suchte er wie Zwerge auch andernorts,

... im Felsgeröll nach Steinen, deren Glanz und Farbe ihm gefielen, er stieß auf Rubine und Bernstein, auf Silber und Goldadern ...

Doch Juwelensuche war nur das eine. Darüber hinaus galt Yama als der *Herdenreiche*, jedenfalls als königlicher „Großgrundbesitzer" mit stattlichem Viehbestand. Und man versteht, warum: Obwohl Yama seine Höhle, wie es heißt, mit *Händen* und *Fersen* aufgeweitet hatte, war sie doch nicht mehr auf deren engen Radius und die entsprechenden rund 20 Zentimeter Tiefenschärfe der ersten Lebenswochen beschränkt. Der Blick des vielleicht Dreimonatigen wird schon einige Meter weit gereicht haben; und man hat sich die Welt Yamas als ein von einem Baum beschattetes Wiesenstück zu denken, auf das er tagsüber gelegt wurde; geschützt und gestützt durch einen *Teppich* und ein *Kissen*. Auf dieser kleinen, juwelenummauerten Wiesenaue jedenfalls hütete Yama, der *Herdenreiche*, seine weithin berühmten Rinder und Pferde. Sie waren, wie für diese Welt zu vermuten und wie noch für Indra bezeugt – aus Holz ...[62]

ZWEI SONNEN. Gesellschaft leisteten dem kleinen Yama allerlei *Zwerge* ähnlichen Schlags und Alters, darüber hinaus auch groteske, wild-synthetisierte, an Karnevalszüge erinnernde Gestalten, darunter *Menschen mit Hundsköpfen* und *Ohren und Augen auf der Brust*. Vor allem aber umwedelten den kleinen Gott zwei gar sonderbare Hundewelpen: *die Söhne der Sarama*, auch die *beiden Breitnasigen, Braunen* genannt. Zumal sie geben einen unmißverständlichen Hinweis auf Yamas Alter. Galten sie doch auch als die *vieräugigen Wächter* des Yama oder kurz als die *Vieräugigen*.[63] Aus verständlichem Grund: Kinder in Yamas Alter sind nicht nur in einer Welt wilder Synthesen befangen und noch unfähig, weiter entfernte Gegenstände zu fixieren; sie sind überdies auch noch nicht in der Lage, die beiden Netzhautbilder zuverlässig zu einem Objekt parallaktisch zu vereinigen. Mit R. Aslin gesprochen:

(Die) *Systeme, die die Augen bewegen und die beiden Foveas* (= Netzhautgruben) *ausrichten, um verschiedene Regionen des visuellen Angebots zu fixieren, sind … bis mindestens zum fünften Monat nach der Geburt ineffizient …* (106f)

Gleich Betrunkenen – und Yama galt als ständig *bezecht* – muß der wohl auch ein wenig schielende Yama die breitnasigen *Söhne der Sarama* also tatsächlich *vieräugig* gesehen haben … Und vermutlich hängt mit Yamas Doppelsichtigkeit auch zusammen, daß, dem Mythos nach, die *Menschen* einst an *Now Ruz*, dem iranischen Festtag des Yama, *zwei Sonnen* aufgehen sahen. Noch im schon islamisch überformten Mittelalter sagte man sich jedenfalls:

An diesem Tag (in mythischer Urzeit) *stieg Yama auf wie die Sonne, lichtstrahlend, als sei er die Sonne selbst. Die Menschen aber waren über das Aufgehen zweier Sonnen erstaunt …* (Al Biruni AN 202)[64]

Daß Yama damals aufgestiegen sein soll *wie die Sonne*, hat einerseits mit den für sein Alter typischen Flugkünsten[65] zu tun, andererseits aber natürlich damit, daß er ein Held der Morgenröte war. Denn obwohl er die Sonne noch nicht fixieren und nur als unkonturiertes Lichtgleißen sehen konnte, war er doch schon von ihr geblendet und insofern als ob von einer sonnenleuchtenden Aura, als ob von einem unscharf-verschmelzenden Lichtglanz der Sonne umhüllt. Deshalb auch galt Yama als der, je nach Übersetzung, *Sonnengleiche, Sonnenblickende* oder *Sonnenäugige*[66], und deshalb auch wußte der Mythos von einer *Lichtöffnung* in Yamas Höhle, auf die der Kleine mit zwei zum Öffnen bestimmten und wiederum juwelen-schillernden *Geräten* zuging: *einem goldenen Ring und einem goldgeschmückten Treibstachel*. Denn zweifelsohne war Yama im Begriff, seine Höhle bald schon zu verlassen, um dann hinauszuziehen ans Licht der Welt. Entsprechend heißt es auch einmal:

· *Da zog Yama aus zum Licht, gegen Mittag, dem Pfad der Sonne entgegen …*

Erreichen sollte der süße Zwerg sein lichtes Ziel freilich nie. Denn am Ausgang der Höhle lungerte schon der böse Drache. Dieser tötete, ja *zersägte* jetzt Yama – ähnlich wie er später dann selbst von Indra/Mithra-*Vrtraghna *zerspalten und zersplittert* werden sollte … Die Metaphorik ist unschwer zu durchschauen: Aus den Bruchstücken des Opfers und der bisherigen Welt, formten die Opferer sich selbst und ihre neue Welt …

Yama jedenfalls verblieb in seiner Höhle, die, so dimensionslos groß sie ihm selbst auch erschienen sein muß[67], in Wahrheit doch noch eng und von Bollwerken und Vrtra-Wällen optischer und motorischer Einschränkung begrenzt war. Und auch sein „Mörder", der Drache, sollte die Pforten der Höhle noch nicht überschreiten. Auch er blieb noch in motorischer Trägheit und Kurzsichtigkeit befangen. Eben deswegen konnte es ja als so bewundernswerte Heldentat Indra-*Vrtraghnas gefeiert werden, daß dieser dann wenige Monate später eben auch diesen Drachen zerhieb und seine Splitter ans Firmament heftete: Er erst verwandelte die unscharfen und lichtspielenden

Höhlenwände mit seinem nun voll ausgebildeten Sehvermögen zu Sonne, Mond und Sternen – und zur gesamten Welt im ersten Licht der Morgenröte. – Yamas Höhle dagegen galt ausdrücklich noch als *Ort, wo Sonne, Mond und Sterne nicht leuchten*.[68]

AURA. Wichtiger als das Aufzählen weiterer Belege für Yamas noch unfertiges optisches Wahrnehmungsvermögen ist, daß diese frühkindliche Blockade Baustein in einem höchst instruktiven religionspsychologischen Konzept war. Man könnte es als ‚Konzept des Xvarnah', oder genauer noch, als ‚Konzept vom Vererben des Xvarnah' bezeichnen. Was bedeutet das altiranische Wort ‚Xvarnah'?

Zunächst einmal steht *Xvarnah* für eben jene verschwommene und gleißende Aura aus Blendlicht, die Yama umhüllte. Der Grieche Plutarch übersetzte *Xvarnah* deshalb einmal mit *phos*, „*Licht*", moderne Autoren bisweilen mit „*Glorie*" oder „*Lichtglorie*", auch mit „*Glanz*" oder „*Majestät*".[69] Das Wort geht wahrscheinlich auf indo-iranisch **suvar*, „*Sonne*"[70] zurück; und tatsächlich war das *Xvarnah* aufs Engste mit Sonne – und Mond – assoziiert. Eine Art „Engel", so ein umschmückender Mythos, hätte das *Xvarnah* einst von den beiden Hauptgestirnen auf die Erde (und zuerst zu Yama) gebracht und bringe es seither täglich von neuem. Im Sonnen- und im Mondlied des Awesta heißt es entsprechend:

> *Dann, wenn die lichte Sonne brennt, ... tragen sie* (jene „Engel") *diesen Glanz (= Xvarnah) zusammen, diesen Glanz bringen sie herunter, diesen Glanz teilen sie aus über die gottgeschaffene Erde hin ... – Wir verehren den ... Mond, ... den leuchtenden Mond, ...* (und die „Engel") *fassen den Glanz (= Xvarnah) ... und verteilen den Glanz über die gottgeschaffene Erde ...* (Yt 6,1; 7,3; Lommel)

Glücklicher vielleicht noch als die Übersetzung von *Xvarnah* mit „*Glanz*" oder „*Lichtglanz*" wäre daher die mit „*Aura*" oder „*Aureole*".[71] Denn Aura und Aureole, obgleich von esoterisch-neugnostischen Flausen ein wenig entstellt, bezeichnen sowohl das imaginativ Umhüllende und Nimbushafte, als auch das Sonnenhafte des *Xvarnah*. Zudem schwingt in Aura und Aureole auch das lat. *Aurora*, „*Morgenröte*" und *Aurum*, „*Gold*" mit, vor allem aber auch die Bedeutung „*Kranz (Corona) der (aufgehenden) Sonne*". Und eben dieses Streulicht der Corona vor Sonnenaufgang repräsentiert (mit all seinen psychologischen Implikationen) die Bedeutung von *Xvarnah* vielleicht am treffendsten. Jede Nacht vor Now Ruz, dem Frühlingsfest zu Ehren Yamas, so glaubten daher die Perser, erscheine dieses Licht von neuem und kündige die Wiederkunft Yamas an. Noch aus dem 10. Jahrhundert berichtete daher Al Biruni:

> *Jede Nacht vor Now Ruz erscheint auf dem Berge Dama in Fars* (= Persien) *ein weit-streuendes und stark-strahlendes Licht, einerlei ob der Himmel klar oder mit Wolken bedeckt ist, bei jedem Wetter.* (AN 200)

Doch das *Xvarnah* war mehr als nur Symbol für die Aura oder Aureole und den verschwommenen Sonnenglanz der ersten Lebensmonate:

GLÜCK. Man versteht, warum ein König wie Yama auch als *Herrscher des goldenen Zeitalters* galt. Denn der vielleicht dreimonatige Zwerg war nicht nur in eine goldschillernde Aura gehüllt, sondern er wurde darin, wie alle in gesunden Verhältnissen aufwachsende Kinder seines Alters, auch in einem Maß verwöhnt, wie es im späteren Leben nie wieder geschieht. Und genau dieses Verwöhntsein, dieses *Glück* der ersten Lebensmonate ist die zweite Bedeutungsnuance des Wortes *Xvarnah*. Lommel übersetzte *Xvarnah* deshalb, um, wie er einfügte, *beiden Seiten der Bedeutung gerecht* zu werden, mit *„Glücksglanz";* und andere Autoren wie Widengren folgten ihm. Und allerdings: *Yama, der Herdenreiche* galt als

> ... *der Glücklichste unter den Geborenen, der Sonnengleiche unter den Menschen* ... (Yt 9,4; Lommel)

Und stellt man sich vor Augen, wie Yama, hineingeboren in den ersten Frühling und das erste Grün, auf seinem herdenreichen Wiesenstück, auf seinem goldenen *Teppich und Kissen* im Schatten eines schönbelaubten Baumes lag, dann ist auch leicht nachzuempfinden, warum es hieß:

> *Während der Herrschaft des gewaltigen Yama gab es nicht Kälte noch Hitze, Alter und Tod ... – Dieser Ort hat immer Frühling, Wohlstand und fruchttragende Bäume ...*

Gewiß, die Überlieferung weiß, daß Yama ab und an auch ein wenig *friedlos umher irrte*. Insgesamt aber blieb er der *Glücklichste unter den Geborenen*; und wie ihm selbst ging es natürlich auch seinen Mitbewohnern, den anderen in solchen Höhlen hausenden Zwergen:

> ... *diese Menschen leben das glücklichste Leben in jenen Höhlen, die Yama gemacht hat.*

Außer an gleichaltrigen Zwergen und am heiteren Getier von der Art jener hölzernen Rinder und vieräugigen Welpen erfreute sich Yama freilich auch an den Gesichtern und überhaupt an den Zuwendungen der Erwachsenen, obenan natürlich der Mutter. Regelmäßig spitzten deren leuchtende und strahlend-lächelnde Augen von den Wänden seiner Höhle als ob in einer Rembrandt-Galerie zu ihm herein; und der im Mythos sonst so gefürchtete Böse Blick blieb dem kleinen Yama daher noch fern: *Guter Blick*, so heißt es deshalb einmal, *ist bei Yama*. Und da Yama die Freundlichkeit dieser hereinlächelnden Gesichter wie alle gesunden Kinder zurück spiegelte und ab dem dritten Lebensmonat mit einem gerichteten und klaren Lächeln beantwortete, galt auch er, *der schöne Yama*, als *in seinem Hause freundlich gesinnt ...*

Zu Yamas ehrwürdiger Unterhaltung, so lesen wir weiter, ward überdies *seine Flöte geblasen* und wurde er *mit Lobliedern verherrlicht.* Deshalb *erfüllten ... süße Melodien die Welt mit ihren Klängen.* Und während *seine Untertanen andächtig Ya-*

mas Worten lauschten, hörten sie nicht auf, *ihm Juwelen zu streuen: Mit was für einer Pracht von Edelsteinen,* dichtete daher Firdausi, *war sein Thron geziert?* (24 f.)

Selbstverständlich wurde Yama auch mit ausgesuchten Speisen verwöhnt, obenan mit *Milch und Honig.* Mal um Mal wog die alte Götterspeise den Kleinen dann in beglückenden Rausch, und seine Höhle galt daher als Ort, *wo der Met rinnt* und wo *Yama mit den Göttern zecht ...*

Auch an anderen Leckerein mangelte es dem – man beachte es: – *Zahnlosen* nicht, und man versteht aus unserer Perspektive ohne weiteres, warum Yama geradewegs als der Entdecker des Zuckers galt. Als er nämlich, so die Überlieferung,

> *... ein saftiges Rohr tropfen sah, probierte er und fand, daß es von angenehmer Süße war. Dann ordnete er an, daß der Saft aus dem Zuckerrohr gepreßt und daraus Zucker gemacht werde.*

Zu Now Ruz, dem Neujahrsfest zu Ehren Yamas, trank man deshalb seit jeher bei Tagesanbruch einen *ordentlichen Schluck reine, frische Milch* und schenkte sich danach durch die Jahrhunderte und schenkt noch heute allerlei Naschwerk aus Zucker. Al Biruni, der uns dies überlieferte, fügte freilich hinzu: *Das gleiche war auch Brauch an Mihragan,* mithin am zweiten großen Festtag der Perser, dem Festtag zu Ehren Mithras. Warum dies so war, werden wir gleich genauer verstehen.

Der Nasch- und Sinnenlust Yamas wird es jedenfalls auch zuzuschreiben sein, daß noch im Mittelalter der „Aberglaube" herrschte:

> *Wer an Now Ruz morgens (!), vor dem ersten Sprechen (!), dreimal Honig nippt und sein Zimmer mit drei Stücken Bienenwachs parfümiert, wird vor allen Krankheiten geschützt.*[72]

PARADIES. Yama also war von Wohlgerüchen und Juwelen, von Milch und Süßigkeiten, von Lobeshymnen und lauschenden Ohren, von lächelnden Gesichtern und eifriger Fürsorge verwöhnt. Sein *Xvarnah,* so der Mythos, bestand daher nicht nur aus der sonnenschillernden Aura oder Aureole, die ihn umhüllte, sondern es war zudem gleichsam angefüllt mit diesem Glück und Verwöhntsein der ersten Lebensmonate.

Interessant ist im Vorbeigehen, daß das Metaphernfeld dieses altiranischen Mythos' auch noch mit den modernen Alltagssprachen resoniert. Denn Yamas *Xvarnah* stand für sein *strahlendes,* für sein *sonniges* Gemüt und für seine *Heiterkeit,* die noch wenig von finsteren Wolken verdüstert und noch frei von Donnerwettern der späteren „Erziehung" blieb: Yama schwebte gleichsam noch auf der *rosaroten Wolke* des ersten Lichts, ja war in eine Aura zart-warmen Lichts gehüllt wie Putten in barocken Kirchenhimmeln oder – wie das Jesuskind in ungezählten Darstellungen, darunter die „Visionen" des Hl. Antonius. Es sei erlaubt, immerhin eine Abbildung dazu einzumontieren (Abb. 46).

Daß solche christlichen „*Xvarnah*"-Darstellungen genetisch auf die altiranischen Yama- und Mithra-Mythen zurückgehen, sei damit nicht behauptet (aber auch

Abb. 46: Hl. Antonius mit Putten und Jesuskind im „Xvarnah", Francesco Zugno, 1754, Padua, Museo Antoniano

nicht ausgeschlossen!). Die psychologische Verwandtschaft liegt dennoch auf der Hand; und dies nicht nur mit Blick auf solche Lichthüllen um Jesuskinder, sondern auch auf die Nimben oder Heiligenscheine erwachsener Gottesmänner und -frauen ...

Und kein Zweifel: Neben Nimbus und Lichthülle haben auch unsere westlichen und islamischen Paradieses-Utopien ihre Analogie zur Welt des kleinen Yama. Denn seine ins *Xvarnah* des ersten Morgenlichts getauchte und von hölzernen Tieren beweidete Wiesenaue mit ihrem „Lebensbaum" in der Mitte, mit ihren freundlich-fürsorglichen, ja erotischen Frauenblicken und ihren Milch- und Honig-Quellen war und ist der Inbegriff, ist Urform und Archetyp dieser Jenseits-Hoffnungen. Mit Bernhard Geiger gesprochen:

Yama ist ... Herrscher in einem von unversieglichem Licht erfüllten ... Paradiese, das eine Stätte der Sättigung und der Freuden, der Wunscherfüllung und der Unsterblichkeit ist ... (48 f.)[73]

DUNSTKREIS. Noch erstaunlicher freilich ist, wie nah dem iranischen *Xvarnah*-Konzept die Begrifflichkeit Nietzsches wieder kam. Die oben, im *Exkurs über das Heilige* zitierten Wendungen, mit denen Nietzsche die jeweiligen Erlösungen aus seinen psychotischen Krisen beschrieb, erhalten vor dem Hintergrund des *Xvar*-

nah-Konzepts weitere Griffigkeit. Wer wie er, so hieß es dort, immer wieder in die Abgründe des Depressiven geworfen worden sei, gedenke zwar noch der *gemütlichen warmen Nebelwelt, in der der Gesunde ohne Bedenken wandelt*, könne in solchem Zustand aber nicht wieder in diese *Nebelwelt* eintauchen. Denn:

> *… alle jene kleinen lügnerischen Zaubereien, in denen für gewöhnlich die Dinge schwimmen, wenn das Auge des Gesunden auf sie blickt, sind ihm verschwunden: ja er selber liegt vor sich da ohne Flaum und Farbe*. … (Mo 1088)

Auf dem Weg der Genesung kehre der Erkrankte dann aber allmählich und *fast widerspenstig, fast mißtrauisch* wieder zurück zu jener *edelsten und geliebtesten Illusion*. Dann, so Nietzsche, werde es

> *… wieder wärmer um ihn, gelber gleichsam; Gefühl und Mitgefühl bekommen Tiefe, Tauwinde aller Art gehen über ihn weg. Fast ist ihm zumute, als ob ihm jetzt erst die Augen für das Nahe aufgingen. Er ist verwundert und sitzt stille: wo war er doch? Diese nahen und nächsten Dinge: wie scheinen sie ihm verwandelt! welchen Flaum und Zauber haben sie inzwischen bekommen!* (MaM 441 f.)

Dieses *Schwimmen der Dinge*, ihr wieder *wärmer-* und *gelber*-Werden; diese *kleinen lügnerischen Zaubereien*, diese den wiederkehrenden Frühling verkündenden *Tauwinde* und nicht zuletzt auch dieses Aufgehen der *Augen für das Nahe*, für die *nahen und nächsten Dinge*, die dabei wieder *Flaum und Zauber* … bekommen – all diese Bilder und Gleichnisse erhalten ihre Bedeutung, erhalten Resonanz und Widerhall nur aus der fernen, vorsprachlichen und vormoralischen Welt des *Xvarnah*-umwölkten kleinen Yama. *Alles Lebendige*, schrieb Nietzsche daher auch, wir erinnern uns, …

> *Alles Lebendige braucht um sich eine Atmosphäre, einen geheimnisvollen Dunstkreis; wenn man ihm diese Hülle nimmt …: so soll man sich über das schnelle Verdorren, Hart- und Unfruchtbarwerden nicht mehr wundern … Jedes Volk, ja jeder Mensch … braucht einen solchen umhüllenden Wahn, eine solche schützende und umschleiernde Wolke …* (NN 254)

Nietzsches therapeutischer Ansatz, nach dem jenes elementare Gut- und Gelungenheißen seiner selbst und der gesamten Welt in diesen vorsprachlichen und vormoralischen Schichten unseres Seelenlebens gründet, setzt natürlich bereits voraus, daß von dort unten, aus dieser fernen Urzeit der Schöpfung, Kanäle nach hier oben, in die Welt unseres Alltags führen. Nur wenn das damals Erworbene fortlebt, nur wenn sich das *Xvarnah* aus Yamas Welt in unsere, die Welt der Erwachsenen, in angemessener Weise vererbt, kann menschliches Leben gelingen. – Wie aber, so ist nun zu fragen, überträgt, wie vererbt sich das *Xvarnah* Yamas nach altiranischer Anschauung ins spätere Leben?

Die Antwort zergliedert sich in zwei Stränge: Der eine war Teil der altiranischen Königsideologie, der andere Teil des Mythos von den sterbenden und wiederauferstehenden Gottessöhnen. Zuerst und nur kurz zur iranischen Königsideologie:

KÖNIGE. Jeder König Irans, auch jeder Mithra-dates, galt zugleich immer auch als ein Nachfolger, als eine „Reinkarnation" Yamas. Deshalb galt der königliche Park und Palast, ja galt das riesige iranische Reich als ein Ebenbild von Yamas Paradieses-Wiese. Deshalb auch mußte jeder reale König, wie Yama, mit Gold und Juwelen umgeben und überstreut, darüber hinaus in Wohlgerüche gehüllt und überhaupt mit allen schönen Dingen dieser Welt verwöhnt werden. Und deshalb vor allem glaubte man auch, daß die Könige Irans in Yamas sonnenschillernde *Xvarnah*-Wolke gehüllt seien. Seit den Urzeiten der Schöpfung, so der Mythos, habe sich diese Glückswolke erst von König Yama und seither von König zu König vererbt. *Allen Königen*, so deshalb Herman Lommel,

> *Allen Königen der awestischen Überlieferung ist das* kavaem xvarenah, *der „königliche Glücksglanz" gemein.* (Yt 172; Lommel)

Die eindrücklichste Schilderung, wie sich das *Xvarnah* bei der jeweiligen Machtübernahme um einen König legte, wurde oben bereits eingeblendet: Als Ardaschir Papakan, der erste König der Sasaniden, 225 n. Chr. die Dynastie der Arsakiden nach drei siegreichen Schlachten ablöste, ritt er, von einzigartiger Gestirnskonstellation angekündigt, durch die Nacht und bei heraufbrechender Morgenröte zur Königsstadt. Begleitet von der künftigen Königin ward er dabei mehrfach gesehen, und die Leute erzählten:

> *Am Morgen früh, als die Sonne ihren Glanz heraufführte, sind sie so schnell wie der gerechte Wind vorbeigekommen.*

Der *Glanz* der sich ankündigenden Morgensonne wurde hier erkennbar als Vorspiel der Königsherrschaft und als Wiederholung des urzeitlichen Lichtspiels um Yama gedeutet. Und tatsächlich meinten die Menschen dann auch zu sehen, wie sich das *Xvarnah* um den neuen König legte. Ein kundiger Beobachter, so die Überlieferung, habe, nachdem er das königlich-göttliche Schauspiel gesehen, dazu ausgerufen:

> *Das Xvarnah, der „Glücksglanz" ... ist zu Ardaschir gelangt ...* (beides nach Widengren IG 299 ff.)

Vielleicht der schlagendste, aber auch der absurdeste Beleg dafür, wie tief diese Königsideologie und mit ihr der Mythos um Yamas *Xvarnah* in den Herzen der Iraner verwurzelt ist, stammt – aus dem Jahre 2005. Ahmadi-Nedschad, jener die Welt so verunsichernde Präsident des derzeitigen iranischen Gottesstaats, gab damals vor dem Parlament der Vereinten Nationen seine schiitische Überzeugung kund, daß der verschollene Zwölfte Imam bald schon zurückkehren werde. Nachdem er seine allseits befremdende Rede gehalten, ließ Ahmadi-Nedschad dann überdies verlautbaren,

> ... die Vertreter der Nationen hätten ihn fasziniert angeblickt, denn um sein Haupt sei für die Dauer der Rede ein Licht sichtbar geworden ...

Namhafte Theologen, so der Bericht in der *Süddeutschen Zeitung* weiter, ... distanzierten sich. „Nicht einmal die heiligsten Gestalten des Islam haben so etwas von sich behauptet"...[74]

Man möchte nachrufen: O, hätte doch Ahmadi-Nedschad und hätten doch diese *namhaften Theologen* ein Gespür dafür, daß dieses halluzinierte Licht um des Präsidenten Haupt ein Erbe des süßen Yama war – und damit eine mythische Botschaft aus eben jenem *ersten Lebensjahr,* das die Mullahs des „modernen" Iran wieder so radikal tabuisieren. So sehr sie in ihrer Großmannssucht auch an die altiranische Kultur anknüpfen; gerade auch hierin unterscheiden sich diese Mullahs von den altiranischen Königen: daß sie – gewiß unbewußt und ohne jedes psychologische Verständnis – in ihrer unseligen Überhöhung der Ressourcen des *zweiten und dritten Lebensjahres* die Ressourcen des *ersten Lebensjahres* knebeln – und dadurch die Lebensfreude der Einzelnen beeinträchtigen und die Wohlfahrt des ganzen Landes gefährden. Denn nicht zufällig galt das *Xvarnah* Yamas und jedes altiranischen Königs zugleich als das *Xvarnah* des ganzen Iran und aller Iraner:

THRAITAUNA. Der altiranische Königskult mit seinen phantastischen Geschichten und seinen höfischen Zeremoniellen um das königliche *Xvarnah* war, psychologisch verstanden, auch hier *Reinszenierung* der frühkindlichen Welt. In psychologischer Stimmigkeit und in intuitiv richtiger therapeutischer Strategie hielt diese Reinszenierung dabei die Kanäle in die ältesten Schichten der menschlichen Psyche frei. Und kein Zweifel, bei dieser Reinszenierung wurde des süßen Yama nicht nur „gedacht". Yama wurde dabei vielmehr – hoch soll er leben! – *gefeiert,* seine goldige Herrschaftszeit in jährlichen Festen *nachgespielt*.

Herausragender Anlaß dazu waren allem Anschein nach kultische Umzüge, die, ganz ähnlich wie bei uns, auf die Zeit des endenden Winters fielen; denn Now Ruz, der Tag des Frühlingsbeginns, war Yamas Geburtstag. Schon George Dumézil erkannte in Yama deshalb einen archetypischen *roi de carneval* (MV 114). – Hier, in diesen wilden Zügen der Vermummten und Mißbildeten, fand sich das ideale Milieu zur Reinszenierung von Yamas urzeitlichem Königtum. Hier werden auch Sketche, in größeren Ortschaften auch königliche Schauspiele gegeben worden sein; alles jedenfalls gewiß unter Spannung, Beifall, Gelächter und Tränen ...

So, und nicht durch auferlegten „Glauben", übertrug jeder König Yamas *Xvarnah* auch auf sein Volk und verankerte es bis hinunter zum ärmsten Tropf! – Aus gutem Grund herrschte daher, wie gegenüber sakralen Königen weltweit, auch gegenüber jenen Irans die scheinbar merkwürdige Vorstellung, die Könige hätten neben der politischen Macht auch die Macht über die Schönheit des Wetters, über das Gedeihen der Feldfrüchte und das Wohlbefinden der Untertanen ... Sie hatten diese Macht „tatsächlich"! – aber natürlich nur im übertragenen Sinn: Denn sie vermochten zwar nicht das Wetter, aber die Gemüter der Menschen aufzuheitern und sonnig zu stimmen. Und indem die Könige gleichsam die obersten Regisseure bei den kultischen Reinszenierungen von Yamas Welt waren, besaßen sie auch „tatsächlich" – will sagen: im kultischen *Spiel*! – das *Xvarnah*; und diese im Rahmen des kultischen Spiels „tatsächlich" zur Geltung gebrachte *Glücksglorie* wirkte allem Anschein nach – und jetzt ohne Anführungsstriche: – *tatsächlich* als kollektives Antidepressivum.[75]

Damit sind wir beim zweiten Strang der anstehenden Antwort:

Das *Xvarnah* Yamas vererbte sich nach dem altiranischen Mythos nicht nur auf die realen Könige und von ihnen vermittels kultischer Reinszenierungen immer wieder von neuem aufs Volk. Es vererbte sich überdies in der aufsteigenden Reihe der sterbenden und wieder auferstehenden Götter der Morgenröte. – Tatsächlich war beides natürlich enger verschränkt als die hier vorgenommene Aufdröselung suggeriert. Denn auch das Vererben des *Xvarnah* unter den Göttern der Morgenröte wurde (es sei in kultischen in Umzügen, Schauspielen, oder rezitierten Dichtungen) reinszeniert; und die Königs- und Fürstenhöfe waren zumindest privilegierte Instanzen solcher Reinszenierung. – Kern und Plot dieser heiteren Inszenierungen scheint dabei durch die gesamte uns überschaubare iranische Geschichte und rudimentär bis in die Gegenwart stets folgendes einfache Drama gewesen zu sein:

Yama, der selige König der Urzeit, verlor sein *Xvarnah* an den bösen Drachen *Azi Dahaka*[76] – aber Mithra-*Vrtraghna eroberte es in seinem großen Drachenkampf zuletzt zurück ...

Die Belegstellen zu dieser Kernhandlung sind bisweilen ein wenig unübersichtlich; nicht zuletzt, weil Mithra-*Vrtraghna oft in Gestalt von *Thraitauna* und *Kursaspa* auftritt. Doch ist sich die Forschung einig, daß diese „Heroen" nichts als „Dubletten" sind, die für Mithra-*Vrtraghna stehen.[77] – Diese Unübersichtlichkeit begegnet schon in der ältesten uns erhaltenen Stelle, in Yäst 19, wo es heißt:

Zum erstenmal wandte sich der Glücksglanz hinweg, der Glücksglanz von König Yama ... Diesen Glücksglanz ergriff Mithra ... – Als zum zweitenmal der Glücksglanz sich hinwegwandte ... von König Yama, (da) ergriff ihn Thraitauna ..., (er,) der den Drachen Dahaka erschlug ... – Als zum drittenmal der Glücksglanz sich hinwegwandte ... von König Yama, (da) ergriff ihn der tapfer gesinnte Kursaspa ... (19, 35,36,38, Lommel)

Da *Kursaspa* und *Thraitauna* austauschbare Figuren und Substitute für Mithra-*Vrtraghna sind, besagt die Stelle im Grunde einfach:

*„Als das Xvarnah von Yama wich, ging es zuerst auf den Drachen über, von dort auf die Drachenkämpfer Thraitauna und Kursaspa (= Mithra-*Vrtraghna)."*

Lesern, denen angesichts dieser etwas verwirrenden und unübersichtlichen Namenskaskaden Zweifel am didaktischen Geschick ihres Autors wachsen, weiß ich einzig Beispiele von anderen Autoren entgegen zu halten. Geo Widengren etwa schrieb, im selben Dilemma:

> Der ... Drachentöter (ist) Verethraghna oder auch Mithra selbst. Aber dieser Gott hat ... einen Heros als Vertreter, der im Ganzen sein Wesen widerspiegelt: Thraitauna oder Kursaspa. (SA-II 51 f.)

Verkürzt, im Gesamten aber richtig, vererbte sich das *Xvarnah* nach Yäst 19 jedenfalls in der oben schon rekonstruierten Reihe:
      (1) YAMA, (2) DRACHE, (3) MITHRA-*VRTRAGHNA.

BEVERASP. Nicht anders als in der Überlieferung des Yäst 19, die bis hoch ins zweite vorchristliche Jahrtausend zurück zu reichen scheint, verhält es sich auch noch in den Mythen der islamischen Zeit; es sei im Bundehesh, bei Al Biruni oder bei Firdausi.

Deutlicher noch als in Yäst 19 kommt in diesen jüngeren Überlieferungen zum Ausdruck, daß die Übertragung des *Xvarnah* sich jeweils durch einen Prozeß von „Tod" und „Auferstehung" vollzog: Nach dem „Tod" Yamas ergriff der Drache bei seiner „Geburt" und anbrechenden Herrschaftszeit das *Xvarnah*; aber wie Yama erlitt auch er eines Tages das Schicksal des „Todes", und das *Xvarnah* übertrug sich dann entsprechend auf den siegreichen Drachenkämpfer Mithra-*Vrtraghna, der eben jetzt „geboren" wurde und „auferstand" ...

Die Tragik und Freude um „Tod" und „Auferstehung" verlieh den Schauspielen und Rezitationen dabei ihre eigene Dynamik und reizte zu allerlei dramaturgischen Ausschmückungen. So etwa wissen wir, daß die Szenen um Yamas und des Drachen Tod auch politisiert wurden; und wie es scheint über Jahrhunderte hinweg in immer wieder neuer Ausgestaltung. Ersichtlich ist dies zum Beispiel daraus, daß der Drache, sonst *Azi Dahak* oder *Sohak* genannt, irgendwann auch den Namen *Beverasp* erhielt. *Beverasp* aber bedeutete etwas wie „*die zehntausend Pferde*". Nach Firdausi (10. Jh.) wurde damit auf die arabischen Reiterscharen angespielt, die mit der Fahne des Islam den alten, königlichen Iran 641 überrannten.[78] Durch die arabische Eroberung, so die verschlüsselte Botschaft, sei das Königtum Yamas, mithin die idealisierte Phase des vor-arabischen Königtums, zuende gegangen. Der Drachen-Schah der arabischen Herrschaft werde aber, wie dereinst der böse Drache im Mythos, wieder von einem urwüchsig persischen Schah getötet und abgelöst werden. Und wer anders könne dafür in Frage kommen als Mithra-*Vrtraghna, der freilich auch bei Firdausi durch den alten Thraitauna, inzwischen *Faridun*, substituiert war ...?

Die Reihe (Jamschid =) YAMA – BEVERASP – FARIDUN bei Firdausi steht deshalb für den altbekannten Drachenkampf-Mythos, ist jedoch überlagert von der subversiven politischen Botschaft: Die Araber raubten das *Xvarnah* und Urkönigtum Irans, Mithra-*Vrtraghna aber wird es dereinst zurückerobern! – Dem ent-

Abb. 47: Miiro (= Mithra) mit Nimbus, Kuschan, 2. Jh.

Abb. 48: Mithra mit Nimbus auf dem Nemrud Dagi, 1. Jh. v. Chr.

Abb. 49: Römischer Mithras, Carnuntum, 3. Jh.; die bronzenen Strahlen wurden in vorgesehene Vertiefungen neu eingesetzt

spricht, daß der etwa gleichzeitig schreibende Al Biruni überlieferte, am Festtag des Mithra, dem Mihragan, seien die Menschen Irans wieder *zu Herren über sich selbst geworden*, und *Fredun* (= Faridun = Thraitauna = Mithra-*Vrtraghna) habe bald darauf *das Volk angewiesen, Besitz von ihren Häusern, ihren Familien und Kindern zu ergreifen und sich Kadhkhuda, „Herr des Hauses" zu nennen.* (AN 209 f.)

Man beachte aber, daß in dem Mythos um den arabischen Drachen-Schah Beverasp eben nicht nur eine politische, sondern auch und zumal die religiöse Klage zum Ausdruck kam, daß mit der neuen, so puritanischen und oft lebensverachtenden Religion der Araber auch Yamas *Xvarnah*, der *Glücksglanz* von Iran gewichen sei. Denn allerdings: für die Ressourcen des ersten Lebensjahres und die Welt Yamas ließ und läßt zumindest der reine, ursprüngliche und noch „mohammedanische" Islam mit seiner scharfen Überhöhung des Lichts, des „Moralischen" und des infantil „Rationalen" ähnlich wenige Freiräume wie der ursprüngliche Zarathustrismus (und wie natürlich auch die radikaleren Sekten der Gnosis, des Juden- und des Christentums).

Wiedergewinnen könnte das verlorene *Xvarnah*, so der Mythos um den arabischen Drachen-Schah, deshalb einzig ein Drachenkämpfer von der Art Mithra-*Vrtraghnas! Und in der Tat: Was jetzt, im Mittelalter und obenan in jenem „Nationalepos" des Firdausi hinter der vorgehaltenen Hand mythischer Bilder zum Ausdruck kam, war *begründete* Hoffnung. Denn bereits im Verlauf des ersten vorchristlichen Jahrtausends hatte, wir sahen es, Mithras eine ganz analoge religiöse Vereinseitigung geheilt und dadurch den Iranern das verlorene *Xvarnah* wieder zurückgegeben. Damals freilich war das *Xvarnah*, waren insgesamt die Ressourcen des ersten Lebensjahres nicht vom Islam, sondern eben von Zarathustra, Irans eigenem Propheten, „geraubt" worden!

Überleitend zur abschließenden Reflexion noch drei Abbildungen, die alle Mithra in einem Strahlenkranz zeigen; einem Strahlenkranz, der – wahrscheinlich – das *Xvarnah* darstellen soll. Abb. 47 zeigt die Rückseite einer Münze des Königs

Kanishka I. von Kuschan (Ostiran, ca. 127 – 152 n. Chr.) mit dem umstrahlten Mithra (= „Miiro").[79] Abb. 48 zeigt Mithra mit Nimbus auf einem Relief auf dem Nemrud Dagi, Abb. 49 auf dem römischen Kultrelief aus Carnuntum, Niederösterreich.

DREISCHRITT. Blicken wir noch einmal kurz zurück. Das *Xvarnah*, in dem kurzen Fenster der allerersten Lebensmonate ausgebildet, so die therapeutische Botschaft der alten Mythen, überträgt und vererbt sich auf die späteren seelischen Schichten der frühen Kindheit – und zuletzt auch in die Welt der Erwachsenen: Die Glückswolke Yamas bleibt als Ressource der Lebensbejahung, als Quelle des Schön- und Sinnvollfindens der Welt zeitlebens erhalten und als mächtiges Antidepressivum wirksam. – *Jeder Mensch*, rief daher Nietzsche aus,

> ... jeder Mensch ... braucht einen solchen umhüllenden Wahn, eine solche schützende und umschleiernde Wolke ... (NN 254)

So überraschend und verdutzend dies unseren modernen, abendländischen Ohren noch immer klingt, so selbstverständlich war es im antiken Iran. Mithra-*Vrtraghna, der mythische Eroberer und weiter-Vermittler des *Xvarnah*s wurde deshalb in vielfältigen Wendungen angebetet und herbeigebeten; zum Beispiel in dem altertümlichen Yäst 14:

> *Der Sieg* (= Verethraghna = Mithra-*Vrtraghna[80]) *umhülle dies Haus mit Glücksglanz ..., wie diese ... Wolken die Berge behüten. – Wegen seiner Pracht und seines Glücksglanzes verehre ich ihn mit lautem Gebet. – ... den Glücksglanz brachte er, ... Heilung und Kraft.* (Yt 14,41,5,2; Lommel)

Die mythische Botschaft von der Erblichkeit des *Xvarnah*, ohne abstrakte Begrifflichkeit und ohne analytische Psychologie Mal um Mal in die Gemüter der Menschen geschleust, wird ihre antidepressive Wirkung nicht nur unmittelbar entfaltet haben. Sie enthielt natürlich überdies den Aufruf, die wirklichen „Yamas" und „Mithras", mithin die Kleinsten des ersten Lebensjahres, angemessen in Ehren und Würden zu setzen; will sagen: Sie wird auch die „Instinkte" und Intuitionen junger Mütter flankiert und bestärkt haben, die Welt dieser süßen „Götter" tatsächlich als ein wahres Paradies aus Milch und Honig, aus Juwelen und Lichtspielen, aus Flötenmelodien und Lobliedern zu gestalten! Und zuletzt enthielt die mythische Botschaft von der Erblichkeit des *Xvarnah* natürlich den Hinweis, daß dieses ferne Paradies der kleinen Götter das ganze Leben hindurch der Pflege und Heiligung bedarf, der Pflege zumal auch durch Religion! Und tatsächlich dienten, für uns noch gut greifbar, die beiden größten religiösen Feste des iranischen Jahres, Now Ruz und Mihragan, maßgeblich solcher Pflege. Mit allerlei Festbräuchen, mit Schauspielen und Rezitationen wurden hier die Welten Yamas, des Drachen und Mithras reinszeniert und mit Tränen der Rührung und des Lachens benetzt ... – Diesen Festbräuchen wenden wir uns auf den nächsten Seiten etwas genauer zu.

Was aber hat all dies mit dem römischen Kult zu tun? – Zugegeben, auf jener dünnen Sinterschicht priesterlich-„rationalisierender" Spekulation, die den westlichen Mithraskult überlagerte, läßt sich nichts von alledem finden. Aber gleich darunter, in der Ikonographie und in den überlieferten Kulten, lebte der alte mythische Zauber um Yamas *Xvarnah* und um den Drachenkampf Mithra-*Vrtraghnas fort. Zumal die Stiertötungs-Szenen der römischen Hauptreliefs geben vor dem Hintergrund des alten Dreischritts YAMA – DRACHE – MITHRA manches Geheimnis wieder preis; und gerade auch vor den Festbräuchen zu Now Ruz und Mihragan gewinnt hier manches sonst schweigende Detail wieder Form und Kontur. – Vor allem aber bringen die sich ergänzenden Überlieferungen aus Rom und dem alten Iran auch hier zur Geltung, was das übergreifende Thema dieser Szenen war: Es war *der Bogen zwischen dem Frühling und dem Herbst des ersten Lebensjahres*: zwischen der Geburt Yamas und der „Geburt" Mithra-*Vrtraghnas.

6. Now Ruz und Mihragan

CAUTES. *Now Ruz*, wörtlich *„Neuer Tag"*, wird seit alters und noch heute zu Ehren Yamas gefeiert und ist das Frühjahrs- und Neujahrsfest Irans; datiert auf die Tag-und-Nacht-Gleiche um den 20. März. *Mihragan* dagegen, inzwischen weniger populär, einst aber wahrscheinlich überragend, ist der Festtag zu Ehren Mithra-*Vrtraghnas.[81] Datiert auf die Zeit um den 20. September, markiert es die Tag-und-Nacht-Gleiche des Herbstbeginns, mithin das Ende der Vegetationsperiode, die Zeit des Erntedanks und das Hinabsinken der Sonne in ihre winterlich-flachere Bahn.[82] – Beide Feste markierten die Hauptpunkte des iranischen Jahres. *Now Ruz* galt deshalb als *Rubin* und *Mihragan* als *Smaragd*; denn, so überlieferte Al Biruni,

> ... diese beiden Tage sind vor allen anderen ausgezeichnet, ebenso wie diese beiden Juwelen ... (AN 208)

Es ist längst aufgefallen, daß die Hauptreliefs des römischen Kults mit ihren Stiertötungsszenen auf diese beiden Pole und Festtermine des Jahres verweisen. Fast alle diese Reliefs zeigen zur Linken *Cautes*, wie er zumeist (aber nicht immer[83]) mit der Fackel nach oben weist und dabei die aufsteigende Frühlings- und Morgen-Sonne und damit den Beginn des persischen Jahres symbolisiert. Ihm gegenüber steht regelmäßig sein *alter ego*, *Cautopates* und weist mit seiner Fackel der wieder in den Winter hinabsinkenden Herbst-Sonne den Lauf. – Daß die beiden Fackelträger in der Tat die auf- und die untergehende Sonne repräsentierten, ist nicht ernsthaft zu bezweifeln. Zwei ihnen zugedachte, ansonsten identische Altarsteine aus dem bayerischen Stockstadt tragen gar ausdrücklich die Inschriften *D(eo) Or(ienti)*, „dem aufsteigenden Gott" und *D(eo) Oc(cidenti)*, „dem untergehenden Gott".[84]

Charakteristisch und auf den meisten der römischen Reliefs ausgearbeitet sind die gekreuzten Beine der Fackelträger. Sie geben den beiden etwas Lässiges und angesichts der ewig gleichen Rhythmik der auf- und absteigenden Sonne etwas verständlich Gelassenes. – Überdies bezeichnen die gekreuzten Beine von *Cautes* und *Cautopates* aber auch explizit die beiden Tag-und-Nacht-Gleichen des Frühlings und des Herbstes:

Man muß dazu wissen, daß der nächtliche Himmel durch zwei große, kreisförmige (imaginäre) Hauptlinien strukturiert ist: den Himmelsäquator und die Ekliptik. Der Himmelsäquator ist der aufs Firmament projizierte Erdäquator. Er steht senkrecht zur Polachse und markiert die Bewegungsrichtung des langsam rotierenden Fixsternhimmels. Die Ekliptik dagegen ist die Linie, auf der sich die Planeten, die Sonne und (mit markanten Abweichungen) der Mond bewegen. –

Abb. 50: Hauptszene, Verona, Museo Maffeiano

Abb. 51: Cautes und Cautopates, Güglingen

Diese beiden Linien, Äquator und Ekliptik, schneiden sich zweimal X-förmig in einem spitzen Winkel von 23°. Und exakt dann, wenn die Sonne durch diese beiden Schnittpunkte zieht, sind die Tag-und-Nacht-Gleichen des Frühlings und des Herbstes, mithin die Termine für Now Ruz und Mihragan.

Die lässig verschränkten Beine der beiden römischen Fackelträger stehen offenkundig für diese, sich im spitzen Winkel schneidenden Hauptlinien des nächtlichen Himmels und markieren damit die Termine der beiden großen iranischen Jahresfeste.[85]

ERNTE. *Cautes* und *Cautopates* also weisen, indem sie die Hauptszene des römischen Kults rahmen, den Bogen des Sommer-Halbjahres: *Cautes*, links, steht mit der nach oben gerichteten Fackel und seinen gekreuzten Beinen für die aufsteigende Sonne ab der Tag-und-Nacht-Gleiche des Frühlings, mithin für Now Ruz. *Cautopates*, rechts, entsprechend für die wieder sinkende Sonne und das Fest der Herbstwende, mithin für Mihragan. Zwischen beiden vollzieht Mithras seine große Schöpfungstat, die Tötung Somas, des „Drachen-Bullen". – Das heute in Verona ausgestellte Relief ist dafür ein Beispiel von vielen (Abb. 50). Die beiden einst freistehenden Fackelträger von Abb. 51 stammen aus dem schwäbischen Güglingen.

Daß *Cautes* und *Cautopates* das Sommer-Halbjahr rahmen, erklärt selbstverständlich auch, warum auf manchen römischen Darstellungen nur die Zodiacalzeichen des Sommers dargestellt sind; wie zum Beispiel auf dem Relief aus Trier (oben Abb. 6).

Klar ist desweiteren, daß auf den römischen Reliefs ein Schwerpunkt bei Cautopates, dem *Deo Occidente*, lag. Denn er war der „Gott" des Herbstes und daher primär mit dem Stiertöter Mithra und seinem Jahresfest, dem Mihragan, assoziiert. – Daß es zumal dieses, das alte persische Herbst- und Erntedank-Fest war, das einst als Modell und Vorlage für die römische Hauptszene diente, ist klar genug auszumachen:

Regelmäßig sprießt aus dem Schwanz des sterbenden Stiers eine – oft dreigliedrige – Getreidegarbe. Verschiedene Reliefs zeigen Mithra-*Vrtraghna auch bei der herbstlichen Ernte. Auf dem Relief aus Dieburg sieht man den Gott als „Schnitter" des Getreides (Abb. 52).[86] Auf einer Szene des Reliefs von Besigheim bei Stuttgart und ähnlich auf einer Szene des großen Reliefs aus Osterburken scheint er eine Baumfrucht zu ernten (Abb. 53 und 54).

Fast 1000 Jahre später, und doch, als wäre es ein Kommentar zu solchen Szenen, schrieb Al Biruni über das iranische Herbstfest Mihragan:

> ... alles, was wächst, kommt an Mihragan zur Vollendung und hat keine weiteren Nährstoffe, um weiterzuwachsen ... (AN 208)

Und weil auf die herbstliche Ernte das zu Markte-Tragen der Früchte folgt, war auf dieses Datum, ähnlich wie bei uns, auch der Jahrmarkt angesetzt. Al Biruni jedenfalls berichtet:

> An diesem Tag haben die Perser Jahrmarkt. (AN 207)

Und zuletzt scheint auch die Tracht von Cautes und Cautopates – zumindest auf dem Fresko von S. Maria Capua Vetere – die beiden Jahresfeste zu markieren. Denn Cautes trägt dort ein Gewand in den Frühlingsfarben (?) Gelb, Rot und hellem Grün, Cautopates dagegen ein Gewand in den herbstlichen Farben Braun und Dunkelgrün: Tafel 11a und 11b.

ZWILLINGE. Alle aufgezählten Indizien sprechen dafür, daß die römische Hauptszene *ursprünglich* auf die beiden iranischen Jahresfeste, insbesondere aber auf das Mihragan bezogen war. Vielleicht, daß sie auf ein für uns verlorenes, im alten Iran einst glücklich entworfenes Emblem oder Signet zurückgeht, das als Vorlage für ein „Werbe-Plakat" zur Festankündigung oder auch zur Ankündigung einer konkreten Theaterinszenierung diente. Wir wissen es nicht. – Was wir aber wissen, ist, daß dieses „Plakat" überaus gelungen war und sich deshalb über Jahrhunderte hinweg in erstaunlicher Stereotypie erhielt.

Um in seiner *Wirksamkeit* erfaßt zu werden, will dieses „Plakat" natürlich *nicht* mit dem kühl-analytischen Blick des Historikers, sondern mit dem Blick eines Malers oder Werbegraphikers gesehen werden. Denn in ihm sind eine Vielzahl von Motiven kunstvoll arrangiert und in eins gedichtet; oft nur angedeutet und so gehalten, daß sie der aktiven Intuition und Phantasie des Betrachters bedürfen.

Neben der frühmorgendlichen Himmelshöhle und dem Mondstier, neben Mithras morgenroter Tracht und seinem die Nacht einrollenden Weltenmantel, neben der um die nächtliche Polachse kreisenden Tierschar aus Schlange, Hund ... Stier und Skorpion ... –; neben diesem und manchem mehr, sahen wir uns zuletzt die graphische Umsetzung zu den beiden iranischen Hauptfesten an. Wollte man den Versuch unternehmen, diese künstlerische Umsetzung doch zu sezieren und analytisch aufzugliedern, würde man *Cautes* zur Linken wohl dem iranischen

Abb. 52: Mithras (der „Perser") als „Schnitter", Dieburg, Museum

Abb. 53: Mithras beim Pflücken einer Baumfrucht, Besigheim, jetzt Stuttgart, Baden-Württ. Landesmuseum

Abb. 54: Ernte, Osterburken, jetzt Karlsruhe, Badisches Landesmuseum

Yama zuordnen, den Mondstier dem Bullen Soma (oder dem Drachen) und den reitenden Mithras zusammen mit *Cautopates* dem kleinen Mithra-*Vrtraghna.

Nicht wirklich gesichert ist freilich, ob zumal der römische Cautes mit dem iranischen Yama gleichgesetzt war. Dennoch fehlt es nicht an weiteren Indizien dafür, daß hinter dem Dreischritt der römischen Hauptszene
CAUTES – MITHRA – CAUTOPATES
der altiranische Dreischritt
YAMA – SOMA/DRACHE – MITHRA
steht:

Klar ist zuerst einmal, daß *Cautes* und *Cautopates* Substitute für Mithras selbst waren, denn sie tragen regelmäßig dieselbe orientalische Tracht und regelmäßig auch „Mithras" Zipfelmütze. Nach unserer, der entwicklungspsychologischen Deutung, wird dies besagen: Alle drei stehen für die aufeinanderfolgenden Entwicklungsstufen des ersten Lebensjahres und sind insofern die „Reinkarnationen" *eines* Gottes. Die bei Dionysius Areopagita, einem christlichen Autor des 6. Jahrhunderts, erhaltene Wendung *mithras triplasios*, *„dreifacher Mithras"* paßt gut zu dieser Deutung.[87]

Klar ist weiterhin, daß gerade auch die beiden Fackelträger mit „Markern" für frühe Kindheit versehen waren: Neben ihrer Zipfelmütze ist vor allem ihr, im Verhältnis zu anderen Figuren der Arrangements, oft kleiner Wuchs und ihre (wiewohl nur vereinzelte) Nacktheit zu nennen; zum Beispiel die der im letzten Abschnitt eingeblendeten Skulpturen aus Güglingen. Vielleicht klang auch noch in römischer Zeit die alte Bedeutung ihrer Namen durch. Denn *cautes* geht nach den Analysen von H. W. Bailey und Martin Schwartz sehr wahrscheinlich *auf eine indo-iranische Wurzel* *k(a)u-, *„jung, klein" zurück* und ist daher mit dem *neupersischen kodak, ku-*

dak, „jung, Knabe, Kind, klein" verwandt. *Cautopates* aber muß, so Schwartz weiter, „*das Gegenüber des Kleinen* (Cautes)" bedeutet haben (414 u. 421).[88] – Regelmäßig werden die Fackelträger ja als kleine Männer und halbe Zwerge dargestellt, und vermitteln in indirekter Suggestion, von welcher Welt die Szene handelt. Auf einem Relief in Neapel haben die beiden etwas geradezu Wichtelartiges und reichen dem sterbenden Stier kaum die Hufe hoch (Abb. 55).

Dazu stimmt auch, daß es über die beiden Fackelträger in einem Graffito in Santa Prisca, Rom, heißt:

Fons concluse petris qui geminos aluisti nectare fratres – „*Quelle in dem Felsen beschlossen, die die Zwillings-Brüder mit Nektar speiste*" (Betz MIP 66[89])

Nektar, die alte Götterspeise, steht natürlich für Milch und Honig[90], und diese waren in der Antike zugleich die Hauptnahrung der Kleinsten. Dies und überdies, daß Cautes und Cautopates hier als *Zwillings-Brüder* bezeichnet werden, rückt sie in die Nähe Yamas; denn auch *Yama* hat die Wortbedeutung „*Zwilling*", und es ist keineswegs ausgeschlossen, daß ein Nachklang auch davon bis Rom hinüberdrang. – Daß die römischen Mysten die dem modernen wissenschaftlichen Ohr vernehmliche und auf indogermanische Zeiten zurückweisende etymologische Verwandtschaft von *Yama* und lat. *Geminus*, „*Zwilling*" noch gehört hätten, ist allerdings eher unwahrscheinlich.[91]

Damit nun sind wir aber nach der bloß formalen Deutung der römischen Hauptszene wieder bei der inhaltlichen. Denn die zuletzt eingewobenen Feststellungen verweisen bereits wieder darauf, daß die römische Hauptszene nicht einfach nur ein überkommenes „Plakat" für die iranischen Hauptfeste war. Nein, sie spiegelt mehr als nur die mit Now Ruz und Mihragan gefeierte ewige Wiederkehr des Jahreslaufs. Sie spiegelt auch und zumal den *ersten* Jahreslauf; will sagen: das morgenrote Drama in der Spanne zwischen dem Frühjahr und dem Herbst des ersten Lebensjahres; den Bogen von der Geburt Yamas bis zur „Geburt" Mithra-*Vrtraghnas. – Sehen wir wieder genauer zu:

ACHT MONATE. Die iranischen Quellen wissen sowohl in vorchristlicher als auch nachchristlicher Zeit, daß die Herrschaft sowohl des mythischen Urkönigs Yama als auch die des Drachen dimensionslos lange Zeiträume umfaßt hätten. Je nach Quelle ist einmal von 616, einmal von 900, einmal von 1000 Jahren Herrschaftszeit die Rede.[92] Solche Dimensionslosigkeit ist natürlich eine angemessene Metaphorik für die Welt Yamas und des Drachens, da die Fähigkeit zur Abschätzung und Einteilung der Zeit in ihrem Lebensalter noch nicht ausgebildet ist. Entsprechend hieß es an anderer Stelle auch:

Während der Herrschaft des gewaltigen Yama ... gab es nicht Alter und Tod ...
(Y 9,5; nach Lommel Yt 188)

Abb. 55: Cautes und Cautopates als „Wichtel" unter dem Huf des sterbenden Stiers, Neapel, Museo Archaeologico Nazionale.

Kinder im Alter Indras und Mithra-*Vrtraghnas dagegen sind zu angemessenen Einschätzungen der Zeitabläufe durchaus in der Lage, weshalb Indra ja, wir lasen es, als *Einteiler der Monate* apostrophiert wurde.[93]

Hinzu kommt natürlich, daß die absurden Zeitangaben über Yamas Herrschaftszeit im Dienste heiliger *Konfusion* standen ... Aber auch hier korrespondierte der *Konfusion* eine *indirekte Suggestion*, und diese übermittelte zugleich die eigentliche und religiös gewichtige Nachricht:

Insgeheim und wortlos einschleichend ist in dem Mythos um Yama, den Drachen und Mithra-*Vrtraghna nämlich eine ganz andere Zeitangabe im Spiel – und sie ist prompt die psychologisch *richtige*. Denn bis sich die kleinen Drachenkämpfer ihrer Kurzsichtigkeit und ihrer schlimmsten motorischen Blockaden entledigen, vergehen in etwa *sechs Monate* – und sechs Monate ist exakt die Spanne, die zwischen Now Ruz und Mihragan liegt und die von Cautes und Cautopates bezeichnet wird, eben die Zeit zwischen der Tag-und-Nacht-Gleiche des Frühlings und der Tag-und-Nacht-Gleiche des Herbstes!

Mihragan war deshalb nicht nur ein Herbst- und Erntedank-Fest im gewöhnlichen, sondern auch im übertragenen Sinn: Es stand auch und zumal für den *Herbst und die Ernte des ersten Lebensjahres* – und war eben deshalb das Fest, war der „Geburts"-Tag des kleinen, sechsmonatigen und so tapferen Mithra-*Vrtraghna ...[94]

Daß es diese, die Zeitangabe von sechs Monaten war, die den eigentlichen, den entwicklungspsychologischen und religiösen Gehalt zur Geltung brachte, wird durch eine Reihe von Belegen erhärtet. Der wohl wichtigste ist der folgende:

Zwei Monate nach Mihragan, am 16., dem *Mihr-Roz*, dem *„Mithra-Tag"* des Monats November nämlich, wurde ein anderes und ansonsten nebensächlicheres Fest begangen. Dabei wurde zuerst noch einmal Mithra-*Vrtraghnas Drachensieg gefeiert – und dann ein Ereignis, das gerade auch in Al Birunis lapidarer Nennung noch heute etwas vom Gewicht der damit verbundenen indirekten Suggestion erahnen läßt. *An diesem Tag* nämlich, so Al Biruni,

> *An diesem Tag fand die Entwöhnung Freduns* (= Thraitaunas = Mithra-*Vrtraghnas) *statt.* (AN 212)

Edward Sachaus Übersetzung aus dem Arabischen war auch hier präzis. Denn das arabische Wort bei Al Biruni geht tatsächlich auf ein Verb mit der Bedeutung „*entwöhnen (Säugling/Tier)*" zurück und bedeutet unmißverständlich „*Entwöhnung*".[95] Deshalb besteht kein Zweifel, daß hier das Abstillen Mithra-*Vrtraghnas bezeichnet wird. Und in der Tat sind acht Monate eine Stillzeit, die nicht für jedes konkrete, aber für ein idealtypisches Kleinkind wie Mithra-*Vrtraghna durchaus angemessen ist.

Mit welchen Ritualen die Menschen Irans damals das Abstillen Mithras im einzelnen reinszenierten, wissen wir nicht. Man hegte und erfüllte sich an diesem kleinen Feiertag jedenfalls, so Al Biruni, die *Hoffnung auf Geschenke und Gaben.* Ob diese Geschenke dabei vielleicht als ritueller Ersatz für die damals entzogene mütterliche Milch galten? Irgendwie muß mit dem Gedenken an *die Entwöhnung Freduns* auch der Festbrauch zusammen gehangen haben, daß die Menschen am Vortag *menschengestaltige Figuren aus Knet und Lehm* anfertigten und *an Einfahrten aufstellten ...* (AN 212)

Wie auch immer: Al Birunis Hinweis auf Mithras *Entwöhnung*, so leicht überhörbar er auch ist, hat für unser Thema so herausragende Bedeutung, daß er unten noch einmal ausführlich aufzugreifen sein wird.

SALBEN. Now Ruz war das Fest zum Gedenken der Geburt Yamas. Dabei wurde die Geburt Yamas, anders als die Felsgeburt Mithra-*Vrtraghnas sechs Monate später, im wörtlichen Sinn aufgefaßt. Denn Yama repräsentiert, wir sahen es, tatsächlich einen Neugeborenen und die Welt der ersten Lebensmonate. Seine „faulen" Füße waren dafür ebenso zuverlässige Indizien wie seine Juwelenhöhle und insgesamt seine noch rohe optische Wahrnehmungsfähigkeit. Der römische Kult reinszenierte in seinen von flackerndem Licht und Juwelen durchgleißten Höhlen erkennbar auch *diese* Welt – wenn auch selbstverständlich immer schon mit Blick auf die sich sechs Monate später im ersten Morgenrot eröffnende Welt Mithra-*Vrtraghnas.

Darüber hinaus reinszenierte der römische Kult aber auch weitere Eigenheiten Yamas, zum Beispiel seine Lust auf Süßes. Denn Yama, wir erinnern uns, schleckte, wie alle Kinder seines Alters, gern Honig und „entdeckte" das Zuckerrohr. Deshalb, so überlieferte Al Biruni, war es

> *... an Now Ruz Brauch, sich gegenseitig Zucker zu schenken ... Die Amulett-Händler sagen: Wer am Morgen dieses Tages vor dem erstem Sprechen (!) Zucker ißt und sich mit Öl salbt, wird alle Arten von Mißgeschick während des größeren Teils dieses Jahres fernhalten.* (AN 200 ff.)

Auch das Salben ist ja eine Geste, die Erwachsenen (zumal Königen) nur rituell zukam, unmittelbar aber einzig Säuglingen.[96] – Beides, das Salben und der Konsum von Honig, ist (wie für viele andere) auch für den römischen Kult belegt; dort freilich von sonderbaren Prozeduren überlagert: Moralisierungen und Schuldgefühle sowie allerlei Reinlichkeits-Obsessionen hatten auch hier den einfachen, ursprünglichen Brauch des Salbens, des Honigschenkens und Honigschleckens übersintert. Porphyrios berichtet:

> *Bei ihnen* (den römischen Mysten) *wird zur kultischen Reinigung Honig statt Wasser über die Hände der Einzuweihenden geschüttet ... Ebenso verwenden sie Honig, um ihre Zunge von aller Schuld zu reinigen.* (Ant 15 f.)

Doch wie neurotisch durchfärbt der späte Sinter hier auch gewesen sein mag: die *indirekte Suggestion*, daß dabei die Paradiesesspeise der Götter und Kleinkinder auf die Mysten übertragen wurde, war dennoch gegeben. Gleich dem *Xvarnah*, ja vielleicht als dessen Träger, wurde hier der *Nektar*, der für Cautes und Cautopates einst aus der Felsenquelle troff, auf die erwachsenen Mysten „vererbt".

Wie seiner Lust auf Süßes und wie dem Salben seiner Haut wurde an Now Ruz auch Yamas Flugkünsten und seinen ersten Wagenfahrten Rechnung getragen. Yama, heißt es jedenfalls bei Al Biruni, habe an Now Ruz

> *... einen Wagen erhalten, mit dem er sogleich in die Lüfte stieg ... Die Leute machten ob des damals gesehenen Wunders aus diesem Tag einen Festtag, und sie erfreuen sich dann mit Schunkeln und Tanzen, und ahmen Yama damit nach.* (AN 200)

Wer das – weltweit ähnliche – Spiel der Eltern mit ihren Kleinsten beobachtet – das Hochwerfen und wieder Fangen, das wilde Wiegen, Schaukeln, Schunkeln und Wirbeln –, der wird auch ohne wissenschaftliche Erklärung[97] nicht zweifeln, auf welchen Erlebnisstrukturen Yamas wilde und fliegende Wagenfahrten (wohl noch im geschlossenen Coupé) beruhten ...

Daß die Menschen an Now Ruz Yamas Flugkünste nicht nur mit *Schunkeln und Tanzen* nachahmten, sondern sich überdies maskierten und zu allerlei Tieren vermummten, kann als gesichert gelten. Yama (und seine Schwester Yami) galten entsprechend auch als die Stammeltern der Affen, Bären, Katzen, ... Schildkröten, Frösche.[98] Das Treiben an Now Ruz muß jedenfalls von der Art unserer Fasnachtsumzüge gewesen sein – mit Yama als König und Karnevalsprinz.

WEITE TRIFTEN. Es ließen sich weitere Parallelen ziehen; doch nur noch eine letzte sei genauer herauspräpariert. – In Iran gehörte ein unauffälliges und scheinbar nebensächliches mythisches Detail zum festen Repertoir Mithra-*Vrtraghnas und wurde auch an Mihragan, Mithras „Geburts"-Tag, in Erinnerung gerufen. Daß dieses unscheinbare Detail auch nach Rom vorgedrungen war, ist, obwohl Textbelege fehlen, doch äußerst wahrscheinlich. Denn im indo-iranischen Kulturkreis begegnet es über alle Zeitläufte hinweg schon in den ältesten, ins zweite vorchristliche Jahrtausend zurückreichenden Texten[99] und auch noch bei Al Biruni, mithin im zehnten nachchristlichen Jahrhundert. An Mihragan nämlich, so in Al Birunis Formulierung,

> ... *dehnte Gott die Welt aus.* (AN 208)

Daß mit diesem *Gott* Mithra-*Vrtraghna gemeint war, kann als gesichert gelten[100], denn schon Mithra-*Vrtraghnas indo-iranischer Urahn, Indra-*Vrtraghna, muß als solcher *Ausdehner* der Welt gegolten haben. Allein von daher ist erklärlich, warum auch Mithras altindisches „*Double*", der goldige Indra, diesen Zug ererbt hatte.[101] Und was wunder: Als die kleinen Drachentöter den Vrtra-Wall ihrer Kurzsichtigkeit durchbrochen und die anfängliche Höhle aufgesprengt hatten, öffnete und weitete sich in der Tat die Welt. In den rigvedischen Texten Altindiens heißt es daher über Indra:

> *Du, Indra, bist der Vrtratöter, du hast das Luftreich ausgedehnt. – Indra ... dehnte den Luftraum aus, als er den Vala* (die Höhle) *aufgesprengt hatte. – Er befestigte die Erde und breitete sie aus. –* (Er hat) ... *den Raum sich ausgemessen, immer breiter ... –* (Er) *drängte Himmel und Erde weiter weg ... – Indra soll uns geräumigen Platz schaffen!*[102]

Ganz dem entsprechend priesen die Menschen Irans seit alters auch *Verethraghna*, Indra-*Vrtraghnas unmittelbaren Erben, für sein, so wörtlich

> ... *fernblickendes Auge*, das *in die Ferne leuchtet*[103] *durch die dunkle Nacht* ...
> (Yt 14,13; Lommel)

Und Mithra selbst, der diesen Zug offenkundig mit Verethraghna teilte, galt daher während seiner gesamten uns überschaubaren iranischen Geschichte als Gott, der (je nach Übersetzung) *weite Fluren* oder *weite Triften* hat, auch als Gott der *wide cattle-pastures*, „*weiten Rinderweiden*", ja gar als *grass-land magnate*, „*Großgrundbesitzer von Grünland*".[104] Noch die heutigen Parsen beten deshalb an Mihragan:

> *Möge Gott Mihr zu uns kommen, der Mihr mit den weiten Fluren ...* (Kotwal 188)

Und auch schon in der ersten Strophe des ihm eigens gewidmeten altiranischen Kultlieds, dem Yäst 10, heißt er *Mithra, der weite Triften hat* ...; und in späteren Strophen wird ausgeführt:

> *All das beschaut er, was zwischen Himmel und Erde ist. – ... breit und tief sind seine Triften – ... mit schönem, in die Ferne sehendem Blick schaut er aus seinen Augen – ... ein untrüglicher, umherblickender Späher ...* (Yt 10,95,112,107,46; Lommel)

Ja, so hoch in Ehren stand die aufgeweitete Seh- und Tiefenschärfe der sechsmonatigen Nest- und Höhlenflüchter, daß schon Mithras „*Double*" Indra dafür umjubelt wurde, daß er

> ... einen Fisch ... erspähte, der im seichten Wasser wohnt ...[105]

Und bei Verethraghna gar rankte sich ein ganzer Kranz von preisenden und übertreibenden Metaphern um die neu ausgebildete Fähigkeit. Die *Sehkraft*, die der „große" Gott habe und verleihe, heißt es daher, sei gleich jener, die

> ... der Fisch Kara im Wasser hat, der einen haarfeinen Wirbel des ... starken, tiefen, weitufrigen (Flusses) *Raha* bemerkt ...

Und nicht genug, Verethraghna habe

> ... solche Sehkraft, wie sie ein Hengst hat, der auch in finsterer Nacht ... ein auf der Erde liegendes Pferdehaar erkennt, ob es ein Mähnenhaar oder ein Schwanzhaar ist ... – ... solche Sehkraft, wie sie ein Geier mit goldenem Halsschmuck hat, der sogar über acht Länder hin ein faustgroßes Stück Fleisch erkennt, ... (Yt 14,29,31,33; Lommel)[106]

Daß ein solch zentrales und über die riesigen Zeiträume hinweg immer wieder hervorgehobenes Charakteristikum wie Mithra-*Vrtraghnas Sehschärfe und Fernsicht auch im Mithraskult Roms seinen Niederschlag fand, ist mehr als wahrscheinlich. Und wenn auch der Wortlaut der iranischen Überlieferungen verloren gegangen sein mag, belegt doch schon die cinematographische Anlage der römischen Kultstätten, daß auch hier die Ausbildung der Seh- und Tiefenschärfe plastisch reinszeniert wurde. Denn am „Ende" dieser finsteren und nur von Kerzen- oder Öllicht durchflackerten Höhlen prangte zumeist das große Kultbild der Stiertötungsszene: in leuchtenden Farben und zusätzlich hervorgehoben mit Kontrast- und Konturenverstärkenden Reliefierungen. – Hinzu kommt ein Weiteres:

BERGSPITZE. In den dreigliedrigen Hauptreliefs mit Cautes-Mithra-Cautopates weist Cautes mit seiner nach oben gerichteten Fackel der Sonne den aufsteigenden Lauf. Dabei steht er erkennbar für die Zeit *vor* Sonnenaufgang. Denn noch bedarf es offenbar des künstlichen Lichts seiner Fackel; und zugleich kündigt deren Feuer die bald aufgehende Sonne schon an.[107] – Die Sonne selbst aber wird auf den Hauptreliefs durch Mithra-*Vrtraghna repräsentiert. Nicht nur seine morgenrotleuchtende Zipfelmütze, auch sein im Zenit der Szene stehendes Haupt, oft vom ersten klaren Strahl Sols, des Sonnenvaters, angeleuchtet, erweisen ihn als Repräsentanten und Symbol des Hauptgestirns. Bisweilen, zum Beispiel auf dem großen Relief von S. Stefano Rotondo, wurde sein Gesicht gar überdies mit Blattgold, dem Sonnen-Metall, überzogen (Tafel 3 und 13b).

Was aus den Hauptreliefs des römischen Kults dergestalt zu erschließen ist, hatte uralte Vorgeschichte. Wie Indra in Indien wurde auch Mithra-*Vrtraghna in Iran seit alters mit der Sonne identifiziert, ja dieser sonnenhafte Zug des Sechsmonatigen führte in späterer Zeit dazu, daß sein Name, *Mihr*, zur stehenden Bezeichnung für „*Sonne*" wurde.

In summa: Erst mit ihm, Mithra-*Vrtraghna, ging die Sonne auf und eröffnete sich der Jüngste Tag. Er war das Licht der Welt, der Sonnenschein und Morgenstrahl der Schöpfung ... – Dies aber besagt neuerlich, daß Mithra-*Vrtraghna für Sehschärfe und Weitsicht stand: Denn erst mit dem Licht der aufgegangenen Sonne gewinnt die optische Wahrnehmung Konturen, und erst mit ihr weitet sich auch das in der Dämmerung noch höhlenartig eingeengte Gesichtsfeld. Ähnlich wie damals, im sechsten Lebensmonat, wiederholt sich dieses großartige Schöpfungsdrama an jedem Schönwettermorgen; und deshalb bot jeder solche Morgen die angemessene Kulisse zur Reinszenierung von Mithra-*Vrtraghnas Schöpfungsabenteuern.

Auch zu diesen Aspekten unseres Gottes verdanken wir Al Biruni wieder ein wichtiges Detail, ja ein Lehrstück der Religionspsychologie:

Wir erinnern uns an seine Nachricht über den kleinen Yama und Now Ruz: Angesichts der noch unvollkommenen optischen Wahrnehmung Yamas und seiner mangelnden Fähigkeit zum parallaktischen Ausgleich, habe man an Now Ruz geglaubt, es seien einst *zwei Sonnen* aufgegangen. – Zu Mihragan, dem Fest Mithras, sechs Monate später, aber habe, so Al Biruni, ein ganz anderer Glaube geherrscht; nämlich

> ... *Mihr* (= Mithra) *ist der Name der Sonne, von der gesagt wird, daß sie an diesem Tag zum ersten Mal der Welt erschienen sei und daß deshalb dieser Tag Mihr genannt wird.* (AN 207)

An Mihragan ... *zum ersten Mal!* – Dies barg natürlich ein Problem, und es scheint, als hätte so mancher Gottesmann daran zu nagen gehabt. Denn das hieß ja, daß die *Sonne ... zum ersten Mal* just an jenem Herbst- und Erntefest erschienen sei, an dem sie sich ja „eigentlich" schon wieder zum Untergang wendet! Hier kollidierte Mythos und Realität; und zwischen beidem trennen zu können, war und ist zumal in priesterlichen Kreisen nicht jedem gegeben ... Dennoch war man um eine Lösung natürlich nicht verlegen und erkannte darin – nunja, ein „Wunder"! Und dieses „Wunder" funktionierte dabei, wie „Wunder" gemeinhin funktionieren: Die Frühkindliche Realität nämlich wurde dabei ins Gewand einer konfundierenden Unmöglichkeit gesteckt – und spitzte darunter kaum merklich, aber eben mit der Macht indirekter Suggestion hervor. Man höre selbst. Es heißt bei Al Biruni:

> *Sa'id b. Alfadl pflegte zu sagen: Persische Gelehrte hielten aufrecht, daß die Spitze des Berges Shahin während des ganzen Sommers hindurch schwarz bliebe, aber am Morgen von Mihragan weiß erschiene, als wäre sie von Schnee bedeckt; einerlei ob der Himmel klar oder bedeckt sei.* (AN 208)

Ihr Schneeweiß verdankte die Bergspitze natürlich einem Sonnenstrahl. Aber daß die Sonne diese weiße Spitze des Berges den ganzen Sommer über nicht erreicht hätte, sie jetzt, an Mihragan aber auch bei bedecktem Himmel hätte bestrahlen können, ist ein Ding der Unmöglichkeit. Entwicklungspsychologisch ist es aber pure Realität! Denn die ganzen sechs Sommermonate seit Yamas Geburt an Now Ruz waren Monate der noch unreifen Sehschärfe. Erst nachdem diese Blockade und Vrtra-Sperre in tapferen Drachenkämpfen besiegt war und Mithra-Mihr dann an Mihragan das Licht der Welt erblickte, begannen die Sehschärfe und das Sonnenlicht tatsächlich bis zu jener Bergspitze zu reichen. Die Sonne war tatsächlich erst jetzt – und jetzt *zum ersten Mal* – aufgegangen; und sie war es in diesem übertragenen Sinn selbstverständlich auch *einerlei ob der Himmel klar oder bedeckt* war.

V.
DAS SOMAOPFER UND MITHRAS ENTWÖHNUNG

„MÄNNERRELIGION". Der Drache, den Indra und Mithra-*Vrtraghna zu töten hatten, so wurde oben angesetzt, scheint primär für die „bösen" Anteile, für die Blockaden und Hindernisse der zurückliegenden Lebensmonate gegolten zu haben; Soma/Haoma, der altersgleiche Parallelgott des Drachen dagegen für die „guten" Anteile, mithin für die von dort ererbten Ressourcen. Ist dem so, dann scheint in jenem Seitenarm der alten Mithrareligion, der zuletzt dann in den römischen Kult münden sollte, besonderer Wert auf das Vererben jener „guten" Anteile gelegt worden zu sein. Denn dort sind die alten Drachenmotive nur zu erschließen, und der Drache selbst ist allenfalls noch in Gestalt jener Schlange gegenwärtig, die Mithras auf manchen Szenen der Felsgeburt umschlingt und die auch sonst vereinzelt begegnet. Der Gott Soma/Haoma dagegen ist auf den römischen Hauptreliefs höchst präsent; auch wenn damals vielleicht nicht mehr unter seinem alten Namen. Denn eben jener Bulle, den Mithra tötet und zum Mond verwandelt, *muß* eine Gedächtnisspur des alten Soma/Haoma sein. Und dies nicht nur, weil er eben wie der alte indo-iranische Soma ein Bulle und, wie jener, vielfältig mit dem Mond assoziiert war. Überdies war das Opfer des Bullen Soma/Haoma schon in Indien und Iran das zentrale Motiv des morgendlichen Kults – und war es auch noch auf den römischen Hauptreliefs. Nicht zuletzt galt der „Tod" des Bullen Soma/Haoma dabei in Indien und gewiß auch in Iran über die Zeiten hinweg als Voraussetzung für die „Auferstehung" der schon etwas älteren Götter Indra oder Mithra-*Vrtraghna – und galt dafür allem Anschein nach eben auch noch in Rom.

Die Indizienkette für die Richtigkeit der Gleichung ‚römischer Opferstier = Soma/Haoma' wird sich weiter verdichten, wenn wir nun den Fokus der Aufmerksamkeit ein weiteres Mal in unkonventioneller Weise verschieben und den römischen Mithras unter einer Perspektive ins Visier nehmen, die der bisherigen Mithrasforschung geradewegs tabu war:

Auf die neue Fährte führt die für uns jetzt ohnehin anstehende Frage: Wenn es denn der Mondbulle Soma war, den Mithras auf den römischen Hauptszenen tötete, und wenn dieser Bulle Soma für frühkindliche *Ressourcen* stand: *Welche Ressourcen konkret* vererbte dieser Bulle Soma dann auf den kleinen Mithras? – In thetischer Form wurde die Antwort schon angedeutet: Es waren zumal *erotische* Ressourcen!

Unter Kollegen kann diese These anfangs schwerlich anderes als bloßes Kopfschütteln erregen. Denn allzu offensichtlich war der römische Mithraskult primär ein Soldaten- und damit ein *Männerkult*:

Zwar sind wir über die genaue Zusammensetzung der Kultgemeinden nur aus einem einzigen „Mitgliederverzeichnis", einer Bronzetafel aus Kärnten, einigermaßen genau informiert. Auf ihr aber waren für das dortige Heiligtum und für einen Zeitraum von 18 Jahren (183 – 201 n. Chr.) genau 98 Namen von Mitgliedern eingraviert, unter denen tatsächlich, so Gernot Piccottini in seiner Auswertung,

> *... kein einziger Frauenname aufscheint, eine Tatsache, die die Annahme, daß Frauen die Aufnahme in die Mithrasmysterien verwehrt war, unterstreicht.* (31)

Eine Vielzahl anderer Anzeichen scheint in die selbe Richtung zu weisen und führte in der Forschung zu weitgehendem Konsens. Manfred Clauss vermerkte entsprechend:

> *In die Mithras-Mysterien wurden keine Frauen aufgenommen. Es handelte sich um einen Kult, in dem das Weibliche weder göttlich noch menschlich eine Rolle spielte ...* (Mi 42)

Reinhold Merkelbach faßte seine soziologischen Hypothesen zur Entstehung des Kults unter anderem mit den Worten zusammen:

> *Der Mithraskult ... war eine reine Männerreligion, für welche die „natürliche" Familie (im modernen Sinn des Wortes) nicht zählte.* (Mi 160)

Und Richard Gordon sah, wohl vom Feminismus der 80er Jahre inspiriert, im römischen Kult gar Anzeichen für *den Ausschluß oder die Unterdrückung der Frauen und des Weiblichen* und schloß daher auf *eine ideologische Zurückweisung der Frauen* und *eine systematische Verneinung des Weiblichen.* (44, 54, 57)

Doch war dem wirklich so?

MÜTTER. Zugestanden: Der römische Kult war – so weit wir bisher sehen – ein „reiner" Männerkult. Doch ist daraus wirklich pauschal auf eine Ablehnung des Weiblichen zu schließen? Müßten wir dann nicht auch zum Beispiel heutigen Frauengruppen unterstellen, sie konferierten nicht auch über Männer? Und sind Männer – und zumal Soldaten! – in ihren Gedanken, Gefühlen und Sehnsüchten wirklich notgedrungen allem Weiblichen fern oder gar feindlich? Ist nicht oft, und psychologisch geradezu notwendig, das pure Gegenteil der Fall?

Bedächtiger urteilten Elmar Schwertheim und Maarten Vermaseren – und bekamen deshalb auch andere Fakten in den Blick. So verwiesen beide auf die erhaltene Nachricht über einen gewissen *Kamenius*, der in Rom im Jahre 385 n. Chr. ‚*Vater der Väter*' in einer Gemeinde des Mithraskults geworden war. Nach seinem Tod ließ seine Frau auf seinem Grab ein Gedicht einmeißeln, das alles andere als puren *male-chauvinism* bezeugt:

Dich beweint deine liebe Gattin Tag und Nacht,
Zusammen mit den kleinen Kindern, betrübt, daß sie den Trost
Ihres Lebens verloren hat, die Verwaiste auf keuschem Lager ... (Vermaseren
GK 135, Schwertheim Mi 64)[1]

Auf der Krim fand sich eine Plakette mit der Stiertötungsszene in einem Frauengrab (Beskow RM 15). In Ostia lag in unmittelbarer Nähe zu einem der vielen Mithräen ein Heiligtum des (seinerseits nur Frauen vorbehaltenen?) Kybele-Kults.[2] In einem der Mithräen des anatolischen Doliche/Dülük befindet sich in einer Art Seitenaltar eine (allerdings schlecht erhaltene) Skulptur, die nach dem Urteil der Ausgräber (und auch nach meinem) eine *Muttergottheit*, wahrscheinlich *Kybele*, darstellt ...[3]

Zuzugestehen ist selbstverständlich weiterhin, daß sowohl die persische als auch die römische Kultur „patriarchalische" Züge hatten. Und ebenso auf der Hand liegt, daß die orientalischen Religionen, die in diesen Jahrhunderten nach Westen drängten, insgesamt eine Tendenz zur Entwürdigung des Weiblichen hatten. Dies gilt, wie für das Christentum und wie später für den Manichäismus und den Islam, in gewissem Sinn sicherlich auch für den römischen Mithraskult: Alle diese „neuen" Religionen waren betroffen von jener mythischen Tabuisierung des ersten Lebensjahres und jener mythischen Überhöhung des zweiten und dritten Lebensjahres; und mit beidem ging, psychologisch unabdingbar, eine Entwürdigung des Weiblichen einher. Denn mit der Tabuisierung des ersten Lebensjahres wurden zumal jene Mythen und Kulte zurückgedrängt, mit denen einst die *erste Begegnung der kleinen Götter mit ihren Müttern* reinszeniert worden war ...

Just an diesem Punkt aber spielte doch gerade unser Mithra seine weltgeschichtlich so bedeutsame Sonderrolle! Denn wir sahen es: Gerade er, der kleine und doch so alt-ehrwürdige Mithra war es, der diesem von Zarathustra erstmals verhängten Tabu einst so machtvoll entgegenwirkte und die schlimmsten Wunden wieder stillte und heilte. Er, der einstige Gott und Held des zweiten und dritten Lebensjahres, hatte bald schon nach Zarathustras Revolution die tabuisierte Rolle des halbjährigen Indra-*Vrtraghna übernommen und stand deshalb fortan auch für die Reinszenierung der Schöpfungsabenteuer des ersten Lebensjahres. *Deshalb* doch hatte er die Blockaden der ersten Lebensmonate drachenkämpferisch zu besiegen ... Und deshalb, so ist zu vermuten, stand auch er für die Reinszenierung der ersten Begegnung mit der *Mutter*: mit ihrer Fürsorge, ihrer Liebe und – ihrer jugendlichen Schönheit! O, und wie lebensgestaltend muß diese erste und größte Liebe einst doch gewesen sein, wie zauberhaft, wie hoch-dramatisch, wie abschiedsbedroht – und wie deshalb vor Erotik knisternd!

HAUT. Die im Rahmen unseres Themas zu stellende Frage lautet jetzt daher nicht: ‚Was mögen die Priester, die Kopf- und Textmenschen des römischen Kults einst geglaubt und gepredigt haben?' Denn da ist allerdings davon auszugehen, daß sie mit finsteren Mienen und drohenden Zeigefingern allerlei dummes und abfälliges Zeug gegen das Weibliche daherschwatzten; Zeug, das *wir*, wenn wir es denn beachten müßten, allenfalls auf dem Konto ‚heilige Konfusion' zu verbuchen hätten.

Nein, *unser* Ohr und Hörrohr hat sich wieder an die primären und primärprozeßhaften, an die *unter* dem zarathustrischen Sinter verborgenen Botschaften des Heiligen zu richten: An die in indirekter Suggestion herüberhallenden Echos aus jenen Urzeiten, in denen die kleinen Götter noch von quellenden Brüsten gestillt, von leuchtenden Augen und singenden Lippen durchdrungen und von warmer Haut und wiegenden Armen behütet und geborgen wurden. Denn *dort*, in diesen von Mondlicht und Morgenrot überzauberten Paradiesesauen wurzelt *auch* alle Erotik des Erwachsenenlebens ...

Genauer besehen waren es zwei morgenrote Götter, deren Welten und Erlebnisschichten es nun zu erlauschen gilt: die Welt des kleinen, allenfalls vier Monate alten Soma, und die Welt des schon etwas größeren Mithra-*Vrtraghna. Soma gehörte dabei noch ganz der von Milch, Honig und Fürsorge überfließenden Welt der *Mutter* an. Mithra-*Vrtraghna dagegen war schon im Begriff, sich aus dieser ersten Enge und weiblichen Dominanz zu lösen ... Und zu erwarten ist natürlich, daß die Ikonographie des römischen Kults die Dramen dieser beiden Welten vornehmlich aus der Perspektive Mithra-*Vrtraghnas reinszenierte: Mithra-*Vrtraghna, so der zu erwartende Plot, mußte den mutterfixierten „Bullen" Soma „töten", um dereinst – es ist sehr wahr – ein „richtiger" Mann werden zu können. Eben dieses Drama, so die These, zeigt jedes der römischen Hauptreliefs.

Mithra-*Vrtraghnas Perspektive war deshalb immer schon die des ersten Abschieds von der Mutter. Er, der die Nacht und enge Höhle der ursprünglichen Kurzsichtigkeit aufgebrochen; er, der die schlimmsten motorischen Blockaden bereits überwunden hatte und schon sitzen, rutschen, krabbeln und bald schon wankend gehen konnte; – er mußte nun auch zu seiner Mutter auf größere Distanz gehen – und sie zu ihm! Aufhänger und gleichsam Motto zu unserem jetzt anzutretenden Gang durch die alte Bilder- und Mythenwelt sei deshalb die so unscheinbare (und deshalb so selten gewürdigte) Stelle bei Al Biruni, in der es über ein Festdatum zwei Monate nach Mihragan, nämlich über den 16., den *Mihr-Roz,* „*Mithra-Tag*" des November hieß:

An diesem Tag fand die Entwöhnung Freduns statt. (AN 212)

Fredun, wir sahen es, stand für den alten *Thraitauna* und dieser letztlich wieder für Mithra-*Vrtraghna. – Mithra-*Vrtraghnas *Entwöhnung* im Herbst des ersten Lebensjahres, so nun also die leitende These, war ein zentrales Thema auch noch des römischen Kults.

Doch wenn wir die Szenen des morgenroten Dramas auch jetzt wieder vornehmlich aus der Perspektive Mithra-*Vrtraghnas studieren wollen, gilt es doch, im Vorfeld auch den kleinen Soma aus der Nähe zu betrachten. Dies, weil erst von Soma her verständlich werden kann, welche Schätze sich bei seinem „Tod" auf Mithra übertrugen: welche „Erinnerungen", welche Verhaltens- und Wahrnehmungs-Schemen aus jenen fernsten Zeiten der Schöpfung ...

Als ob nebenbei werden unsere Exkursionen in die Welt Somas neben religionspsychologischen auch wieder religionsgeschichtliche Erträge zu Tage fördern.

Denn Soma, dieser im indo-iranischen Raum durch die Jahrtausende so hoch verehrte Gott, fand, so schien es bislang, im Westen nie Widerhall und Verehrung. Aber er fand sie eben doch! – wenn auch auf schleichenden Sohlen. Eines seiner Einfallstore war der römische Mithraskult; ein anderes allem Anschein nach das Christentum.

1. Die Nutrices von Poetovio

NUTRICES. Werfen wir zum Einstieg einige Seitenblicke auf einen sonderbaren Kult im Umfeld des römischen Mithras: den Kult der *Nutrices Augustae, „der erhabenen Nährmütter"* in der römischen Provinz-Stadt *Poetovio*.

Poetovio, das spätere Pettau und heutige Ptuj, nahe der slowenischen Stadt Maribor gelegen, war ein wichtiger Umschlag- und Knotenpunkt zwischen Italien und den Donauregionen. Hier befand sich das Zentralbüro *(tabularium)* der Zollverwaltung für den riesigen Zollbezirk zwischen Donauquellen und Schwarzem Meer.[4] Und hier, in Poetovio, war auch eines der Zentren des römischen Mithraskults; ja, es gibt begründete Plädoyers, die hier seinen Ursprung und Ausgangspunkt ansetzen.[5] Auch wer (wie ich) dem nicht zustimmt, muß einräumen, daß Poetovio *eine* der „Hochburgen" des Kults war: Fünf Mithräen mit zum Teil einzigartigen Befunden wurden hier bislang ausgegraben, und es ist deshalb davon auszugehen, daß ein beträchtlicher Teil der Einwohner Poetovios dem persischen Gott zusprach.

In eben diesem Poetovio – und nur hier![6] – fand man nun überdies vielfältige Zeugnisse eines zweiten Kults, eben des Kults um die *Nutrices Augustae,* die *„Erhabenen Nährmütter".* Ob dieser Kult (wie gemeinhin vermutet) keltischen Ursprungs war, bleibe dahingestellt. Zwischen dem 2. und 4. Jahrhundert jedenfalls, also zur Blütezeit des Mithraskults, hatte auch er Konjunktur; und dies, wie es scheint, nicht zufällig. Denn zwischen dem Kult um Mithras und dem um die *Erhabenen Nutrices* scheint es zu mannigfachen Berührungen, wo nicht Überschneidungen gekommen zu sein. Ein Großteil der gefundenen Relieftafeln des Nutrices-Kults fand sich jedenfalls *in* den Mithräen Poetovios, ein anderer in unmittelbarer Nähe. Auch die einzige gefundene Tempelanlage des Nutrices-Kults war nur rund 150 m von den Mithräen I. und II. Poetovios entfernt.

In der bisherigen Forschung löste diese Nähe eher Befremden aus, da die Kultbilder der *Nutrices* scheinbar so gar nicht zu denen des Mithraskults passen. Denn hier, im Kult um Mithras, wurde ein „blutiges" Stieropfer, dort das Stillen eines Säuglings geheiligt, hier ein scheinbar „typischer" Männerkult, dort ein scheinbar „typischer" Frauenkult zelebriert ... – Aus unserer, der entwicklungspsychologischen Perspektive, passen die Kultbilder des Nutrices-Kults aber sehr wohl zu den Mithrasreliefs, ja sie legen sich von hier aus als etwas wie die andere Seite *einer* Medaille nahe:

Zentrale Figur der Nutrices-Reliefs ist regelmäßig eine auf einer Art Thron sitzende und dort mit sichtbar entblößter Brust stillende Mutter oder Amme, die eigentliche *Nutrix,* die *„Nährende, Säugende"* (Abb. 56 und 57). Neben ihr steht meistens eine zweite (und mehrmals eine dritte) Frau, die einen Fruchtkorb auf

Abb. 56 und 57: Nutrices Augustae aus Poetovio, Archäologisches Museum Ptuj

dem Kopf trägt und ein zweites, schon etwas größeres Kind zu der Nutrix irgendwie hinführt oder hinträgt. Nach Karl Wigand handelt es sich dabei um einen, je nach Darstellung, *vier-, fünf- oder sechsjährigen Knaben* (193 ff.) …

ÄPFEL. Bedenkt man, daß zumal Yama, der Drache oder Soma in den ersten sechs Monaten des menschlichen Lebens anzusiedeln sind, ist klar, daß auch sie sich zu großen Teilen in den Armen und an den Brüsten der Mutter aufhielten und unter der Fürsorge einer solchen Nutrix standen. Nach ihrer „Tötung" und nach der „Auferstehung" Mithra-*Vrtraghnas, mithin nach Mihragan und zum Herbst des ersten Lebensjahres, stand aber irgendwann die Zeit des Abstillens an. Für Mithra ist dieses Drama durch die Al Biruni-Stelle bezeugt – und es ist sehr wohl möglich, daß genau dieses Drama auch auf den Reliefs der *Nutrices Augustae* inszeniert wurde. Das kleine, noch an der Brust der Nutrix hängende Kind hätte dann sein schon abgestilltes Pendant in dem zweiten, schon etwas größeren Kind. – Für diese Auslegung sprechen drei weitere Beobachtungen:

Daß dieses zweite Kind vier, fünf oder gar schon sechs Jahre alt sein soll, war eine bloße Mutmaßung Wigands. Nach meiner Einschätzung ist es regelmäßig eher nur drei, vielleicht nur zwei Jahre alt oder noch jünger. Deshalb ist es noch nackt, und deshalb nicht bedeutend größer als das Kind an der Brust der Nutrix. – Das Kind an der Brust dagegen ist auf mehreren Darstellungen, so auch Wigand, *in seinen Maßen viel zu groß* (206, vgl. 193). Dies aber wird nichts anderes besagen als: es ist hohe Zeit, es abzustillen!

Daß hier das Drama des Abgestilltwerdens inszeniert wird, spricht weiterhin aus der Analogie zur Metaphorik des Mithraskults. Denn auch hier wird dieses Drama offenbar dem ‚Herbst des ersten Lebensjahres' zugeordnet. Die zweite Frau neben der Nutrix nämlich trägt regelmäßig eine Schale *mit Früchten*, einmal deutlich erkennbar *eine Schüssel mit Äpfeln* (Wigand 193, 203).

Und zuletzt: Ähnlich wie der Mithraskult war der Kult der *Nutrices Augustae* entgegen der ersten Erwartung ein, wie es scheint, reiner Männerkult. Die Inschriften bezeugen jedenfalls, daß *die Weihenden ... stets Männer sind* (Gurlitt 13).[7] Wigands Erklärung dafür war, daß diese Männer ihren im Wochenbett leidenden Frauen göttliche Hilfe herbeigebetet hätten. Aus der Perspektive des vorliegenden Buches ist es aber bei weitem wahrscheinlicher, daß diese Männer das Schöpfungsdrama des Abstillens und damit wirklich Heiliges reinszenierten. – Wie auch immer: Die Dedikationen an die *Nutrices* von Poetovio sind ein zuverlässiger Beleg, daß nicht jeder Männerkult, wie heutiger Zeitgeist zu unterstellen neigt, notwendig chauvinistische Attitüden haben muß. Der Nutrices-Kult war eindeutig ein von Männern betriebener Kult, der stillende Frauen verehrte! Warum sollte Ähnliches nicht auch für den römischen Mithraskult gegolten haben? –

Genug wieder. – Ich bitte, die Szenen aus dem Nutrices-Kults von Poetovio im Gedächtnis zu behalten, betone aber eigens:

Die Parallelität zwischen dem Nutrices-Kult und dem römischen Mithraskult darf nicht überfordert werden. Niemand weiß, warum die Nutrices-Tafeln in Poetovio mehrmals in Mithräen deponiert worden waren. Vielleicht waren sie dorthin einfach nur von randalierenden Christen „entsorgt" und deshalb erst nach der Auslöschung des Kults in die jetzt ebenfalls schon zerstörten Gruben der mithrazistischen Gotteslästerer geworfen worden.

Dies ist möglich; und es ist auch richtig, daß sich in den Quellen zum römischen Mithraskult kein einziges Wort zu Mithras als Säugling oder als Kleinkind in der Phase des Abgestilltwerdens erhielt. Dennoch ist gerade an diesem Punkt – frei nach Hegel – entgegen zu halten: Um so schlimmer für die Quellen! Aus dem einfachen Grund:

Mithra-*Vrtraghna ist mit seinem altindischen „*Double*" Indra offenkundig und eng verwandt. Von Indra aber sind in so großem Umfang Stillmythen überliefert, daß es ähnliche Mythen auch um den iranischen Mithra-*Vrtraghna geradezu gegeben haben *muß*, auch wenn sie in den uns noch vorliegenden, aber insgesamt doch so kargen und von Verlusten ausgedünnten Textquellen fehlen.

Blickt man freilich nicht nur auf die Wort-, sondern auch auf die Bild-Überlieferungen, und dabei zumal auf die des römischen Kults, wird die Sachlage sofort eine andere. Denn vor dem Hintergrund der alten Still-Mythen um Indra wird der Blick in ganz unerwarteter Weise frei für eine ganze Reihe weiterer Beobachtungen. – Ich beginne mit der Szene des sogenannten Wasserwunders, und hole dazu ein wenig aus:

2. Das Wasserwunder, die schöne Luna und Mithras Potenz

USAS. Die rigvedischen Still-Mythen um Indra sind von einzigartigem Zauber. Zeigen sie doch die weibliche Brust und insgesamt die jugendliche Mutter des kleinen, knapp einjährigen Gottes aus dessen eigener Perspektive. Wer Indras Mutter, *Usas*, die *„Göttin Morgenröte"*, in ihrer erotischen, in ihrer weltgestaltenden und weltverzaubernden Schönheit genauer betrachten will, möge dazu die Passagen meines Indra-Buches lesen.[8] Hier müssen einige herausgegriffene Belegstellen genügen, die zuoberst Usas' Brüste fokussieren. – Aus rigvedischen Liedern an Indra und Usas:

> *Lächelnd enthüllst du, die junge Frau, vor ihm* (Indra) *die Brüste, wenn du im Osten* (mithin beim ersten Sonnenaufgang) *erstrahlst.* – (Usas hat) *ihre lieben Sachen enthüllt … Schöngekleidet wie ein verlangendes Weib für den Gatten, entblößt Usas ihre Brust … – Sie enthüllt ihre Brust wie die Kuh das volle Euter. Indem sie der ganzen Welt Licht macht, hat die Usas die Finsternis aufgeschlossen …*

Hier ist auch nicht der Ort, die Psychologie der Usas-Mythen im einzelnen zu rekonstruieren. Festzuhalten ist allerdings, daß diese Mythen in die frühkindliche Welt *nach* Indras Drachenkämpfen und *nach* der „Tötung" Somas gehören. Denn sie zeigen die Göttin mit ihren Brüsten bereits aus der Perspektive eines mindestens Sechsmonatigen, mithin außerhalb der Höhle. Deshalb aber ist sie nicht mehr von wilden Synthesen und auch nicht mehr von Kurz- und Fehlsichtigkeit entstellt, sondern tritt in ihrer gesamten Erscheinung und insgesamt als wundersam schöne Frau auf.

Bis sich Indras Mutter in dieser Erscheinungsform zeigen konnte, vergingen die langen Monate der Drachenkämpfe. Während dieser Zeit war Indra noch in seiner Höhle befangen; und genau wie er ward auch die zauberhafte Usas – man errät es – noch von dem bösen Drachen festgehalten und bewacht, ja der Unhold hatte die Schöne dreist zu seiner Gattin gemacht. Erst nachdem Indra das Ungeheuer erschlagen hatte, konnte er daher auch die schöne Usas befreien. Aus rigvedischen Gedichten an Usas und Indra:

> *Die Gattin*[9] (= Usas) *des Unholds weilte von der Schlange bewacht, … eingesperrt wie die Kühe* (in einem Stall) *… – Dieses Heldenstück hast du, Indra, gleichsam vorangestellt, daß du den schlafenden Drachen mit der Keule wecktest. Dir, dem Kampflustigen, … jubelte die Gattin zu … – (Aufgesprengt ist) die*

> *Höhle ..., in der du der Usas Gunst erwiesest ... – Die Morgenröte* (= die Usas) *erkannte ihn und kam ihm ... aus (der Höhle) entgegen. – Er kannte das Versteck der Jungfer ...*

Und natürlich hatte Indra in seinem großen Drachenkampf zusammen mit seiner Mutter auch und zumal deren Brüste zu befreien. – Gerade auch dazu blieb uns eine plastische Stelle erhalten. Sie ist wahrscheinlich der Szene eines kultischen Schauspiels nachempfunden. *Der Dasa,* eine Erscheinungsform Vrtras, des Versperrers, so heißt es darin,

> *... der Dasa hatte nämlich Weiber zu seinen Waffen gemacht ...* (Und Indra reagierte:) *"Was können mir seine schwächlichen Wehren anhaben?" ...,* denn er (Indra) *hatte darunter seine zwei Frauenbrüste entdeckt. Darauf ging Indra vor, um den Dasyu* (= Dasa) *zu bekämpfen.*[10]

GEPLAGTE FLUTEN. Indras Drachenkampf um die Brüste seiner Mutter wurde nun überdies in einer eigentümlichen, aus unserer Sicht aber zu erwartenden Metaphorik geschildert; einer Metaphorik, die, in Reliefs und Bilder umgesetzt, im römischen Mithraskult trotz der fast 2000 dazwischen liegenden Jahre als ob frisch und unvermittelt wiederkehrt. – Sie besagte: ‚Wie sein altindisches *„Double"* Indra, so mußte auch Mithra-*Vrtraghna die Flüsse der mütterlichen Brust aus einem Felsen befreien!' Und was wunder: So wie der kleine Gott selbst aus einem Felsen „geboren" worden war, so naturgemäß auch seine zauberhafte Mutter mit ihren Brüsten ...

Im alten Indien, einst aber sicherlich auch im alten Iran, war die Metaphorik von der ‚Befreiung der Milchflüsse aus dem Felsen' sehr geläufig und wurde mit lebhaften Bildern weiter ausgeschmückt. Insbesondere wurden diese in der Tat doch weltgestaltenden Flüsse aus mütterlicher Milch in eins gedichtet mit den realen Flüssen Indiens, die sich für Indra im Licht der ersten Morgenröte jetzt ja auch wirklich abzuzeichnen begannen. – Man versteht von dieser gezielten dichterischen Vermengung her, inwiefern der goldige Indra die Macht hatte, die *geplagten Fluten* solcher (Milch-)Flüsse zu *beruhigen, ihre Wogen einzudämmen* oder auch *anschwellen zu lassen:*

> *Du ließest die großen (Ströme) laufen, o Indra, die du anschwelltest, die vielen von dem Drachen umstellten, du Held ... – Du ... beruhigtest die geplagten Fluten ... Du ließest die von ihren Zeiten geplagten Quellen, das Euter der Berge, laufen, du Keulenträger. – Aus der angeschwollenen Finsternis kamen die Leibesfrüchte hervor. – Du setztest die ... Ströme in Bewegung ... – Wie Frauen taten sie* (die Berge) *ihren Leibesschoß auf, ... wie Wagen setzten sich die Felsen mit einem Male in Bewegung. Du befriedigtest die (den Fels) durchbrechenden (Flüsse), dämmtest ihre Wogen ein; du ließest die eingeschlossenen Ströme laufen, Indra. – (Indra) erschlug den Drachen ... Wie die brüllenden Kühe (zu den Kälbern) eilend liefen die Gewässer stracks zum Meere.*

Abb. 58: Wasserwunder, Karlsruhe, Badisches Landesmuseum

Abb. 59: Wasserwunder, Stuttgart, Baden-Württ. Landesmuseum

Obwohl hier als *Keulenträger*, bewerkstelligte Indra das Wunder des Flüsse-Befreiens allem Anschein nach zuvorderst mit Pfeil und Bogen. In einer fürwahr köstlichen Szene dieses Mythenkreises zog der „große" Gott dereinst mit seinem Bogen, *dem trefflichen, goldenen Bunda* sowie seinen Pfeilen *mit hundert Spitzen, mit tausend Federn* durchs Gebirge. Dort war er zwar eigentlich – gleich den kleinen Tauben- und Dackeljägern unserer Fußgängerzonen – auf der Jagd nach Großwild, aber da er ob seines Alters noch *ohne festen Halt war*, schoß er, sapralott, daneben. Gerade dadurch, so heißt es weiter, habe er aber

... *die dreimal sieben festgefügten Rücken der Berge durch und durch geschossen* ...

... und, so wird zu ergänzen sein, dadurch die Flüsse aus dem Fels befreit.[11]

FONS CONCLUSE. Diese oder eine ähnliche Szene nun scheint auch hinter den römischen Darstellungen des sogenannten Wasserwunders zu stehen: Mithras zielt dort, zum Beispiel auf einer Szene des großen Reliefs aus Heidelberg-Neuenheim, mit Pfeil und Bogen auf einen Fels und befreit daraus die Wasser (Abb. 58).[12] Auf einem Relief aus Ptuj ist mit etwas Phantasie gar zu sehen, wie ein Assistent Mithras vor dem Fels steht, *bereit das Wasser mit den Händen aufzufangen* (Clauss Mi 80). Besser zu sehen ist diese Szene auf einem Relief aus dem schwäbischen Besigheim (Abb. 59). Mithras, diesmal stehend, scheint den Pfeil bereits abgeschossen zu haben, während einer der beiden Assistenten aus dem getroffenen (wolkengestaltigen) „Felsen" den „Regen" aufzufangen scheint. Der zweite Assistent scheint dem „großen" Gott in einer Schüssel oder ähnlichem etwas von dem aufgefangenen „Wasser" zu reichen. Alle drei haben etwas Zwergenartiges.

Wer diese Assistenten Mithras waren, steht außer Frage: die beiden *Kleinen*, die Mithras auch bei seiner Felsgeburt als handküssende Hirten und bei seinem Stier- und Soma-Opfer mit ihren Fackeln beistanden: *Cautes* und *Cautopates*. Und es kann auch kein Zweifel sein, daß Mithras, genau wie sein altindisches „*Double*"

Abb. 60: Luna, Mithräum S. Maria Capua Vetere, in situ

Indra, nicht einfach nur die Wasser der irdischen Flüsse befreite, sondern zumal auch – Nektar, will sagen: Milch und Honig, die alte Götterspeise. Denn vor dem geschilderten Hintergrund liegt auf der Hand, was die ansonsten nicht leicht zu verstehende Inschrift aus dem Mithräum unter S. Prisca zu Rom besagt:

Fons concluse petris qui geminos aluisti nectare fratres, „Quelle in dem Felsen beschlossen, die die Zwillings-Brüder mit Nektar speiste. (MIP Betz 66)[13]

Kurz: Auch wenn uns der Wortlaut ansonsten verloren ist, der Mythos hinter den Wasserwunder-Szenen des römischen Kults muß besagt haben: Mit Pfeil und Bogen befreite Mithras aus der *angeschwollenen Finsternis* und dem *Euter der Berge* einst beides in einem: die Götternahrung und die irdischen Flüsse.

Der Mythos um diese fürwahr welterschaffenden Heldentaten war dabei, so sehr es auch überraschen mag, im Kern ein Still-Mythos! – Und erneut erinnert: Ob dieser Aspekt den römischen Mysten „bewußt" war und von ihnen „verstanden" wurde, ist von untergeordneter Bedeutung. Er muß jedenfalls noch immer die Kraft zur *indirekten Suggestion* gehabt haben. Denn so unsinnig, so rätselhaft und geheimnisumhüllt die begleitenden Worte auch geklungen haben werden: Daß Milch und Honig sowie die irdischen Flüsse dereinst aus einem Felsen befreit wurden, ist in der Tat von tiefer und heiliger Wahrheit; einer Wahrheit freilich, deren korrespondierende Realität „nicht von dieser Welt", sondern im „transzendenten" Reich hinter der porösen Membran der frühkindlichen Amnesie ruht und verwahrt ist.

UNTER ROSEN. Selbst die überschwenglichen Wendungen des alten Indien, nach denen Indra die mütterlichen Fluten aus dem Berge, je nach dem, *eingedämmt, beruhigt, befriedigt,* oder *anschwellen lassen* habe, bargen noch die Möglichkeit zur Steigerung; und gerade wo sie sich halb überschlugen, hoben die rigvedischen Dichter nicht mehr so sehr auf die *Plagen* des Stillens ab – sondern auf seine Freuden und seine erotische Attitüde. Einmal wurden die aus dem Berg befreiten Brüste der Usas gar mit *zwei losgebundenen* und *um die Wette laufenden Stuten* sowie mit *zwei schmucken Mutterkühen* verglichen. Man höre selbst:

> *Aus der Berge Schoß stürzen begierig wie zwei losgebundene Stuten um die Wette laufend, leckend wie zwei schmucke Mutterkühe,* (die realen Flüsse) *Vipas und Sutudri mit ihrer Milchflut hervor.*[14]

Ob sich solche kess-gewagten, ja erotisch-ausgelassenen Bilder auch in der Welt des römischen Mithraskults des Zuspruchs erfreuten, wissen wir nicht. Auszuschließen ist es aber um so weniger, als darin offenbar gemeinmenschliche Assoziationen woben. Denn ganz ähnliche Bilder für die „mütterlichen" Brüste kennen wir auch aus dem Hohen Lied der Bibel. Dort dichtet und flüstert der wieder zum Kind regredierte Bräutigam einmal zu seiner Geliebten:

> *Deine zwei Brüste sind wie zwei Kitzen, wie Zwillinge einer Gazelle, die weiden in den Lilien ...* (4,5)

Und gestand nicht auch noch Mephisto angesichts der erotischen Eskapaden Fausts:

> *Gar wohl, mein Freund! Ich hab Euch oft beneidet / Ums Zwillingspaar, das unter Rosen weidet ...?* (I 3336 f.)

Sei dem, wie es wolle: Die römischen Szenen um Mithras Wasserwunder stehen dem Klischee vom prüden *male-chauvinism* des Mithraskults klar entgegen. Er *muß* auch erotische Elemente gehabt haben; will sagen: Er muß, ob seiner Vorgeschichte, auch jene Erlebnisschichten der frühen Kindheit reinszeniert und gepflegt haben, die – zumal *bei Männern* – das Fundament späterer Sexualität und Liebesfähigkeit bilden. – Und allerdings:

Selbst wenn uns die bislang aufgezählten und die weiter unten noch hinzuzufügenden Indizien und Beweise nicht zu Gebote stünden, würde ein einziges, im südlichen Italien erhaltenes Fresko alle gegenteiligen Behauptungen widerlegen; ähnlich dem einen schwarzen Schwan, der die These, alle Schwäne seien weiß, zunichte macht. Gemeint ist die *Luna* im Mithräum von S. Maria Capua Vetere, nordöstlich von Neapel (Abb. 60). Von zwei Rossen auf ihrer *Biga,* dem zweirädrigen Wagen, durch den Äther gezogen, zeigt sich hier die Mondgöttin als zauberhafte Prinzessin: mit mondfarbener Haut vor (ursprünglich[15]) noch früh-morgenrotem und deshalb sternenübersätem Hintergrund, von feinen Gaze-Schleiern nächtlicher Wolken und schon morgenroter Nebel umhüllt und umweht, ansonsten aber nackt, freimütig und von jugendlicher Schönheit, und doch mit dezent-zurückhaltendem, ja schon ein wenig abwendendem Charme.

HODENS QUELLE. Wer von dieser außergewöhnlichen Frauendarstellung des römischen Kults erst einmal fasziniert und aufgeweckt wurde, findet freilich unschwer weitere Hinweise auf die erotischen Züge seiner Kunst und Ikonographie. Neben vielen weiteren Luna-Darstellungen, die immerhin das Gesicht der Göttin in jugendlicher Schönheit zeigen, zeichnen sich dann zumal auch die Hinweise auf Mithras eigene erotische Avancen ab. – Eine kurze Hinführung schärfe den Blick dafür:

Mithra-*Vrtraghnas *„Double"*, der kleine, kaum einjährige Indra Altindiens, wird uns, ganz wie nach Freud und anderen modernen Entwicklungspsychologen zu fordern, als ein Knäblein geschildert, dessen spätere Sexualität, Liebesfähigkeit und Manneskraft maßgeblich in dieser Phase der Morgenröte vorgeformt wird: Die jugendliche Mutter, wahrgenommen im ersten und noch abgedimmten Licht der ausgereiften Sehkraft, ist das Ur- und Vorbild weiblicher Schönheit; ihre stillenden Brüste, ihre freizügig dargebotene Figur und die Konfiguration ihres Gesichts[16] bleiben Basis, bleiben gleichsam die Ur-Schemen weiblicher Attraktivität und erotischer Macht. – Es hat daher sein psychologisch Angemessenes, wenn in unseren alten Mythen dem erotischen Zauber der morgenroten Göttinnen die sich vorformende Manneskraft Indras und der anderen kleinen Mütter- und Welten-Eroberer gegenüber gestellt wird. Komplementär zu seiner kessen Mutter Usas galt deshalb auch Indra in erotischen Dingen als ein wahrer Tausendsassa und in übertreibendem Kinderlob als ein wahrer Macho und Potenz-Protz, eben als ein *Bulle von Mann*. – An Indra:

(Besinget den Helden, ...) den mannhaftesten der Männer, mit Reden, mit Liedern ... – (Er ist der) der männliche, mannhafteste der Männer ... – Indra ...: Du tausendhodiger von vielen Manneskräften ...[17]

Und an diesem Punkt sind wir nun neuerlich in der glücklichen Lage, ergänzende Textstücke aus Iran einfügen zu können. Denn dort sollten sich Nachrichten über Mithra-*Vrtraghnas *alter ego*, Verethraghna, den unmittelbaren Erben des alten Indra-*Vrtraghna erhalten, die von ganz ähnlichem Ton sind. In Yäst 14 heißt es nämlich:

(Verethraghna trat auf) ... in der Gestalt eines brünstigen Kamelhengstes, ... der die größte Kraft hat unter allen bespringenden Zuchttieren ... – ... in der Gestalt eines Ebers mit spitzen Hauern, der sich stellt, voll männlicher Kraft ist ... – Den ... Verethraghna verehren wir, der männlich macht ... – (ihn,) des Hodens Quelle ... (Yt 14,11,12,15,28 f.; Lommel)

DAS SOMAOPFER UND MITHRAS ENTWÖHNUNG

Abb. 61: Kopf des Mithras auf einer Vollplastik, Rom, Capitol. Museen, Außenstelle Maritimo (Magazin)

Abb. 62: Dariuskrater, Neapel, Museo Arch. Naz. (Magazin), 4. Jh. v. Chr.

In den insgesamt so spärlichen Textzeugnissen zum römischen Mithraskult findet sich zwar keine entsprechende Nachricht, aber seine Bilderwelt schweigt dazu durchaus nicht. Das fürwahr herausragende Beweisstück dazu ist natürlich Mithras berühmte, ureigene und von anderen Göttern und Helden oft übernommene „phrygische" Zipfelmütze.[18] Schon daß *wir* in dieser alten *Tiara* eben eine *„Zipfelmütze"* erkennen, verbietet, die selbe Assoziation den einstigen Mysten abzusprechen: zu offenkundig ist ihr phallischer Charakter. – Und wen die eigene Phantasie dabei nicht hinreichend inspirierte, der wurde durch gängiges Wissen zuverlässig animiert. Denn durch die Jahrhunderte berichteten die unterschiedlichsten Autoren der Antike, daß diese Zipfelmütze einzig von den iranischen Königen mit aufgerichtet-eregierter Spitze getragen werden durfte.[19] Zu sehen ist dies auch auf dem berühmten Darius-Krater in Neapel (gefunden in einem Hypogäum in Canosa, Süditalien) (Abb. 62). Der auf dem Thron sitzende und inschriftlich bezeichnete „Dareios" trägt die Mütze mit stehendem Zipfel, der Page hinter ihm mit hängendem. – Mithra-*Vrtraghna galt selbstverständlich als König *par excellence*, und demgemäß wird er im römischen Kult auch regelmäßig mit der *tiara orthe*, eben der *„aufgerichteten Tiara"* dargestellt. Besonders liebevoll und demonstrativ ausgearbeitet ist die *tiara orthe* auf einer Vollplastik, die heute leider nur in einem Magazin der Musei Capitolini, Centrale Montemartini (Ostiense) zu sehen ist (Abb. 61).

ANAHITA. Der phallische Charakter der *tiara orthe* wurde durch die Assoziation mit zwei Tieren unterstrichen, die ob ihres männlichen Gehabes berühmt waren und sind: dem Stier und dem Hahn. Der Stier nämlich lieferte das Material von Mithras Zipfelmütze. Aus seinem Leder, genauer aus dem Leder seines Hodensacks und dessen Umgebung, dem sogenannten *Stierbeutel,* war die edle Mütze ursprünglich

Abb. 63: Liegende Göttin (Anahita?) mit „phrygischer" Mütze, parthisch, Louvre

gefertigt.[20] Rot gegerbt wie sie war, erinnert und erinnerte die „phrygische" Mütze aber auch an einen *Hahnenkamm*. Der griechische Komödiendichter Aristophanes nutzte dies für eine prächtige Parodie. In seinen *Vögeln*, einem Schaustück, in dem er menschliche Schwächen auf allerlei Geflügel übertrug, lästerte er über die iranischen Großkönige einmal:

So war, zum Exempel, vor Zeiten der Hahn souveräner Regent und Gebieter / Im persischen Reich ... / Drum stolziert er auch noch auf den heutigen Tag mit der aufrecht spitzen Tiara / Auf dem Kopfe umher, wie der große Schah, er allein von sämtlichen Vögeln. / So gewaltig war er, so mächtig und stark, daß heute noch, wenn mit dem Tag er / Sein Morgenlied kräht, die Schlafenden all, seiner sonstigen Größe gedenkend, / Aufspringen und rasch an die Arbeit gehn ... (483 ff.)

Der Vergleich des persischen Schahs mit einem Gockel lag den Griechen natürlich um so näher, als das Huhn, so glaubten sie, aus Persien stamme und daher als *Perservogel* galt.[21]

All das Gesagte im Blick, zeigt es sich zuletzt nicht etwa als Widerspruch, sondern als abrundende psychologische Pointe, daß auch Mithras mutmaßliche Mutter bisweilen die „phrygische" Zipfelmütze trug (Abb. 63).

Wen genau diese und ähnliche Figürchen darstellen, wissen wir nicht. Da in einer Schicht des parthischen Persien gefunden, ist es wahrscheinlich aber doch die schöne *Anahita*, die in Persien auch sonst als Mutterfigur und zumal auch als Mutter Mithras begegnet.[22] – Das abgebildete Figürchen ist in alabasterartig-transparentem Stein ausgeführt und vermittelt schon dadurch einen klar lunaren Charakter. Ergänzt und unterstrichen wird dieser durch ein zweites Figürchen aus dem selben Material und aus dem selben Fundhorizont. Sein Haupt, oben links einmontiert, wird aber nicht von der Zipfelmütze, sondern von Mondhörnchen geschmückt. Die Augen und der Nabel dieses zweiten Figürchens sind übrigens mit leuchtenden Rubinen eingelegt und betonen so, ähnlich wie auf Egon-Schiele-Bildern, die „erogenen Zonen" ... – Die beiden Schönen sind in ihrer erotischen Ausstrahlung und Freizügigkeit etwas wie die parthischen Pendants der schönen Luna von S. Maria Capua Vetere; und alle drei scheinen das selbe psychologische „Geheimnis" widerzuspiegeln:

Im ersten Licht der Morgenröte, noch vom Schimmer des Mondes geschmückt, war Indras, war auch Mithra-*Vrtraghnas spätere Sexualität und Liebesfähigkeit vorgeformt worden. Die zauberhaften Schemen des mütterlichen Gesichts, ihrer Brüste und insgesamt ihrer nackten „Figur" trugen dazu ebenso bei wie der Austausch ihres gegenseitigen Lippen-, Zungen-, Finger- ... Stimmenspiels. Wem, wenn nicht dieser Königin der Nacht und des Morgens, hätte es zugestanden, sich mit Mithras Zipfelmütze zu krönen – und dies ganz selbstverständlich und ohne jedes obszöne Wort mit der stehenden *tiara orthe*?

3. Somas Krug und das erotische Elixier

VOR SONNENAUFGANG. Daß die frühkindliche Begegnung mit der Mutter zeitlebens ein tragendes, wiewohl unterirdisches Fundament der späteren (zumal männlichen) Sexualität bleibt, war eines der zentralen „Geheimnisse" der alten Mythen Indiens und Irans. Deshalb eben galt der altiranische Verethraghna als Gott, der *männlich macht*, und als *des Hodens Quelle*. Und deshalb riefen die – natürlich erwachsenen! – rigvedischen Sänger auch ihren kleinen Indra, den *tausendhodigen von vielen Manneskräften*, an:

Wir Redekundige rufen den Bullen Indra zur Freundschaft; Weiber begehrend ziehen wir den Weiberschenker von unversieglichen Gnaden wie den Schöpfeimer im Brunnen heran.

Und da sie „wußten", daß die „Weisheiten" dieses *Weiberschenkers von unversieglichen Gnaden* in jenem tiefen *Brunnen* des „Unbewußten" verwahrt und durch die Membran der frühkindlichen Amnesie geschützt sind, ergänzten sie an anderer Stelle:

Wie Brunnen von den Erbauern zugedeckt sind viele Ratschlüsse in deinen Leibern verdeckt, o Indra.[23]

Ein weiteres wichtiges Motiv, das wiederum bis hinauf zum römischen Mithraskult führt, gilt es von hier aus in Augenschein zu nehmen:

Im altindischen Rigveda und sicherlich auch im Kreis der altiranischen Mythen spielte bei der Inszenierung dieses komplexen psychologischen Zusammenhangs die Metapher des *Kruges* eine wichtige Rolle.[24] In einem *Krug* nämlich, so die mythische Vorstellung, würde das in der frühen Kindheit angesammelte Potential der späteren Sexualität unsichtbar und wie in einer Höhle oder einem Brunnen verwahrt. In der Pubertät, nach mehr als einem Jahrzehnt Latenzzeit, würde dieses Potential, dieses erotische Elixier gleichsam, wieder aktiviert und dann, wie damals, den Zauber der erotischen Anziehung erneut entfalten ... Das in jenem Krug verwahrte Potential selbst aber wurde durch die ineinander geflochten Motive der mütterlichen *Milch* und des *Honigs* sowie des *Mondes* und des *Spermas* symbolisiert.

Und sind es nicht tatsächlich die noch unscharfen Schemen und Reize der Mutter und ihrer zauberhaften, Milch- und Honig-spendenden Brüste im noch abgedimmten und Nebel-umschleierten Mondschein vor der ersten Morgenröte, die, wenn sie nach mehr als einem Jahrzehnt dann in Gestalt der ersten Geliebten wiederkehren, den Fluß des Spermas anregen? – Sehen wir genauer zu:

Der Ursprung dieses scheinbar so rätselhaften Assoziationsfeldes aus ‚Krug, Milch, Honig, Mond und Sperma' beginnt sich zu erschließen, sobald man zur Kenntnis nimmt, daß Indra und Mithra-*Vrtraghna bei den Reinszenierungen der hier in Rede stehenden Schöpfungs-„Geheimnisse" zwar bedeutsame, aber nicht die einzigen Rollen spielten. Mindestens ebenso wichtig für die Grundlegung der späteren Sexualität war den indo-iranischen Mythen der kleine *Soma*, jener sonderbare Gott, der uns schon mehrfach ins Bild trat, und dem wir uns jetzt genauer zuwenden müssen.

Indra und Mithra-*Vrtraghna standen für die Phase um den ersten Sonnenaufgang, mithin für die Zeit ab etwa dem fünften, sechsten Lebensmonat. *Soma* (altiranisch *Haoma*, später *Hom*) aber war der dieser Phase vorgelagerte und deshalb noch etwas kleinere Gott. Eben deshalb wurde Soma für Indra und Mithra-*Vrtraghna ja „geopfert" und übertrug dabei seine „Energien" auf sie.

Soma, der etwa vier Monate alte Gottessohn, galt dabei, genau wie seine älteren „Geschwister", als *Bulle*. Die römischen Stiertötungsszenen zeigen daher, so sahen wir bereits, wie dieser kleine Gott Soma in Gestalt eines Bullen von Mithra-*Vrtraghna „geopfert" und zum Mond verwandelt wurde. – Darüber hinaus aber galt Soma auch noch als gleichsam inkarniert in eine *Pflanze* und den daraus gewonnen *Rauschtrank*. Beide, Pflanze und Rauschtrank, hießen deshalb gleichermaßen *Soma*.

Deshalb aber konnte die Opferung Somas durch *rituelles* „Töten", mithin durch Auspressen der Somapflanze vollzogen werden. Und deshalb konnte die „Energie" Somas auch mittels des somit gewonnenen Preßsafts rituell auf Indra oder Mithra-*Vrtraghna übertragen werden. Umgesetzt im real inszenierten Opferkult bedeutete dies: Während der Rezitation ihrer Kultlieder preßten die Opfernden Somas „Energie" rituell aus der Somapflanze, und indem sie den abfließenden Preßsaft erst in einem Krug oder Kelch auffingen und dann mit bedächtigen Schlücken tranken, übertrugen sie Somas „Energie" auf sich; oder genauer: Sie übertrugen die „Energie" des viermonatigen Gottes auf jene späteren seelischen Schichten in sich, die in Indien durch Indra, in Iran durch Mithra-*Vrtraghna repräsentiert waren.

MONDLICHT. Eben dieses Ritual und sein psychologischer Sinn nun scheint, wenn auch sicherlich wieder nur „unbewußt", auch noch den römischen Kult geprägt zu haben. Dort freilich wurde nicht mehr der heilige Preßsaft der Somapflanze verwendet. Aber an die Stelle von Somas „Fleisch" und „Blut" waren jetzt, ähnlich wie bei den Christen, Brot und Wein getreten ... Der Krug oder Kelch der heiligen Flüssigkeit hatte deshalb auch hier noch sakralen Rang. (*Sangre de Toro* oder *Stierblut* sind, ich weiß nicht woher, bis heute geläufige Bezeichnungen für schwere, rote Weine.)

Die ursprüngliche indo-iranische Vorstellung war: Ähnlich wie der kleine Yama die „rosane Wolke" des *Xvarnah*, so würde auch der kleine Soma jene erotische „Energie", die sich im Wechselspiel mit der früh-morgenroten Mutter entfaltete, auf die späteren Schichten des Seelenlebens vererben. – Zu einer Etappe in dieser „Erbfolge" von Somas Energie sollte sich sogar ein – allerdings unsicheres – Textzeugnis erhalten. In einer Rigveda-Stelle nämlich heißt es über *Mitra und Varuna*, die beiden schon etwas älteren, das zweite und dritte Lebensjahr repräsentierenden Götter:

> *Bei einem langen Somaopfer durch die Huldigungen erregt geworden, vergossen beide* (Mitra und Varuna) *gemeinsam Samen in einen Krug ...*

Die Verlockung ist groß, diese Stelle eins zu eins auf den römischen Mithraskults zu übertragen. Doch da der altindische Mitra für eine spätere seelische Schicht steht als der auf den Stiertötungsszenen agierende iranische Mithra-*Vrtraghna, ist Skepsis geboten.[25] In weichzeichnender Unschärfe scheint die Stelle immerhin die hier in Rede stehende mythische Vorstellung zum Ausdruck zu bringen, daß Somas erotische „Energie" auf die ihm nachfolgenden Götter übertragen und – gleichsam Generation für Generation – in einem Krug verwahrt würde.

Aber auch unabhängig von der Beweiskraft dieser Stelle: Hat der Mythos um Somas erotische „Energie" nicht auch von sich aus seine psychologische Stimmigkeit? Ist erotische Atmosphäre und Spannung nicht tatsächlich in der Zeit des kleinen Soma, mithin in der Zeit und Höhlenwelt noch *vor* dem fünften, sechsten Lebensmonat und noch *vor* Sonnenaufgang verwurzelt und angelegt? Kerzenschein und Rotlicht prägen jedenfalls seit jeher ihr Milieu, und der Schein des Mondes erregt und umnebelt die Liebenden mehr als das schon zu helle Licht der jungen Sonne. – Nicht zufällig dienen daher gerade auch im derberen Milieu der käuflichen Liebe der Mond und künstliches Sternengeblinke dem erotischen Gespiegel. Und die selben Schemen und Reize des Weiblichen, die verblassen, sobald der Morgen graut, werden hier, im Rotlicht-Milieu durchschillerter und Drogengetrübter Höhlen, zu Prostitution und Pornographie hochgeputzt. Im kanarischen Santa Cruz de Tenerife sah ich jüngst ein Werbeposter für ein Nachtlokal mit Striptease-Show: Eine Nackte umschmiegte darauf anzüglich eine sternenumpunktete Mondsichel, darunter stand: *La Luz de Luna*, „*Mondlicht*". Und auch „die Wirtschaft" nutzt die zuverlässige Assoziation: Ein Fabrikant frecher Dessous, knapper Spitzen- und gewagter Miederwaren firmiert derzeit prompt unter *Luna* ... – Aber natürlich kommt Somas Zauberwelt nicht nur in solchen Pfuhlen schierer Sünde zum Tragen, sondern auch und mit ähnlichen Mitteln in den heiligen Rosen- und Dornen-Gärten der ersten und jeder aufrichtigen Liebe. Der Mond und das Sternenlicht vor Sonnenaufgang, von Vögeln umzwitschert, sind daher seit je die Kulisse der ersten und jeder wie-ersten Leidenschaft. Und was ein Novalis, als ob von Soma-Liedern beflüstert, reimte, hat daher seine in der Tat zeitlose Gültigkeit:

> *Der Mond stand in mildem Glanze über den Hügeln ... Selbst wie ein Traum der Sonne, lag er über der in sich gekehrten Traumwelt, und führte ... in jene fabelhafte Urzeit zurück ...* (75)

– natürlich auch und zumal in die *Urzeit* der ersten Liebe und des ersten *Honeymoon*! – Die erotische Strahlkraft der oben eingeblendeten römischen Luna war deshalb im Rahmen des Mithraskults zwar ein überraschendes, es ist ansonsten aber nur ein Beispiel von vielen ...

Doch kehren wir, statt weitere Lieder und Sonaten an den Mond, statt weitere Lampignons und Mond-Amulette[26] aufzureihen, sogleich wieder zurück zu unserem kleinen Soma, der, wir werden es gleich lesen, in der Tat ein Mond-, Rausch-, Still- und Sperma-Gott war. – Es lohnt, sich vor dem jetzt aufgeweiteten Hintergrund das altindische Ritual der Soma-Kelterung noch einmal genauer zu vergegenwärtigen:

WIEGE. Das Ritual begann, wir entsinnen uns, im letzten Mondschein, etwa eine Stunde vor Sonnenaufgang – ganz Somas Alter entsprechend, der die Höhle der ersten Monate eben gerade noch nicht aufgebrochen und den Drachen noch nicht besiegt hatte, ja der dieser Drache „irgendwie" selbst war.

Die Pflanzenstengel des „Bullen" wurden nun erst geputzt und gewässert, dann zerquetscht und schließlich zwischen zwei Steinen ausgepreßt. Durch dieses Auspressen war Soma rituell getötet worden; denn, so F.B.J. Kuiper zurecht: ... *das Soma-Pressen ist eine Tötung.* (Mi 57). – Der abrinnende Saft des somit „getöteten Bullen" wurde sodann durch ein Stück feine Wolle geseiht und danach in einem Krug aufgefangen. In diesem Krug wurde der edle Saft dann mit Milch und Honig vermischt und zuletzt von den Mitgliedern der Kultgemeinde getrunken. Zugedacht wurden die bedächtigen Schlücke dabei, so könnte man „modernisierend" sagen, dem „inneren Kind" Indra; mithin jener frühkindlichen Schicht, die nach Somas „Tod" im fünften, sechsten Lebensmonat „geboren" wurde und gleichsam aus Somas Grab auferstand.

Im Rigveda sind diesem sonderbaren Kult weit mehr als 100 eigene Lieder gewidmet, und das immergleiche Ritual von Somas „Opferung" wird darin mit einem wahren Kaleidoskop aus bunt-blumigen Bildern und Metaphern stets neu und originell gemalt und umschrieben. Hier, in unserer gerafften Wiedergabe, kann nur ein blasser Abglanz davon aufscheinen – aber ich vertraue, daß die angeregte Phantasie des Lesers, der Leserin in meinem zusammengelesenen Strauß und Blütenmeer aus Motiven die so komplexe Psychologie zwischen frühester Kindheit und erwachsener Sexualität klar genug durchschimmern sieht. – Aus Liedern an Soma, den kleinen, etwa viermonatigen Gott:

(Soma,) *des Himmels Kind* (ging) ... *in die Haarseihe.* – (Er) *ist, wie ein Kind spielend, abgeflossen* ... – *In Fluß gebracht* ... – ... *rinnt (rennt) der hellsehende Falbe* ... *brüllend auf seine Wiege zu.* – *Sich läuternd setzt sich Soma in den Krügen* ... – *taucht in seinen Panzer unter,* – ... *setzt sich in den wohlbereiteten Schoß,* – ... *von den Männern in der goldenen Kufe* (= dem Krug) *gezügelt.* – *Der Weiberlüsterne läutert sich in der Woll(seihe)* ... *Der Aditi Enkelin* (= Usas, die Göttin Morgenröte) *löst (ihr Gewand) für ihn* ... *Rühret Süßigkeit in die Süßigkeit* ... – *den Saft des Honigs* ... – *Soma hat sich wie in ein frischgewa-*

schenes Gewand (= in die weiße Mischmilch, zugleich als seine Windeln gedacht) *gehüllt, – ... wie der Sohn in die Arme der (Mutter), um (die Milch) zu genießen. – Lasset ihn wie ein Kalb mit seinen Müttern* (= der Mischmilch) *zusammen ... – Die Mischmilch ... machte er sich zum Festgewand. – Werde rötlich, wenn du dich mit den Milchkühen* (= der Mischmilch) *vermischst wie (mit Frauen), die einen schönen Schoß haben. – Der Bulle* (= Soma) *steigt auf die Kühe* (= die Mischmilch) *... nach Kühen verlangend. –* (Er) *geht als Gatte zum Treffort seiner Frauen.*

(Indra! ...) *Eile aus der Ferne und aus der Nähe herbei, du Vrtratöter, zu der Darbringung des Süßtranks! ... Der Soma, der in den Camugefäßen* (= Krügen[27]) *wie der Mond im Wasser sichtbar wird, von dem trinke doch, Indra ... –* (Soma) *ist geflossen, tausendsamig ..., – als Süßtrank dem Indra eingeschenkt, – ... für Indra zum Trunke. – Zieh ein in das Herz des Indra, ... in des Indra Bauch. – Du bist Indras Leben, seine höchste Labung. – Diese Somasäfte (erhöhen) Indras ... Manneskraft.*[28]

ELIXIER. *Himmlisches Kind,* in der *Wiege spielend, brüllend* und *weiberlüstern, Mischmilch* und *Honig, Mond, tausendsamig,* in *Krügen sich läuternd, Manneskraft ...* Die indirekte Suggestion dieser in den Somaliedern angelegten Assoziationsreihe war: In Soma, dem Wiegen-Kind vor Sonnenaufgang, hat sich die Milch- und Mondkraft der frühmorgenroten und noch so freizügigen Mutter konzentriert, und sie vererbt sich von ihm erst auf Indra und die darauffolgenden Schichten der frühen Kindheit und von dort in die Adoleszenz. Wenn die Kanäle dorthin frei bleiben und in Kult und Religion gepflegt werden, entfaltet sich Somas Macht dort später deshalb erneut und wird zumal den erwachsenen Männern zum Elixier ihrer Fruchtbarkeit, Libido, erotischen Ausstrahlung und insgesamt seelischen Gesundheit. – Soma galt deshalb schon in rigvedischer Zeit nicht nur als der *Weiberlüsterne,* sondern auch als

... der männlich Blickende, – ... der Liebhaber, – ... der Verlangende, – ... der Ungestüme, – ... der himmlische Gabenspender.

Und deshalb auch richteten die Opferpriester Bitten an Soma wie:

Bring uns fruchtbaren Samen, – (Schenke uns) viele leibliche Kinder, schenke uns Glück, weite Flur, Lebenslicht, o Soma, laß uns noch lange die Sonne sehen! – Schmücket ihn wie ein Kind mit Opfergebeten ...[29]

Und auch in einem altiranischen Text, dem sogenannten Hom-Yäst, heißt es, der komplexen Psychologie eingedenk:

... wer den Hauma (= Soma) *wie einen kleinen Sohn hätschelt, dem dient Hauma zur Heilung.* (Y 10,8; Lommel)

Dem kühlen, modernen und gar akademischen Geist muß ein so scheinbar wild durchwuchertes Assoziationsfeld wie jenes um Soma befremdlich vorkommen. Erst wer das Licht und Neon des allzu Rationalen ein wenig herunter zu dimmen vermag und die Aufmerksamkeit in die Welt des Eros verschieben und treiben läßt, kann erfahren, wie Somas alter Zauber ihn wieder zu umspielen beginnt. Denn Soma spiegelt und reflektiert zwar ferne, aber doch in Jedem verankerte Schöpfungsgeheimnisse ...

Der Charakter und die religionsgeschichtlich so weitreichende Rolle Somas blieb der modernen Forschung deshalb lange verborgen. Statt der erfolgten Mißgriffe sei hier aber ein Autor zitiert, der dem „Wesen" Somas oft schon asymptotisch nahe kam: Herman Lommel.

In seinem 1955 erschienenen Aufsatz *König Soma* beschrieb Lommel *diesen am wenigsten verstandenen Gott der vedischen Religion* zuerst in seiner Erscheinungsform als kultischer Rauschtrank: Als solcher sei er *(Regen), Pflanzensaft, Milch und Sperma* in einem. In seiner Erscheinungsform als *Stier* sei Soma *eins mit dem Mond*[30] und *Urbild der Zeugungskraft, ... als Himmelsstier ... Träger des Samens, der im Regen die Erde befruchtet.* Ob dieser kosmisch-erotischen Macht aber sei Soma auch den Irdischen erotisches Elixier. Deshalb werde Soma *im Manne zum Samen, im Weibe zu Milch,* und er könne auch auftreten als *der Mann, der mit dem Weibe sich vereinigt.* Lommel schloß:

(Soma ist) *in jeder Liebesregung von uns, in jedem Gräslein, in jedem Regentropfen enthalten ...* (alles KS 315 ff.)

Das *Gräslein* ... ist zwar durch die Quellen nicht gedeckt, wird aber doch Inspiration des erotischen Parfüms sein, das die Somalieder bis heute verströmen.

Was Lommel, wie von Amnesie gelähmt, *nicht* sah, war indes, daß Soma ein Kleinkind von vier, allenfalls fünf Monaten repräsentierte. Und dies ist nun wirklich bemerkenswert. Denn Soma wird allein im neunten Liederkreis des Rigveda *zehn mal* ausdrücklich als *Kind* angesprochen; ebenso häufig als *Kalb;* darüberhinaus ist Mal um Mal von seiner *Wiege,* vom mütterlichen *Schoß,* in den er gesetzt, ... und von seinem *Gebrüll* die Rede.

Keinen Zweifel hegte Lommel freilich daran, daß der *Opferstier* auf den Hauptszenen des *römischen Mithraskults* für eben diesen indo-iranischen Gott Soma stand und daß im Mithraskult der Römerzeit deshalb das uralte Somaopfer fortlebte. In einem schon 1944 veröffentlichten Aufsatz mit dem Titel *Mithra und das Stieropfer* faßte er deshalb lapidarisch zusammen:

Dieser Stier ist Haoma (Soma). (MiS 204)[31]

Reinhold Merkelbach (Mi 204), Maarten Vermaseren (SG 17) und andere schlossen sich Lommels Position an; jedoch leider, ohne die Spur ernsthaft weiter zu verfolgen.[32]

NYMPHEN. Angesichts der eminenten Bedeutung, die Soma durch die Jahrtausende in Indien und Iran hatte und hat, verwundert es nicht, daß auch die römischen Mysten einst nicht nur von Mithra, sondern auch von Soma ergriffen und bewegt wurden. Ja, vieles spricht dafür, daß der römische Kult im Innersten geradezu *ein Somakult war*. Oder ein wenig konzilianter formuliert: daß er im selben Maße ein Somakult wie ein Mithraskult war.

Daß dem so ist, erhellt schlaglichtartig schon aus einigen Textproben des griechischen Schriftstellers Porphyrios (3. Jh.). Dieser hatte vielleicht selbst an der einen oder anderen Zeremonie des römischen Kults teilgenommen, vielleicht auch nur einiges dazu gehört. Er versuchte jedenfalls, sein Wissen von dort mit den religiösen Vorstellungen *seiner* Welt zusammenzureimen und schrieb unter anderem:

Honig wird als ein Symbol der Reinigung verwendet, ... und er paßt gut zu den Nymphen, ... die über das Wasser herrschen ... Deshalb auch speichern die (mit den Nymphen „verwandten") *Bienen ihren Honig in Amphoren und Mischkrügen. ... (Im Mithraskult) steht der Mischkrug (Krater) neben Mithras anstelle einer Quelle ... – Auch die Priesterinnen der Demeter wurden Bienen genannt ... und die Göttin Kore selbst wurde die Honig-Süße genannt. Der Mond, der über die Schöpfung wacht, gilt auch als Bulle ... und Bienen als von Stieren geboren.* (Ant 18)

Honig, ... Krug, Mond, Bulle ...: Die Verwandtschaft mit dem Assoziationsfeld um den orientalischen Soma ist bemerkenswert; und selbst wenn diese Verwandtschaft andere als genetische Ursachen haben sollte, wäre immerhin mit einiger Wahrscheinlichkeit zu folgern, daß der römische Kult an ähnliche frühkindliche Schichten rührte.

Einzig die *Nymphen* scheinen bei Porphyrios aus der Assoziations-Reihe zu fallen. Ich bitte dies Motiv aber ich Gedächtnis zu behalten, denn es kehrt, ohne daß der konkrete Bezug zur Verwendung bei Porphyrios deutlich würde, im römischen Kult wieder; und zwar erneut in einem Motivkreis, der erstaunlich an alte Somamythen erinnert.

Aber auch andere Details und konkrete Prozeduren sprechen entschieden dafür, daß nicht nur eine psychologische, sondern tatsächlich eine genetische Verbindung bestand, mithin: daß der römische Kult altiranisches Ideengut zu Soma/Haoma weitertrug und insoweit ein echter Somakult war.

Schon verwiesen wurde darauf, daß jener Gott und Bulle, den Mithra-*Vrtraghna auf den römischen Hauptreliefs „töten" und zum Mond verwandeln mußte, eigentlich nur Soma gewesen sein kann. In die selbe Richtung weist auch das Motiv des Kruges oder Kraters:

MISCHKRUG. Im alten Kult Indo-Irans wurde der herabrinnende Saft des heiligen Soma in einem edlen und religiös verehrten *Krug* aufgefangen – und Krüge mit ganz ähnlicher Aura begegnen auch noch im Rahmen des römischen Kults. Erkennbar ist dies an mehreren Einzelheiten:

Zunächst wurde in den alten, indo-iranischen Soma-Krügen – in mythisch-übertragenem Sinn – das *Sperma* der „geopferten" „Bullenkälbchen" aufgefangen und darin über die Latenzzeit bis zur Pubertät verwahrt. Zu den bereits aufgeführten Belegen sei hier noch eine rigvedische Stelle zum sogenannten *Asvamedha* hinzu gefügt. Das *Asvamedha* war zwar ein Hengstopfer; aber nicht zuletzt, weil Soma in einer Nebenrolle auch als Hengst galt[33], war das Asvamedha dem Stieropfer verwandt. Und zu diesem Hengstopfer nun sollten sich die Verse erhalten:

Dieser Soma ist der Same des (geopferten) *Hengstes ...*

An anderen Stellen ist vom *himmlischen Samen* und vom *hellen Samen* (des) *milchenden Soma* die Rede.[34]

Als mythische Krüge zur Aufbewahrung von Somas Samen können nun aber eben auch noch die Kultgefäße des römischen Kults aufgefaßt werden. R. Merkelbach schrieb deshalb:

Auf einigen Reliefs vergießt der sterbende Stier seinen Samen. Dasselbe muß man für sämtliche Darstellungen des Stieropfers annehmen, da oft unter dem Stier ein Mischkrug (Krater) steht, in welchem der Same aufgefangen wird. (Mi 203 f.)

Man sehe dazu zum Beispiel die Kraterdarstellung auf dem großen Hauptrelief von Frankfurt-Heddernheim (oben Abb. 35 und 21).

Gegen Merkelbachs Deutung kann zwar mit Recht eingewandt werden, daß der Krater nie genau unter dem Genital des sterbenden Stiers stehe.[35] Doch würde dies dem Zweck indirekter Suggestion nicht dennoch, ja gerade deswegen besonders gut genügen? – ähnlich wie bei Mädchen und Frauen, die Hals und Hüften schmücken und auch damit die Blicke dicht *neben* die eigentlichen Reizbarkeiten lenken.

Daß die Krater des römischen Kults als Sammelgefäße für das Sperma und das erotische Elixier des geopferten Gottes und Bullen Soma (oder zumindest eine ferne Erinnerung an ihn) galten, legt auch ein Relief aus Bologna nahe (Abb. 64). Es zeigt im Zentrum Cautopates, wohl in seiner Rolle als Repräsentant für das Mihragan und den ‚Herbst des ersten Lebensjahres'. Links oben die Mondsichel; darunter, als ob schwebend, der Krug, dessen Inhalt sich soeben ergießt; ganz unten der Kopf des geopferten Bullen. Sinn der Szene scheint gewesen zu sein: Zum ‚Herbst des ersten Lebensjahres', mithin zur Geburt Mithra-*Vrtraghnas wird das erotische, von Luna gekrönte Elixier des geopferten Soma vergossen und auf spätere seelische Schichten weitervererbt. – Mich erinnert die Szene aus Bologna bisweilen an Heideggerverse, die, obzwar in griechischem Gedenken, Sinn und Stimmung auch des alten Somakults wohl immerhin partiell erfaßten:

Das Geschenk des Gusses ist der Trunk für die Sterblichen ... Aber das Geschenk des Kruges wird bisweilen auch zur Weihe geschenkt. Ist der Guß zur Weihe, dann stillt er nicht einen Durst. Er stillt die Feier des Festes ins Hohe ... Der Guß ist

Abb. 64: Krater mit Cautopates, Luna und totem Stier, Bologna, Museo Civico

der den unsterblichen Göttern gespendete Trank ... Gießen ist ...: spenden, opfern und deshalb schenken. (165)

Heideggers Intuition lag übrigens auch hier nicht ganz falsch. Denn in der Tat muß der *Guß* im gesamten indogermanischen Bereich einst eine der elementaren Opferhandlungen gegenüber den Göttern gewesen sein. Aus der Bedeutungsgeschichte des Wortes ‚Gott' ist dies noch klar genug zu ersehen: ‚Gott' entwickelte sich sehr wahrscheinlich aus einem germanischen ‚*gudam*', das seinerseits auf die indogermanische Wurzel *gheu-, ghu-,* „*einen Opferguß spenden, gießen*" zurückgeht.[36]

Erotische Attitüde und Anklänge an frühe Kindheit wie in den folgenden Versen an Soma wird man bei Heidegger freilich nicht erwarten:

Geh, o Saft, in den somafassenden Krug ein, geh brüllend bis zum Strahl der Sonne! – Mit Kuhmilch gesalbt ... gehst du, ... wie der Buhle zur Liebsten, ... in die Holzkufe (= den Krug) sich setzend. – Göttereinladend sollen die eingegossenen Somasäfte uns ein Haus mit tüchtigen Söhnen herströmen. – Dir da (o Soma), der die Manneskräfte bringt, ... nahen wir mit frommem Werke ...[37]

SCHIFFCHEN. Daß es auch noch im römischen Kult eben jener orientalische Gott Soma war, der in den hier verwendeten Krügen symbolisch gesammelt und verwahrt wurde, erhellt auch aus einem weiteren und wiederum einem Mondmotiv. Sein „Hübsches" und „Süßes" springt unmittelbar in die Augen. Seine fast zärtliche

DAS SOMAOPFER UND MITHRAS ENTWÖHNUNG   239

Abb. 65: Bullenkälbchen in Mondschiff und Mondhaus, Szene auf einem Weiherelief aus Frankfurt, Museum für Vor- und Frühgeschichte (Bearbeitet nach der Vorlage auf der hinteren Umschlagseite bei Clauss Mi)

Abb. 66: … , Köln, Römisch-Germanisches Museum, links oben das Bullenkälbchen in der Mondsichel

Sensibilität gegenüber männlicher Sexualität erschließt *uns* aber erst wieder die Psychologie der indo-iranischen Mythenwelt im Hintergrund: Zu lange war solche Sicht auf das Nachtgestirn vom finsteren Gewölk christlicher Sexual-„Moral" verhangen.

Schon im alten Indien und wohl auch Iran galt nicht nur der reale Opferkrug, sondern auch die (orientalisch liegende) Sichel und Schale des Mondes als Gefäß und Sammel-Krug des heiligen Soma.[38] Die Mondsichel galt darüber hinaus, ganz ähnlich wie im alten Ägypten und wie auch oft noch in heutigen Kinderbüchern und in der Werbung (Abb. 68), als ein Schiffchen, das übers nächtliche Firmament zieht und schwimmt … – Für die *Kombination* von beidem, Mondschiff und Mondschale, wüßte ich aber kein weiteres Beispiel; und schon gar nicht in der spezifisch indo-iranischen Ausgestaltung, nach der die Flüssigkeit in der Mondschale durch einen Bullen, ja erkennbar ein Bullenkälbchen symbolisiert wird.

Prompt begegnet diese eigentümlich kombinierte Symbolik aber wieder im römischen Mithraskult. Auf einer ganzen Reihe erhaltener Reliefs findet sich das Bullenkälbchen im Mondschiffchen. Dieser kleine Bulle *muß* Soma sein; und das Mondschiffchen deshalb, wie der Soma-Krug, symbolischer Träger des Opferbullen, des viermonatigen Kindleins, des erotische Elixiers, der mütterlichen Milch, des Honig, des Spermas, des Preßsafts, des Weins …

Da der Mond bei seinen nächtlichen Wanderetappen nach der alten Vorstellung zudem von Mondhaus zu Mondhaus zog[39], erklärt sich sogleich auch noch ein weiteres Motiv des römischen Kults, nämlich der Stier im Stall oder Haus. Es wird ebenfalls für diesen kleinen Mann im Mond und dieses Mondkalb stehen und ebenso ‚Soma im Mond' bedeuten. Auf verschiedenen Reliefs sind jedenfalls beide Motive, Mondschiff und Mondhaus, unmittelbar nebeneinander angeordnet; so zum Beispiel auf einem Medaillon aus Frankfurt Heddernheim und auf einem kleinen Fragment aus Köln (Abb. 65 und 66).

Abb. 67: Mithras jagt den Stier im Mondhaus auf (?), Dieburg, Museum

Abb. 68: Kind im Mond mit Flügelchen, Rezente Werbung

Auf den Reliefs aus Frankfurt und Köln ist jeweils auch Mithras – im Habitus eines vielleicht dreijährigen Kindes – zu sehen. Was der Kleine in diesen Szenen macht, ist unklar. Einmal sitzt er vor einem Felsbrocken (?) und kehrt dem Stier im Stall den Rücken oder Hintern zu, einmal scheint er mit einem Stock (?) auf ihn zuzuschreiten. Möglich ist, daß er im Begriff ist, den Stier zum Opfer abzuholen oder herauszutreiben. Dazu würde auch das Relief aus Dieburg passen, auf dem Mithras (hier als Jüngling) mit einem Stein (?) nach dem Stier im Stall zu werfen scheint (Abb. 67). Sicher ist dies aber nicht; und deshalb ist auch nicht zu entscheiden, ob der kleine Stier in der Mondschale und dem Mondhaus für den erst noch zu opfernden Stier steht, oder für den schon geopferten, der „nur" noch als erotisches Elixier fortlebt. – Das letztere ist wahrscheinlicher, weil sich in einer mittelpersischen Schrift des 10. Jh., dem Bundehesh, der Mythos erhielt, daß das Sperma des gestorbenen Stiers (Somas?) erst geläutert und dann, so wörtlich, *was hell und kräftig in dem Samen des Rindes war, der Sphäre des Mondes übergeben* worden sei. (Justi, Kap. X)

NACKTE. Doch wieder zurück zu den realen Kratern und Kelchen des römischen Kults. Auch sie geben sich durch weitere Einzelheiten als Relikte des alten Somakults zu erkennen. Denn sie sind regelmäßig mit Symbolen versehen, die in die Welt Somas und der (parallelen) indo-iranischen Drachenkampf-Mythen verweisen:

Der Krater von Köln etwa zeigt zwischen nächtlichen Sternen die beiden Fackelträger und zwischen ihnen eine Figur mit Strahlenkranz, die – sei es nun Mithras, Heliodromus oder Sol – für die aufgehende Sonne stehen wird. Die Nachricht könnte sein: Zum Ende der Nacht und mit dem Einbruch des Morgenlichts ist das erotische Elixier Somas bereits im Krug verwahrt (Abb. 69). Kein Zufall wird es auch sein, daß der Kopf der Schlange auf dem Kölner Krater in den linken Knauf

Abb. 69: Krater mit Fackelträgern und Sonnenfigur, Köln, Römisch-Germ.-Museum

Abb. 70: Der selbe Krater von hinten gesehen: mit Schlange, Löwe und Sternen

mündet und in „Opposition" zu dem gegenüberliegenden kleinen Löwen steht. Aus dem „Kampf" der beiden, so läßt sich schon hier vermuten (und wird gleich erhärtet), ging das Elixier Somas hervor (Abb. 70). – Ähnlich auf einem Relief in Budapest. Es zeigt, wie Cautes und Cautopates der Sonne wie sonst auf den Stiertötungsszenen den Weg weisen, nur daß hier an der Stelle von Mithras und dem sterbenden Stier jetzt einzig ein Krater steht.[40] Was kann dies anderes bedeutet haben, als daß die „Essenz", das „Elixier" des sterbenden Stiers in diesem Krater verwahrt ist?

Ein Krater aus Zillis war mit einer Schlange und einer Luna geschmückt ...[41] Und von einem Krater aus Rom, gefunden im Mithräum der Crypta Balbi, erhielt sich ein Fragment, auf dem eine junge, nackte oder nur leicht bekleidete Frau an einem Baumstamm lehnt (Abb. 71 und 72). Dahingestellt sei, ob es sich dabei wirklich um eine *Viktoria*, wie auf der erläuternden Tafel des Museums vermutet, oder nicht doch um eine Luna oder Venus[42] handelt. Bemerkenswert ist jedenfalls die Nacktheit der Figur.

Auch Krüge mit anderen Symbolen sprechen für alte Gedächtnisspuren zu Soma. Auf einem Krater aus Friedberg[43] ist wiederum eine Schlange, überdies ein Skorpion und zudem eine Leiter zu sehen. Letztere mag als Symbol für den Aufstieg in der Kulthierarchie oder durch die Planetensphären gegolten haben; die Schlange aber steht sicherlich „irgendwie" für den Drachenkampf, und der Skorpion macht sich auf fast allen Stiertötungs-Szenen am Genital und deshalb am Sperma des sterbenden Stiers zu schaffen. Was genau der Skorpion dort tut und ob sich hinter ihm überhaupt eine mythische Bedeutung (oder nur eine astrologische Überformung) verbirgt, ist unklar.

Abb. 71: Kraterfragment, Rom, Mithräum der Crypta Balbi

Abb. 72: Rekonstruktionszeichnung des Museums

DREIHEIT. Auf einer erst jüngst bei Split gefundenen Reliefplatte steht neben der Kultmahl-Szene ein Krater, auf dem ein Rabe sitzt und zu krähen scheint (Abb. 73). Sein Gekrähe könnte dabei einfach für ‚frühe Morgenröte' stehen, und verliehe auch dadurch dem Krug seine charakteristische Bedeutung. Denn das Gekrähe der Rabenvögel ist nicht nur bezeichnend für die Morgenstunden, es erinnert auch an das Geschrei und Rabäh kleiner Kinder. Ein Freund von mir klagte daher einmal, er könne solches Kinder-Gekrähe nicht mehr ertragen; und ein Vaterforscher ließ jüngst in einem Interview vernehmen, Mütter würden die Bedürfnisse der Kleinen *immer, wenn sie krähen* sogleich befriedigen.[44]

Was auf dem Relief aus Split weiterhin auffällt, ist, daß der Krug irgendwie mit dem kleinen Löwen links und der Schlange in der Mitte unter dem dreibeinigen Tischchen zu korrespondieren scheint. Und tatsächlich begegnet das dreigliedrige Arrangement aus Löwe, Krug und Schlange bemerkenswert oft. So zum Beispiel auch auf den Hauptreliefs aus Heidelberg-Neuenheim und Frankfurt-Heddernheim (oben, Abb. 35 und 36).

Beide Tiere, Löwe und Schlange, standen mit dem Krater in enger Verbindung. Zu Löwe und Krater bemerkte schon John Hinnells:

Abb. 73: Kultmahl mit Raben, Krater, Löwe und Schlange, Split, Muzej hrvatskih arheoloskih spomenika

Der Löwe begegnet in einer breiten Vielfalt von Zusammenhängen. Auf den Stiertötungs-Szenen ist seine häufigste Erscheinungsform die gegenüber (against) dem Krater. (Hinnells RLH 352)

Und tatsächlich ist das Gegenüber von Löwe und Krater auf mehr als 30 Darstellungen erhalten.[45] – Ähnliches gilt für Schlange und Krater. Noch einmal mit Hinnells:

Der oft wiederkehrende Komplex von Schlange und Krater auf den Stiertötungs-Szenen kehrt offenkundig auch auf den sogenannten ‚Schlangengefäßen' (= Kratern mit Schlangen) wieder. (Hinnells RLH 355)

Das berühmteste Beispiel für ein solches Schlangengefäß ist der oben schon abgebildete Krater von Köln. Von der anderen Seite her gesehen ist er wiederum mit Sternen verziert[46], überdies aber von einer Schlange umwunden, deren Kopf den einen Trageknauf bildet. Der zweite, gegenüberliegende Knauf aber hat die Gestalt eines kleinen Löwen (oben, Abb. 70). Beide, Schlange und Löwe, sind auch hier etwas wie Gegenspieler, wie sich ergänzende Pole: Gegeneinander stehend und doch „irgendwie" um den Krater vereint. Warum? – Die Vermutung liegt von unserem Kontext her auf der Hand:

Die Schlange stand für den Drachen Vrtra, den Versperrer, der Krater für Somas Elixier und der Löwe stand (wie im ‚Anhang I.' erhärtet wird) für Mithra-*Vrtraghna, den Drachensieger. Somas Elixier wird deshalb als das Resultat, als die Frucht des „Kampfes" zwischen Schlange und Löwe aufzufassen sein.

So verstanden käme durch diese motivische Dreiheit aus Schlange, Krater und Löwe erneut die einst wild gewachsene Ambivalenz zwischen den beiden Parallelgöttern Drache und Soma (= Krater) zum Ausdruck. Obwohl sie ein wenig unvermittelt nebeneinander stehen, bliebe die entwicklungspsychologische Botschaft klar und von suggestiver Kraft: ‚Mithra-*Vrtraghna, der Löwe, mußte *beide*, den „bösen" Drachen und den „guten" Soma, „töten", um selbst „auferstehen" zu können. Beide „Opfer" leben in Gestalt ihrer weitergegebenen Ressourcen aber fort, und diese, obenan Somas erotisches Elixier, sind in dem Krater verwahrt ...'[47]

4. Soma und der Weihegrad des Nymphus

Reihen. Das ein wenig knorrig gewachsene dreigliedrige Arrangement aus Schlange, Soma-Krater und Löwe verweist sogleich noch auf einen weiteren Zusammenhang; und zwar im Rahmen der nicht minder knorrig gewachsenen römischen Weihegrade. Zumal die Rolle des scheinbar so rätselhaften zweiten Weihegrads, des *Nymphus*, zeigt sich von hier aus mit neuen Kontrasten. – Ich hole wieder ein wenig aus:

Wir erinnern uns: Im Hintergrund auch der iranischen Götter-„Systematik" stand ursprünglich allem Anschein nach etwas wie die altindische Rasselbande der *Adityas*, der *„Söhne der Aditi"*. In Iran allerdings war aus der alten Siebener-Reihe schon früh eine Vierer-Reihe geworden, die sich durch den Ausfall Agnis noch einmal auf die oben ausführlich besprochene Dreierreihe ‚*Yama - Drache/Soma - Mithra*' verkürzte. – Im römischen Kult nun hatte sich unabhängig davon überdies der astrologische Glaube breit gemacht, daß die Seele nach dem Tod sieben Tore und Planetensphären zu durchwandern habe. Dadurch aber war, wiewohl aus ganz anderer Ursache, wieder ein Sog nach einer – jetzt astrologischen – Siebener-„Systematik" entstanden. Dieser Sog führte zuletzt zum astrologischen „System" der sieben römischen Weihegrade. – Bei der Ausgestaltung dieses Systems geschah nun aber das Sonderbare: Denn in die ersten vier Grade dieser astrologischen Siebenerreihe schwappten jetzt wieder die Bestimmungen der alten Dreierreihe ‚*Yama - Drache/Soma - Mithra*' hinüber … Jedoch erneut in veränderter Form:

Wäre nämlich die iranische Dreierreihe nun einfach übernommen worden, wäre Mithra-*Vrtraghna auf den dritten Rang der neuen Siebenerreihe gefallen und hätte dadurch die *zentrale*, das heißt *mittige vierte* Rangstufe verloren, die er in der einstigen Rasselbande doch angemessenerweise innehatte. Doch auch dagegen war ein Kraut gewachsen. Mithra-*Vrtraghnas Rolle nämlich wurde jetzt auf *zwei* Rangstufen, die dritte und die vierte, *aufgeteilt*. In seiner Rolle als Drachen-*Kämpfer* nahm der große Gott deshalb fortan den dritten Grad ein; in seiner Rolle als eigentlicher Drachen-*Sieger* dagegen den vierten Grad. Dieser vierte und zentrale Grad erhielt dabei, wie zu erwarten, das Hauptgewicht und wurde von dem Sonnen-strahlenden Sieger und Stiertöter Mithra-*Vrtraghna selbst besetzt. Metaphorischer Repräsentant dieses vierten Rangs wurde (nach altem Vorbild) das Königs- und Sonnentier *leo, „der Löwe"*. – Die nun zusätzlich eingeschobene dritte Stufe des bloßen Drachen-*Kämpfers* dagegen wurde mit der – geringer gewichteten – Figur des *Miles, „Soldat"* besetzt. Auch dabei konnte auf altes Ideengut zurückgegriffen werden:

Der Drachen-*Sieger* Mithra-*Vrtraghna nämlich war seit jeher natürlich auch ein waffenprangender Drachen-*Kämpfer* und deshalb im übertragenen Sinne auch ein *Soldat*. Schon für Indra, Mithra-*Vrtraghnas altindisches „*Double*", ist dieser Zug mehrfach überliefert. In rigvedischen Liedern heißt es etwa:

> *Diesen Indra preise, der ein Soldat, ... der jedem, der sich ihm entgegenstellt, im Kampf überlegen ist, ... der auch die verhüllende Finsternis zerstreut.* – (Er ist der) *kampfgeübte Soldat, streitbar, schlachtgewohnt, viele aufreibend, lärmend, den Trestersaft* (= den Soma) *trinkend* ...[48]

Und am Rande gefragt: Könnte es nicht *mehr* als bloße Analogie sein, daß auch die christlichen Drachenkämpfer, oft und eng mit Jesus assoziiert, regelmäßig und bis heute als römische Soldaten dargestellt werden ...?

Die ersten vier Grade des römischen Kults (und sie allein können Thema dieses Bands sein) nun lauteten:

(1) CORAX, „*Krähe*" – (2) NYMPHUS – (3) MILES, „*Soldat*" – (4) LEO, „*Löwe*"

So knorrig gewachsen diese Reihe auch wieder war, und so viel an astrologischer Spekulation auch in sie eingeflossen sein mag: Die alten entwicklungspsychologischen Aspekte fehlten ob der geschilderten Entstehungsgeschichte auch hier nicht. Für den 3. und den 4. Weihegrad, Drachen-*Kämpfer* und Drachen-*Sieger*, sind diese entwicklungspsychologischen Aspekte unmittelbar klar: Diese Grade repräsentierten die Schöpfungsabenteuer der zweiten Hälfte des ersten Lebensjahres. Auch der 1. Weihegrad, „Rabe" oder „Krähe", läßt sich, obwohl Textbelege fehlen, intuitiv ohne Schwierigkeit gleichsam den „Yamas", mithin den Allerkleinsten und den auch im physischen Sinn Neugeborenen zuordnen. Es bleibt der bislang so rätselhafte 2. Weihegrad, der *Nymphus*.

Nach der Argumentationslinie dieses Buches müßte der *Nymphus* eine Gedächtnisspur des kleinen *Soma* sein ... – und er scheint es in wichtigen Zügen tatsächlich gewesen zu sein:

TRAVESTIE. Ein griechisches Wort *nymphos* ist nicht bekannt. Es war eine Wortschöpfung des römischen Kults, die dennoch auf die Bedeutung von gr. *nymphios*, „Bräutigam" anspielte. Der Weihegrad des Nymphus nämlich war erkennbar einer Hochzeitszeremonie zugeordnet. Auf einem inzwischen weitgehend unkenntlich gewordenen Fresko unter S. Prisca zu Rom war daher noch im frühen 20. Jh. ein römischer Myste vom Grad eines Nymphus unter einem hellbraunen oder gelben *velum* oder *flammeum*, „*Schleier, Hochzeitsschleier*" auszumachen. – Nun trugen solche Schleier heute wie damals aber nur Frauen. Da unter den Kultmitgliedern aber keine Frauen „zugelassen" waren, wird *Nymphus* von verschiedenen Autoren mit „*männliche Braut*" übersetzt.[49]

Schon solche Travestie erinnert deutlich an Soma. Denn Soma, der drei-, viermonatige Säugling, war in gewissem Sinn tatsächlich androgyn und eine „*männliche Braut*"; wenn auch in ganz besonderem Sinn:

Im Zuge der Somakelterung wurde der in den Krug geflossene Preßsafts, um ihm die Schärfe zu nehmen, mit Milch angereichert; und das ineinander-Fließen und sich-Vermischen der beiden Flüssigkeiten galt metaphorisch als Begattung oder Hochzeit. Entsprechend sangen die rigvedischen Opferpriester:

Wie ein junger Mann, der zur Frau zum Stelldichein geht, kommt er (Soma) *im Kruge mit den Kühen* (= der Mischmilch) *zusammen. – Werde rötlich, wenn du dich mit den Milchkühen* (= der Mischmilch) *vermischst wie* (mit Frauen), *die einen schönen Schoß haben. –* (Soma) *läßt sich* (in den Krügen) *nieder ... wie ein Buhle, der zur jungen Frau geht.*

Aber nicht nur als *junger Mann* und *Buhle* ging Soma zu dieser Hochzeit, sondern, gleich den Nymphen oder „männlichen Bräuten" des römischen Kults, auch in travestierendem Rollentausch. Einmal heißt es entsprechend:

Geschmückt wie ein junges Weib, das ihr väterliches Erbteil hat, wurden die Somasäfte ... losgelassen ...

Und ist dies denn verwunderlich? Man muß die Symbiose-Theorien Margret Mahlers nicht zu hoch hängen. Aber daß ein Kleinkind im Alter Somas bisweilen noch ein Stück mit seiner Mutter verschmilzt, wird man doch so wenig abstreiten wollen, wie daß solche Verschmelzung „zu einem Fleisch" auch im regressiven Liebeszauber der Erwachsenen wieder stattfinden kann. Jedenfalls herrschte diese Vorstellung auch schon in rigvedischer Zeit. Die Ernte, Wässerung, Pressung und Milchung der Somastengel konnte deshalb auch in Wendungen beschrieben werden wie:

Die Jahreszeit ist seine (Somas) *Gebärerin. Von ihr geboren ging er alsbald ins Wasser, in dem er erstarkt. Da ward er eine üppige, von Milch strotzende Frau. Die erste Milch des Stengels, die ist preisenswert.*

Die Verwandtschaft des römischen Nymphus mit Soma erstreckt sich freilich noch weiter. Denn auch Soma war nicht nur androgyn und eine „männliche Braut". Er trug eben auch einen Schleier; wenn auch wieder einen ganz besonderen:

Als Schleier und Hochzeitsschmuck Somas galten die Schlieren der Mischmilch. Und diese Schlieren-Schleier oder, wie sie regelmäßig genannt wurden, *Milchgewänder* Somas, brachten natürlich überdies zur Geltung, daß Soma, das *himmlische Wiegenkind*, selbst noch ein Säugling war – und doch zugleich auch schon „männliche Braut" seiner Mutter. – Man höre selbst:

(Soma) *hat sich* (in die Mischmilch) *wie in ein frischgewaschenes Gewand gehüllt ... – wie der Sohn in die Arme der* (Mutter), *um* (die Milch) *zu genießen. –*

... die Mischmilch ... machte er sich zum Festgewand. – In schöne hochzeitliche Gewänder sich kleidend ... (fließt er dahin). – (Soma,) *... lege das Kleid der Milch an!*[50]

PUPPE. Bedauerlicherweise besitzen wir keinen Beleg, daß auch die Schleier der männlichen „Nymphen-Bräute" des römischen Kults als Milchgewänder galten. Ein kleiner Glücksfall erlaubt aber doch, die Brücke zu schlagen:

Die Schlieren-Schleier von Somas Mischmilch galten, wie eben gelesen, nicht nur als *hochzeitliche Gewänder*, sondern zugleich als *frischgewaschenes Gewand*, um in den Armen der Mutter *die Milch zu genießen*; sie galten mithin auch als – Windeln! Und von Windeln hören wir prompt auch wieder aus dem Mithraskult:

In dem sogenannten *Mithraic Catechism from Egypt*, zwei kleinen Papyrus-Schnipseln des Ägyptischen Museums Berlin, die sehr wahrscheinlich dem römischen Kult zuzuordnen sind[51], erhielten sich die Bruchstücke einer Zeile, die von *Windeln* handelt. Offenbar im Rahmen eines kultischen Dialogs heißt es dort:

„*... war in Windeln gewickelt'? Sage: ,Des Erlösers ...* ' (19)

Nach William M. Brashear, dem Herausgeber des Fragments, könnte das Textstück gut mit einer kultischen Inszenierung zusammengehangen haben, die so Brashear, *von Mithras* (Fels-) *Geburt und seiner nachgeburtlichen Erfahrung (post-natal experience)* handelte. Dies ist in der Tat gut möglich; und ob die Windeln in dem Textstück nun ursprünglich dem Mithras oder, wie mir wahrscheinlicher, dem Nymphus zugeordnet waren, ist von sekundärer Bedeutung. – An anderer Stelle des Berliner Fragments ist von speziellen *Leinengewändern* die Rede, in die sich die Initianten und kultischen Schauspieler offenbar bei gegebenem Anlaß hüllten. Brashear folgerte daraus, mir scheint mit Recht:

Die Leinengewänder der Initianten könnten getragen worden sein, um Mithras Windeln zu imitieren. (37; vgl. 50)

... oder eben doch, um die Windeln *des Nymphus* zu imitieren ... Nicht unerheblich dazu ist die Feststellung, daß das in diesem Textfragment gebrauchte Wort gr. *sparganoein*, „*in Windeln hüllen*" dasselbe ist wie jenes, das in der Weihnachtsgeschichte des Lukasevangeliums für den kleinen *König der Juden* verwendet wurde (Lk 2,7,12); und übrigens auch für den kleinen *König Ödipus* bei Sophokles (1035).

Die Windeln und *Milchgewänder* Somas und der römischen Mysten des zweiten Weihegrads geben den Schlüssel an die Hand, um eine weitere Bedeutungsebene des Wortes ‚Nymphus' zu entziffern:

Nymphus, „Nymphe" bezeichnete, wie im Deutschen noch heute, auch schon im Lateinischen die *Puppen* oder *Larven* von Insekten, zumal der Bienen. Und Kleinkinder in Somas Alter mußten im alten Rom an solche Insekten-Puppen erinnern! Eine Vielzahl von erhaltenen Abbildungen zeigt, daß die Allerkleinsten damals eng und nur das Köpfchen freilassend in Windeln gewickelt wurden; fast wie Mumien.[52]

Abb. 74: „Nymphe" einer römischen Sevirina Nutrix, Seite eines Grabsteins, Köln, Römisch-Germ.-Museum

Abb. 75: „Nymphe" in einer christlichen Weihnachtsszene, Elfenbein, 5. Jh., Mainz, Römisch-Germ.-Museum (Kopie)

Und in diesen Windel-Kokons nahmen sich die Kleinen in der Tat aus wie noch ungeschlüpfte Insekten-Puppen oder eben Nymphen. – Die einmontierten Bilder zeigen solche „Nymphen"; die eine in der Obhut einer römischen *Sevirina Nutrix,* die andere in einer christlichen Weihnachtskrippe (Abb. 74 und 75; man sehe auch oben, Abb. 56). – Ob auch das merkwürdige (aber weitgehend zerstörte) Gebilde im zweiten Feld der Weihegradsymbole von Ostia eine Nymphenpuppe darstellt, wie immer wieder behauptet, bleibe dahingestellt (vgl. oben, Abb. 28, zweite Kassette.)[53]

Und natürlich befanden sich diese Wickel-Puppen auch im entwicklungspsychologischen Sinn noch im Nymphenstadium. Denn in Somas Alter sind die Kleinen, da ihre optische und motorische „Geburt" erst in den darauffolgenden Monaten einsetzt, noch eingeschlossen in den Höhlen-Kokons ihrer Kurzsichtigkeit und Enge; sie sind insofern noch im Larvenstadium, sind noch verpuppt und ungeschlüpft.[54] Die eigentliche „Geburt" in die Morgenröte steht ihnen noch bevor; oder mythisch gesprochen: Erst mit dem „Tod" und dem Ende dieses Puppenstadiums kann um den fünften, sechsten Monat das Imago „geboren" werden. Und dieses Imago war natürlich Mithra-*Vrtraghna ... Wie schlüpfende und sich aus ihrem Kokon windende Insekten arbeitete er sich bei seiner Felsgeburt daher ans Licht der Morgenröte.

Auch der altersgleiche und gleichermaßen noch ungeschlüpfte Parallelgott Somas, Vrtra, der Drache, galt im rigvedischen Indien ja als *der Ungeborene*, und, da noch gehbehindert, überdies als der *einfüßige Ungeborene*:

Der einfüßige Ungeborene ... fand Gefallen an der Dichtung und dem Opferdienst. – Zum Glück soll uns der einfüßige Ungeborene Gott sein, zum Glück uns der Drache der Tiefe ...[55]

Erinnern nicht auch die eingeblendeten römischen Wickelkinder in ihren „Nymphen-Kokons" an einen solchen *ungeborenen Einfuß*?

Im übrigen wird die alte und einst offenbar weit verbreitete „Technik" des engen Wickelns wieder „modern". Die Kleinen sollen durch solches „Pucken" *länger schlafen, dabei mehr Zeit im Non-REM-Schlaf verbringen und weniger leicht spontan aufwachen*. Auch soll durch das Pucken die Gefahr des sogenannten plötzlichen Kindstods verringert werden und *sich die Schreidauer signifikant verringern*. – Zu beenden sei das Pucken prompt wie auch nach den antiken Quellen zu erwarten, nämlich *spätestens im Alter von sechs bis acht Monaten*.[56]

VENUS. Einmal wachgeriebenen Augen fallen noch weitere Indizien dafür auf, daß die Nymphen des römischen Kults Wickelkinder von Somas Alter reinszenierten. So lauten zwei Graffiti unter S. Prisca in Rom:

Nama nimphis tutela veneris, „Verehrung den Nymphen unter der Obhut der Venus" (Vermaseren SP 158, vgl. 169)

Mit dieser *Venus*, so werden die Patres ihren Mysten gewiß gepredigt haben, sei die zweite jener sieben Planetensphären gemeint, die der Eingeweihte im Zuge seiner finalen Erlösung dereinst zu passieren habe. – Die hinter dieser „Erklärung" verborgene *indirekte Suggestion* konnte ihre Wirkung aber unmöglich verfehlen. Denn mehr noch als uns war allen Römern durch köstliche Mythen bekannt und geläufig, daß *Venus* eine höchst attraktive, regelmäßig von Schleiern umspielte und erotisch entsprechend freizügige Göttin war. Von großen wie kleinen Männern umworben galt ihre besondere Zuneigung dem süßen Amor oder Eros, einem, man weiß, beflügelten und pfeilbewehrten Säugling, der seine ersten Amouren in den Armen der verführerischen Göttin durchfocht und bestand.

Es ist völlig ausgeschlossen, daß in jenem ‚*Verehrung den Nymphen unter der Obhut der Venus*' nichts von diesen Liebesmythen mitgeklungen habe – und es wirft mehr Licht auf moderne Interpretationen als auf den römischen Kult selbst, daß dennoch immer wieder gemutmaßt wurde, die römischen Nymphen mit ihren Brautkleidern hätten sich kultisch *mit Mithras* verlobt oder verheiratet. Nichts spricht für solche homoerotischen Avancen; weder bei den Nymphen noch gar bei Mithras. Manches aber spricht dafür, daß die kultische Reinszenierung auch hier, wie einst bei Soma, auf den *ersten* erotischen Bund des menschlichen Lebens, den mit der Mutter, und hier eben mit *Mutter Venus* abhob: die Windeln dieser Nymphen, ihr Puppenstadium ..., und eben auch ihre und der Venus Schleier. Denn genau *weil* Somas und der Nymphen Welt in ihren Wiegen und den Armen der Mutter noch optisch verschleiert war, scheinen Schleier doch im späteren Leben ihre erotische Faszination zu entfalten und wurden und werden deshalb in der *zweiten* großen Liebe von den Bräuten im Zeichen der Venus neuerlich angelegt.

Und war es nicht vielleicht auch deshalb zu der sonderbaren Bezeichnung des zweiten Weihegrades gekommen, weil die *erste* Liebe des Lebens doch wirklich noch von „symbiotischer", von verschmelzender und grenzenloser venerischer Erotik ist und insofern etwas Nymphomanes hat? Die gewöhnlichen weiblichen Nymphen der antiken Mythenwelt hielt man bekanntlich für ein wenig mannstoll, und sie sollen manchen arglosen Wandersmann zu unverhofftem Glück verführt haben. Daß sich auch von solcher Liebesmär nichts auf die gleichlautenden Nymphen des römischen Kults übertragen habe, ist wenig wahrscheinlich; und um so weniger, als doch schon Soma, wir lasen es, als der *Weiberlüsterne* galt und wahrlich ein Nymphomane war, der seine Milchkühe inbrünstig bestieg. *Werde rötlich*, hieß es etwa,

> *... wenn du dich mit den Milchkühen vermischst wie (mit Frauen), die einen schönen Schoß haben. – Der Bulle steigt auf die Kühe ... nach Kühen verlangend.*

Und wie er nach solchen „Kühen", waren ja auch sie lüstern nach ihm:

> (Soma ist) *seit Alters der beliebte Gemahl der Kühe. – Dich lecken ohne Falsch die Mütter ... wie Milchkühe das neugeborene Kalb. – Nach ihm liebesbrünstig mischen die scheckigen (Kühe) den Soma ...*[57]

NEON PHOS. Für eine alte Verbindungslinie zwischen dem altorientalischen Soma und den Nymphen des römischen Kults sprechen zuletzt auch die Symbole des zweiten Weihegrads. Bedauerlicherweise sind die Hinweise auch darauf äußerst knapp. Ein halb-zerstörtes Mosaik in Ostia (Miträum des Felicissimus, vgl. oben, Abb. 28, zweite Kassette) und ein Fresko in noch schlechterem Zustand (unter S. Prisca) lassen immerhin ein Lämpchen und vielleicht noch eine Fackel erahnen.[58] Gestützt werden die unsicheren Deutungen dabei durch eine Stelle bei Firmicus Maternus, einem christlichen Eiferer des 4. Jahrhunderts, bei dem sich der aus den Mithras-Mysterien aufgeschnappte Spruch erhielt:

> *... (Ai- ?) -de nymphe, chaire nymphe, chaire neon phos – ... Nymphus! Sei gegrüßt Nymphus, sei gegrüßt, neues Licht!".* (De err. 19,1)[59]

Das erste, *neue Licht* war zweifellos auch schon eine der Insignien von Soma. Denn sein Kult begann etwa eine Stunde vor Sonnenaufgang. Seit alters wurde zum Auftakt der Somakelterung deshalb ein Feuer, Agni, entzündet, das als Vorbote des bald hereinbrechenden Morgenlichts galt. Ganz dem entsprechend sind reichlich rigvedische Verse überliefert wie:

> *Geh, o Saft, in den somafassenden Krug ein, geh brüllend bis zum Strahl der Sonne! – Gewinne das Licht, gewinne die Sonne. – ... die Finsternis ..., die vertreibe. – ... o Soma, laß uns noch lange die Sonne sehen!*[60]

Interessant ist übrigens nicht nur, daß Firmicus Maternus an der zitierten Stelle den Nymphus tatsächlich mit lat. *sponsus, „Bräutigam, Verlobter"* gleichsetzte; weit spannender noch ist, daß er sich abmühte, diesen Titel den römischen Mysten streitig zu machen – um ihn einzig Christus zuzusprechen! Er fuhr nämlich fort:

> ... *Kein Licht gibt es bei dir* (Nymphe!), *noch einen* (unter den Mithrasmysten), *der Bräutigam genannt zu werden verdient. Nur ein Licht gibt es, nur einen Bräutigam (sponsus): die Ehre dieser Namen hat Christus empfangen ... Christus ist der Bräutigam ...* (19,1,3)

Ob durch diese Engführung, durch diese im Ärger unterlaufene Parallelisierung von Christus und dem Nymphus nicht ein Fünkchen Wahrheit blitzt? Oder anders und gleich schon vorausweisend gefragt: Sprach vielleicht auch aus Firmicus Maternus' Polemik und Ärger die ihm unheimliche Ahnung, daß hinter beiden, der „Wahrheit" des Christentums und dem vorgeblichen „Nachgeäffe" der Mithrasmysten, eine gemeinsame Vorgeschichte stand? ... eine Vorgeschichte mit Namen – Somaopfer?

5. Opferspiele und Substitutionsopfer

THEATERSCHWERT. Soma, so dürfen wir festhalten, war in der indo-iranischen Mythentradition ein Gott, der primär ein etwa viermonatiges, noch in seiner Höhlennacht befangenes Kleinkind repräsentierte. Im übertragenen Sinn galt er dennoch schon als kleiner, in einem Mondschiffchen dahintreibender Bulle, von seinen Müttern beleckt wie ein neugeborenes Kalb. Dieser Soma nun aber, so der Plot des Mythos, mußte eines Tages „geopfert", der Mond-Bulle „getötet" werden. Einzig dadurch war die „Auferstehung", die Felsgeburt der eigentlichen Götter der Morgenröte möglich: in Indien die des goldigen Indra, in Iran die Mithra-*Vrtraghnas. Ganz wie Nietzsches „Zarathustra" verließen diese Helden und Weltenschöpfer daher nach Somas Opfertod ihre Höhle, *glühend und stark, wie eine Morgensonne, die aus dunklen Bergen kommt.* (ZA 561)

Dieses Drama um Somas „Tod" und die „Auferstehung" der eigentlichen Helden der Morgenröte war den Menschen der Inbegriff des Heiligen. Es wurde daher in ungezählten Kultliedern in immer neuen Varianten rezitiert; es wurde bei festlichen Anlässen auf Bühnen und in Theaterhöhlen nachgespielt; und es wurde zumal auch im meist beschaulichen Rahmen des morgendlichen Opfers in Szene gesetzt. Jeder Sonnenaufgang spiegelte das Heraufdämmern dieses Jüngsten Tages und das Hervorbrechen des ersten Sonnenlichts um den sechsten Lebensmonat wider und war deshalb die natürliche Kulisse zur Reinszenierung.

Den später darübergelegten Staub beiseite geblasen, war auch der römische Kult im Kern noch ein solches Somaopfer. Jedes der großen Kultbilder zeigt daher den „Opfertod" des Mondbullen Soma und die siegreiche „Auferstehung" des schon sonnenbeschienenen Mithras ...

Über die *konkrete Kultpraxis* sagt die bloße Ikonographie der Stiertötungs- und Felsgeburts-Szenen freilich relativ wenig aus; denn wenig spricht dafür, daß in den meist kleinen Kulthöhlen tatsächlich reale Stiere geopfert worden wären. – Ihr, der konkreten Kultpraxis des römischen Kults, wenden wir uns nun für einige Beobachtungen zu:

Hinreichend gut belegt ist, daß die römischen Mysten „Tod" und „Auferstehung" in Form von Schauspielsequenzen umsetzten. – Erhellend dazu ist schon das sogenannte „Theaterschwert", das in einem Mithräum in Riegel am Kaiserstuhl gefunden wurde.[61] Die Klinge dieses Schwertes war in zwei Teile zerschnitten, und die zwei Klingenhälften waren dann wieder so an die Enden eines Bogens geschmiedet worden, daß man dieses „Schwert" umschnallen und dann „vortäuschen" konnte, es sei in den Bauch gerammt und würde am Rücken wieder austreten. Man geht im allgemeinen davon aus, daß der damit inszenierte „Tod" als Voraussetzung galt, um

Abb. 76: Rituelle Tötung eines Mysten (?)   Abb. 77: Rituelle Tötung (?), beide S. Maria Capua Vetere, in situ

zwar als ein und dieselbe, aber mystisch doch veränderte Person in einen höheren Logengrad „auferstehen" zu können.

Ein wenig aussagekräftiger sind einige Fresken aus dem Mithräum in Santa Maria Capua Vetere. Auf die Seitenflächen der einstigen Liegebänke gemalt, sind sie allerdings in schlechtem Zustand und seit den Ausgrabungen im Jahre 1924 rapide weiter verwittert und überdies von darüberschmierenden Fingern zerstört worden.[62] Zumindest zwei der abgebildeten Szenen scheinen zu zeigen, wie ein Myste rituell „getötet" wird (Abb. 76 und 77). Der Myste kniet, vielleicht gefesselt, da und wird auf beiden Darstellungen von einem Mann hinter ihm irgendwie gehalten. Ihm gegenüber steht ein zweiter Mann, der mit einem Gegenstand, wohl einem Schwert, auf ein ihn zugeht ... (Die waagrechte Linie auf Abb. 77 ist kein Teil des Bilds, sondern eine Schmierspur). – In welchen Logengrad der Myste nach dieser „Hinrichtung" aufstieg, wissen wir nicht. Was wir wissen ist aber, daß der vierte Grad, der des „Löwen" Mithra-*Vrtraghna[63], im römischen Kult von herausragender Bedeutung war. Im Rahmen unserer Rekonstruktion hat es daher einige Wahrscheinlichkeit, daß der „geopferte" Myste von S. Maria Capua Vetere im zweiten Weihegrad, dem des *Nymphus* stand und nach seinem „Tod" als *Miles*, „Soldat" oder *Leo*, „Löwe" wieder „auferstand". Zumal die Nacktheit des Mysten, aber auch die einst gut sichtbare Augenbinde und also „Blindheit" des „Todgeweihten" auf Abb. 77 würden gut zu Charakter und Rolle des *Nymphus* passen. Vermaseren, der die Bilder in noch besserem Zustand antraf, schrieb zu Abb. 77:

Der Myste hat eine Binde vor den Augen und tastet sich deshalb mit ausgestreckten Armen vorwärts. Er ist nackt und hilflos wie ein neugeborenes Kind. (MiI 26)

ANSTELLE. Von Leintüchern oder Windeln, in die der *Nymphus* eigentlich gewickelt sein müßte, ist auf den Malereien von Capua freilich nichts zu erkennen. Hier aber schließt vielleicht die weiter oben besprochene Stelle bei Aelius Lampridius die Lücke:

Lampridius hatte, wir entsinnen uns, dem Kaiser Commodus einen *wirklichen Menschenmord* andichtet. Commodus hätte nämlich, so hieß es, *Personen, welche schwache oder zum Gehen unfähige Füße hatten, ... von den Knien an ... gleichsam Drachen (quasi dracones) ansetzen* lassen und diese Personen dann niedergeschossen. – Erkennbar handelte es sich dabei um eine inszenierte Drachen-Tötung. Und wahrscheinlich war auch sie mit dem Aufstieg und der „Auferstehung" des „Getöteten" in einen höheren Logengrad, auch hier vermutlich den vierten, verbunden.[64] – Daß die „Getöteten" als *dracones,* „Drachen" galten, legte Lampridius dabei *expressis verbis* nahe. Aber auch daß sie zugleich für *Nymphen* des zweiten Weihegrads standen, schimmert noch durch den Text. Denn als Commodus jenen *Personen ... quasi dracones ansetzen* ließ, bestanden diese, so Lampridius ausdrücklich, *„de pannis et linteis,* „aus Tüchern (Lumpen) und Linnen" (Comm. IX). Nicht nur, daß im Spätlatein des Lampridius das Wort *pannus* auch die Bedeutung „*Windel*" hatte und daß die „Windeln" des Christkinds (Lk 2,7,12) in der Vulgata mit *pannis* übersetzt waren. Überhaupt machte das Umwickeln der Beine von den *Knien an* doch nur Sinn, wenn die Gehbehinderung dadurch erst zuwege gebracht wurde. Und dies wiederum war doch nur möglich, wenn *beide* Beine *zusammen* umwickelt wurden und die Betreffenden also zu eben solchen *(ungeborenen) Einfüßen,* Insekten-Puppen, *Nymphen* oder eben Wickelkindern drapiert wurden, wie wir sie im vorigen Abschnitt antrafen. – Wahrscheinlich also war der „Mord" des Commodus ein gewöhnliches mithrisches Ritual, in dem drapierte *Nymphen* „getötet" wurden, um sogleich wieder als *Löwen* „aufzuerstehen".[65]

Die „Tötungen" und das „Wiederauferstehen" der römischen Mysten im Zuge ihres Aufstiegs in der Logenhierarchie waren Reinszenierungen in Form aufgeführter „Schauspiele". Es gab aber auch andere Formen der Reinszenierung. Von herausragender Bedeutung dabei war – nicht nur im Mithraskult – das Opfern von Tieren.

Das Opfern von Tieren unterlag dabei unterschiedlichen Deutungen; und auch jene, die moderne Laien und auch Fachkollegen oft favorisieren, wird bisweilen zugetroffen haben: Man opferte einem Gott, um ihn gnädig, großzügig oder verzeihlich zu stimmen; man gab etwas hin, in der Hoffnung, (mehr) dafür zurück zu bekommen. – Doch diese naive Kasuistik spiegelt mit Sicherheit mehr „moderne" Despektierlichkeit und auch mehr „modernen" Handels- und Krämergeist wider als religionsgeschichtliche Realität:

Aus unserem Zusammenhang erhellt ohne weiteres, daß das Opfer eines Tieres auch ganz anderes, nämlich das *Opfer einer Gottheit* symbolisieren konnte.[66] Im Kleid einer vorausweisenden Anspielung formuliert: Das Tieropfer – einerlei ob Stier oder *Lamm Gottes* – konnte auch für den „Tod" und die „Auferstehung" eines Gottessohnes in ein „Kommendes Reich" stehen. Und selbstverständlich auch, wir werden es auch bei Mithra-*Vrtraghna bald schon genauer sehen, für die Auferstehung eines Gottessohnes ins *Kommende Reich des Vaters im Himmel ...*

Die Szene des Stieropfers auf den römischen Hauptreliefs muß eindeutig *auch* in diesem Sinn, mithin als Substitutionsopfer aufgefaßt werden. Der Stier starb *anstelle* eines Gottes. Und man versteht hier sofort genauer, warum einst so viele Götter (und noch Christus) *auch* als Tiere galten: sei es als Lämmer oder Böcke, oder, wie zumal in der griechisch-römischen und der indo-iranischen Götterwelt, als Bullen.

SPIESSCHEN. Als Symbol des zu tötenden Gottes konnten aber nicht nur Tiere, sondern auch Pflanzen oder Gegenstände verwendet werden, zum Beispiel gebackene Stiere oder auch nur gebackene Hörner; man denke zur Veranschaulichung an unsere Osterlämmer und unsere – längst profanisierten – Croissants und Hörnchen. – Vielleicht das eindringlichste Beispiel für ein solches, gleichsam doppelt abstrahierendes Substitutionsopfer war das indo-iranische und später auf den römischen Mithraskult übergreifende Somaopfer. Der Saft der in aufwendigem Kult gepreßten Somapflanze galt hier als das „Elixier" des „getöteten" Gottes Soma; und wenn im römischen Kult der heilige Saft des Soma auch durch Brot und Wein substituiert war, wird doch der auf den Hauptreliefs getötete Bulle für eben jenen Bullen und Gottessohn Soma gestanden haben, dessen „Fleisch und Blut" den Mysten nach der Opferung jetzt eben in Gestalt von Brot und Wein gereicht wurde. – Tatsächlich wurde zum Somaopfer auch schon im alten Indien nicht nur der Rauschtrank, sondern auch Gebäck und feste Nahrung gereicht. In einem Lied an Indra heißt es daher:

Indra! Genieße am Morgen unseren Soma nebst gerösteten Körnern, Brei, Kuchen und dem Loblied! [67]

Die Darbringung von Brot und Wein im römischen Kult erhitzte, wir lasen es, bereits in der Antike die Gemüter der Kirchenväter, weil sie der christlichen Eucharistiefeier so sonderbar glich … Insgesamt freilich muß der römische Kult hier aber noch „urwüchsiger" gewesen sein. Denn während die Christen nur noch Brot und Wein „opferten" und verzehrten, weihten die Mithrasmysten zweifelsfrei auch reale Tiere. Nachweisbar ist dies anhand der archäologischen Befunde (wozu gleich), aber auch anhand verschiedener Kultmahl-Szenen. Mithras sitzt dort meist gemeinsam mit Vater Sol an einem Tisch, dessen Decke regelmäßig aus dem abgezogenen Fell des geopferten Stieres besteht. Bei ihrem Mahl nun aber konsumieren sie nach manchen Darstellungen Wein und Brot, nach anderen dagegen reales Opferfleisch. Auf der Darstellung aus Frankfurt-Heddernheim (oben, Abb. 22) etwa sind die Weintrauben und das Trinkhorn klare Verweise auf kultischen Wein, die von Cautes und Cautopates gereichten Gebäckstücke auf kultisches Brot. Auf der unlängst nahe dem kroatischen Split gefundenen Reliefplatte dagegen (oben, Abb. 73) reicht Cautes erkennbar ein „Schaschlik"-Spießchen mit echtem Opferfleisch; ihm gegenüber Cautopates, zuprostend, ein Krügchen Wein. Entnommen ist der Wein offenbar dem großen Krater mit Raben unterhalb.

Hinreichend aussagekräftige Texte zur konkreten Zeremonie der römischen Substitutionsopfer fehlen. Dennoch stehen einer Annäherung zwei Wege offen: die moderne Archäologie sowie ein bestechender Vergleich mit iranischem „Brauchtum":

KLEINVIEH. Der römische Kult und zumal die Stiertötungsszene standen, wir sahen es, in der Tradition des iranischen Herbst- und Erntedank-Festes *Mihragan*, des einstigen Mithrakana. Zwar sind wir über die antiken Praktiken dieses nach *Now Ruz* zweiten großen Jahresfests nicht eben ausführlich informiert. Doch manches der alten Festbräuche erhielt sich erstaunlich getreu bis in allerjüngste Vergangenheit.

Mary Boyce hinterließ einen Bericht über Mihragan-Feierlichkeiten, denen sie im Jahre 1964 im Gebiet der iranischen Yazdebene, zwischen Isfahan und Kerman, beiwohnte. In der Stadt Yazd selbst war bereits vieles verloren gegangen, aber *die Älteren*, so Boyce, *sprechen noch immer nostalgisch von der Schönheit und Heiterkeit des Fests* von einst. Boyce aber beobachtete die Feierlichkeiten noch in einer älteren Form, nämlich in *dem kleinsten und konservativsten der Yazid-Dörfer: in Mazra Kalantar, isoliert zwischen Dünen im Norden der Ebene von Yazd gelegen, rund 60 km von der Stadt entfernt.* Mazra Kalantar war auch schon damals von Landflucht (und überdies von Wassermangel) bedroht. Dennoch kehrten, so Boyce, zu Mihragan viele der einstigen Einwohner (meist aus Teheran) in ihre Heimat zurück, um das traditionsreiche Fest im Rahmen der angestammten Familien zu feiern. Und allerdings: Dort wurden, noch einmal, bis in die 60er Jahre des 20. Jh., in der Tat uralte Traditionen in ganz erstaunlicher Kontinuität bewahrt.

Bis ins 19. Jh., so recherchierte Boyce, habe man auch in *Mazra Kalantar* noch Stiere oder Kühe geopfert. Inzwischen aber gelte auch dort:

Die übliche Darbringung zu Mihragan im heutigen Iran ist die eines Schafs oder einer Ziege ... Jedes ‚nützliche' Tier kann rituell den Bullen repräsentieren.

Wohlgemerkt wieder: Das Opfertier repräsentierte einen *Bullen*. Und Boyce fügte hinzu, daß dies prinzipiell auch schon im mehr als 2500 Jahre alten Mithrakana unter den Achämeniden gegolten haben muß. Denn im damals entstandenen Mithra-Yäst des Awesta stehe eigens, daß der große Gott auch mit Substitutionsopfern verehrt werden könne. In Boyce' freier Übersetzung:

Der Gott soll verehrt werden mit ‚Kleinvieh', Schafen oder Ziegen, oder mit ‚Großvieh', Stieren oder Pferden, oder mit Geflügel. (nach Yt 10,129)

Und genau wie schon in der Antike und noch im Mihragan von *Mazra Kalantar* scheint es auch im römischen Mithraskult gewesen zu sein:

Im Jahre 1999 hatte ich Gelegenheit, während der Grabungsarbeiten die damals neu entdeckten Mithrasgrotten in Dülük, dem antiken Doliche, nahe dem heutigen Gaziantep im Osten der Türkei zu besuchen. Die Reliefs in beiden Grotten könnten – räumlich und zeitlich – dem Ausgangspunkt des römischen Mithraskults sehr nahe liegen. Denn beide Grotten haben etwas urwüchsig-protagonistisches und sind in ihrer ikonographischen Ausgestaltung noch undifferenziert und unmanieriert. Unter einem der beiden Altarreliefs nun ist eine Art Trog in den Fels geschlagen, aus dem eine Rinne zum Boden läuft. Als ich mit den beiden Ausgrabungsleitern, Anke Schütte-Maischatz und Engelbert Winter, davorstand, konnten wir uns gut ausmalen, daß über diesem Trog einst solches „Kleinvieh" geschlachtet worden war, dessen Blut dann effektvoll zu Boden lief. – Für das Schlachten wirklicher Stiere wäre der Trog aber doch eher zu klein gewesen.

Doch nicht nur, daß der Opferstier durch „Kleinvieh" substituiert werden konnte, lehrt uns der archäologische Befund hier und Boyce' Bericht dort. Gerade aus der von uns eingenommenen Perspektive ist es überaus erhellend zu sehen, nach welchem weiteren Kriterium die Opfertiere ausgewählt wurden:

ZUNGENSPITZE. Mary Boyce flocht in ihrem Bericht fast *en passant* die Bemerkung ein, daß

> ... *viele der Bewohner der Yazid-Dörfer ... bei sich zuhause* (geeignete Opfer-) *Schafe aufziehen.*

Deshalb, so Boyce weiter,

> ... *beginnt die Vorbereitung für Mihragan in manchen Häusern mindestens sechs Monate vor dem eigentlichen Fest* (und zwar:) *mit einem neugeborenen* (Lamm), *das dem Gott geweiht wird. Dies geschieht ohne besondere Zeremonie. Der Herr oder die Herrin des Hauses sagt dazu einfach, daß dieses Lamm* Davar Mihrized, „*dem richtenden Gott Mihr* (= Mithra)" *geopfert werden wird.*

Man übersehe es nicht: Ein sechsmonatiges Lamm! Das Opferlamm war demnach in etwa an Now Ruz, dem Geburtstag Yamas, zur Welt gekommen ...

Dann, zu Beginn des fünftägigen Mihragan-Fests, so Boyce weiter, stehen *die Dorfbewohner* – wohlgemerkt: – *mit der Sonne auf.* Bald darauf wird das Lamm auf den säuberlich gefegten Dorfplatz gebracht und das Ritual begann:

Der Laienpriester, so Boyce' Protokoll,

> ... *kniete sich neben* (das Lamm), *sprach die entsprechenden Sprüche des Awesta, küßte* (!), *sich entschuldigend, die linke Wange und schnitt dann schnell die Kehle durch ...*

Ob sich die Opfergemeinde des Zusammenhangs „bewußt" war, ist von untergeordneter Bedeutung. Was sie *tat*, war jedenfalls: ein Opfertier darzubringen und mit einem Kuß liebevoll zu verabschieden; ein Opfertier, dessen Alter dem Somas (und Vrtras) bei seinem „Tod" und dem Indras oder Mithra-*Vrtraghnas bei seiner „Geburt" entsprach ... Ja mehr noch: Das Opfertier wurde auch ausdrücklich diesen beiden Göttern zugedacht:

Nachdem nämlich die Kehle des Opfertieres durchschnitten war, wurde sein *Blut*, so Boyce weiter,

> ... *in einer Flasche aufgefangen. Als es aufhörte zu fließen, schnitt der Opferer die Spitze der Zunge ab, und da* (in dem abgelegenen Dorf) *der Priester nicht anwesend war, wurde sie in ein wenig Wolle vom Kopf eingewickelt und ihm zugesandt, damit er sie im Namen des Gottes Hom, dem einstigen Haoma (= Soma), segne, dem ein Teil von allen Tieropfern geweiht werden muß.*

Die *Spitze der Zunge*! Welches Organ könnte stimmiger für Soma und die mit ihm verbundene Psychologie stehen? Ist die Zungenspitze doch, wie bei allen Säugern, so auch beim Menschen *das* Organ des *Säugens* und bei ihm überdies des *Küssens* und insgesamt des *sexuellen "Vorspiels"*! Die Zungenspitze ist, mehr noch als die Lippen, *das* Organ oraler Befriedigung und bedarf deshalb (zumindest in unseren modernen Kulturen) nach dem Abstillen noch für beträchtliche Zeit das Surrogat eines Schnullers ... Es überrascht daher auch nicht, daß die Opfergabe in *Mazra Kalantar* allem Anschein nach uralte Tradition hatte. Denn obwohl wir um die Einzelheiten nicht wissen, ragt oder hängt auf den allermeisten der römischen Hauptszenen die Zungenspitze des sterbenden Soma-Stiers markant heraus.[68]

Und wie dem Gott *Hom*, so stand in *Mazra Kalantar* auch dem Gott *Mihr* (Mithra-*Vrtraghna) ein Teil des Opfers zu: das *andom*. Das *andom* sollte dabei, so Boyce wörtlich, die *Essenz des Opfertiers* enthalten und wurde daher nach den Devisen ‚*partes pro toto*' und ‚von allem etwas' zubereitet: Die Opferer entnahmen dem toten Tier nämlich je kleine Stücke der verschiedenen Innereien und füllten sie in ein Stück Darm. Dieser wurde dann siebenfach verknotet und erhitzt. Währenddessen wurden Brot, Wein und weitere Zutaten vorbereitet. Nachdem das *andom* dann gar war, *brach der Opferer*, so Boyce,

> ... *das Brot und legt die Stücke zusammen mit dem* andom *und kleinen Portionen von Früchten und Eiern auf ein Tablett ... Dann wird das Tablett unter den Anwesenden herumgereicht und alle nehmen unter Schweigen davon. Der geweihte Wein wird gewöhnlich vom Priester getrunken ...*

Mary Boyce faßte zusammen:

> *Das Opfer wurde so zweifach geweiht und zugedacht: durch die* (abgeschnittene) *Zunge dem Hom, durch das* andom *dem Mihr.*

HUND. Zuverlässigere Rechnungsproben für unsere Rekonstruktion sind nach dem fast 2000jährigen Abstand zwischen dem römischen Kult und den Mihragan-Zeremonien von *Mazra Kalantar* schwerlich zu erwarten. Und zum Alter des Opfertiers und zur Weihung an *Hom* und *Mihr* kommt ein drittes Detail hinzu:

Zumal das aufgefangene Blut, aber auch einige Stücke von den übrigen Opfergaben wurden in *Mazra Kalantar* rechtzeitig beiseite gestellt, denn sie standen – den Hunden zu! Zuletzt wurde deshalb, so Mary Boyce,

... ein Teil der geweihten Gaben zu den Hunden hinausgetragen, die sehnsüchtig ... darauf warteten ... – Ein Teil von allen geopferten Gaben nämlich steht den Hunden zu. (alles MIZ 108 ff.)

Dies ist nicht nur bemerkenswert, weil der Hund hier trotz der fast 1400 Jahre Islam nicht als unrein, sondern in alter persischer Tradition als verehrungswürdig galt. Nein, es ist vor allem bemerkenswert, weil ein Hund, der am Blut des geopferten „Stieres" leckt, zum festen Bestand auch der römischen Hauptszenen gehört! – Wahrscheinlich ist der Brauch, den Hunden beim morgendlichen Opfer ein wenig abzugeben, uralt. Schon in einem Kultlied des Rigveda wurde ihnen in Gestalt des *Hundes Langzunge* jedenfalls ein witziges Denkmal gesetzt; und da *Hund Langzunge* bisweilen allzu sehnsüchtig und lechzend geschielt haben wird, konnte sein Titel auch knickrigen Opferherrn verliehen werden. In einem Lied an Soma heißt es daher:

Auf daß euer Trank zuvörderst siege, stoßet für den berauschenden Preßtrank den Hund Langzunge fort, ihr Freunde! ... Dieser Rede des ausgepreßten Safts hat der Sterbliche nicht den Vorzug gegeben. Schlaget den knickerigen Hund fort ...

Auch Indras „Freundin", die mythische Hündin Sarama mit ihren Welpen[69], wird immer wieder Anlaß gegeben haben, den um den Opferplatz schleichenden Langzungen ihr Bröckchen hinzuwerfen – selbst dann, wenn sie auf den Wecker gingen. Im sogenannten *Einschläferungslied* des Rigveda wird ein solch bettelnder, ja anscheinend fletschender Streuner und Störer des frühmorgendlichen Opfers gar mit hypnotherapeutischer Zuwendung bedacht und beruhigt. Ob mit Erfolg, bleibt ungewiß; doch welche Rolle die Hunde im indo-iranischen Opferzeremoniell seit Urzeiten spielten, wird auch hierbei deutlich. Es heißt:

Bell den Dieb an oder den Räuber, du zurücklaufender Sarama-Sohn! Du bellst des Indra Lobsänger an. Was bedrohst du uns? Schlaf fein ein! Zerr an dem Eber, oder der Eber soll an dir zerren! Du bellst des Indra Lobsänger an. Was bedrohst du uns? Schlaf fein ein! Wenn du weiß-brauner Sarama-Sohn die Zähne fletschest, so blinken sie wie Speere im Gebiß des Schnappenden. Schlafe fein ein![70]

Wer könnte nach solchen Befunden aufrecht erhalten wollen, daß der blutleckende Hund des römischen Mithraskults einzig für das *Sternbild* ‚Hund' gestanden habe?

GANZ JUNGE. Doch noch einmal zurück zum Alter der Opfertiere. – In *Mazra Kalantar* wurde an Mihragan ein Tier geopfert, das in etwa an Now Ruz geboren und also sechs Monate alt war; genau so alt wie der kleine Soma, der „sterben" mußte, damit Mithra-*Vrtraghna „auferstehen" konnte ... Auch hier gilt es freilich, sich nicht an die monatgenaue Entsprechung zu klammern. Von mythischem Denken quantitative Präzision zu erwarten hieße, seine spezifischen Möglichkeiten verkennen. Entscheidend ist vielmehr, daß die Opfertiere sehr jung waren und liebevoll verabschiedet wurden. Beides sind *indirekte Suggestionen* des Inhalts: Das hier in religiöser Substitution geopferte Tier repräsentiert ein göttliches Kleinkind vom Alter Somas. – Das Brauchtum von *Mazra Kalantar* war dabei kein Zufall und kein Einzelfall:

Auch schon zum altiranischen Mithrakana, so der griechische Geograph Strabo, *schickte der Satrap Armeniens dem persischen König jährlich 20 000* – nicht wie oft wiedergegeben *Pferde*, sondern: – ausdrücklich *polous, „Fohlen"* (II 14,9). – Und was durch die Zeiten für das iranische Mithrakana/Mihragan galt, galt prompt auch wieder für den römischen Mithraskult:

Die Archäologie wußte aus zahlreichen Knochenfunden seit langem, daß auch bei den Feiern der römischen Kultgemeinden reale Tiere geopfert und rituell verspeist wurden. Man wußte überdies, daß die gefundenen Knochen auch hier überwiegend nicht von Stieren, sondern wiederum von allerlei „Kleinvieh" stammen ...

Lange blieb es bei diesem noch unscharfen Befund. Erst die jüngere Forschung nahm die Knochenfunde genauer unter die Lupe – und geriet in verhaltene Wallung. Angela von Driesch und Nadja Pöllath über die jüngsten Ausgrabungsbefunde des Mithräums im bayerischen Künzing:

Markante Unterschiede zwischen gewöhnlichen Siedlungsabfällen der Römerzeit und der hier vorgetragenen Befundsituation ergeben sich ... beim Vergleich des Schlachtalters ... Im Mithräum (wurden) mehr als 65 % der Schweine bis zu einem Alter von 9 Monaten, d. h. sehr jung geschlachtet bzw. rituell getötet. Davon tötete man 38,7 % (Kiefer) bzw. 39 % (Langknochen) bereits in den ersten drei Lebensmonaten. In Siedlungshinterlassenschaften ist demgegenüber die Schlachtalterskurve zugunsten der 1,5 bzw. 2,5 Jahre alten Schweine verschoben ...
Auch das Fundgut von Schaf und Ziege enthält Belege für die Schlachtung von mehrheitlich jugendlichen Tieren ... Die Rinderknochen stammen ... von mindestens 4 Individuen, nämlich von einem knapp halbjährigen Kalb, einem Jungrind von ca. 2,5 Jahren und von jungadulten Rindern im Alter von ca. 3 Jahren ... (148 ff.)

Die Autorinnen faßten zusammen:

Es handelt sich um ganz junge Schafe (und Ziegen), sehr junge Schweine und Hühner... (Sie wurden) als Substitution des Stieropfers bei den Kulthandlungen rituell getötet ... und danach ...verzehrt. (155)[71]

Ähnliche Befunde liegen inzwischen auch für die Mithräen in Zillis, Graubünden, in Kugelstein, Steiermark, in Martigny, französische Schweiz sowie in Heidelberg-Neuenheim und in Tienen, Belgien, vor.[72]

SUOVITAURILIEA LACTENTIA. Die Auswahl besonders junger Tiere ist für den römischen Kult so signifikant, daß sie einen Sinn gehabt haben muß. Welcher aber sollte dies gewesen sein, wenn nicht der, daß die Opfertiere Substitute für *sterbende kleine Götter* und damit für *abgeschlossene Schichten der frühen Kindheit* waren? Ob die Mysten um diesen Sinn „wußten", ist die übliche und „moderne", aber psychologisch irreführende Frage …

Interessant genug ist, daß derart junge, und deshalb doch niedliche und gewiß geliebte Opfertiere nicht nur von den Mysten des Mithraskults bevorzugt wurden, sondern auch von angestammten „Heiden". – Dies wirft nicht nur ein Streiflicht auf die Psychologie und die Heilsstrategien auch ihrer Religionen (die meist doch soviel schwieriger zu durchschauen sind als die Religionen des alten Indiens und Irans). Nein, diese Parallelität gibt überdies ein weiteres Kriterium zum Verständnis des Mithraskults an die Hand:

Marcus Porcius Cato berichtet in seinem fragmentarisch erhaltenen Text ‚Vom Landbau', daß es nach der ansässig römischen Religion beim Auslichten eines Hains oder bei der Bereinigung einer Flur angezeigt gewesen sei, insbesondere dem Mars Opfer darzubringen. Dazu solle man zumal Tiere darbringen, die noch *gesäugt* werden! Die Opferformeln lauteten entsprechend:

> … *sei geehrt durch dieses Opfer vom saugenden Schwein, Schaf oder Stier … Vater Mars, wenn dir bei jenen säugenden Tieren, bei Ferkel, Lamm und Kalb etwas nicht zur Genüge getan ist,* … (so laß' es mich wissen …) (141,3,4)

Karl Wyß merkte dazu an:

> *Warum Cato suovitauriliea lactentia, „Ferkel, Lamm und Kalb, die noch saugen", vorschreibt, ist mir nicht klar; vielleicht um die für den Privatmann recht kostspieligen Opfer möglichst erträglich zu machen.* (Wyß 11 f.)

Daß sich die einstigen Menschen von ähnlich pietätslosem Pragmatismus und Krämergeist leiten ließen wie hier Wyß, ist zwar nicht gänzlich auszuschließen. Viel naheliegender ist aber doch, daß hinter ihrem Verhalten ein wirklich heiliger Sinn stand. Und dieser, mag sein, unbewußte, aber dennoch „tiefe" Sinn scheint auch hier gewesen zu sein: Mit dem Opfertod des Tieres wurde, ähnlich wie bei Soma, das Ende des Gesäugtwerdens und das „Abnabeln" von der Mutter reinszeniert. Allein dies würde doch auch erklären, warum sich zur Auswahl der Opfertiere die stehende Wendung *suovitauriliea lactentia*, „Ferkel, Lamm und Kalb, die noch saugen" herausgebildet hatte. – Prompt trug auch Karl Wyß Material zu einem weiteren und dazu passenden Typ von Opfer zusammen, nämlich zu Opfern von *Milch und Honig* – den einstigen Kinder- und Götterspeisen, die doch eindeutig auch Symbole für das Stillen sind und waren.

Daß auch die Mysten des römischen Mithraskults wie ihre „heidnischen" Mitbürger gezielt *suovitauriliea lactentia* auswählten, ist zwar durch Texte nicht gesichert, durch die archäologischen Befunde aber doch wahrscheinlich gemacht.

Allem Anschein nach opferten sie also nicht nur einfach junge „Substitutionsgötter", sondern beendeten damit kultisch die Zeit des Säugens oder Gestilltwerdens – genau wie es schon mit der kultischen „Tötung" und Pressung des altindischen Soma geschehen war.

Verwiesen sei zuletzt noch darauf, daß das bevorzugte Opfern ganz junger Tiere nicht nur auf den (Europa einschließenden) indo-germanischen Kulturkreis beschränkt war, sondern auch den semitischen umfaßte. Flavius Josephus (37 – ca. 100 n. Chr.) berichtet entsprechend über einen jüdischen Brauch:

Will eine Privatperson ein Brandopfer darbringen, so schlachtet sie einen Ochsen, ein Lamm oder einen Bock, von denen die beiden letzteren einjährig sein müssen. (JA 173)

Über ein Opfer Samuels wußte Josephus:

Samuel ... nahm ein säugendes Lamm, brachte es für das Volk zum Opfer dar und bat Gott, er möge sie in der Schlacht vor der Macht der Palästinenser schützen ... (322)[73]

6. Mithras Entwöhnung

Abschied. Sobald das zentrale Motiv des römischen Mithraskults, die Stieropfer-Szene, als ein Erbteil des alten Soma-Opfers aufgefaßt wird, fällt auch neues Licht auf den psychologischen Hintergrund einer weiteren Eigentümlichkeit des Kults: auf den Umstand, daß er eben ein *Männerkult* war. – Aber diese Männerbündelei zeigt sich jetzt *auch* und zumal als *therapeutisches Projekt*, dessen Sinn die Pflege und Festigung jener Seelenschichten war, die sich im frühen Morgenrot der Schöpfung an den Brüsten und in den Armen der Mutter herausgebildet hatten.

Deshalb war auch die Etikettierung „frauenfeindlich" nicht gänzlich falsch. Denn der Mithraskult inszenierte im Zuge des Soma-Opfers *auch* eine *Distanzierung* gegenüber dem Weiblichen: ein Abstand-, ein *Abschied-Nehmen* von weiblicher Umsorgung und stillender Bemutterung. – Dies wird sofort klar, wenn man sich vor Augen führt, daß das Soma-Opfer im römischen Kult eben aus der Perspektive des schon etwas größeren Gottes Mithra-*Vrtraghna reinszeniert wurde. Mit dessen Fels-„Geburt" hob eine völlig neue Entwicklungsstufe an: Mit ihr waren die Drachenkämpfe vorüber, mit ihr die optischen und haptischen Höhlen-Blockaden zu Ende gegangen. Mit Mithra-*Vrtraghnas „Geburt" erst brach die eigentliche Morgenröte an. Mit ihr erst ging die Sonne auf. Und mit ihr änderte sich nun auch und nachhaltig das Verhältnis und der Abstand zur Mutter! – Die Zeit des *weiberlüsternen* Soma fand mit Mithra-*Vrtraghnas „Geburt" ihren entwicklungspsychologisch angemessenen Abschluß:

Mit Mithra-*Vrtraghnas „Auferstehung" begann Somas „Untergang". Und man versteht von daher unter einem weiteren Gesichtspunkt, warum Soma auf den römischen Hauptreliefs nicht nur als sterbender Bulle, sondern eben zugleich als Mondsichel dargestellt wurde: Denn jetzt, mit dem Aufsteigen der morgendlichen Sonne am Jüngsten Tag, geht der Mond zugleich unter: Das Licht des Tages löst seine Sichel jetzt in unsichtbares Nichts auf. Und mit dem allmählichen Untergang der Mondsichel und Soma-Schale – beginnt auch seine ihm so eng verbundene Mutter, die schöne Mondgöttin *Luna*, unterzugehen!

Sol dagegen, die „*Sonne*", hat jetzt seinen ersten Auftritt und trifft mit ersten Strahlen sogleich schon das Haupt des neu „geborenen" Mithra-*Vrtraghna. Regelmäßig zeigen die römischen Reliefs daher, wie Luna sich von der Szene verabschiedet, und wie Sol, die Sonne, sie gleichzeitig betritt und sich dem Geschehen zuwendet, indem er den siegreichen Mithra-*Vrtraghna im doppelten Sinn *anstrahlt*. – Man ahnt bereits, daß sich hinter diesem Sonnengott *Sol* Mithra-*Vrtraghnas *Vater* verbirgt, der eben jetzt, in der zweiten Hälfte des ersten Lebensjahres, vermehrt in die Welt des Kleinkindes tritt – strahlend und mit echten Vaterfreuden!

Abb. 78: Strahlender Sol, Köln, Römisch-Germ.-Museum

– Doch stellen wir die Psychologie um die Väter noch zurück, und belassen wir es einstweilen bei der bloßen Beobachtung. Sie zeigt, daß Sol auf vielen Hauptreliefs mit strahlendem Gesicht einen seiner Strahlen auf Mithra-*Vrtraghna wirft und ihn damit in den ersten Sonnenschein der Morgenröte stellt; so etwa auf dem Weihrelief des Römisch-Germanischen Museums in Köln (Abb. 78); und so zum Beispiel auch auf den großen Kultbildern von Marino und S. Maria Capua Vetere (Tafeln 1 und 2).

Ganz dieser strahlenden Begrüßung entspricht es auch, daß Mithra-*Vrtraghna sich nun gemeinsam mit Sol auf den Weg macht. Mithras Körperhaltung ist deshalb genau der Laufrichtung der von links unten nach rechts oben aufsteigenden Sonne sowie der Fackel des Sonnenlauf-weisenden Cautes angepaßt. Die so eigenwillig auf dem Stier kniende Figur des Mithra-*Vrtraghna ist daher stets von links unten, markiert durch die Spitze des rechten Fußes, nach rechts oben, markiert durch den roten Zipfel seiner Mütze, ausgerichtet. Er ist jetzt gewissermaßen von Kopf bis Fuß der aufgehenden Sonne zugeordnet, ja ist, wie Soma ganz Luna war, jetzt ganz Sonne.

RAPPE UND FUCHS. Ganz anders als Sols Strahlen ist die Haltung der Luna. Ihre Bewegung ist zu der Sols gegenläufig. Sie blickt meist nach rechts zur Seite, aus

Abb. 79: Großes Kultrelief, Rom, Mitreo di Via dei Cerchi

dem Geschehen hinaus; und sie hat in der Regel keinen strahlenden, sondern, so Maarten Vermaseren zurecht, *einen melancholischen Gesichtsausdruck* (MiI 8 f.). Klar herausgearbeitet ist dieser Unterschied zum Beispiel auf dem großen Relief des *Mitreo di Via dei Cerchi* (neben S. Maria Cosmedin, am Circo Massimo, Rom) (Abb. 79).

Aber auch auf vielen anderen (wenn auch nicht auf allen) der erhaltenen Darstellungen wendet sich Luna ab und verläßt das Geschehen der Hauptszene. So zum Beispiel auch auf den beiden Fragmenten aus Graz und dem Vatikanischen Museum (Abb. 80 und 81); und so auch auf einem Fresko unter S. Stefano Rotondo in Rom (Abb. 82).

Analog auf den Darstellungen, wo Luna auf ihrem zweirädrigen Wagen fährt. Auch dort verläßt sie die Szene regelmäßig nach rechts, und zwar, so Vermaseren weiter, *fast immer nach unten – manchmal steil und im Kontrast zu dem nach vorwärts und aufwärts orientierten Viergespann Sols.* (MiI 15). Als erste Beispiele mögen Ausschnitte aus den großen Kultreliefs von Osterburken im Odenwald und Heidelberg-Neuenheim dienen (Abb. 83 und 84).

Und war dasselbe bei unserer oben (Abb. 60) schon eingeblendeten und noch so erotisch von Wolken umwehten Luna aus S. Maria Capua Vetere nicht ebenso zu beobachten? Vermaseren beschrieb sie in dieser Rolle mit einfühlsamen Worten:

> ... *die Göttin scheint allmählich in den Wolken zu verschwinden und ist nur noch von hinten zu sehen. Ihr junger, anziehender Körper offenbart seine Geheimnisse nicht; und um so weniger, als ein transparenter Schleier, der, in Gestalt einer Wolke, durch einen sanften Wind nach oben weht, sie von der Hüfte an bedeckt.* (MiI 14)

DAS SOMAOPFER UND MITHRAS ENTWÖHNUNG

Abb. 80: Abkehr und Untergang der Luna Graz, Joanneum

Abb. 81: Rom, Vatikanisches Museum, Magazin

Abb. 82: Rom, S. Stefano Rotondo (in situ; Vorlage aus www.pierreci.it.)

Die Wehmut und Abkehr dieser zauberhaften jungen Mutter wird in diesem einzigartigen Fresko überdies durch die beiden Rosse zur Geltung gebracht, die Lunas Wagen nach rechts, aus dem Geschehen hinaus und hinunter ziehen. Das eine, ein nachtschwarzer *Rappe*, zieht verstimmt, mit angelegten Ohren, hinab in die Finsternis. Das andere dagegen, im Original einst ein feurig (morgen-) roter *Fuchs*, blickt, schon von Sol bestrahlt, noch einmal zurück und will den Lauf des Wagens und den Gang der Dinge herumreißen.[74] Doch vergeblich. Der Morgen bricht an und mit dem Untergang und Opfertod des kleinen Mond-Bullen Soma muß auch Luna untergehen. Nach der so engen und *weiberlüsternen* Affäre der vergangenen Lebensmonate geht nun die erste Liebesnacht für mehr als ein Jahrzehnt zu Ende. Denn in triumphalem Aufstieg erobert das erste klare Licht nun die Szene, und Sols und Mithra-*Vrtraghnas Auftritte und gemeinsamen Abenteuer nehmen jetzt ihren eigenen, neuen Lauf ...

Abb. 83: Abkehr und Untergang der Luna, Osterburken

Abb. 84: Abkehr und Untergang der Luna, Heidelberg-Neuenheim, beide jetzt im Badischen Landesmuseum, Karlsruhe

BLICKE. Man übersehe nicht: So wie das Abschiedsdrama um Luna und Soma auf den Hauptszenen des römischen Kults aus der Perspektive Mithra-*Vrtraghnas dargestellt wird, so wurden und werden gleichzeitig auch *wir*, die *Betrachter* in die Rolle Mithra-*Vrtraghnas versetzt. Die Luna wendet daher ihren Blick nicht nur vom Stiertöter der Szene, sondern auch von uns und den einstigen Betrachtern ab. Und komplementär Sol: Sein erster Morgenstrahl trifft regelmäßig den in Stein gemeißelten Gott Mithras, sein *Blick* aber meist uns, die Betrachter. Genau damit korrespondierend Soma und Mithras selbst: Soma, der sterbende Bulle, blickt wie Luna nach rechts aus der Szene hinaus und seinem Untergang entgegen; Mithra-*Vrtraghna dagegen, der Stiertöter und Sonnenpartner, ist (jedenfalls in der Regel) den Betrachtern zugewandt und fordert zur Identifikation auf ... Und zweifelsfrei nahmen die Anhänger des Kults diese Aufforderung auch an. *Natus prima luce, „beim ersten Licht geboren"* schrieb ein Myste des Kults im römischen Mithräum unter S. Prisca an die Wand und notierte dahinter das Datum dieser, seiner „Geburt": *Samstag, 12. Dezember ...* (Vermaseren SP 118[75])

Die Dramatik der immergleichen Inszenierung von Lunas Abkehr und Sols Zuwendung wurde oft beschrieben, in ihrem psychologischen Gehalt aber nie durchschaut. So auch, um nur ein Beispiel herauszugreifen, von Roger Beck nicht:

> *Sol geht auf, während Luna untergeht. Als ob in Sorge oder Schmerz wendet sich Luna dabei von der Hauptszene und vom Betrachter ab. Sol dagegen wendet sich ihnen als ob bestärkt, triumphierend oder die Lage beherrschend, zu ... Mithras wird dabei sicherlich bis zu einem gewissen Grad mit der Sonne, und der von ihm geschlachtete Bulle mit dem Mond zu identifizieren sein.* (PZ-II 109)[76]

In der Tat. Ich wüßte aber nicht, wo die *Ursache* dieser inszenierten Wechselverhältnisse liegen sollte, wenn nicht in der frühen Kindheit; genauer: in der zweiten Hälfte des ersten Lebensjahres. Denn das somische Mond- und Muttersöhnchen der ersten Lebensmonate braucht, sobald es ab dem fünften, sechsten Monat zu rutschen und zu krabbeln beginnt und nach seinem „Tod" als Mithra-*Vrtraghna wieder „aufersteht", mehr Abstand zur Mutter und mehr Offenheit zur Welt des Vaters ...

Und wurde dieser frühkindliche Hintergrund nicht gerade auch in den Luna-Szenen klar genug markiert? – Wer sich zum Beispiel noch einmal die Luna auf dem großen Kultrelief aus S. Stefano Rotondo vor Augen stellt (Tafel 3 und Abb. 88 gleich unten), wird eine hübsche und bislang noch nicht besprochene Form solcher Markierung erkennen. Dort nämlich ist Luna, die *Mutter*, infantilisiert! Denn genau wie Vater Sol zur Linken, so ist auch Mutter Luna zur Rechten von kleinem, kompakt-kindlichem Wuchs und hat einen kindlich-großen Kopf, während der Stiertöter, Mithra-*Vrtraghna, das übliche Erscheinungsbild eines jungen, ausgewachsenen Mannes hat ... Die psychologische Nachricht ist natürlich auch hier: Wir befinden uns in kindlicher Welt.

Tatsächlich ist solches Infantilisieren, solches Herabziehen der Eltern in die kindliche Erlebnissphäre auch noch heute allenthalben zu beobachten. In Komiks und Kinderbüchern haben daher auch die „Großen" oft kindliche Züge. Und in

Abb. 85: Infantilisierte Luna, Frankfurt, Museum für Vor- und Frühgeschichte

Abb. 86: Infanilisierter Sol (oder Heliodromus), Bologna, Museo Civico

Abb. 87: Sol als Schnecke, Split, Archäologisches Museum

den Sprachgewohnheiten junger Familien gelten deshalb nicht nur die Kleinen als schon „ganz groß", sondern auch die Großen als noch ganz klein: nämlich als Papi, Mami, Vatilein …

Die Luna von S. Stefano Rotondo ist daher auch nicht das einzige Beispiel für solche Infantilisierung. Ein besonders eindrucksvolles ist auch die Luna auf dem großen Relief von Frankfurt-Heddernheim (Abb. 85). Soweit sich erkennen läßt, ist die Göttin dort nicht einfach nur in kindliche, sondern explizit in die Säuglings-Welt des kleinen Soma zurückprojiziert. Nackt und als ob lasziv liegt sie noch in der Wiege ihres Mondwagens und fährt wie üblich hinab in den Untergang und aus der Szene heraus. Die Parallelität zu dem oben eingeblendeten kleinen Bullenkälbchen Soma, das in seiner Mondsichel übers Firmament schiffte und von Mondhaus zu Mondhaus zog, ist offenkundig (oben, Abb. 65, 66, 67).

In die selbe Kategorie des Infantilisierens der Eltern wird auch die hier nur leidlich rekonstruierte[77] Darstellung Vater Sols (oder des Heliodromus) auf einer (wie man mir dort sagte) inzwischen verlorenen Reliefplatte aus Bologna gehören (Abb. 86). Und ebenso die Sol-Darstellung auf einem Medaillon aus Split: Vater Sol scheint dort, wohl nicht nur ob seines langsamen Zugs über den Taghimmel, zu einem süßen „Schnecki" karikiert worden zu sein (Abb. 87).

LUCIFER. Daß die römischen Kultreliefs den „Tod" und Untergang des kleinen Soma-Bullen und den damit verschränkten „Tod" und Untergang der Luna immer wieder neu und in so unterschiedlichen Formen reinszenierten, war der Sache völlig angemessen. Denn dieser erste Abschied scheint in der Tat für das gesamte menschliche Leben prägend zu sein. – In meinem Indra-Buch widmete ich diesem ersten „Abschied" unter der Überschrift *Es erhob sich der Aussetzling* weiten Raum und zeigte dort anhand unterschiedlicher Beobachtungen und Reflexionen, daß er für beide, die Kleinen und auch für die Mütter, schwer sein kann, und doch unerläßlich ist.[78] Nur wenn beide Seiten in ihrem gegenseitigen Loslassen zugleich die alten Bindungsmuster weiter pflegen, nur wenn sie die wachsende Distanzierung

Abb. 88: Luna mit Morgenstern, Rom, S. Stefano Rotondo,
jetzt Museo Nazionale Terme di Diocleziano

gleichsam Zug um Zug und ausschleichend vollziehen, hinterläßt sie keine Scharten und neurotischen Defizite. – Und genau weil dabei so vieles unvermerkt mißlingen kann, bedurfte und bedürfte es hier so dringend der religiösen Nachbehandlung ...

Diese unerläßliche Tragik des ersten Abschieds war jedenfalls zentrales Thema auch des römischen Kults; und obwohl wir nur die Bebilderung, nicht die Texte der Reinszenierungen kennen, spricht doch die „Stimmung" bis heute für eine einfühlsame Ausgestaltung.

Immerhin *ein* Textstück dazu steht uns freilich doch zu Gebote: Eben jener Hinweis Al Birunis, daß man in Iran noch im zehnten Jahrhundert *acht Monate* nach Now Ruz ein eigentümliches Fest beging. *An diesem Tage* nämlich, so Al Biruni, ...

An diesem Tag fand die Entwöhnung Freduns (=Thraitaunas = Mithra-*Vrtraghnas) *statt* ...

Die *Entwöhnung* Mithra-*Vrtraghnas, so können wir jetzt ergänzen, ging mit beidem, dem Untergang des Milch- und Mondkindes Soma sowie mit dem Untergang und Abschied der stillenden Luna, einher und war mit dem 8. Lebensmonat psychologisch stimmig angesetzt. – Da nun aus der römischen Ikonographie zu schließen ist, daß die Tragik dieses Abschieds und Untergangs in den Mythen des Mithrakreises seit alters verankert und mythisch differenziert ausgestaltet war, verwundert es nicht, wie Al Biruni fortfährt. An dem besagten *Tag* der *Entwöhnung* nämlich habe Mithra-*Vrtraghna nun überdies jenen Ochsen bestiegen und geritten, der Lunas Wagen in den Untergang zog … Ob dies nun besagen will, unser „großer" Gott habe die Luna in seiner alten Rolle als Soma oder in seiner neuen als Sonnenkind begleitet, sei dahingestellt.[79] Entscheidend ist, daß er sie eben noch ein Stück auf ihrem schweren Weg *begleitete* – oder komplementär gelesen: daß *sie ihn* trotz seiner neuen Rolle noch ein Stück mitnahm und eben ausschleichend abstillte. – Sehen wir uns, bevor wir Al Birunis Textstück lesen, dazu noch einmal die eben schon angesprochene Luna des großen Kultreliefs von S. Stefano Rotondo, jetzt vergrößert, an (Abb. 88). Infantilisiert wie sie ist, fährt auch sie nach rechts unten und damit, gebückt und bedrückt, ihrem Untergang entgegen. Wie auf mehreren anderen Darstellungen begleitet sie hier aber der *Morgenstern*, lat. *Lucifer*, gr. *Phosphoros, „der Licht-Träger".*[80]

MUEZZIN. Genau wie dieser personifizierte Morgenstern, ja *als* er, begleitet der kleine Mithra-*Vrtraghna alias Fredun nun auch in Al Birunis Überlieferung den untergehenden Mond-Ochsen und Mond-Wagen. Im Wortlaut:

An diesem Tag fand die Entwöhnung Freduns (= Mithra-*Vrtraghnas) statt. Es war der erste Tag, als er auf dem Ochsen ritt; (und zwar) in einer Nacht, in der jener Ochse erscheint, der den Wagen des Mondes hinter sich herzieht. Dies ist ein Ochse des Lichts, mit zwei goldenen Hörnern und silbernen Hufen, der für eine Stunde zu sehen ist und dann verschwindet. (AN 212 f.)

Man wird die Stelle nicht überinterpretieren dürfen; aber immerhin verwiesen sei darauf, daß auch das Soma-Opfer in etwa *eine Stunde* vor Sonnenaufgang begann … – Die Menschen damals jedenfalls maßen diesem in der Tat lebensentscheidenden Drama der Entwöhnung und Distanzierung um den achten Lebensmonat auch nach Al Birunis Auskunft höchste magische Bedeutung zu. Al Biruni berichtet nämlich weiter, daß man geglaubt habe: Wer diesen *Ochsen … mit zwei goldenen Hörnern* und seinem *Wagen des Mondes hinter sich* in der Stunde seines Erscheinens (mithin eine Stunde vor Sonnenaufgang) sehe, dessen *Wunsch* werde *in der selben Stunde erfüllt*. Und scheinbar noch verwegener der abgegriffene „magische Kalauer": Brülle dieser *Ochse des* (Mond-) *Lichts* in der fraglichen Nacht *einmal*, werde das Jahr *unfruchtbar*, brülle er *zweimal, fruchtbar* …

Daß Mithra-*Vrtraghna *auch* als Fackel-leuchtender Morgenstern und eben *Luci-fer* galt, mag mit anderen astrologischen Systematiken schlecht zusammengehen. Entwicklungspsychologisch hat diese Nebenrolle unseres Gottes ihren guten Sinn. Denn er war neben Soma der *Star* und das Sternchen des Kults; und es stand ihm in solcher Würde gut an, den Abschied der zauberhaften Luna zu begleiten und noch ein Stück von ihr und ihrer Milch- und Soma-Schale getragen zu werden. – Ob nicht auch Darstellungen wie die eingeblendete auf einer bosporischen Münze aus der Zeit des Mithradates Eupator VI. (ca. 132 – 63 v. Chr.) *dieses* Schöpfungs-Drama zur Geltung bringen sollten (Abb. 89)?

Abb. 89: Bosporische Münze aus Pantikapaion (im Osten der Halbinsel Krim), 1. Jh. v. Chr.: Mithra (?) mit Sichel und Morgenstern (Vorlage aus www.jannis.tu-Berlin.com).

Und ob nicht selbst noch die muslimischen Embleme der liegenden Sichel und des darauf „reitenden" Morgensterns *hier* eine Wurzel haben? Und ob diese Embleme, obwohl in der alten Bedeutung „vergessen", nicht noch immer flüstern: Das Heil liegt nicht im Ende und im Untergang dieser Welt, sondern in ihrem morgenroten Anfang – und hier zumal in sicherer, frühkindlicher Muttergeborgenheit und anschließender Mutterdistanz, den Pfeilern heiler Männlichkeit und männlicher Sexualität!? Das Verhüllen und Verachten weiblicher Schönheit und das gleichzeitig so herzzerreißende Rufen der Muezzins nach einem erlösenden Vater bekunden doch klarer als Worte je können: daß hier auch Heil und Heiliges fehlt. –

Vor den Schlußgedanken zu diesem Kapitel nun endlich auch noch die Erklärung für den Untertitel dieses Buches. Sie ergibt sich hier von selbst:

So wie Luna nach Vermaserens Worten auf vielen Darstellungen *einen melancholischen Gesichtsausdruck* hat[81], so naturgemäß, und auf vielen Szenen zu beobachten, auch Mithras. Und dabei ist es *kein* Widerspruch, daß Mithras auf vielen anderen Szenen strahlt; sowenig wie es ein Widerspruch ist, daß auch Luna oft lächelt und entspannt blickt. Beide haben ein schweres und lebensentscheidendes Abschiedsdrama zu durchstehen, aber für beide werden eben dadurch auch neue Perspektiven eröffnet. Das scheinbar Paradoxe spiegelt die mütterliche, spiegelt zumal aber die frühkindliche Realität: Für Mithras ging nun die Sonne auf! – aber genau deshalb blickte er in Wehmut zurück (vgl. Umschlagbild, Tafel 13a u. v. a.).

DEKOLLETÉ. Daß der römische Mithraskult in wesentlichen Zügen ein Kult um die Dramen des Stillens und des Abstillens war, ist überraschend, aber durch eine beträchtliche Indizienkette bezeugt. Blicken wir, dies Kapitel überfliegend, noch einmal zurück: Die stillenden und abstillenden Nutrices von Poetovio; das Wasserwunder; die noch verpuppten Nymphen und männlichen Venus-Bräute mit ihren

Windeln; das Soma-Opfer im letzten Mondlicht vor Sonnenaufgang; die realen Substitutionsopfer von noch ganz jungen und noch säugenden Tieren; Somas Elixier und der verwahrende Krug; Mithras gewaltige, aber latente Potenz bei seiner „Auferstehung"; die schöne, sich aber schon gebückt abwendende Luna; Mithras begleitender Abschiedsritt auf der Mondsichel; und zuletzt die freudige Begegnung mit dem Vater bei Sonnenaufgang.

Daß der psychologische Gehalt dieser mythischen Juwelen bislang weder je für sich, noch in der Ganzheit des kunstvoll geschmiedeten Kolliers, geschweige denn im Dekolleté der haut-weiß leuchtenden Luna oder Venus erkannt wurde, hat mehrere Gründe. Einer ist, daß wissenschaftlich und akademisch justierte Augen offenbar eher von astrologischem Gehedder angezogen und verführt werden als von freizügigen Ausschnitten heidnischer Göttinnen; und dies schon gar, wenn diese Ausschnitte aus frühkindlicher Warte beschaut und betastet werden wollen. Ein anderer, damit verwobener Grund ist, daß das „Heidentum" einst so gründlich überleugnet, so randalierend zerstört und böse geredet wurde, daß bis heute kaum jemand wagt, in seinen Mythen tiefe und heilkräftige Psychologie zu vermuten – und sie mit solcher Vermutung dann respektvoll zu befragen. Die Idee, daß die Menschen damals noch gar keine „richtige" Religion gehabt hätten und insgesamt noch unfertig, ungebildet, roh und im Grunde doch primitiv gewesen seien, sitzt, mit einem Bild Wittgensteins gesprochen, noch immer

> ... *als Brille auf unsrer Nase, und was wir ansehen, sehen wir durch sie. Wir kommen gar nicht auf den Gedanken, sie abzunehmen.* (PhU 103)[82]

Und diese in Jahrhunderten angezüchtete Fehlsichtigkeit und Verschrobenheit des Blicks hält sich, wie zu erwarten, besonders zäh, wo Sexuelles, und am Zähsten, wo männliche Sexualität nach so langer Kränkung und Krankheit wieder ins Mondlicht und Morgengold einer heileren „Moral" treten könnten ...

Gerade *hier* aber hatten die „heidnischen" Mythen und Kulte einen Schwerpunkt; wohl schon im fernen, eiszeitlichen Jungpaläolithikum und frühneolithischen Çatal Hüyük, und im römischen Mithraskult noch immer. – Es erübrigt sich, hier eine Liste der vielfältigen Belege zusammenzustellen, weil in meinem Indra-Buch die wichtigsten der mir bekannten bereits aufzählt sind.[83] Statt dessen seien hier drei Bilder einmontiert, die für sich sprechen. Das eine zeigt eine römische Sphinx, zu deren insgesamt bedrohlicher Ausstrahlung zwei, als ob verlockende Milchleisten gehören, die schwerlich anderes bedeuten können als: ‚Abstand und Vorsicht vor dem Zuviel und Zulange an mütterlichen Brüsten!' (Abb. 90). Das zweite zeigt den unteren Teil einer Herakles-Statue aus dem Capitolinischen Museum, Rom. Der wackere Herakles befindet sich dort mitten im siegreichen Kampf mit der siebenköpfigen (Löwen-) Hydra ... Auch dabei ist offenkundig, worin zumindest eine der abzuwehrenden Gefahren besteht: in den hängenden, halb menschlichen Milchleisten des Ungeheuers (Abb. 91). Und das dritte Bild zeigt einen Drachen zu Füßen einer katholischen Mutter Gottes, der

Abb. 90: Sphinx mit Milchleiste, Römisches Grabmal, 2. Jh., Köln, Römisch-Germ. Museum

Abb. 91: Herkules im Kampf mit Hydra, 4. Jh. v. Chr., Rom, Capitolinisches Museum

Abb. 92: Drache mit Milchleiste, Drachenmuseum Niederösterreich

mit seinen vollen Eutern halb droht, halb lockt, und ebenso als Drache eines Tages niederzuwerfen ist (Abb. 92).

Mit einem Wort: Die alten, „heidnischen" Religionen enthielten ein breites Spektrum von Still- und Entwöhnungs-Mythen … Vor diesem Hintergrund verlieren die Soma-Mythen, auch die des römischen Mithraskults, ihr Exotisches und scheinbar Einzigartiges. – Und das Christentum?

LACTANS. So absurd es sich zunächst auch anhören muß und so quer zu allen theo-„logischen" Lehr- und Glaubenssätzen es auch liegen mag: Sobald mit dem fluoriszierenden Licht der Morgenröte beleuchtet, hebt sich im Hinter-, im *Unter*grund auch des Christentums ein alter Stillmythos ab! – Die Belege dafür aufzureihen, kann freilich nicht mehr Aufgabe des vorliegenden Buches sein. Deshalb sei hier nur eine Weiche gelegt, die hinüberführt zu einem separaten Band; einem Band mit dem (Arbeits-) Titel ‚Jesus und das Somaopfer'. – Zwei erste Hinweise – mehr dem Auge als dem Ohr gegeben! – mögen einstweilen immerhin die Spannung wecken:

Zu den Motiven der christlichen Malerei gehört seit dem Mittelalter ein Madonnentyp, der sich zusammensetzt aus der sogenannten *Maria Lactans*, der „*milchenden Maria*" und der *Madonna auf der Mondsichel* (Abb. 93 und 94).

Eine junge, liebevolle Mutter schwebt auf einer liegenden Mondsichel und stillt ihr halbjähriges, allenfalls neunmonatiges Söhnchen. Vor nachtblauem Grund brechen hinter ihr im Gold der Morgenröte erste Strahlen der gleich oder soeben aufgehenden Sonne hervor … – Wäre es nicht eine gar sonderbare Verkettung von Zufällen, sollte diese Komposition ganz und gar eigenständig entstanden sein und nichts mit den oben besprochenen Motiven und psychologischen Verwebungen

Abb. 93: Albrecht Dürer, ca. 1511, Madonna auf der Mondsichel

Abb. 94: Meister der Hl. Sippe, nach 1484, Ausschnitt; Köln, Wallraf-Richartz-Museum

zu tun haben; nichts mit dem Mondschiffchen des kleinen Soma, nichts mit der Sonnengeburt des kleinen Mithras; nichts mit dem Drama des Stillens und Abstillens …?

Am Anfang dieses nun zu beschließenden Kapitels lernten wir die *Nutrices Augustae* von Poetovio kennen. Daß die Zeugnisse zu ihrem Kult in enger topographischer Nähe zum römischen Mithraskult standen, mußte dort noch als sonderbar erscheinen. Im weiteren Verlauf des Kapitels aber zeigte sich, daß beide Kulte sehr wohl zusammenpaßten. Und als drittes Element fügt sich nun auch noch ein christliches Motiv in diesen Verbund: Das Motiv der *Maria lactans mit Jesus und Johannesknaben*. Gewiß, ein genetischer Zusammenhang ist, obgleich sehr wohl denkbar, auch hier nicht nachzuweisen. Beide, die phänomenologischen und die psychologischen Parallelen, sind aber doch sehr bemerkenswert:

Auf vielen Darstellungen residiert die Madonna mit *Jesus und Johannesknaben* auf einem Thron, genau wie die *Nutrices Augustae* aus Poetovio. Und genau wie jene stillt sie ihren Kleinen häufig mit sichtbar freigelegter Brust. Johannes dagegen wird durchweg schon etwas größer als das Jesusknäblein dargestellt; in der Regel immer schon deutlich älter als ein Jahr. Auch dies hat seine Entsprechung auf den Reliefplatten des Nutrices-Kults von Poetovio. Denn auch dort, wir erinnern uns, wurde regelmäßig ein zweites, schon deutlich größeres Kind in der Nähe der thronenden Nutrix gezeigt. Thema dieser ‚Szene mit zwei Kindern', so lautete oben das Argument, war das Drama des Abstillens und insgesamt das Drama des ersten schweren Abschieds zwischen Mutter und Kleinkind. Denn das größere Kind dieser Szenen ist dem Stillalter erkennbar entwachsen, das kleinere noch mittendrin, aber doch auch schon so groß, daß die Zeit des Abstillens ansteht.[84] – Spricht dieser Sinn nicht auch aus den christlichen Szenen?

Abb. 95: Nutrix von Poetovio,
Archäologisches Museum Ptuj

Abb. 96: Jesus, Maria und Johannes,
Wandrelief in einer Seitenstraße von Rom

Um die phänomenologische Nähe zwischen den antiken Nutrices und jenen neuzeitlichen Madonnen aufzuzeigen, macht es natürlich wenig Sinn, die farbenprächtigen Malereien eines Raffael den verwitterten Skulpturen römischer Provinz-Künstler gegenüber zu stellen. Die Abbildungen 95 und 96 indes zeigen Reliefs in schon eher vergleichbarem Zustand und auf vergleichbarem Niveau. Das links abgebildete stammt aus Poetovio, das rechts aus einer Nebenstraße Roms und zeigt Jesus, Maria und Johannes.

Tafel 1: Großes Kultbild aus Marino (Laziale), Albaner Berge, südlich von Rom. Polierte Wachsmalerei, spätes 2. Jahrhundert, in situ

Tafel 2: Großes Kultfresko, S. Maria Capua Vetere, nordöstlich von Neapel, frühes 2. Jahrhundert, in situ

Tafel 3: Große Relieftafel mit Farb- und Blattgold-Resten, Rom, gefunden unter S. Stefano Rotondo, jetzt Museo Nazionale Terme di Diocleziano, spätes 3. Jahrhundert

Tafel 4: Großes Kultfresko mit Mithras in „inverser" Tracht, Rom, unter dem Palazzo Barberini, 2. Jahrhundert, in situ

Tafel 5: Kultrelief über (ursprünglicher?) Höhle in freiem Gelände, Mocici bei Cavtat, südlich von Dubrovnik, in situ

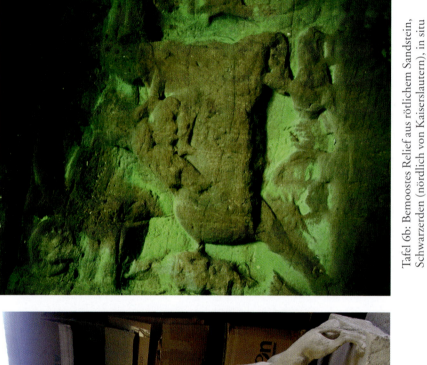

Tafel 6a: Marmorskulptur des Mithras, Vatikanisches Museum, Magazin

Tafel 6b: Bemoostes Relief aus rötlichem Sandstein, Schwarzerden (nördlich von Kaiserslautern), in situ

Tafel 7b: Fresko einer Schlange im ‚Mitreo dei Serpentini', Ostia

Tafel 7a: Gigantenkampf, Marino, wie Tafel 1, erste Bildkassette von oben, links

Tafel 8b: Kleine Skulptur, Mondstier, Rom, Galleria Doria Pamphilj

Tafel 8a: Große Skulptur, Mondstier, Ostia, Mithräum der Bäder

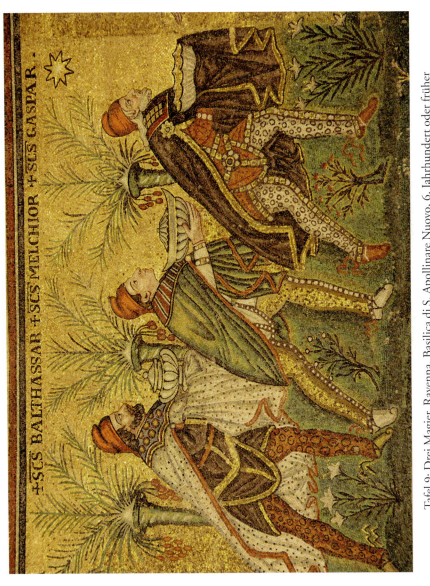

Tafel 9: Drei Magier, Ravenna, Basilica di S. Apollinare Nuovo, 6. Jahrhundert oder früher

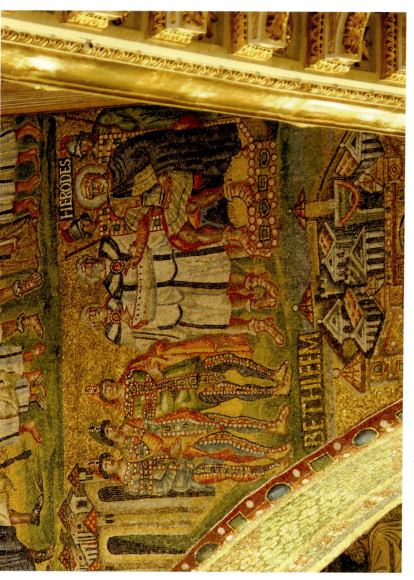

Tafel 10: Drei Magier vor Herodes, Rom, S. Maria Maggiore, 4. Jahrhundert

Tafel 11a: Cautes (in Frühlingsfarben?) mit Bogen,
S. Maria Capua Vetere, wie Tafel 2

Tafel 11b: Cautopates (in Herbstfarben?)
mit Bogen, wie 11a

Tafel 12a: Mithras reitet den Stier, Marino, wie Tafel 1, vierte Bildkassette von oben, links

Tafel 12b: Transitus, Marino, erste Kassette von oben, rechts

Tafel 13b: Mithras im Gold der Morgenröte mit Flammenhaaren, Ausschnitt aus Tafel 3

Tafel 13a: Mithras mit Flammenhaaren und wehmütigem Blick zurück, Intarsie aus dem Mithräum unter S. Prisca, Rom, jetzt im Palazzo Massimo alle Terme

Tafel 14a: Blick auf den Nemrud Dagi mit seinem riesigen, künstlich aufgeschütteten Grabhügel des Königs Antiochos (in der Mitte am Horizont)

Tafel 14b: Blick vom Fuß des Grabhügels ins Taurusgebirge. Im Vordergrund einer der vielen Löwen der Kultanlage

Tafel 15: Die verbliebenen Rümpfe auf der Ostterrasse. Von links: König Antiochos, Kommagene, Zeus-Oromazdes, Apollon-Mithras und Herakles-Artagnes. Ganz rechts der Rumpf eines königlichen Adlers

Tafel 16: Die Köpfe der selben Gestalten auf der Westterrasse. Hinter dem Adlerkopf Herakles-Artagnes und Apollon-Mithras

VI.
Erste Abenteuer vor der Höhle

ECHNATON. Nachdem Mithra-*Vrtraghna seine Drachenkämpfe und das Somaopfer erfolgreich absolviert hatte, konnte er endlich seine Höhle verlassen und ins Weite der Welt hinausziehen; oder richtiger: auf *Händen und Füßen hinauskriechen*; ganz so, wie wir es oben reale Mithraskönige bei ihrem Herrschaftsantritt reinszenieren sahen.

Die meisten der Abenteuer, die den kleinen Gott dort draußen nun erwarteten, spielten sich unter der Aufsicht und im Miteinander mit dem göttlichen *Vater* ab. Sie hoben, grob, mit dem Beginn des zweiten Lebensjahres an. – Wer die großen Reliefplatten des römischen Kults in Gedanken an sich vorüberziehen läßt, wird die wichtigsten Szenen dieser Abenteuer sogleich vor Augen haben: Sie zeigen die – an Schaschlik-Braten erinnernden – Vorbereitungen zum gemeinsamen Mahl sowie das bei Tisch-Sitzen selbst. Sie zeigen eine eigentümliche Unterwerfungsgeste, bei der Vater Sol vor Mithras niederkniet und von ihm eine Art Ritterschlag erhält; sie zeigen sodann, wie sich beide die Rechte reichen; … und sie zeigen zuletzt eine Wagenfahrt, die beide hinaufführt in die Regionen des Himmels.

Diese Szenen und die aus ihnen sprechenden Vatermythen freilich bedürfen der gründlichen, eigenständigen Analyse und können daher nicht im Nebenbei des vorliegenden Bandes abgehandelt werden. Dies zum einen, weil auch die Schöpfungsabenteuer unter der Ägide des Vaters ihr Lebensgestaltendes haben und von folgereichen Gefahren bedroht sind. Dies zum anderen und vor allem auch, weil die alten Vatermythen darüber hinaus von eminenter religionsgeschichtlicher Bedeutung sind; sollten sich doch zumal aus ihnen die neuen, monotheistischen Erlösungsreligionen entwickeln, die durchweg, man könnte sagen: verabsolutierte Vatermythen sind. – Der hier Schreibende plant, dies Thema in einer separaten Untersuchung aufzugreifen. Hier nur einige vorausweisende Andeutungen dazu:

In Iran war es der Prophet Zarathustra, der erstmals den neuen Typ von Religion verkündigte. Doch obwohl wir nicht zuletzt durch die eigenen Worte des Propheten über die *Inhalte* des neuen Monotheismus recht gut informiert sind, lassen uns die überlieferten Texte über die *psychologischen Voraussetzungen* weitgehend im Dunkeln. – Hier nun aber kommt uns prompt wieder Mithra entgegen. Mithra nämlich war während der Revolution Zarathustras etwas wie ein Seismograph: Still und gleichsam abwartend zeichnete er in seiner „Person" und in seinen Verwandlungen die äußeren Turbulenzen auf – in Zeichen und Chiffren, die bis heute lesbar sind. Mithra ist deshalb eine wichtige Instanz zur Rekonstruktion der psychologischen Mechanismen jenes monotheistischen Urknalls im alten Iran …

Zwar ist es ob der schwierigen Datierbarkeit des iranischen Propheten unsicher, ob nicht der ägyptische Pharao Echnaton (1352 – 1336 v. Chr.) als Urheber des weltgeschichtlich ersten Monotheismus anzusetzen ist.[1] Klar dagegen ist, daß wir bei Echnaton keinen genaueren Einblick in die Entstehungsverhältnisse seines Monotheismus haben. Schon Sigmund Freud bedauerte daher in seiner Studie zu Echnaton und Moses:

(Der Monotheismus Echnatons) *ist der erste und vielleicht reinste Fall einer monotheistischen Religion in der Menschheitsgeschichte; ein tieferer Einblick in die historischen und psychologischen Bedingungen seiner Entstehung wäre von unschätzbarem Wert.* (MM 69; vgl. 75)

Dieser *tiefere Einblick* aber ist in Ägypten (soweit ich sehe) nicht gegeben. Sehr wohl aber im alten Iran ...

Mögen diese ersten Andeutungen die Spannung wecken. Hier, in diesem letzten und kurzgefaßten Kapitel des vorliegenden Bandes, werden sich zwar noch einige Zaun- und Ritzenblicke in frühkindliche Vaterdramen ergeben. Zunächst aber gilt es kleinere und harmlosere Dinge anzusprechen und das bislang entworfene Bild von Mithra noch mit einigen eher hübschen Einsprengseln abzurunden:

1. Grüne Wiesen, die Trennung von Himmel und Erde, Mithras Tiere

Grün. Was also erwartete nach den alten Mythen die kleinen Götter, als sie ihre unterirdischen Maulwurfsabenteuer endlich hinter sich gebracht hatten? – Nun, oben, am Ausgang ihrer Höhle, sprang den leuchtenden Augen zuerst eine zauberhafte Wiese, ein weites Grün entgegen, oft von Blumen geschmückt und insgesamt von wahrhaft paradiesischer Schönheit ...[2]

Gewiß, die Höhlen und Geburtshügel der kleinen Götter befanden sich nach den alten Mythen recht oft in gebirgigen oder überwaldeten Gegenden, sehr häufig aber eben auch auf Wiesen. Und in der Tat muß ja zumal in agrarischen Kulturen, wenn sich die erste Landschaft um den fünften, sechsten Lebensmonat auftut, das Grün der Wiesen und Felder einen prägenden Eindruck hinterlassen. Dabei war und kann der Grundton des Grünen in den fraglichen Kulturen des Orients nicht immer so charakteristisch gewesen sein wie für uns im kühleren und, übers Jahr verteilt, feuchteren Mitteleuropa. Und selbstverständlich war die frühkindliche Entwicklung auch nicht überall so terminiert, daß der fünfte, sechste Monat der Kleinen in die Zeit frischen Frühlingsgrüns fiel. Aber natürlich wollen auch in weniger privilegierten Weltteilen und in anderen Zeiten des Jahres die Kräfte der Phantasie und Mythenbildung die Schöpfung und Urzeit in frischen Farben und morgendlich übertaut sehen und neigen deshalb, die Objektivität vielleicht schon herbstlicher oder von Dürre oder Steppenstaub übergilbter Weiten eher auszublenden.

Auch Mithra-*Vrtraghnas Heimat und Paradies war – zumindest im Mythos – von solchen grünen Weiten überzogen. Als Beleg ist an erster Stelle die ungewöhnliche, aber eindrückliche (und meines Wissens inzwischen verschollene) Felsgeburt aus Bingen am Rhein zu nennen (Abb. 97). Sie zeigt unseren Gott, wie er sich in der üblichen Art aus seiner Felsenhöhle arbeitet und dabei noch immer von der Schlange umwunden ist. Die Umgebung, in die er geboren wird, ist hier aber erkennbar eine Wiesenlandschaft, von kinderweltlich-übergroßen und einst sicher bunt bemalten Blumen und Blütengirlanden geschmückt.

Andeutungen von Wiesenlandschaften beggnen auch auf verschiedenen Reliefplatten des römischen Kults. Ein Beleg ganz eigener, ja geradezu „moderner" Art findet sich in dem großen Kultfresko von S. Maria Capua Vetere. Dort nämlich ist, als ob in abstrakter, ja collagierender Manier, als Boden und Untergrund der gesamten Hauptszene offenbar eine Wiese dargestellt (Tafel 2).[3] Vermaseren beschrieb sie als

> ... *ein breites Band aus* finto cippolino *unterhalb des Gemäldes. Die grünen Streifen imitieren einen Marmor und ähneln im Ganzen einer Wiese.* (MiI 10)

Abb. 97: Felsgeburt mit Blumen, Bingen, Museum im Turm

Cippolino ist ein mit grünlichen Strukturen durchzogener Marmor; *finto cippolino* dessen Imitation.

Insgesamt ist jedoch festzuhalten, daß das Wiesenmotiv im römischen Kult eher selten begegnet. Vielleicht deshalb, weil in den Breiten seiner Entstehung solches Grün die Ausnahme war. Das große Relief aus Heidelberg-Neuenheim etwa (Abb. 8) zeigt oberhalb der Höhle keine Wiese, wie doch am Rand des Odenwalds zu erwarten wäre, sondern eine von Bäumen übersäte Felslandschaft, die eher an Kleinasien und Kommagene erinnert. – Insofern sind die Wiesenszenen des römischen Kults vielleicht Ausdruck eines Kompromisses: Sie spiegeln die kargen Regionen der Heimat des Kults wider, machen aber doch auch „Zugeständnisse" an die Landschaften der späteren Kultgemeinden. – Oder sollten die Wiesenmotive des römischen Kults gar ein Echo aus noch größeren Fernen sein? Im alten Iran jedenfalls, wir erinnern uns, galt Mithra durch die Zeiten als Gott, der (je nach Übersetzung) *weite Fluren* oder *weite Triften* hat, auch als Gott der *wide cattle-pastures*, „*weiten Rinderweiden*", ja gar als *grass-land magnate*, „*Großgrundbesitzer von Grünland*".[4]

TRENNUNG. Dort draußen nun, auf jener Schöpfungswiese des späten ersten Lebensjahres, stand eine ganze Reihe weiterer Abenteuer an. Ihr elementarstes war die *Trennung von Himmel und Erde*:

Man muß sich, um dies – globale[5] – mythische Motiv zu verstehen, nur kurz klar machen: Für Fünf-, Sechs-, Siebenmonatige galt es, die neu eröffnete optische Welt nun Schritt für Schritt zu strukturieren. Eine der grundlegendsten Strukturen unserer optischen Welt ist aber das polare Sich-Gegenüberliegen von Himmel und Erde. In offener Landschaft ist die Welt stets *zweigeteilt* in das lichte *Oben* des Himmels und das vergleichsweise finstere *Unten* der Erde. Als ob von einer durchgehenden Linie, dem Horizont, sind beide Welten voneinander getrennt und bilden in dieser Polarität gleichsam die Projektionsfläche aller übrigen Objekte … O, und wie erstaunlich, wie von täglich neuen Wundern durchflutet, mußte sich diese Polarität der Welt in diesen Monaten der Schöpfung doch ausnehmen! Denn die eine, die untere, die „materielle" Welthälfte, ist in der Regel eher hart und widerständig, die obere, „geistige" dagegen ungreifbar und flüchtig. Die untere zieht und saugt eine Vielzahl von Objekten in parabolischen Bahnen zu sich hinunter, in die obere dagegen entfliehen und entschwinden „Dinge" wie Rauch, Vögel, Gewehtes und Wolken in oft merkwürdig chaotischen Bahnen. Hier Ordnung und Regeln zu schaffen und zu durchschauen ist wahrlich nichts Geringes! – Basis und Bühne all dieser Entdeckungen bleibt aber die Polarität von Himmel und Erde, von lichtem Oben und finsterem Unten. Beide Sphären geschieden und gleichsam auseinander gestemmt zu haben, galt deshalb als herausragendes und weltfundierendes Schöpfungswunder der kleinen Götter; und entsprechend herzlich wurden sie auch dafür gepriesen. Über Indra, Mithra-*Vrtraghnas altindisches *„Double"*, lesen wir entsprechend:

> *Du, Indra, … du hast das Luftreich ausgedehnt; du hast den Himmel mit Kraft emporgestemmt. – (Indra) sprengte … die beiden Welthälften auseinander. – Er befestigte die allnährende Erde, er stützte mit Zaubermacht den Himmel, daß er nicht herabfalle.*

Den dann hochgestemmten Himmel sicherte Indra, so der weitere Mythos, mit Bäumen, Pfosten und anderen Himmelsstützen; und da das gesamte Schöpfungswunder zeitlich mit den ersten Versuchen des Aufstehens und Gehens zusammenfällt, heißt es an anderen Stellen:

> *Dieser Große* (Indra) *hat mit großer Stütze den Himmel emporgerichtet, – … der beste Stützer. –* (Er hat) *die gütige, eifrige, große, unbegrenzte Erde an ihren Platz gesetzt. Er stützte den Himmel, der Bulle, den Luftraum … – Mit kräftigem Brüllen hat er sich aufgerichtet … Er hat die Räume … befestigt …*[6]

In meinem Indrabuch ist manches weitere Detail auch zu diesem Schöpfungswunder aufgeführt.[7]

Anders als die altindischen Texte sind die altiranischen auch an diesem Punkt wieder karg. Ein einziger knapper Hinweis im Mihr-Yäst läßt immerhin erahnen, daß dort einst auch Mithra-*Vrtraghna ein berühmter Himmelsstemmer war. *Den Mithra*, heißt es dort lakonisch,

... verehren wir, ... der die Säulen des hochgebauten (Welt-) *Hauses stützt ...*
(Yt 10,28; Lommel)

Dennoch läßt sich die Lücke in der iranischen Überlieferung auch hier wieder mit unserem bewährten Rekonstruktionsverfahren überbrücken. Im römischen Mithraskult nämlich muß das Motiv des hochgestemmten Himmels eine wichtige Rolle gespielt haben und führte zu vielfachen Ausdrucksformen. Zwar fehlt es auch dort an Textbelegen.[8] Die steinernen Zeugnisse aber wirken erwartungsgemäß wieder wie Bebilderungen der Mythen Altindiens.

Die erste dieser Bebilderungen lernten wir oben schon kennen. Auf dem Altarstein von Trier (oben, Abb. 6) dreht der kleine Mithras das Himmelsrund mit den Zodiacalzeichen und stemmt dabei, auf den linken Ellenbogen gestützt, mit der Rechten den Himmel nach oben. – Manfred Clauss reihte das Relief unter der Rubrik *Felsgeburt* ein (Mi 76). Das mag ikonographisch bezweifelbar sein, entwicklungspsychologisch ist es sicher richtig. Denn eben damals, als Indra und Mithra-*Vrtraghna die Urhöhle öffneten und „sprengten", ereignete sich auch das Wunder der Trennung von Himmel und Erde.

TELLUS. Ganz anders komponiert, aber doch gleichermaßen die Trennung von Himmel und Erde inszenierend, ist eine Felsgeburt aus dem Museum Carnuntum, Niederösterreich: (Abb. 98). Sie zeigt Mithra, wie er sich nackt, in „phrygischer" Mütze und mit ausgeprägten Gold- oder Sonnenlocken aus einem Felshügel nach oben gräbt, noch bis zum Kopf von einer Schlange umwunden; dahinter ein Baum, der zusammen mit dem Gott aus dem Felshügel wächst. – Nicht nur die Motive der Baumgeburt und der Felsgeburt sind hier in *ein* Motiv verschmolzen, sondern auch noch das Motiv der Trennung von Himmel und Erde. Denn Mithra stemmt hier zugleich mit beiden Armen den Himmel nach oben und scheint dabei, wie Indra, den Baum als Stütze zu nutzen.

In wiederum anderer Art wird die Trennung von Himmel und Erde auf einem Relief dargestellt, das, in Rom gefunden, heute im Pergamonmuseum, Berlin, zu sehen ist (Abb. 99). Die Reliefplatte zeigt die übliche Stiertötungsszene im Inneren der Höhle. Doch am Boden liegt hier überdies eine weibliche Gestalt mit einem Korb in der Hand. Es wird *Tellus*, die römische Göttin der Erde und des fruchtbaren Landes mit ihrem Requisit, dem Fruchtkorb, sein. Die Hochachtung der Tellus im römischen Mithraskult ist jedenfalls auch anderweitig belegt. Auf einer Inschrift im Mithräum unter S. Prisca, Rom, heißt es:

Fecunda Tellus, cuncta qua generat Pales – „Fruchtbar ist das Land, in dem Pales alles hervorbringt." (nach Vermaseren SP 187)

Pales war eine altrömische Hirtengöttin, deren Name mit dem Palatin, dem Gründungshügel Roms, in Verbindung steht. – Die Szene zeigt demnach, wie Mithras – noch in der Höhle und im Zuge des Stieropfers! – den steinernen Himmel[9] am oberen Bildrand von der liegenden *Tellus*, „Erde" trennt.

Abb. 98: Trennung von Himmel und Erde, Carnuntum, Römisches Museum

Abb. 99: Trennung mit Tellus, Rom, jetzt Berlin, Pergamonmuseum

Abb. 100: Trennung, Ptuj, Mithräum II.

Auch die letzte der einmontierten Darstellungen verbindet das Motiv des Stieropfers mit dem Motiv der Trennung von Himmel und Erde (Abb. 100). Das kleine Relieffragment stammt aus Ptuj und zeigt, wie Mithra-*Vrtraghna in ähnlicher Beinhaltung wie bei der Stiertötung Himmel und Erde trennt. Vergleichbare Darstellungen finden sich mehrfach; zum Beispiel auf einem Relief aus Mauls (Tirol) und auf dem Fresko unter dem Palazzo Barberini, Rom (Tafel 4).

TIERE. Nach der Auflösung der anfänglichen Finsternis, nach dem Begrünen der Landschaft und nach der Trennung von Himmel und Erde galt es für Mithras (ganz ähnlich wie nach dem Schöpfungsbericht des „Alten Testaments"), die neu erschaffene Welt zuletzt noch mit Mensch und Getier zu bevölkern. – Hier nur einige kurze Bemerkungen zu Mithra-*Vrtraghnas Tieren:

Das Arrangement aus Tieren auf den römischen Kultreliefs war in seiner Auswahl und vielleicht auch Anordnung wohl astrologisch inspiriert. Dennoch wäre und war es verfehlender Reduktionismus, die nicht-astrologische Vorgeschichte der meisten dieser Tiere auszuklammern; denn *alle* – einzig der Skorpion ausgenommen[10] – spielten in der indo-iranischen Religionsgeschichte bereits seit Jahrhunderten ihre eigene, von Astrologie unabhängige Rolle: der sterbende *Stier* nicht anders als der blutleckende *Hund*, die *Schlange* nicht anders als der *Löwe*.[11] Auch das Gekrähe des Rabenvogels läßt sich aus entwicklungspsychologischer Sicht ebenso problemlos verstehen wie aus dem Umstand, daß die Krähen seit jeher aus dem Schlaf reißen und darum ganz selbstverständlich als Vögel des Morgenrots und Sonnenaufgangs gelten.[12]

Hervorzuheben ist auch, daß auf den römischen Reliefs immer wieder Tiere begegnen, die astrologisch irrelevant sind: Der Hahn, die Eule, die Biene.[13] Gegen eine bloß astrologische Deutung sprechen desweiteren die konkreten Inszenierungen der römischen Mysten. Wenn in S. Prisca auf zwei Wänden (inschriftlich bezeugt und in Resten noch heute zu erkennen) je eine Prozession von *leones, „Löwen"* dargestellt wurde, dann können diese „Löwen" schwerlich nur eine Konstellation des Sternbilds Löwe aufgeführt haben; und dies um so weniger, als einer dieser „Löwen" dabei einen weißen Stier, ein anderer einen Hahn, ein dritter einen Widder, ein vierter, fünfter, sechster ... einen Krater, ein Schwein, ein Stück Brot und einige Kerzen bei sich führte.[14] – Und Ähnliches wie für diese „Löwen" wird für die „Raben" des römischen Kults gegolten haben. Die oben schon zitierte Stelle bei Ambrosiaster läßt sich kaum aus astronomischen Beobachtungen oder astrologischen Deutungen herleiten:

Welche Entstellung, wenn sie in ihren Höhlen schauspielern ... Einige schlagen wie Vögel mit den Flügeln und imitieren die Stimmen der Raben, andere röhren wie die Löwen. Welch peinlicher Hohn für Menschen, die sich Weise nennen.[15]

Nicht anders bei einer Stelle des Porphyrios (3. Jh.). Er schrieb, wohl aus eigener Anschauung:

... in den Mysterien des Mithras sind sie gewohnt, sich mit den Namen verschiedener Tiere anzusprechen. Die Männer, die an diesen Mysterien teilnehmen, nennen sie Löwen, die Frauen (!) aber Löwinnen, die Ministranten Krähen ...

Und nun beachte man aber, wie dieser besonnene Mann fortfährt! Porphyrios wußte nämlich um die astrologischen Auslegungen der römischen Mysten, hielt diese aber für überlagernden Sinter und bloße Schale – und gab deshalb eine ganz andere, und jetzt die wie mir scheint richtige Erklärung. Die Perser nämlich, fährt er fort, hätten mit solchen Tieren *Züge der menschlichen Seele* bezeichnet. Wörtlich:

... Und derjenige, der in die Löwen-Mysterien eingeweiht wird, wird mit allen möglichen Zügen von Tieren ausstaffiert, die, wie Pallas sagt, nach allgemeiner Auffassung insbesondere ... dem Tierkreis des Zodiak zugeordnet sind. Aber um aufrichtig und angemessen zu sprechen, bezeichnen sie auf dunkle Art Züge der menschlichen Seelen, die, nach Auffassung der Perser mit allen möglichen Körpern bekleidet werden ... (Ab IV 16)

Zumindest für die indo-iranischen Götter in ihren Bullen- und Löwengestalten, aber auch in ihren Verkörperungen als ‚Soma', ‚Feuer (Agni)', ... ‚Vertrag', war genau dies der Fall: Sie standen für (wenngleich frühkindliche) *Züge der menschlichen Seele*.

FUTTERKRIPPEN. Auch die erhaltenen Reliefs und Plastiken von Tieren lassen keine zwingenden Zusammenhänge mit astrologischen Spekulationen erkennen; das oben schon einmontierte Relief aus Konjic mit seinen Raben- und Löwenschau-

Abb. 101: „Rabe" (mit Hund und Stierkopf), Mannheim, Reissmuseum

Abb. 102: „Löwe", Frankfurt, Museum für Vor- und Frühgeschichte

spielern (Abb. 23) ebensowenig wie der Rabenmann auf einem Fragment aus Mannheim oder der Löwenmann aus Frankfurt (Abb. 101 und 102).

Nein, das Verkleiden und Verstellen als Tiere war den römischen Mysten wahre Herzenssache und ist durch kühl-astrologische Motivation nicht zu erklären. Vielmehr war das Bedürfnis nach solcher Travestie so stark, daß vielleicht ganze Mithräen als Ställe, jedenfalls daß die für alle Mithräen charakteristischen Liegebänke bisweilen als *Futterkrippen* galten. Im Mithräum Aldobrandini in Ostia erhielt sich eine Inschrift, nach der der *Pater Sextus Pompeius Maximus* auf *eigene Kosten (sua pecunia)*, so wörtlich: ... *praesepia marmoravit*. Praesepium bedeutet „Stall" oder „Futterkrippe", der Satz als Ganzer also: der Pater habe die *Futterkrippen mit Marmor auskleiden lassen*.[16]

Nicht der Blick zum Himmel eröffnet das Verständnis für solche Lust an der Vermengung des Tierischen und des Menschlichen, sondern der Blick in Kinderbücher oder Kinderzimmer – und natürlich wieder der Blick nach Osten: nach Iran und Indien! Denn zumal von Indra, Mithra-*Vrtraghnas altindischem *„Double"*, wissen wir, daß zur Schar seiner ersten Begegnungen und zu den Möglichkeiten seiner eigenen Verwandlungen neben Kühen und Bullen auch Hunde, Widder, Schwäne, Elephanten, Antilopen, Bären, Löwen, ja Ameisen und wohl selbst ein Schnabeldelphin[17] gehörten. Ihm, dem goldigen Kleinen und seiner süßen Götterschar zu Ehren pflegten sich die Menschen Altindiens einst zu vermummen! Und zumal Schauspiele und Umzüge boten Gelegenheit, die Schöpfungsabenteuer der frühkindlichen Urzeit mit Tanz und Tränenlachen zu reinszenieren …

Der römische Mithras hatte in so Vielem das „heidnische" Erbe Indiens und Irans angetreten, daß es wahrlich ein Wunder wäre, wenn dieser alte Hang zur Vermummung und Verwandlung bei ihm nun plötzlich ganz andere Gründe gehabt hätte. – Erinnern denn nicht auch noch unsere heutigen Fasnachtsumzüge und all der Mummenschanz dort an diese gemein-indogermanischen Feste und Spiele zu Ehren solcher Götter? Und so wie im Westen einst ein Aristophanes und später ein Shakespeare (und neben ihnen hundert andere) allerlei witzige Tiergestalten mit Menschenbeinen auf die Bühne brachten: so eben auch die Mysten des römischen Mithraskults. Gewiß, der apokalyptische Schauder und Erlösungswahn, der auch auf sie übergegriffen haben wird, mag ihren kultischen Aufführungen das Leichte und Fröhliche mitunter genommen haben. Und zugegeben auch: Es wird manchen „Weisen" und „heiligen Mann" gegeben haben, der die alte Tradition der Vermummung nun mit neuem „Tiefsinn" umzudeuten gedachte. Doch oft genug wird solcher „Tiefsinn" dann doch nur als heilige Konfusion gewirkt und dadurch beigetragen haben, die Poren zu den seelischen Schichten frühester Kindheit nur noch weiter zu öffnen …

Wie dünn die Kruste aus der neuen Jenseits-„Moral" war, verraten zwei weitere Züge Mithras: Seine Lust zu stehlen und seine Leidenschaft für die Jagd.

2. Der Transitus

JAGD. Wie so viele Götter und Könige war auch Mithras ein passionierter Jäger. Eine Skulptur auf dem großen Relief aus Osterburken zeigt ihn zu Pferde, wohl eben seinen Bogen spannend; hinter ihm ein Page in orientalischer Tracht mit dem Köcher (?), unter ihm wahrscheinlich ein Löwe, ähnlich wie bei dem Reiterchen von Heidelberg-Neuenheim (Abb. 103). Auf einer kleinen Tafel aus dem kroatischen Sisak scheint Mithras ebenso zur Jagd auszureiten, diesmal begleitet von drei Hunden (Abb. 104).

Abb. 103: Mithras auf der Jagd, Osterburken, jetzt Karlsruhe, Badisches Landesmuseum

Abb. 104: Jagd mit Hunden, Sisak (Kroatien), jetzt Archäologisches Museum Zagreb

Es sind weitere Jagdszenen überliefert; darunter die so großartigen aus dem syrischen Dura-Europos. Doch sei hier der Schwerpunkt auf ein ganz besonderes Jagdabenteuer Mithras gelegt, ein Jagdabenteuer von geradezu weltgeschichtlicher Dimension und Perspektive: Mithras Jagd des weißen Opferstiers! – Schon daß wir zu diesem Jagdabenteuer Mithras über relativ ausführliche Bild- und Schriftquellen verfügen, spricht dafür, daß es bereits den Mithrasmysten selbst – und deshalb auch ihren Gegnern! – von herausragender Bedeutung war.

Die Quellen erlauben eine Betrachtung dieses Jagdabenteuers aus mehreren, sich ergänzenden Perspektiven. Sehen wir uns zuerst die wichtigste Bilder-Geschichte

Abb. 105-108: Mithras auf der Stierjagd. Einzelbilder des rechten Seitenstreifens vom Relief aus Heidelberg-Neuenheim

dazu an. Sie befindet sich auf dem rechten Seitenstreifen des großen Reliefs aus Heidelberg Neuenheim (Abb.105 bis 108, vgl. Abb. 8).

Arglos, so ist den Bildern zu entnehmen, weidete der weiße Stier einst auf der Schöpfungswiese. Mithras hatte ihn mit bloßen Händen zu fangen. Nach der Neuenheimer Anordnung scheint es, daß Mithras den Stier einmal bereits geschultert hatte, er dann aber wieder entkommen war und Mithras ihn dann erneut und regelrecht im Flug ergriff. – Wie unter anderem aus den Malereien aus Marino zu ersehen ist, muß es zur Dramatik dieser Rinderjagd gehört haben, daß Mithras auch ein

Stück auf dem weißen Stier ritt (Tafel 12 a). – Zuletzt dann packte er jedenfalls den Stier an den Hinterbeinen, warf ihn über die Schultern und trug ihn davon ...

DIEB. Das Abenteuer hatte eine zusätzliche Pointe. Mithras nämlich war bei dieser Jagd überdies im Begriff, den Stier zu *stehlen*! Bei Porphyrios wird Mithras deshalb ausdrücklich als *bouklopos theos*, „*rinderstehlender Gott*" bezeichnet (Ant 18). – Die näheren Begleitumstände für Mithras Stierdiebstahl kennen wir nicht. Sicher ist nur, daß sich Mithras mit seinem Diebstahl in bester Gesellschaft befand. Denn die alten Religionen kannten eine Vielzahl von Diebsgöttern, darunter der ägyptische Thot, der griechische Hermes, ... der indische Visnu.[18] – Und wer wollte göttlichen Fegern wie Mithra-*Vrtraghna das Stibitzen auch ernsthaft krumm nehmen; sind doch in ihrem Alter noch keine „moralischen" Gebote verinnerlicht, und wirklicher Schaden ist von solch süßen Zwergen ja wahrlich auch nicht zu erwarten.

Und in der Tat muß Mithras gerade auch für seinen Stierdiebstahl außerordentlich beliebt gewesen sein. Im südlichen Kaukasus wurde daher noch in der frühen Neuzeit am Tag des St. Georg (der darin Mithras Nachfolge angetreten hatte) ein Schauspiel inszeniert, bei dem christliche Mönche am Vorabend einen Stier in die Kirche sperrten und am nächsten Tag verkündeten, St. Georg habe ihn des nachts gestohlen ...[19]

Freilich blieb diese empathische (wohl vom Volk, nicht vom Klerus eingeforderte) Erinnerung an Mithras die Ausnahme. Denn schon in der Antike zeigten die christlichen Polemiker wenig Nachsicht für Mithras Rinderdiebstahl. Ihre Urteile waren hart und wüst – erhielten uns aber doch wichtige Details, die sonst verloren wären:

Firmicus Maternus bezeichnete Mithras an der folgenden Stelle eingangs sonderbarerweise als *vir,* „*Mann"* und führte aus:

Den Mann aber verehren sie als Rinderdieb ... wie sein Prophet uns mit den Worten überliefert hat:
‚MYSTE DES RINDERRAUBES, IN HANDSCHLAG VERBUNDEN MIT DEM EHRWÜRDIGEN VATER.'[20]
Diesen nennen sie Mithras, seinen Kult aber begehen sie in abgelegenen Höhlen, um so, immer in das dunkle Grausen der Finsternis versenkt, die Gnade des strahlenden, klaren Lichtes zu meiden. Das ist die rechte Weihe einer Gottheit! O verwerfliche Erfindung einer barbarischen Ordnung! Für einen Gott hältst du den, dessen Verbrechen du eingestehst. (V,2)

Interessant daran ist, daß jenes vorgebliche *Verbrechen* des Rinderdiebstahls nach Angabe jenes obskuren „Propheten" mit dem *Handschlag* zwischen Mithras und dem *Vater* einher gegangen sein soll. Dies aber besagt nichts geringeres, als daß der Rinderdiebstahl mit dem Eintritt in die Welt des Vaters und mit dem „ersten" Vertragsabschluß in Zusammenhang gebracht war; denn der Handschlag mit der Rechten war auch damals schon rituelles Zeichen einer vertraglichen Vereinbarung.

– Dann aber muß der Rinderdiebstahl bereits einer Phase der *späteren* Kindheit zugeordnet gewesen sein; nicht mehr dem kleinen einjährigen Mithra-*Vrtraghna, sondern der anderen Hälfte des Kompositgottes: eben jenem *Mithra, „Gott Vertrag"*, der seit Urzeiten das zweite und das dritte Lebensjahr unter der Obhut des Vaters repräsentierte.

Was könnte es mit der Zuordnung des Rinderdiebstahls an diese *spätere Entwicklungsschicht* auf sich gehabt haben?[21] – Hinzu kommt ein zweites und scheinbar noch rätselhafteres Phänomen:

Commodianus, auch er Christ, klagte einst über den römischen Mithras:

Ist er tatsächlich ein Gott, aus dem Felsen geboren, nun, dann schweig ich …
… ihr malt ihn auch noch als Dieb, während er doch, wenn er ein Gott gewesen wäre, gewiß nicht vom Raub gelebt hätte. Er war … ein monströses Wesen, und er trieb immer die fremden Rinder in seine Höhle. (nach Vermaseren GK 64 u. Merkelbach Mi 124)

Warum schreibt Commodianus hier, daß Mithras die fremden Rinder *in* seine Höhle trieb? Hatte Mithras seine Höhle nicht eigens verlassen, um nun draußen, auf der Frühweide des Lebens weitere Schöpfungsstreiche zu begehen? Warum hätte er, nachdem endlich draußen, noch einmal in die Höhle zurückkehren sollen? – Und weiter: Wenn er denn wirklich den weißen Stier von draußen zurück in die Höhle getragen hätte: müßte dann nicht jener Soma-Stier, den Mithras noch in der Höhle geopfert hatte und der dann also tot war, nicht zwingend *ein anderer* gewesen sein als jener, der danach quicklebendig auf der Frühweide graste und von Mithras gestohlen und dann zurück in die Höhle getragen wurde?

VARUNA. Hier scheinen sich alle Versuche, den römischen Kult zu verstehen, in Widersprüche zu verheddern. Und doch muß Commodianus' Auskunft im Kern richtig sein. Denn auch aus mehreren Bildzeugnissen geht hervor, daß Mithras den gestohlenen Stier *in* die Höhle brachte – und folglich auch selbst noch einmal *in die Höhle zurückkehrte*, obwohl er sie zuvor doch bereits erfolgreich verlassen hatte, und obwohl der Soma-Stier bereits tot war.

Die Darstellungen, die Mithras dabei zeigen, wie er den gestohlenen Stier *in die Höhle zurück* trägt, sind sehr häufig. Sie müssen von zentraler Bedeutung für den römischen Kult gewesen sein. Man nennt sie ‚*Transitus*-Szenen', weil eine ihrer prächtigsten mit der Inschrift *TRANSITU, „für den Übergang, für den Durchgang"* versehen ist (Abb. 109).[22]

Auch dieser berühmten Skulptur aus dem Mithräum I von Poetovio/Ptuj ist zu entnehmen, daß Mithras den Stier *in die Höhle hinein* trug. Denn *dieser* Stier *lebt* offenbar noch! Nicht nur, daß keine Stichwunde an ihm auszumachen ist. Nein, der Schwanz des Stieres hat, so gut es in Stein eben auszuführen war, etwas sich-Wehrendes und geradezu Peitschendes! Deshalb aber kann dieser Stier unmöglich der in der Höhle geopferte Soma-Bulle sein; denn dieser war, nachdem Mithras aus dem Fels „geboren" worden und auf die Schöpfungswiese hinaus getreten war, bereits

Abb. 109: Transitus, Ptuj, Mithräum I.

tot. – Noch deutlicher kommt der peitschende Schwanz auf anderen Darstellungen zur Geltung; zum Beispiel auf einer Malerei in Marino (Tafel 12 b). In Marino ist überdies deutlich zu erkennen, daß Mithras mit dem geschulterten Stier durch ein Felsentor *in* eine Höhle *hinein* schreitet. ‚Transitus' stand also mit Sicherheit für ‚*Übergang zurück in die Höhle*'.[23]

Noch einmal gefragt also: Warum trug Mithras den auf der Schöpfungswiese gestohlenen Stier in die Höhle *zurück*? Und vorausgesetzt, daß auch dieser Stier einen Gott repräsentierte: Welcher Gott könnte es gewesen sein? – Der Bulle Soma kommt nicht in Frage. Wer dann?

Meine These: Der Stier, den Mithras auf der Frühweide raubte, war der Gott *Varuna*, **Vouruna*, „*Gott wahre Rede*", in Iran vor allem als *Apam Napat* bekannt! – Varuna galt gleichermaßen als *Bulle*, war aber dennoch ein ganz anderer Gott wie Soma, ja er war gewissermaßen das Gegenteil von Soma. Denn Varuna war schon relativ „alt", mindestens zwei, vielleicht drei, in einzelnen seiner Züge wohl schon an die vier Jahre alt. Er war insofern „*der Senior*"[24] der indo-iranischen Götterwelt – und galt doch zugleich als *Zwerg* und ausdrücklich als *Kind*, ja in vielsagender Metaphorik als *Wasserkind* und als *Sohn des Wassers*.[25] Und in der Tat war Varuna ein Kind; ein Kind aber, das schon im fortgeschrittenen Maße der Sprache mächtig und überdies entschieden darauf bedacht war, alle normativen Regeln und moralischen Gebote strengstens einzuhalten und zu überwachen! – Varuna war von etwa gleichem Alter wie die ältere Hälfte unseres Kompositgottes Mithra, und er war daher diesem ‚*Mithra = Gott Vertrag*' auch aufs Engste zugesellt. Nur ob ihrer entwicklungspsychologischen Nähe konnten sich die beiden ja auch dort draußen, auf der Frühweide vor der Höhle und unter dem blauen Tageslicht des Himmelsvaters begegnen und dort miteinander ins Gehege kommen. – Das Leuchten des Tages war im gesamten indogermanischen Raum (und nicht nur dort) dem Himmelsvater zugeordnet, wie aus der etymologischen Verwandtschaft der Wörter ‚Tag', ‚day', ‚dia', ‚dies', ‚deus', ‚theos' … ‚dyaus' noch klar genug herauszuhören ist.[26] Auf der *Transitus*-Szene von Marino ist der väterlich-blaue Himmel bis heute deutlich zu erkennen (Tafel 12 b).

THERAPEUTISCHES PROJEKT. Beide, ‚Gott Vertrag' und Varuna, waren etwas wie altersgleiche Brüder, wie Zwillinge – und waren doch auch wieder verschieden wie Tag und Nacht! Denn Varuna war zwar genau wie ‚Gott Vertrag' ein Spracherwerbs- und Rechts-Gott; ganz anders als jener zeigte er dabei aber ausgesprochen *neurotische* und *furchterregende* Züge. Mithra, galt als *Freund* der Menschen: Er war gerecht, aber verzeihlich; wachsam, aber versöhnlich. Varuna dagegen bedrohte die Menschen: Seine Gerechtigkeit galt als unnachsichtig, allzu streng, hart! – Georges Dumézil faßte einmal zusammen:

> *Mitra ist wohlwollend, freundlich und freundschaftlich, sanft und beruhigend, während Varuna streng und ernst, barsch und furchterregend ist … Varuna verhält sich meist gewalttätig, unvorhersehbar und mit dramatischem Ausgang, Mitra dagegen ruhig und gemäß dem Lauf des Natürlichen … Mitra steht dem Tag, dem Licht und dem Hellen nahe, Varuna dagegen der Nacht, dem Dunklen, dem Undurchsichtigen …* (VM 27 f.)

Entsprechend behutsam, ja oft übervorsichtig ging man mit Varuna um. *Ein ominöser Gott wie Varuna*, schrieb F.B.J. Kuiper, *war von Tabus umgeben* (VaV 75); und demgemäß lesen wir in rigvedischen Liedern:

> (Triff) *uns nicht, o Varuna, mit deinen Waffen. – Sei hier ohne Groll, Varuna! Du, dessen Worte weithin gelten, raub uns nicht das Leben! … Wir bitten dir den Groll ab, Varuna, mit Verbeugungen, mit Gebeten, mit Opferspenden.*[27]

Woher rührte Varunas Härte und überzogene Gerechtigkeit, woher sein Groll und seine einst sprichwörtliche Eifersucht, List und Ungeduld?[28] – Die Ursache dafür ist in den alten Mythen psychologisch durchaus angemessen aufgeschlüsselt:

Varuna nämlich hatte ein schweres frühkindliches Trauma erlitten! Tendenziell war er an all dem gescheitert, was der kleine Mithra-*Vrtraghna in seiner Höhle und in den Armen und zu Füßen seiner Mutter einst so glücklich bewältigt hatte! Insbesondere war es ihm nie gelungen, den Drachen zu töten und das Somaopfer zu vollziehen. Deshalb aber verabscheute Varuna die Welt der Mutter und galt in schroffem Gegensatz zu Mithras als impotent.[29] Deshalb auch flüchtete sich Varuna in der Hoffnung auf Rettung in die Welt des Vaters. Und deshalb auch versuchte er dann, dem jetzt übermächtig erscheinenden Vater alles, alles recht zu machen!

Die Rolle Varunas in der indo-iranischen Götterwelt war, die Tragödie eines gescheiterten ersten Lebensjahres vor Augen zu stellen und durchschaubar zu machen: Mutter-verloren und Vater-fixiert lebte Varuna dahin und brachte durch sein Unglück, seine Gefährlichkeit und Härte plastisch zum Ausdruck, wohin solch pathologische Einseitigkeit, solch frühkindlich veranlagte Kopf- und Moral-Lastigkeit führt. Die so an der Figur Varunas vor Augen gestellten Zusammenhänge boten nun auch die Möglichkeit zu gezielter therapeutischer Intervention! Und prompt sind „schon" für die rigvedische Zeit, und sind auch noch für die Zeit des römischen Mithraskults durchaus „moderne" therapeutische Verfahren zu rekonstruieren, deren Ziel war, den Groll Varunas zu besänftigen, ja zu heilen.

Was die Szenen um Mithras Rinderraub und den *Transitus* zeigen, ist nichts anderes, als die mythische Umsetzung eines solchen therapeutischen Projekts: Indem Mithras den verstörten Bullen Varuna auf der Frühweide jagte, stahl und zuletzt über den *Transitus*-Durchgang in die Höhle zurück schleppte, leitete er in die Wege, daß Varuna nun *noch einmal durchleben und nachholen* konnte, was ihm so bitter fehlte! – Dort drinnen, in der Höhle, in die ihn Mithras jetzt zurück schleppte, hatte sich das Drama der ersten Lebensmonate abgespielt. Und nur wer diese Dramen durchlebt und erfolgreich abgeschlossen hat, kann die Höhle heil und gesund verlassen. Varuna aber hatte genau hier sein Defizit. Mythisch gesprochen: Er hatte weder den Drachen besiegt, noch Soma geopfert. Darum aber mußte er jetzt noch einmal in die Welt des kleinen Drachenkämpfers Mithra-*Vrtraghna und in die Welt Somas zurück – um nun *im zweiten Anlauf* endlich den Drachen zu besiegen und als Soma zu sterben!

Gerade diesem Letzten: dem *nachholenden Sterben* als Soma, dem *Beenden der somischen Welt im zweiten Anlauf* galt die besondere Gewichtung des römischen Kults. Einmal darauf hingewiesene Augen können dies auch an jeder Stiertötungsszene erkennen. Denn letztlich wird erst vor diesem entwicklungspsychologischen Hintergrund wirklich klar, warum Mithras den in der Höhle zu opfernden Bullen mit seiner so charakteristischen Bewegung in die Form des Mondes = Somas zwängte: Der Bulle, den Mithras opferte, war tatsächlich *Varuna* – und Mithras mußte ihn nun, nachdem er ihn in die Höhle zurück gebracht hatte, mit sanfter Gewalt zurück zum Mond = Soma verwandeln![30] Eben deshalb griff er dem widerspenstigen Tier so entschieden in die Nüstern und zog dessen Schädel so kraftvoll nach hinten; und eben deshalb auch drückte er mit dem linken Knie die Schulterpartie des Bullen so unnachgiebig zu Boden.

NABEL. Die Reliefs, Malereien und Skulpturen der römischen *Transitus*-Szenen haben auch hier wieder ihr genaues Pendant in den 1500 Jahre älteren Liedern des altindischen Rigveda. Denn auch schon nach deren Auskunft setzte man alles daran, den unheimlichen Varuna zur Durchführung des *Transitus*-Projekts noch einmal zurück in die Höhle zu bringen. Hier freilich, in den Texten des alten Indien, ist der therapeutische Charakter des Projekts mit weiteren Attributen aufgeschlüsselt.

Begleitet von seinem gleichaltrigen „Bruder" Mitra und von dem kleineren Indra sollte Varuna dort nämlich nicht einfach nur in die anfängliche Höhle, sondern ausdrücklich zurück in den Schoß der Urmutter. Dort, am *Nabel der Aditi*, so die therapeutische Indikation, müsse sich Varuna mit Mitra und dem kleinen Indra noch einmal treffen. Erst wenn sie dort wieder zusammenfänden wie einst, in den Urzeiten des ersten Lebensjahres ... – erst dann könne der verstörte Varuna von seinen neurotischen Obsessionen ablassen. – Es nimmt nicht wunder, daß der rigvedische Dichter sich in den folgenden Strophen für die „intuitive" Kraft seines Gedichts bedankte und diese Kraft dabei mit Milch verglich. An Varuna:

Das Gedicht, das ihr mir eingegeben habt, o ... Indra, Varuna, Mitra, ihr Götter, das machet recht voll (= recht wirksam) *wie die Kuh mit Milch! ... An dem Nabel, an dem wir uns zuerst zusammenfanden, an dem soll Aditi unsere erste Freundschaft* (wieder) *herstellen ... – ... Varuna soll von uns die Schlinge lösen – aus Aditis Schoß Beistand gewinnend ...*

Als *Schlinge* galt Varunas Neurose hier und oft natürlich, weil sie etwas Obsessives, Zwanghaftes und insgesamt Verfängliches hatte.

Auch die folgenden Verse waren dem *Transitus*-Projekt zugedacht. Sie sind Teil eines fiktiven (einst vielleicht im Theater real inszenierten) Dialogs, in dem Indra das Wort führte. Indra aber, Mithra-*Vrtraghnas altindischem „*Double*", war der Drachenkämpfer und Somaopferer *par excellence* ... – Indra also, dieser kleine, gut halbjährige „Held" mit seinen dicken, roten Bäckchen, forderte in diesem Dialog den blassen Varuna auf, mit ihm noch einmal in sein, Indras (Höhlen-) Reich zurückzukehren, um dort die Oberherrschaft zu übernehmen – und um dann gemeinsam mit ihm und im zweiten Anlauf endlich den Drachen zu erschlagen und endlich das Somaopfer zu erbringen! „*Varuna*", hob Indra daher an:

„*... Varuna ..., o König, der das Unrechte vom Rechten scheidet,* (komm her und trete) *die Oberherrschaft meines Reiches an! ... Wir beide wollen den Vrtra erschlagen, komm heraus, Soma! Dich, der selbst die Opfergabe ist, wollen wir mit Opfergabe verehren."*

Bemerkenswert an dieser Stelle ist freilich, daß Indra hier dem angeschlagenen Varuna auch ein Stück in *dessen* Welt entgegenkommt und deshalb den Soma aus der Höhle *heraus* bittet. Für dies therapeutische Bonbon freilich war kein Gott besser geeignet als eben Indra. Denn Indra war ja nicht nur Drachenkämpfer, sondern bereits erfolgreicher Drachensieger und stand deshalb zuletzt *auch* schon draußen auf der Frühweide. – Mit therapeutischer Eleganz wurde dieses Entgegenkommen Indras, dieses Zugehen auf Varuna deshalb nicht nur durch jenes *heraus*-Bitten Somas inszeniert, sondern auch mit der, man könnte sagen: dramaturgisch angemessenen Landschaft im Hintergrund – einer Landschaft eben, die bereits durchstrahlt war vom väterlichen Licht des zweiten und dritten Lebensjahres. Die eben gekürzte Stelle heißt daher im vollen Wortlaut:

„... *Varuna, o König,* ... (komm und trete) *die Oberherrschaft meines Reiches an!* – *Dies ist das Sonnenlicht; dies ward das Heil; dies ist die Helle, der weite Luftraum. Wir beide wollen den Vrtra* (= den Drachen) *erschlagen, komm heraus, Soma! Dich* ... (usw.)"[31]

Nach diesem kurzen Ausflug in die alte Welt des Rigveda, nun wieder zurück zu den Mysten des römischen Kults und zu *ihren Transitus*-Projekten:

HINABSTEIGEN. Man mag wieder fragen: ,Ob diese Mysten sich ihres Tuns hier „*bewußt*" waren?' – Und die Antwort hat natürlich auch hier zu lauten: ,Was liegt daran? Nein, sie werden sich dessen nicht „bewußt" gewesen sein, werden vielleicht nicht einmal die Namen Varuna oder Apam Napat je gehört haben ...' Ja mehr noch: Es hat seine schiere Ironie, daß gerade auch die römischen Mysten in dem, was sie *sagten* und in Glaubensbekenntnissen *versicherten*, ganz dem Vater-fixierten „Geist" Varunas verschrieben waren. Auch für sie waren überzogene (und deshalb oft bieder-kleinkarierte) Moralansprüche und ein ausgeprägter Hang zum Pseudo-rationalen charakteristisch. Dem was sie *sagten, fabulierten* und *dachten,* stand aber das *konkrete Tun* gegenüber. Denn trotz aller Bekenntnisse *verhielten* sie sich, *als ob* sie um die Pathologie Varunas „gewußt" hätten. Und zwar auf zwiefache Weise:

Zum einen verfolgten sie in ihren Gottesdiensten andächtig die Bilderwelt von Mithras ,Stierjagd', seinem ,*Transitus*' und seiner ,Verwandlung des Bullen zum Mond'. Dadurch aber reinszenierten sie – primär auf dem optischen „Kanal" – höchst plastisch das besagte therapeutische Projekt an Varuna!

Zum anderen aber vollzogen sie das *Transitus*-Projekt auch ganz unmittelbar *an sich selbst*! Denn immer wieder stiegen sie in ihre Kulthöhlen hinab und versenkten *sich selbst*, mit Firmicus Maternus gesprochen, in *das dunkle Grausen der Finsternis*. Und in der Tat: Dort drunten, wir sahen es, reinszenierten die Mysten vorrangig die Dramen des ersten Lebensjahres! Hier spielten sie Säuglingswelt nach. Hier regredierten sie in die Welt des Stillens und Wickelns, in die Welt der motorischen und optischen Blockaden, ... und auch in die Welt der frühkindlichen Tiermetamorphosen, flatternd wie Vögel und röhrend wie Löwen ... Und hier opferten sie zuletzt an Stelle Somas dann auch noch ein – meist sehr junges – Tier, um damit diese Phase der frühen Kindheit rituell abzuschließen.

Ein *Transitus*-Projekt war dies nicht nur, weil sich die Mysten dabei zurück in die Höhle begaben. Ein *Transitus*-Projekt war dies vor allem auch deshalb, weil ihr eigenes *Denken* und ihre *Alltagswelt draußen* vom „Geist" und Groll Varunas gleichsam infiziert war. Die Jahrhunderte des römischen Kults waren, wir lasen es, ein *Zeitalter der Angst* (Dodds). Die alte Götterwelt lag sich darnieder und räumte dem neuen, von verschiedenen Seiten herdrängenden väterlichen Monotheos fast willfährig das Feld. Die Stimmung (zumindest der unteren sozialen Schichten) war depressiv. Gefühle der Sinnlosigkeit spukten durch die Nächte und tags lag vielerorts ein Edvard-Munch-haft schriller Schrei nach Erlösung in der Luft – ein verzweifelter Hilferuf nach einem aus all dem vielleicht doch noch errettenden Vater. – Die kursierenden Mythen um diesen „barmherzigen" Vater spiegelten freilich alles andere als eine geglückte Vaterbeziehung wider. Nein, *dieser* Vater residierte selbst nach dem „Glauben" der römischen Mysten in unermeßlicher Ferne, jenseits der sieben Planetensphären, und der Aufstieg der Seele durch die jeweiligen Himmelstore, so „glaubten" selbst sie, sei gar schwierig und von Hürden verstellt ...

Aus dieser, von varunischem Groll infizierten Welt also stiegen die römischen Mysten, von Mithras geführt, Mal um Mal wieder hinab in ihre Kulthöhlen und reinszenierten Somas Welt und Somas Opfer – fürwahr ein therapeutisches *Transitus*-Projekt!

So paradox es sich auch ausnehmen mag: Die römischen Mysten therapierten hier gewissermaßen ihre eigenen abstrusen Bekenntnisse und ihren eigenen „Glauben". Und das Wirre und Konfundierende ihrer „rationalen" Konstrukte wird dabei nicht selten die Wirksamkeit und indirekt suggestive Kraft ihres *Tuns* verstärkt haben.

3. Ausblick

PREIS. Das *Transitus*-Projekt der römischen Mysten und die darin angelegte Selbsttherapie eröffnet zuletzt nun auch noch die Perspektive auf einen allgemeineren religionsgeschichtlichen Zusammenhang. Ihn gilt es in dem oben angekündigten Band weiter aufzufächern. Hier nur ein erster Ausblick in Gestalt einiger vorskizzierender und noch rein thetischer Striche:

Die verbalen Bekenntnisse und „Glaubens"-Inhalte der römischen Mysten hatten in weiten Teilen varunischen Charakter. Damit sei aber *nicht* behauptet, daß sich dieser „Zeitgeist" ausschließlich aus dem indo-iranischen Varuna entwickelt habe. Nein, gemeint ist vielmehr, daß Varunas Charakter und „Geist" von universeller Natur ist. Varunas tragisches Schicksal kann sich an Kindern aller Kulturen zutragen. Und da solche Kinder irgendwann erwachsen werden, gehört es auch zu den Möglichkeiten aller Kulturen, daß in ihnen „heilige Männer" und „Propheten" auftreten, die dann Inhalte vom „Geist" und der psychologischen Struktur Varunas verkünden. – Der indo-iranische Varuna wollte in den alten Mythen und will deshalb auch hier nur als *ein mythischer Repräsentant*, als *ein typisches* und *archaisches Beispiel* für die bezeichnete psychologische Struktur und Dynamik verstanden werden.

Zumindest die konkrete *altiranische* Geschichte freilich sollte Varuna/Apam Napat *selbst* in neue Bahnen lenken ... Die wichtigste Voraussetzung dafür war, daß Varuna hier eines Tages seinen „heiligen Mann" fand! – einen Mann namens Zarathustra:

Varunas Trauma und Varunas Kompensationen sollten die Triebkräfte des neuen, von Zarathustra erstmals ausgerufenen Monotheismus werden! Durch ihn, den altiranischen Propheten wurde die von Varuna repräsentierte psychologische Struktur und Dynamik erst ideologische, und bald dann schon politische Realität. – Pointiert formuliert: Varuna war der Gott des tabuisierten ersten Lebensjahres und Zarathustra sein Sprachrohr. Varuna war deshalb Zarathustras Gott und er sein Prophet.

Ob es nun (wie Nietzsche meinte) tatsächlich und einzig die Botschaft Zarathustras (und mit ihr der „Geist" Varunas) war, der dann auch nach Westen übergriff, stehe dahin. Zentrale Mythen, Gebote und Stimmungslagen des Pythagoreertums, des Platonismus, des Judentums, der Gnosis ..., des Christentums und des Islams jedenfalls erwecken sehr den Anschein, *als ob* tatsächlich der „Geist" Varunas im Hintergrund atmete. Denn alle diese religiösen Strömungen haben etwas von Varunas Vater-Hoffnung und Frauenverachtung, alle etwas von Varunas rastloser Suche nach dem verlorenen Lebenssinn, alle etwas von seinem Trieb zu strengen Geboten und Verboten; und alle haben auch etwas von Varunas angestrengter Fixierung auf Rationales und Pseudorationales ...[32]

Bereitwillig zugestanden: All diese varunischen Triebe brachten reiche und auch edle Früchte hervor! Dennoch aber war der Preis hoch, oft zu hoch. Denn unerbittlich brach durch all die vielen Worte von Vaterglauben, Erlösung, Moral, Erkenntnis, ... Fortschritt immer wieder auch Varunas neurotischer Groll, ja sein Haß und Selbsthaß durch. Obwohl stets redegewandt und schier allwissend, obwohl stets „gerecht" und alles immer „gut" meinend, führte Varunas „Geist" deshalb auch immer wieder weg vom eigentlich Menschlichen: vom aufrichtigen Eingestehen der eigenen Sterblichkeit, Beschränktheit und Fehlbarkeit; von der einfachen Einsicht, daß auch die edelste „Moral", wo nicht von weichem Herzen geführt, regelmäßig in Grausamkeit mündet; und auch vom „naiven" und doch so „wahren" Wissen, daß die wirklich wertvollen Dinge der ganz so großen Anstrengung meist gar nicht bedürfen ...

WIEDERKEHR. Varunas „Geist" und die Wirkmacht der „heiligen Männer" in seinem Gefolge schrieben wahrlich Weltgeschichte.

Und Mithra? In Iran hatte Mithra seit den Anfangszeiten des Zarathustrismus immer wieder heilend gegengelenkt; und wie in Iran, so später auch im Imperium Romanum. Seine eine Strategie war dabei, daß er, der ausgewogenere „Bruder" Varunas, in seine eigene Person Züge eben jener süßen Halb- und Einjährigen integrierte, die Varuna bekämpft und tabuisiert hatte. Eben dadurch war Mithra ja zu jenem Mithra-*Vrtraghna geworden, dem der vorliegende Band gewidmet ist. Mithras zweite Strategie aber war das *Transitus*-Projekt: Immer wieder von neuem spielte er mit seinem verhärteten „Bruder" gleichsam Fangen und trug ihn, nachdem er ihn endlich hatte, spielerisch und mit sanfter Gewalt noch einmal in die Höhle zurück ...

Dann aber, zu Ende der Spätantike und an der Wende zum Mittelalter scheint sich Mithras Macht und Einfluß in den Wirren der Geschichte zu verlieren. Im Imperium Romanum, so scheint es, erstickte er unter den Trümmern des siegreichen Christentums, gut zwei Jahrhunderte später in Iran unter den Trümmern des siegreichen Islams. – Der hier Schreibende gehört freilich zu jenen, die sich das hastig veranstaltete Begräbnis eines solch einzigartigen und einzigartig beliebten Gottes nur durch Scheintod und berechtigte Angst vor Wiedergängertum zu erklären vermögen. Doch selbst unter der Annahme, daß der indo-iranische Mithra einst tatsächlich sein *historisches* Ende gefunden hätte: im *psychologischen* Sinn lebte er dennoch und wirkmächtig fort! – Denn für Mithra gilt ähnliches wie für Varuna:

Auch Mithras Charakter hatte und hat universelle Züge. Auch Mithra war deshalb nicht einfach nur ein indo-iranischer Gott, sondern zugleich mythischer Repräsentant einer Menschheits-umspannenden psychologischen Struktur und Dynamik. Und gerade auch sie sollte weiter Weltgeschichte schreiben – und dies interessanterweise vor allem in jenen „neuen" Religionen, die ihre Herrschaft maßgeblich auf die Trümmer von Mithra (und Varuna) gegründet hatten:

Für die ostasiatischen, die afrikanischen und altamerikanischen Kulturen mag anderes gelten; für die Territorien des Christentums und des Islams aber läßt sich mit gutem Recht festhalten: Das „dialektische" Wechselspiel, das alternierende Mit- und Gegeneinander der einst von Mithra und Varuna repräsentierten psychologischen Strukturen und Dynamiken prägt fortan die Zeitläufte auch hier. Lange und schreckliche Epochen hindurch schien Varuna dabei die Oberhand zu behalten. Frauenverachtung und Sexualhaß; wahnhafte Vergeistigung und Entsinnlichung; unmenschliche Kontrolle und Inquisition im Namen „höherer Moral"; kollektive Depression und eine jämmerliche und devote, ja oft hündisch unterwürfige Vaterhoffnung und Erlösungssehnsucht waren die Folge. ...

Doch es sollten Mal um Mal auch wieder andere Zeiten und neue Morgenröten heraufziehen; in Europa zuletzt und mächtig die Morgenröte jenes *age of enlightment* der Aufklärung! – Aller schweren Rückschläge zum Trotz legte und legt sich seit der Mitte des 18. Jahrhunderts wieder ein neuer Lebensmut über Europa und überzieht die Dinge wieder mit mehr *Flaum und Farbe* (Nietzsche). Das neue Ja läßt sich dabei in Vielem als eine Wiederkehr von Mithras „Geist" verstehen:

Das ärztliche *Transitus*-Projekt Nietzsches mit der beschriebenen Rückkehr „Zarathustras" in die Höhle und seinem dann neuerlichen Heraustreten *glühend und stark, wie eine Morgensonne, die aus dunklen Bergen kommt*, war dabei nur das spektakulärste. (ZA 559 ff.) – Folgenreicher und kulturgestaltender noch war jener Aufbruch, der sich mit Namen wie Rousseau, Montesquieu ... Kant umreißen läßt. Nur ein Beispiel daraus:

PAPA. Unter der Anleitung dieser Männer begann sich in Europa eines „neues" *Prinzip der Rechtsfindung* durchzusetzen. Was dabei untergründig und auf vorrationaler Ebene geschah, läßt sich anhand des alten Wechselspiels von Mithra und Varuna unschwer rekonstruieren und verstehen. Bis zu jenem Umschwung der Aufklärung nämlich dominierte auch in Europa über Jahrhunderte hinweg das varunische Prinzip der Rechtsfindung. Nach ihm sei alles Recht vom göttlichen Vater einst autoritär „offenbart" worden und sei in der irdischen Praxis hienieden möglichst wortgetreu zu befolgen. – Ganz anders das mithrische Prinzip, das seit der Aufklärung wieder Oberwasser bekam. Nach ihm beruht alles Recht, es sei im Privaten, Öffentlichen oder zwischen den Völkern, letztlich auf *Vertrag*, auf *menschlichem* Aushandeln und Absprechen. – Der unterschiedliche entwicklungspsychologische Hintergrund leuchtet unmittelbar ein:

Hinter dem varunischen Prinzip steht eine Welt des zweiten und dritten Lebensjahres, die von einem autoritären, allzu gestrengen und transzendent-unnahbaren (wo nicht fehlenden!) Vater durchherrscht wurde; einem Vater, der aus der Sicht des Kleinen kein Wenn und Aber kannte und der doch unterwürfig als „barmherzig" anzuhimmeln war. Hinter dem mithrischen Prinzip dagegen steht eine frühkindliche Welt, in der ein lieber Papa bereit und fähig war, Kompromisse auszuhandeln und erste Absprachen zu treffen. In dieser Welt konnte daher ein göttliches Söhnchen heranwachsen, das die Kompetenzen zu solchem Aushandeln Zug um Zug erlernte und übernahm – ein Söhnchen, das deshalb ganz zurecht den Namen *Mithra, „Gott Vertrag"* trug ... –

Damit ist das Programm für den oben angekündigten Band bereits umrissen. Die Aufgabe wird sein, die näheren entwicklungspsychologischen Voraussetzungen des Vertrags-Prinzips heraus zu arbeiten. Dafür wird der kleine ‚Gott Vertrag' auch auf jenen Schöpfungsabenteuern zu begleiten und zu belauschen sein, die erst hier, im zweiten und dritten Lebensjahr heranreifen. Und dafür wiederum werden wir Mithra-*Vrtraghnas Welt unter der primären Obhut der Mutter verlassen und statt dessen zusehen, wie sich *gesunde Vaterbeziehungen* entwickeln und in Mythen abbilden. – Scharfe Konturen und klare Kontraste freilich werden die Beobachtungen und Reflexionen dazu erst vor dem Hintergrund des Dramas um Varuna erhalten.

Im Übrigen läßt sich auch der „Paradigmenwechsel" während der Aufklärung in maßgeblichen Punkten als Folge eines *Transitus*-Projekts verstehen. Gerade bei einem Kant war der Weg zu den Lichtkeimen dieser neuen Morgenröte zuvorderst *ein Weg zurück* in die urzeitlichen Höhlen der Schöpfung und Kindheit! – Eher varunisch gestimmte Geister unter meinen Kollegen mögen sich gegen das scheinbar Vereinfachende dieser Gegenüberstellung verwehren und sich weigern, morgenrote „Philosophie" und Kants Transzendentalphilosophie derart nahe aneinander zu rücken. Vielleicht ist aber der eine oder andere doch schon hier zu gewinnen – mit einem kurzen, aber tiefen Blick ins Private und Intime jenes großen und doch so kleinen Mannes aus Königsberg (er maß nur fünf Fuß). Einer der Männer seines täglichen Umgangs, Ludwig E. Borowski, berichtete nämlich einmal:

> *Ich pflegte ihn oft einen* – kindlichen – *Mann zu nennen. Nur gestern noch glitt mir das Wort Kindlichkeit in Beziehung auf ihn von der Zunge. „Recht, recht", rief mein vieljähriger Freund Scheffner, der unsern Weisen gewiß genau kannte, mir zu, „das Wort Kindlichkeit drückt den ganzen Kant aus."* (Drescher 89)[33]

ANHANG I.
AGNI UND MITHRA-*VRTRAGHNA ALS LÖWE

TYPEN. Der kleine Mithra-*Vrtraghna, so wurde oben (Kap. III,1, *Schlange und Löwe*) als These angesetzt, hatte einen Löwen zum Symboltier und trat bisweilen selbst als Löwe auf. Die Richtigkeit dieser These gilt es im folgenden zu erhärten. – Festzuhalten ist vornweg, daß der römische Kult vier Typen von ‚Löwen' kannte:

(1) Da waren zuerst jene „echten" Löwen, die Mithras bei seinem Ausritt zur Jagd begleiteten oder neben Schlangengefäßen oder auf ihnen kauerten (z.B. Abb. 35, 36, 70). In der Regel wirken diese Löwen königlich-zahm und sind oft von kindchenschemigen Proportionen. Sie wecken leicht die Erinnerung an jenen Kuschellöwen, der mit Nietzsches „Zarathustra" einst vor dessen Höhle herumlungerte. Auch dieser war mehr Teddybär als Untier und lag „Zarathustra" daher, *als es helle vor ihm wurde*, als

> ... *ein gelbes mächtiges Getier zu Füßen und schmiegte das Haupt an seine Knie und wollte nicht von ihm lassen vor Liebe* ...

Zu dem allen, heißt es dann weiter,

> ... *sprach Zarathustra nur ein Wort: „meine Kinder sind nahe, meine Kinder"* –, *dann wurde er ganz stumm. Sein Herz aber war gelöst, und aus seinen Augen tropften Tränen herab und fielen auf seine Hände* ... *Der starke Löwe aber leckte immer die Tränen, welche auf die Hände Zarathustras herabfielen, und brüllte und brummte schüchtern dazu* ... (Za 559 ff.)

(2) Da waren sodann jene zu Löwen verkleideten „Schauspieler" des römischen Kults, die auf dem Relief von Konjic (oben, Abb. 23) und in Gestalt mehrerer Vollplastiken (Abb. 102) zu sehen sind. Auch sie haben infantilen Charakter; und dies nicht nur, weil sie Teil einer Maskerade sind, sondern auch weil die Masken dabei zumeist so übergroß sind, daß sie – zumindest hintergründig – die Assoziation an Einjährige wecken. Ich bedaure, über kein Bild des Figürchens aus dem nordafrikanischen Rusicade zu verfügen.[1] Aber auch die mächtigen Löwenköpfe auf dem Nemrud Dagi oder das Maskenköpfchen aus dem Mithräum der Crypta Balbi, Rom, sind selbstredend (Abb. 110 und 111) – und ihr melancholischer Ausdruck bereits erstes Indiz, daß sie Mithra-*Vrtraghna repräsentierten, den Gott, der *beim Aufgang der Sonne in Wehmut zurückblickte*.

Abb. 110: Monumentaler Löwenkopf auf dem Nemrud Dagi

Abb. 111: Löwenköpfchen, Rom, Mithräum der Crypta Balbi

Abb. 112: Monumentaler Kopf eines „Löwenköpfigen Mannes" (?), Zadar, Marktplatz

(3) Sehr wahrscheinlich ist, daß die mit Löwenmasken auftretenden „Schauspieler" seinerseits Mysten jenes vierten Weihegrades waren, die den Namen *leones*, „Löwen" trugen. Allerdings begegnen die Mysten des vierten Grades auch ohne Masken. Auf den Fresken von S. Prisca sind zwei Prozessionszüge inschriftlich klar als Löwen-Prozessionen ausgewiesen, die Teilnehmer beider Züge tragen aber keine Löwenmasken.

(4) Das meiste Kopfzerbrechen bereitet der sogenannte *Leontocephaline*, der „*Löwenköpfige (Mann)*" des römischen Kults. Zu ihm bedarf es einiger Worte mehr:

LÖWENMENSCH. Vom Löwenköpfigen Mann wurden insgesamt nur gut 40 Exemplare gefunden, die meisten davon in Rom und Umgebung. Inzwischen freilich tauchte der Kopf einer solchen Figur auch im kroatischen Zadar auf (Abb: 112).[2] – Regelmäßig ist der Löwenköpfige Mann von einer Schlange umwunden; aber keineswegs immer sieben Mal, sondern ohne erkennbare Systematik. Rätsel gibt die Figur ob ihrer unterschiedlichen Requisiten auf. Etwa die Hälfte der erhaltenen Exemplare trägt erotenartige Flügel. Mehrere halten einen szepterartigen Gegenstand, andere ein Blitzbündel, wieder andere eine brennende Fackel, ... einen Pinienzapfen, einen ägyptischen Anck, eine Schaufel, einen Hahn. Mehr als die Hälfte trägt – ähnlich wie Petrus – (Himmels-) Schlüssel. Desöfteren, aber nicht immer, steht die Figur auf einem Globus, bisweilen mit Zodiacal-Band (Abb. 113, 114, 115).[3]

Lange herrschte die mutmaßliche Erklärung vor, die Figur stehe für einen Zeitgott; es sei der persische Zurvan oder der westliche Kronos oder Aion. Auch Arimanius oder Ahriman, der zarathustrische „Teufel", wurde hinter dem Löwenköpfigen Mann vermutet. Eine gewisse Plausibilität hatte die Rückführung auf eine Stelle in Platons *Staat*. Platon entwirft dort ein imaginäres Mischwesen, um daran – wie so gerne – zu demonstrieren, wie unerläßlich es sei, die Begierden mit Vernunft im Zaum zu halten. In diesem speziellen Fall geriet Platon dies Mischwesen als eine Zusammensetzung aus (a) einem *buntscheckigen und vielköpfigen Tier*,

Abb. 113: Löwenköpfiger Mann mit Szepter und Flügeln auf Globus, fünffach umschlungen

Abb. 114: Löwenköpfiger Mann mit Himmelsschlüssel, sechsfach umschlungen, alle Rom, Vatikanisches Museum

Abb. 115: Löwenköpfiger Mann mit Himmelsschlüsseln (?), vierfach umschlungen (Magazin)

(b) einem *Löwen* und (c) einem *Menschen* … Die Moral von der Geschicht' ist leicht zu erraten: Jener *Mensch* solle, so Platon, mit Hilfe der *Kraft des Löwen*, zum *rechten Wärter des vielköpfigen* (Begierden-) *Ungetüms* werden; schließlich sei ja *das Löbliche dasjenige, was die tierischen Triebe dem Menschen oder besser noch dem Göttlichen untertänig macht* … (Politeia 588).[4]

Daß sich die Mithrasmysten von solchem „Tiefsinn" begeistern ließen, mag wohl sein. Ebenso möglich ist dies bei einem Bild, das sich die *Manichäer* vom Teufel machten. Mani nämlich, der große babylonische Religionsstifter des dritten Jahrhunderts, habe gelehrt, so heißt es im sogenannten Fihrist des an-Nadim:

Aus der finsteren Erde entstand Satan … Sein Haupt (war) *wie das Haupt eines Löwen, sein Leib wie der Leib eines Drachen, seine Flügel wie die Flügel eines Vogels, sein Schwanz wie der Schwanz eines großen Fisches und seine vier Füße wie die Füße eines kriechenden Tieres.* (nach Flügel 86)

Solche *Füße* und einen solchen *Schwanz* hat der Löwenköpfige Mann des Mithraskults zwar auf keiner der erhaltenen Skulpturen. Und auch die Chronologie spricht gegen eine solche Herleitung, weil der Mithrazismus beim Aufstieg des Manichäismus den Zenit bereits überschritten hatte. Dennoch liegt es im Bereich des Möglichen, daß der Löwenköpfige Mann und der manichäische Satan ein gemeinsames iranisches Vorbild hatten …

Wie dem auch sei: Die Figur des Löwenköpfigen Mannes eröffnete ein weites Feld für die Forschung. Doch da wir über keine zuverlässigen äußeren Anhaltspunkte und über keinen hinreichend klar zugeordneten Text verfügen, blieben alle

Ergebnisse bloße Spekulation. Am fairsten ist es deshalb, mit John Hinnells einzugestehen:

Solange wir keine neuen Einblicke erhalten, bleibt es das beste, sie einfach löwenköpfige Figur zu nennen. (RLH 364, 367)

Auch läßt sich mit dieser Unsicherheit gut leben, denn, so Hinnells zurecht,

... die Figur war für den Kult von untergeordneter Bedeutung und gehörte nicht zu seinen fundierenden Mythen. – (Außerhalb Roms) scheint die Theologie, die in der löwenköpfigen Figur zum Ausdruck kam, nicht von zentraler Bedeutung gewesen sein. (RLH 364, 349)

REIBHÖLZER. Der Löwenköpfige Mann verdient demnach keine allzu hohe Aufmerksamkeit und sei nun für einige Seiten zurückgestellt. – Das Motiv des Löwen insgesamt war für den römischen Kult dagegen sehr wohl und von zentraler Bedeutung. Und seinem Verständnis stehen – zumindest aus der mit diesem Buch eingenommenen Perspektive – auch keine ernsthaften Schwierigkeiten im Weg:

Das Verständnis beginnt sich einzustellen, sobald wir, wie bislang schon so oft und erfolgreich, den Blick zuerst wieder nach Osten richten: zu Mithra-*Vrtraghnas *„Double"*, dem rigvedischen Indra.

Im alten Indien war ein Löwe in gewissem Sinn der engste Freunde und Begleiter Indras. Allerdings nur in gewissem Sinn, nämlich in Gestalt des alten, indo-iranischen *Agni*, des *„Feuergottes"*. – Bevor die weiteren Schlüsse zu ziehen sind, gilt es deshalb, sich diesem Agni mit einigen Beobachtungen und Reflexionen zuzuwenden. Sie schließen zudem eine Lücke in den bisherigen Argumentationsfiguren:

Agni – man hört es schier schon seinem Namen an – war weit mehr als einfach nur das Feuer. Das Feuer war vielmehr nur Agnis „objektiver" Repräsentant – und dies in einem auch heute noch leicht nachvollziehbaren Sinn: Agni nämlich war auch das *Feuer* der Leidenschaft und der Liebe; er war das *Feuer* der Augen und überhaupt das *Feuer* des Lebens ...

Im rigvedischen Opferkult galt Agni als der oberste und vorsitzende *Hotr*, „Opferpriester". Mit seinem „Erscheinen" zu Ende der Nacht begann das Zeremoniell:

Jeden Morgen mußte dazu Agni – das *Tragekind*, das sie *tragen wie ein neugeborenes Kind* – entweder mit der Feuerschaufel von der Herdstelle geholt und zum Opferplatz gebracht werden; oder er mußte von eigentümlichen jungen Frauen und Mädchen, Agnis „Müttern", frisch entfacht werden. Inspiriert von wahrlich lodernder Phantasie galten als Agnis „Mütter" dabei zum einen die *zehn unverheirateten Schwestern*, nämlich die ‚zehn Finger' der Mädchen, zum anderen aber die beiden *Reibhölzer*! Über die verkohlten Reibhölzer etwa heißt es einmal:

Wie Schwarzantilopen hüpfend, zitternd, laufen sich seine (Agnis) *beiden beisammenwohnenden Mütter um das Kind ab, das die* (Feuer-) *Zunge vorstreckt,*

(Funken) stiebt, gierig, sich bewegt ... – Wenn beide seine Geburt zuwege bringen, da wird der Jüngste hellstrahlend in Glut. – ... das Zweimütterkind.

Und über die geschickten Finger der Feuer-reibenden Mädchen erging sich ein Dichter:

Wie ein Pferd wiehernd wird er (Agni) *durch die Frauen entzündet ... – (Er,) den die zweimal fünf beisammen wohnenden Schwestern* (= die Finger der beiden Hände) *erzeugt haben ..., den frühwachen Agni ..., hell, mit schönem Munde ... – Zehn unvermählte Schwestern halten vereint den neugeborenen Mann umfaßt. – Zehn erzeugten diesen Sprößling ..., die unermüdlichen Jungfrauen das Tragekind ...*

Mit dem Entfachen Agnis hob das morgendliche Opfer an; und aus Agnis „Wesen" geht wieder in aller wünschenswerten Klarheit hervor, daß das gesamte Opferritual eine Reinszenierung der frühkindlichen Entwicklung war. – Das Opfer begann etwa eine Stunde vor Sonnenaufgang. Noch war es dunkel, aber Agnis eben entfachtes Licht auf der offenen Feuerstelle galt bereits als Vorbote der *Usas*, „Morgenröte". Und wie schon bei den beiden Reibhölzern und den zehn unverheirateten Schwestern, wurde auch Agnis Verhältnis zur *Morgenröte* als fürwahr knisternde Liebesbeziehung geschildert, – obwohl sie in Wahrheit doch „nur" die Beziehung zwischen einem Kleinkind und seiner Mutter war:

Wie der Buhle der Morgenröte hat er (Agni) *seinen breiten Schein ausgestreckt, mächtig glänzend, scheinend, flammend. Der goldige, blanke Bulle erglänzt im Glanz ... – Der Buhle der Morgenröten ist erwacht aus ihrem Schoße ... – ... mit der Zunge essend ... leckt (küßt) er heftig die Jugendliche. – Der starke, wunderschöne, speisereiche (Agni) beschläft (sie) als rechtmäßiger (Gatte). – Du bist der Liebling der großen Usas ...*[5]

ERGRAUTER. In der kleinen Rasselbande der Adityas galt Agni als der Jüngste:

O jüngster Agni ... – (Von den) allbegehrten Müttern (bist) du Jüngster geboren als der Liebling. – Gar wunderbar ist des zarten Kindes Wachstum ... – Flamme hoch, du Jüngster!

In der Regel ist Agnis Alter auf allenfalls drei, vier Monate anzusetzen. Dies geht nicht nur daraus hervor, daß er ein reines Frauenkind war (und mit den Reibhölzern, den zehn Fingern und der Morgenröte ein bemerkenswert polygames Leben führte). Wie klein Agni noch war, erhellt auch aus seiner Ähnlichkeit und Verwandtschaft mit dem ebenfalls höchstens viermonatigen Yama:

> *Agni* (ist) ... *der liebe Freund des Yama. – Als Yama ist er geboren, als Yama (erzeugt er) das künftige Geschlecht; der Buhle der Mädchen, der Gatte der Frauen.*

Vor allem aber kommt Agnis Alter durch den Umstand zum Ausdruck, daß er das Opferritual *eröffnete*. Mit dem Entfachen des *Jüngsten* hob das Ritual etwa eine Stunde vor Sonnenaufgang an, kulminierte im Somaopfer und fand Höhepunkt und Ende mit Indras „Felsgeburt", dem Aufgang der Sonne ...

Die Psychologie im Hintergrund war auch bei Agni von eben jener Art, wie sie oben für Yama und Soma beschrieben worden war. Sie, diese Repräsentanten der jüngeren Seelenschichten, *vererbten* ihre Kompetenzen auf Indra – um dann zu „sterben", mithin ins Vergessen des „Unbewußten" zu versinken. So wie Yama die Glückswolke des *Xvarnah*, und so wie Soma sein *erotisches Elixier* auf Indra vererbte: so vererbte Agni sein Feuer. – In der psychologischen Systematik mag man dabei Inkonsistenzen und Überschneidungen erkennen. Denn Agni vererbte ganz ähnliche, ja naturgemäß die selben Kompetenzen wie Yama und Soma; nämlich zuoberst Lebensmut und Eros. Und doch hat auch dies Unsystematische noch heute sein Stimmiges. Denn Agni brachte diese basalen Kompetenzen des menschlichen Lebens wie wir noch heute eben mit dem Feuer in Verbindung. – Mit einem Wort: Agni vererbte und gab dem goldigen Indra zumal das *Feuer des Lebens* und das *Feuer der Liebe* mit.

Nachdem sein Feuer auf Indra übertragen war, mußte auch Agni „sterben" wie Yama und Soma: Mit der Geburt Indras und dem Aufgang der Sonne hatte daher auch das symbolische Opferfeuer seinen Dienst getan und erlosch nun – bis zur neuen Morgenröte des nächsten Morgens: Wie ein Greis zur Asche ergraut und nur noch in einer feinen Rauchfahne fortlebend wartete Agni daher in den niedergebrannten Scheiten:

> *Wo es auch immer sei, er wird aus den Alten aufs neue geboren; im Holze steht der Ergraute mit dem Rauch als Fahne ...*

Die entwicklungspsychologischen Schätze in den mehr als 100 rigvedischen Kultliedern an Agni harren noch der Hebung und wurden mit den wenigen Andeutungen von eben kaum angerührt. Festzuhalten ist für uns einzig:

Nach der alten indo-iranischen Psychologie lebte die basale Kraft Agnis, des Jüngsten, in allen Göttern, und lebte auch in allen Menschen fort. Entsprechend heißt es in einem rigvedischen Gedicht:

> *Du, Agni, bist Varuna, wenn du geboren wirst, du bist Mitra, wenn entzündet. In dir, du Sohn der Kraft, sind alle Götter; du bist Indra für den opferwilligen Sterblichen ... – (Sie) salben dich, da du die beiden Ehegatten* (= Himmel und Erde, aber auch die menschlichen Eltern) *einig machst.*[6]

Als besonders eng galt natürlich der Bund und die Verschmolzenheit von Agni mit Indra. Denn Indra war ja, so könnte man sagen, der Vollender und „Kulminator" des ersten Lebensjahres. Er war die Zentralfigur des altindischen Pantheons – genau wie sein ferner westlicher „Nachfahre" Mithra-*Vrtraghna! – Dies führt zu unserer Ausgangsfrage zurück, die hieß: Welche Rolle spielte im römischen Kult der Löwe? – Die Antwort lautet: Der Löwe stand für Agni! Einmal darauf aufmerksam gemacht, ist es nicht schwer zu verstehen, weshalb:

FLAMMENHAARIG. Feuer und Löwe waren und sind durch eine Vielzahl von möglichen Assoziationen verbunden. Schon das weithin hörbare nächtliche Brüllen der Löwen, und noch mehr ihr Fauchen und Ästeknacken fiel zeitlich mit dem frühmorgendlichen Feuermachen und den dabei entstehenden Geräuschen zusammen; und gerade in der Nacht und bei Blicken ins Feuer pflegen solche Phantasien ja besonders lebhaft zu sprühen, ja drohen hochzulodern und durchzubrennen ... Nahe lag sodann der Vergleich des Löwen und des Feuers mit Hitze – und dies nicht nur in Indien[7] –, denn kein anderes Tier legt den Gedanken an Feuer so nahe wie der sonnenfarbige und steppenlungernde Löwe. Überdies gleichen sich Feuer und Löwe natürlich in ihrer schwer bezähmbaren Kraft und Gefährlichkeit ... – Die meisten, auch die darüber hinaus gehenden Assoziationen der rigvedischen Lieder sind jedenfalls auch heute noch leicht verständlich:

Sichtbar geworden wächst der Liebling in (den beiden Reibhölzern), *aufrecht stehend im Schoße der Querliegenden ... Dem Löwen sich zuwendend kommen beide ihm freundlich entgegen. – Er erleuchtete gleich bei seiner Geburt beide Welten ... In bunten Leibern sich fortpflanzend regt* (er) *sich, wie ein Löwe brüllend. – Wie ein* (Zirkus?-) *Löwe soll Agni ... seine Werke verrichten. – Des Nothelfers Leiber* (= Agnis Flammen) *breiten sich aus; große unüberwindliche Kraft ist ihm wie früher. Der Neugeborene würde die Schranken überschreiten. Wie einen zornigen Löwen umstellen sie ihn ringsum.* – (Nachdem gelöscht und „gestorben", hat sich Agni) *im Wasser versteckt wie ein Löwe im Schlupfwinkel.*

Ein wenig mehr Phantasie bedürfen die Vergleiche von Löwe und Feuer angesichts ihrer Gefräßigkeit und ihres Zähne-bleckenden Nagens. In Schwierigkeit mußten die rigvedischen Dichter bei diesem Vergleich um so mehr kommen, als ja bei allen Blüten ihrer Phantasie im Spiel bleiben mußte, daß Agni ein noch sehr kleines Kind und also *zahnlos* war. Immer wieder genügten die Dichter diesem Erfordernis auch; zum Beispiel mit Wendungen wie:

... spielend muß der Goldfarbige (Agni) *ohne Zahn essen. – ... ohne zu kauen ißt er mit der Zunge die Hölzer. – Da und dort klappen seine geöffneten Kinnbacken zusammen; ohne zu kauen, fressen sie schnappend viel.*

Aber dennoch war die Verlockung so groß, daß den Sängern die Phantasie nicht nur einmal durchging: Immer wieder dichteten sie dem fauchenden Agni daher echte Löwenzähne an; verhalten genug oft nur zwei, bisweilen aber doch auch ein mächtiges Gebiß. An Agni:

Abb. 116: Mithras mit Flammenmähne, Konstanz (gefunden am Fuß des Hohenklingen), Rosgarten-Museum (Magazin)

Abb. 117: Mithras mit Flammenmähne, Rom, Vatikanisches Museum (Magazin)

Abb. 118: Mithras mit Flammenmähne, Rom, Vatikanisches Museun (Magazin)

> *Beide Hauer, du Doppelzahniger, schlag ein als Raubtier, den unteren und den oberen schärfend! ... ; mit deinen Fangzähnen schnappe* (die Hölzer) *... – Viele* (Hölzer) *macht der Geschickte mit den Zähnen klein. – Der Goldzahnige, der in den Gewächsen flackert ... – Glutzahnig, im Gehölz vom Winde angefacht schnauft er ... –* (Er hält) *hellen Zahns die Hölzer fest ... – Seinen scharfen Kinnladen ist nicht zu trotzen ... –* (Wir preisen den) *schönzahniger Hausherrn. – ... den sich durchsetzenden mit starkem Gebiß.*

Und auch ein letzter Vergleich zwischen Löwe und Feuer lag schon den rigvedischen Menschen und liegt auch uns noch nahe – und weist zugleich wieder hinüber in den römischen Mithraskult: Die flammende Mähne der Löwen! Feuerfarben und in flammenförmigen Bart-Büscheln umlodert sie gleichsam Augen und Gebiß des königlichen Tiers. Entsprechend lesen wir in rigvedischen Liedern:

> (Sie preisen) *den reichlich Erstarkenden, Großen, ... das Kind der Hölzer, – ... ihn den Goldbärtigen. – ... mit goldenem Barte* (mäht er) *die Steppe, – ... der Flammenhaarige macht die Hölzer klein. – ... Agni mit den Flammenhaaren.*[8]

Flammenhaare – welches Wort könnte die Löwen-mähnigen Sonnen- und Feuerlocken mancher Mithrasbüsten besser treffen? – zum Beispiel jener, die das Titelbild dieses Buches schmückt; oder der hier abgebildeten aus Konstanz und Rom (Abb. 116, 117, 118; vgl. auch Tafel 13a).

FACKELN. Bei unserer Rekonstruktion der römischen Löwenmotive bleiben wir freilich nicht nur auf die suggestive Kraft solcher Skulpturen angewiesen. Es fehlt nicht an „harten Fakten", die konkret belegen, was aus der skizzierten indo-iranischen Vorgeschichte zu erwarten ist: nämlich daß auch der römische Mithra-*Vrtraghna tatsächlich wie einst Indra (1) löwenhafte Züge verkörperte und als

Löwe auftreten konnte, daß (2) der Löwe sein Symboltier war und daß (3) das Bindeglied zwischen Mithra-*Vrtraghna und dem Löwen das Feuer war. – Zuerst zu Mithra-*Vrtraghna und dem Feuer:

An der weiter oben schon zitierten Stelle des Firmicus Maternus, an der Mithras eingangs sonderbarerweise als *vir,* „Mann", bezeichnet wurde, wird auch ausdrücklich der Bezug zwischen Mithras und dem Feuer hergestellt:

> *Den Mann aber verehren sie als Rinderdieb und beziehen seinen Kult auf die Macht des Feuers* (!) ... *Diesen nennen sie Mithras, seinen Kult aber begehen sie in abgelegenen Höhlen* ... (V,2)

Einige Blicke auf die Ikonographie erhärten diese Feststellung. Auf einem Großteil der Felsgeburten nämlich trägt Mithras in der einen Hand einen Dolch, in der anderen aber eine Fackel. Der Dolch wollte dabei als Instrument der Drachen- und Somatötung aufgefaßt werden, das Feuer aber doch sicherlich nicht einfach nur als bloßes Licht, sondern überdies als jenes *Feuer des Lebens,* für das einst Agni stand. Dazu stimmt, daß es in dem oben schon zitierten armenischen Textstück hieß, bei Vahagns = Mithra-*Vrtraghnas „Geburt" sei:

> ... *erst ein Rauch und dann ein Feuer* ... (aufgestiegen). *Und aus den Flammen schlug ein Junge mit goldenen Haaren hervor,* (ein Junge) *mit feurigen Haaren und feurigem Bart* ... (Russell ZA 197)

Auf einem Relief aus Nersae, nahe Rom, sind solche Flammen, die bei Mithras Geburt vulkanisch aus dem Felsen schlugen, noch deutlich zu erkennen (oben, Abb. 18).

Daß die „Erinnerung" an die alte Nähe von Mithra-*Vrtraghna und Agni im römischen Kult noch mitschwang, spricht desweiteren aus den Fackeln von Cautes und Cautopates:

Auch wenn es in späterer Zeit desöfteren durcheinander geriet: Ursprünglich, so ist anzunehmen, wies der linke Fackelträger mit seiner Flamme stets nach oben, der rechte stets nach unten. Diese Symbolik wird, wie oben ausgeführt, für den Rhythmus von *Now Ruz* und *Mihragan* gestanden haben. An Now Ruz wurde im ersten Licht der aufsteigenden Frühlingssonne der kleine Yama-Jamschid geboren; die linke Fackel wies entsprechend nach oben. An Mihragan, dem Fest zum Herbst des ersten Lebensjahres, dagegen wurde Mithra-*Vrtraghna geboren. Mit dessen Geburt und nach dem sommerlichen Somaopfer begann aber zugleich wieder der Untergang der Sonne in die Nacht des Winters; die rechte Fackel wies deshalb nach unten.

Dies Drama des ersten Lebensjahres aber wurde nicht nur im Rahmen der großen Jahresfeste, sondern seit Urzeiten auch beim morgendlichen Opfer reinszeniert. Dort begann das Zeremoniell, etwa eine Stunde vor Sonnenaufgang, mit dem Anzünden Agnis. Auch ihm korrespondiert die nach oben gerichtete Flamme auf der Fackel von Cautes, links. Diesem Anzünden Agnis folgte, zweiter Akt, das Pressen und „Opfern" Somas. Ihm entspricht im römischen Kult die Stiertötungsszene. Und zuletzt endete das morgendliche Ritual, dritter Akt, mit dem Sonnenaufgang, das heißt mit der Geburt Indras/Mithra-*Vrtraghnas. Bei diesem letzten Akt aber war das Feuer Agnis bereits wieder ergraut und „gestorben"; entsprechend wies Cautopates mit seiner Fackel nach unten.

Kurz: *Beide* Hauptszenen des römischen Kults – die Felsgeburt mit ihren Feuersymbolen *und* die Stiertötungsszene mit den beiden Fackelträgern – brachten *auch* zum Ausdruck: Nach Agnis Tod ererbte Mithra-*Vrtraghna dessen *Feuer des Lebens*.

Mithra-*Vrtraghnas enge Verbundenheit mit dem Feuer kann demnach als gesichert gelten.[9] Ebenso nachweisbar ist, wie gleich zu zeigen, die enge Verbundenheit des Löwen mit dem Feuer. Aus beidem zusammengenommen aber folgt, was zu beweisen war: nämlich daß Mithra-*Vrtraghna etwas Löwenhaftes hatte, daß der Löwe sein Symboltier sein konnte und daß seine Welt im Kult von schauspielernden „Löwen" reinszeniert werden konnte und mußte.

Sehen wir uns deshalb die Belege zur Gleichung Löwe = Feuer genauer an:

FEUERSCHAUFEL. Der vierte Weihegrad in der Hierarchie der römischen Mysten war der der ‚Löwen'. Diese „Löwen" nun aber waren vielfältig mit Feuer assoziiert:

In Inschriften des Mithräums unter S. Prisca zu Rom lauten die Zeilen 16 bis 18:

Nimm, o heiliger Vater, nimm die Weihrauch-verbrennenden Löwen an,
Durch die wir den Weihrauch darbringen, durch die wir gereinigt werden.
Heil den Löwen für neue und viele Jahre. (Vermaseren SP 224, 232)

Entsprechende Weihrauchopfer brachten die „Löwen" allem Anschein nach in Feuerschaufeln dar. Auf den Fresken von S. Prisca jedenfalls konnte Vermaseren noch in den 50er Jahren des 20. Jahrhunderts Reste einer solchen Schaufel in der Hand eines solchen „Löwen" ausmachen. Vermaseren:

Der Löwe (Leo) trägt eine kurze hellrote Tunica mit einem dunklen Nahtbesatz auf Brust und Schulter, darüber einen Roten Mantel ... In beiden Händen, die inzwischen nicht mehr sichtbar sind, hält er ein längliches Objekt ... Dargestellt ist es durch eine schwarze Umrißlinie, innerhalb der rote Farbe ist, die zweifelsfrei für Feuer, das Ganze deshalb für eine Feuerschaufel steht. Das Erscheinungsbild des Löwen strahlt Jugendlichkeit, Kraft und Energie aus ... (SP 156)

Feuerschaufeln als Requisiten der „Löwen" sind auch auf einem Mosaik des *Mitreo di Felicissimo*[10] und auf einem Fresko des *Mitreo dei Animali*, beide Ostia, zu erkennen.

Ein – dürrer – Hinweis auf die Verbindung von Löwengrad und Feuer ist desweiteren der Polemik des Kirchenvaters Tertullian zu entnehmen. *Die Löwen des Mithras*, schrieb er,

... gelten ihnen als Repräsentanten der trockenen und feuerartigen Natur ...[11]

Aussagekräftiger ist eine Passage bei Porphyrios, die sich mit großer Wahrscheinlichkeit ebenso auf die „Löwen" des römischen Kults bezieht. Porphyrios beschrieb darin ein sonderbares Reinigungsritual von eher varunisch-moralisierender Attitüde. Ihm sei hier keine weitere Beachtung geschenkt. Im Hintergrund dieses Rituals aber schwang noch deutlich genug mit, was wir suchen: die uralte Verbindung zwischen Löwe und Feuer. Porphyrios:

> *In den Löwenmysterien, in denen zur Reinigung Honig anstelle von Wasser über die Hände der Initianten gegossen wird, werden sie ermahnt, sich von allem rein zu halten, was betrübt, hemmt und befleckt; und da er* (der Löwe) *ein Initiant des Feuers ist, das reinigende Wirkung hat, wenden sie bei ihm eine dem Feuer zugeordnete Flüssigkeit an und lehnen Wasser als ihm feindlich ab. Honig verwenden sie auch, um die Zunge von aller Schuld zu reinigen ...* (Ant 15)

Daß Porphyrios nicht nur die Löwen, sondern auch den *Honig*[12] dem Feuer zuordnete, hat natürlich die doppelte Bewandtnis, daß der Honig erstens feuerfarben ist, daß er zweitens aber als Götterspeise galt: *Honig ist die Nahrung der Götter*, heißt es prompt wenige Zeilen später auch bei Porphyrios. – Und in der Tat war doch just der Honig das rechte und wahrlich befeuernde Naschwerk für Götter, wie sie hier in Rede stehen! Und *solche* Götter zu reinszenieren, hatte den römischen Mysten die ererbte Tradition nun einmal auferlegt!

Noch einmal betont: Ob die römischen „Löwen"-Mysten *wußten*, daß sie hiermit letztlich goldige Zwerge und süße Honigschlecker vom Schlag Mithra-*Vrtraghnas und Agnis reinszenierten, ist gänzlich einerlei. Sie *taten* es! – und das bei Porphyrios beschriebene Ritual ist doch geradezu wieder ein Lehrstück für die Psychologie, die dabei zum Tragen kam: Hinter dem moralisierenden Konfusionswerk von ‚Ermahnung, Befleckung, Schuld, und Reinigung' stand als *indirekte Suggestion* schlicht und klar das süße Genasche von Göttern eben jenes Alters. Denn man verzeihe: Wer sonst, wenn nicht eben solche Naschkatzen und Naschlöwen, würde sich schon Honig über die Hände gießen und dann damit die Zunge „reinigen"? – Honig mag für alles Mögliche gut sein: zum Reinigen der Hände ist er es nun einmal sicher nicht – und schon gar nicht, wenn solche „Löwen" *Wasser als feindlich ablehnen* – wie sie in solchen Fällen ja noch heute tun.

„BÖSE". So sehr sie auch immer überlagert waren: die alten *Motive* und *Stimmungen*, in rigvedischer Zeit noch explizit an die seelischen Schichten der frühen Kindheit adressiert, schimmerten auch in den zuletzt behandelten Überlieferungen zum römischen Kult noch durch. Der „Löwe" des römischen Kults war deshalb nicht, wie Franz Cumont einst gemeint hatte, *eine Manifestation des Bösen*, sondern er war, mit John Hinnells geantwortet: *in der Tat das Gegenteil!* (RBS 301) – Eben deshalb lauteten ja auch die Inschriften in S. Prisca:

Nama Niceforo Leoni, „Verehrung dem Löwen Nicephorus (dem Siegbringer)" – ... *Nama Phoebe Leoni, „Verehrung dem Löwen Phoebus (dem Glänzenden, Sonnenartigen)"* – *Nama Gelasio Leoni, „Verehrung dem Löwen Gelasius (dem mit dem lachenden, strahlenden Gesicht)"* – *Nama Salvatio Leoni, „Verehrung dem heilbringenden Löwen"...* (Vermaseren SP 148 f., 162, 165; Übersetzung nach Merkelbach Mi 106)

Und der Löwenköpfige Mann mit seinem „bösen" Gesicht und seinen fletschenden Zähnen?

Nun, zuerst einmal ist festzuhalten: Wenn die unterschiedlichen „Löwen" des römischen Kults als feurige Jagdkumpane, als Schauspieler mit übergroßer Maske und als „große" Naschkatzen agierten, dann ist es doch sehr unwahrscheinlich, daß dasselbe Tier im selben Kult daneben auch noch eine gänzlich andere und jetzt „böse" Rolle gespielt haben sollte. – Am naheliegendsten scheint mir deshalb folgende Erklärung:

Das Bedrohliche und scheinbar „Böse" des Löwenköpfigen Mannes war für einen Repräsentanten des „großen" Drachentöters Mithra-*Vrtraghna durchaus angemessen. Schon seine altindischen und altiranischen Ahnen, Agni, Indra und Verethraghna, waren für ihre Reißzähne berühmt. Zugleich aber hat das Bedrohliche und „Böse" dieses beflügelten Löwenköpfigen „Mannes", sobald mit lächelndem Auge durchschaut, doch auch sein Witziges! – Gewiß, gerade über diesen königlichen Honiglöwen hatte sich eine dicke Sinterschicht aus den üblichen astrologischen Spekulationen gelegt. Im Kern jedoch war auch er aus Motiven komponiert, die seit Urzeiten – und in Königspalästen, Theatern, Kinderbüchern und Kirchen noch heute – begegnen und begeistern: Ein drohend-fletschender und doch handzahmer Löwe, beflügelt und oft in einen hitzigen Drachenkampf verwickelt ...

Drei letzte Belege für die These, daß die „Löwen" des römischen Kults für Mithra-*Vrtraghna, letztlich für Agni, *das Feuer Mithra-*Vrtraghnas* standen, seien noch angefügt:

(1) A.D.H. Bivar führte eine Reihe von antiken Darstellungen ins Feld, die in manchem an die römische Stiertötungsszene erinnern; nur mit dem Unterschied, daß darauf nicht Mithras, sondern ein Löwe den Bullen erlegt.[13] – Ich sehe mich hier außerstande, die oft weit über Rom und Iran hinausgreifenden Gleichungen Bivars zu verifizieren oder zu falsifizieren und formuliere deshalb im Konditional und Konjunktiv: Wenn die von Bivar aufgestellten Gleichungen richtig wären, unterfütterten sie mit einem zusätzlichen Baustein die hier anderweitig untermauerte These: daß der Löwe des römischen Kults nichts anderes war als eine Erscheinungsform Mithra-*Vrtraghnas selbst. – Geheurer sind mir die Tritte des zweiten Arguments:

FELL. (2) Die römischen „Löwen"-Mysten nahmen den *vierten von sieben Weihegraden* ein, und Indra, das altindische *„Double"* Mithra-*Vrtraghnas, war der *Vierte von sieben* in der kleinen Rasselbande der Adityas.[14] Dies ist nicht etwa deshalb von Bedeutung, weil die römische Siebener-Reihe aus der altindischen (oder auch nur aus ähnlichem Gedankengut) entstanden wäre. Nein, interessant daran ist einzig, daß die „Löwen" hier und Indra dort den *vierten Rang* in einer *Siebener*-Reihe einnahmen und also die *zentrale Stellung* inne hatten. Für die römischen „Löwen" macht dies aber nur Sinn, wenn sie in der Tat Mithra-*Vrtraghna repräsentierten. Unter dieser Voraussetzung aber geht alles sogleich einfach auf:

Denn wie Indra stand der „Löwe" Mithra-*Vrtraghna tatsächlich im *Mittelpunkt* des Kults; und beiden hielten diese Position aus gutem Grund. Beide, Indra und Mithra-*Vrtraghna, markierten die *Mitte* der frühen Kindheit, beide die *Mitte* zwischen Mutter-dominierter und Vater-dominierter, beide die *Mitte* zwischen vorsprachlicher und sprachkonturierter Welt ... – und beide waren von dieser Mitte heraus nun auch bestens für die weiteren Schöpfungsabenteuer gerüstet: Der Drachen war besiegt, das Drama des Abstillens bewältigt ... und beide konnten nun als wahre „Bullen" nach vorn blicken: befeuert von Agnis Löwenkraft, beflügelt von Yamas *Xvarnah* und berauscht von Somas erotischem Elixier ...

(3) Ein letzter und (ob der fehlenden Quellen) unsicherer „Beweis" hat dennoch sein Interessantes:

Der antike Westen verehrte damals bereits seit Menschengedenken den göttlichen Helden Herakles/Herkules. Auch er hatte dereinst einen Löwen getötet und war dadurch ebenso Erbe der Löwenkräfte, ja selbst zum „Löwen" geworden. Neben seiner Keule (die ebenso an Indra und Mithra-*Vrtraghna erinnert) war das Löwenfell deshalb Herakles' wichtigste Requisite. Über den Arm gehängt oder mit fletschenden Kiefern über den Kopf gezogen war ihm dies Löwenfell Gewähr für viele weitere Menschheits-erlösende Siege, die Herakles den Beinamen *kallinikos*, „der Schönsiegende, der mit den schönen Siegen" eintrugen. – Auch der Bezug zum Feuer war bei Herakles' Löwen gegeben: In den heißesten Tagen des Jahres, den Hundstagen, steht die Sonne in einem Sternbild, das in Erinnerung an Herakles' Sieg über das mächtige Feuertier bis heute ‚Löwe' heißt.

Woher diese Ähnlichkeiten? Nun, es ist nicht sicher, aber gut möglich, daß beide, Mithra-*Vrtraghna und Herakles, auf eine gemeinsame indogermanische Vorgeschichte zurück weisen. Ist dem so, dann hatten beide nach der Abtrennung der östlichen Indogermanen für fast zweitausend Jahre eigene Wege und eigene Entwicklungen durchlaufen. Erst als Mithra-*Vrtraghna sich um die Zeitenwende dann gemeinsam mit anderen orientalischen Göttern nach Westen aufmachte, trafen beide neuerlich aufeinander – und wurden sogleich als Verwandte erkannt!

Diesem Wiederbegegnen ist der ‚Anhang II.' gewidmet. – Die folgende Abbildung runde diesen ersten Anhang ab und werfe ihre Schemen zugleich schon hinüber zum zweiten. Sie zeigt diesen, neben Dionysos, vielleicht beliebtesten und „größten" der Götter und Helden des alten „Heidentums" im südlichen Westen: Mit göttlichen Flügelchen und seiner Keule schläft Herakles hier fest und süß auf seinem Löwenfell; wohl träumend von Hesperidenäpfeln, Augiasställen und Hydrakämpfen (Abb. 119).

Abb. 119: Schlafender Herakles auf Löwenfell, 2. Jh. (?), Rom, Galeria Doria Pamphilj

Anhang II.
Mithra und Herakles

VERMISCHUNG. Der iranische und später auch der römische Mithra/Mithras, so wurde oben ausgeführt, war ein *Kompositgott*: In ihm war der einstige Mithra, „Gott Vertrag", mit dem kleinen Drachenkämpfer Vrtraghna, „Gott Sieg", verschmolzen. – Das intuitive „Wissen" um diese Verschmelzung, so wurde weiter behauptet, sei im kollektiven Gedächtnis der Menschen lebendig geblieben, ja habe sich in den Jahrhunderten um die Zeitenwende wieder in den Vordergrund gedrängt. Zu rekonstruieren sei dies insbesondere an manchen Königstitulaturen dieser Jahrhunderte … – Diese These ist nun mit Argumenten zu füllen. Um dabei weiter zu kommen, gilt es, sich vorab einen einfachen Sachverhalt klar machen:

Alle Länder des Grenzgebiets zwischen Orient und Okzident hatten, obwohl religiös eher im Osten verwurzelt[1], auch mit der Religion der Griechen und Römer Berührung. Deshalb konnte nicht nur ein iranischer Gott wie Mithra-*Vrtraghna von hier aus den Westen erobern, sondern deshalb konnten vereinzelt auch west-

Abb. 120: Die in der ursprünglichen Reihenfolge angeordneten Köpfe der fünf Götterstatuen auf dem Nemrud Dagi, Ostterasse.

liche Götter – vorsichtig formuliert – die orientalische Vorstellungswelt beimpfen. Ein wirkliches Verdrängen angestammter östlicher Götter sollte dabei zwar nicht gelingen, sehr wohl aber die eine oder andere Vermischung, Umfärbung, Akzentverschiebung. – Gut zu beobachten sind solche Vermischungsprozesse an den mächtigen Götterstatuen auf dem Nemrud Dagi (Abb. 120 sowie Tafeln 14a-16; dazu das Schema: Abb. 121).

König Antiochos	Kommagene	Zeus-Oromazdes	Apollon-Mithras	Herakles-Artagnes

Abb. 121: Anordnung der Götterstatuen auf dem Nemrud Dagi vom Publikum aus gesehen

In dieser Götterreihe ist, inschriftlich bezeugt, in der zweiten Figur von rechts (vom Publikum aus gesehen) *Mithras* mit dem griechischen *(Helios-) Apollon* verschmolzen. Hinter *dieser* Verschmelzung freilich steht nicht viel mehr als ein Zugeständnis der Erbauer an den Westen; denn hier wurden die sonnenhaften Züge Apollons einfach dem sonnenhaften Mithras mit zugeschlagen.[2] Ähnlich verhält es sich mit der mittleren Figur: Der iranische Himmelsvater *Oromazdes*, der alte Ahura Mazda, wurde hier einfach und demonstrativ kompromißbereit mit dem westlichen Himmelsvater *Zeus* gleichgesetzt und verschmolzen. – *Anders* verhält es sich bei dem Gott rechts außen:

ZEHN MONATE. Der dort als (griechisch) *Artagnes* bezeichnete Gott ist kein anderer als der uralte Drachenkämpfer *Vrtraghna- Verethraghna*. Dieser nun aber verschmolz hier mit dem westlichen *Herakles* zu *Herakles-Artagnes*, und *diese* Verschmelzung war sicher mehr als bloßes Zugeständnis und religionspolitische Kosmetik. Denn Herakles war zwar ein ähnlicher Gott wie Artagnes, aber er war sicher die insgesamt prominentere und auch farbigere Gestalt. Dies aus leicht verständlichem Grund: *Vrtraghna- Verethraghna-Artagnes* hatte sich in den zurückliegenden 1000 Jahren von der einstigen Attacke Zarathustras zwar erstaunlich gut, aber doch nie ganz erholt. Herakles dagegen war von solchem Schicksal verschont geblieben und im Westen zu einem überaus beliebten „Helden" aufgestiegen. Deshalb aber konnte Herakles dem noch immer ein wenig blassen Artagnes nun frische Gesichtsfarbe zurückgeben.

Möglich war die Verschmelzung von Artagnes und Herakles aufgrund ihrer *Ähnlichkeit*; und sie war in der Tat beträchtlich. Beide waren Frauenhelden von eher machohaftem Benehmen. Beide trieben sich in und vor Höhlen herum und waren dabei siegreiche Keulenschwinger und Kämpfer gegen Drachen, Löwen, Eber ... und feindliche Stiere. Beide waren von gewaltigem Appetit und Durst; beide hier Riese, dort Zwerg und dabei – im Nietzscheschen Sinn – mit wahrlich übermenschlichen Kräften ausgestattet. Insgesamt ist jedenfalls mit Bernhard Geiger festzuhalten, daß man *von Vahagns* (= Artagnes'/Verethraghnas ...) *und den Heldentaten des Herakles sehr Ähnliches sang* (66).

Die äußerliche Verwandtschaft zwischen Artagnes/Vahagn und Herakles/Herkules scheint dabei auf eine *innere* zurückgegangen zu sein. Schon Leopold von Schroeder verglich Indra, den indischen „Bruder" von Artagnes/Vahagn, mit Herakles/Herkules und schloß aus den vielen, oft bis ins Detail gehenden Entsprechungen mit gutem Recht: daß *Herakles ... mit Indra ursprünglich identisch* war (19). Und *ursprünglich* will dabei natürlich besagen: in jener indogermanischen „Vorzeit" (wohl im frühen 2. oder späten 3. Jahrtausend), als der östliche, indoiranische Zweig der Indogermanen sich vom westlichen noch nicht getrennt hatte.

Bezeugt wird die enge Verwandtschaft von Artagnes/Vahagn und Herakles/Herkules nicht zuletzt durch einen Zug, den v. Schroeder nicht verfolgte, der im vorliegenden Buch aber im Zentrum steht: Auch Herakles/Herkules nämlich war (ähnlich dem seinerseits nahestehenden Dionysos) ein Säugling, ein Kind des ersten Lebensjahres! – Das oben, am Schluß von ‚Anhang I.' einmontierte Bild ist dafür nur ein besonders expressives und unverblümtes Beispiel. Den Blick erst einmal „geeicht", ist Herakles' infantiler Charakter auf sehr vielen Darstellungen zu beobachten, wenn auch zumeist nur in Ausdrucksformen *indirekter Suggestion*. Die folgenden Abbildungen jedoch zeigen Herakles' Kindlichkeit offen und unmittelbar. Auf den beiden

Abb. 122: Herakles mit Löwenfell als „Riesenbaby", Capitolinisches Museum, Rom

Abb. 123: Marmorplastik, Archäologisches Nationalmuseum, Athen

ersten Abbildungen trägt Herakles, wie auf dem Bild am Schluß des ‚Anhangs I.', das Fell des erlegten Löwen: Links ein mannshohes „Riesenbaby", gefunden auf dem Aventin in Rom, rechts eine kleine Skulptur aus Athen (Abb. 122 und 123).

Auf den folgenden drei Bilder befindet sich Herakles im Kampf mit den Hydraschlangen. Die Arbeiten der Silberschmiede zeigen links (in Kopie) den Schmuck eines edlen Tellers aus dem sogenannten Schatz von Hildesheim (50-75 n. Chr.), in der Mitte die freie Gestaltung einer Heraklesfigur von Auguste Clésinger aus dem Jahre 1857 (Abb. 124 und 125). Die Marmorplastik des *kleinen, heraklesartigen Kindes, das Schlangen würgt* (so der erklärende Text im Museum) stammt aus dem 2. Jahrhundert (Abb. 126).

Abb. 124: Herakles im Kampf mit Hydra-Schlangen, Silberteller, Paris, Musée d'Orsay

Abb. 125: Herakles im Kampf mit Hydra-Schlangen, Silberplastik, Paris, Musée d'Orsay

Abb. 126: Herakles im Kampf mit Hydra-Schlange, Marmorplastik, Capitolinisches Museum, Rom

Auch Textüberlieferungen wie Theokrits Gedicht *Der kleine Herakles* (3. Jh. n. Chr.) lassen an dem im Kern kindlichen Charakter des westlichen Verwandten von Indra/*Vrtraghna/Verethraghna/Artagnes/Vahagn/Vahe keinen Zweifel. Das Gedicht hebt an:

Herakles war zehn Monate alt. Ihn badete einstmals mit seinem Bruder ... die Mutter (und sang dabei:) „*... Ruhet im Glück und sehet im Glück das Morgenrot leuchten!*" *... (24,1 ff.)*

Auch bei Theokrit folgen nach diesem Auftakt die für solche Götter üblichen Schilderungen von Drachenkämpfen, erotischen Affären mit der Mutter und ersten Begegnungen mit dem Vater ...

GOTTESSÖHNE. Genug, die aufgereihten Beispiele machen hinreichend klar, warum im Zuge der antiken Kulturbegegnung zwischen Ost und West der kleine Herakles und der kleine Artagnes verschmelzen und fortan gemeinsame Sache machen konnten, und warum dabei der kleine Herakles die lebendigere und farbigere Figur war. – Von dieser Einsicht her führt der Weg nun sogleich hinüber zur Beantwortung der eigentlichen Frage dieses ‚Anhangs II': Die Verschmelzung von Artagnes und Herakles nämlich macht nun auch verständlich, warum sich in den Jahrhunderten um die Zeitenwende eine zweite Verschmelzung von Göttern vollzog: die von *Mithra und Herakles*! Die Erklärung ist schlicht:

Mithra und *Vrtraghna/Artagnes waren damals bereits seit Jahrhunderten zu jenem Kompositgott Mithra-*Vrtraghna verschmolzen, der im Zentrum dieses Buches stand. Jetzt aber, als dieser Kompositgott nach Westen drängte, traf er auf Herakles, und es zeigte sich sofort, daß Herakles ohne jeden Verlust, ja mit Gewinn an Farbe und Vielfalt, an die Stelle des kleinen *Vrtraghna/Artagnes treten konnte – sodaß nun also ein „neuer" Kompositgott entstand: eben *Mithra-Herakles*. – Und prompt sollte *diesem* Mithra-Herakles nun eine glanzvolle Karriere bevorstehen!

Bleiben wir zur Beobachtung eines ersten Beispiels noch kurz auf dem Nemrud Dagi! Denn auch der monumentalen Götterreihe dort ist zu entnehmen, daß sich neben den anderen Verschmelzungen auch – und zentral – die von *Mithra und Herakles* vollzogen hatte:

Das Schema oben zeigt, daß, vom Publikum aus gesehen, die Fünferreihe links mit König *Antiochos* beginnt. Im folgt nach rechts zuerst die Erd- und Landesgöttin *Kommagene*, dann *Zeus-Oromazdes*, und ihnen folgen die beiden Gottessöhne *(Apollon-) Mithras* sowie *Herakles (-Artagnes)*.

Die Landesgöttin Kommagene wurde auf den Arrangements ob ihres Diadems aus Getreideähren und weiteren Früchten eindeutig als *Erdmutter* identifiziert, Zeus/Oromazdes mit seinem griechisch-iranischen Doppelnamen ebenso eindeutig als *himmlischer Vater*. – Deshalb ist klar: Was immer dies Arrangement der fünf Götterstatuen auch sonst noch bedeutet haben mag; seine elementare Aussage war: Zur Rechten der *kosmischen Eltern* sitzen die *Gottessöhne* (Apollon-) Mithras und Herakles (-Artagnes), zur Linken der *irdische Repräsentant dieser Gottessöhne*, König Antiochos. Insgesamt stand die Reihe deshalb für die *göttliche Familie aus Mutter Erde, himmlischem Vater und drei göttlichen Söhnen*. – Darüberhinaus aber liegt ein weiteres auf der Hand:

Könige galten in vielen Kulturen als irdische Repräsentanten von Göttern, meist von Gottessöhnen; in Ägypten und China nicht anders als hier auf dem Nemrud Dagi. Deshalb aber kann das Arrangement auf dem Nemrud Dagi schwerlich anderes bedeutet haben, als daß König Antiochos, links, als irdischer Sohn von Himmel und Erde, die *beiden* Gottessöhne, rechts, *gleichermaßen* repräsentierte. Er, König Antiochos, stand hienieden für *beide* in einer, in *seiner* Person und repräsentierte insofern eben jene Verschmelzung von *Mithras und Herakles* zu jenem *einen Kompositgott*.

Daß König Antiochos hier als irdischer Repräsentant der *beiden* Gottessöhne, Mithras *und* Herakles (-Artagnes), auftrat, fiel zwar ein wenig aus der Reihe. Daß er als „Gottkönig" aufgefaßt wurde, entsprach aber prinzipiell der gängigen, vielfach bezeugten und kulturübergreifenden „Ideologie" des sakralen Königtums.³ – Gerade auch Mithra war seit alters ein Gott, der seine Macht den irdischen Königen zu Lehen gab und sie als seine Repräsentanten hienieden einsetzte. Sowohl der Vater als auch der Sohn des Antiochos von Kommagene trug daher den Namen *Mithradates, „der von Mithra Eingesetzte"*. Allein schon deshalb aber ist davon auszugehen, daß auch Antiochos selbst als *mithradates* galt. Dafür spricht überdies, daß auch er, wie schon sein Vater – und wie Mithras selbst – den Titel *dikaios, „der Gerechte"* trug.⁴ Und zuletzt: Auf der großen Kultinschrift des Nemrud Dagi ließ Antiochos einmeißeln:

Ich bestimme, daß … monatlich … von den Priestern (die ich mit Gewändern der persischen Art ausstattete) festlich begangen werde: der 16. zur Feier meiner Geburt … (Nach Wagner Ko 139)⁵

Nicht nur die *Gewänder der persischen Art* sprechen für einen Kult speziell zu Ehren Mithras. Auch Antiochos' (gewiß kultisch fingiertes) Geburtsdatum fiel prompt auf *„den Tag des Mithras"*; denn der 16. jedes Monats hieß eigens *Mithra* und noch 1000 Jahre später *Mihr*.⁶

EUPATOR. Nein, daß Antiochos von Kommagene sich als irdischen Repräsentanten von Mithras sah, war alles andere als außergewöhnlich. Außergewöhnlich war allenfalls, daß er *zusätzlich* beanspruchte, auch Herakles (-Artagnes) zu repräsentieren. Doch er tat es, und dadurch kam zum Ausdruck, daß Mithra seit alters ein Kompositgott war, im Zuge der Kulturbegegnung mit dem Westen nun aber überdies frische Farbe von Herakles erhalten hatte.

Im Grunde sind, so verstanden, alle drei Gottessöhne auf dem Nemrud Dagi – König Antiochos, (Apollon-) Mithras und Herakles (-Artagnes) – als „Hypostasen" des „einen" Kompositgottes Mithra-*Vrtraghna aufzufassen, und das Arrangement insgesamt deshalb als Darstellung der göttlichen Familie aus Mutter, Vater und Mithra. – Dies ergibt nicht nur einen klaren psychologischen Sinn. Es hatte auch Tradition: Dieselbe Triade und göttliche „Dreifaltigkeit" ist nämlich auch anderweitig bezeugt: Schon auf der königlichen Inschrift des iranischen Großkönigs Artaxerxes II. Mnemon (405 - 359 v. Chr.) hieß es in der Residenzstadt Susa:

Mögen Ahuramazda, Anaitis und Mithras mich vor Bösem bewahren … (Kent 154)

Wohl zurecht kommentierte Geo Widengren:

Augenscheinlich … sind die drei Gottheiten als Vater, Mutter und Sohn aufgefasst… (HG 147)

Ahuramazda wird dabei, gleich Oromazdes, den göttlichen Vater; Anaitis, gleich Kommagene, die göttliche Mutter – und Mithras eben deren göttlichen Sohn repräsentiert haben, dessen irdischer Stellvertreter wiederum der König war.

Antiochos von Kommagene scheint mit seiner kultischen Repräsentation von *Mithra-Herakles* eine durchaus gängige Rolle gespielt zu haben. Denn auch schon sein Vater muß diese Doppelrolle innegehabt haben. Er hieß *Mithradates Kallinikos*. *Mithradates* bedeutete wieder „Der von Mithra Eingesetzte"; der Beiname *kallinikos* aber war ein stehendes Attribut (ein Epitheton, „Beiwort") für Herakles. *Kallinikos* nämlich bedeutet „Der Schönsiegende, Der mit den schönen Siegen", und dies traf auf den „großen" Herakles nun wahrlich zu. Er war *der* Gott mit den schönen Siegen.[7]

Mithradates Kallinikos von Kommagene war freilich nicht mehr als ein unbedeutender Provinzkönig verglichen mit zwei Herrschern von Weltbedeutung, die sich ebenfalls als Mithra-Herakles deuteten: König Mithradates VI. Eupator von Pontos und Kaiser Commodus in Rom.[8]

Anders als die kommagenischen Provinzkönige hatte sich Mithradates VI. Eupator von Pontos (ca. 132 - 63 v. Chr.) den Römern nicht angedient, sondern hatte sie das Fürchten gelehrt. Es kann kein Zweifel bestehen, daß auch er sich als ein *Mithradates Kallinikos* sah; und dies nicht nur, weil er in der Tat schon früh auf „schöne Siege" zurückblicken konnte, sondern weil er sich zum einen als „*von Mithra eingesetzt*", zum anderen aber auch als irdischer Repräsentant des „*Herakles mit den schönen Siegen*" deutete. Schlagend bezeugt wird dies durch jene prächtige Büste, die den großen König von Pontos mit der wichtigsten Requisite des Herakles zeigt, dem Löwenfell (Abb. 127).

Ein Mann wie Mithradates Eupator wird die Repräsentation des aufgefrischten Kompositgottes Mithra-Herakles für seine Zwecke auch genutzt haben. Denn was schon der alte *Vrtraghna war, galt für den frischen Herakles nur um so mehr: Er war, noch einmal mit Paul Thieme gesprochen, *the companion, assistent and militant executive of Mitra* (Thieme Gods 312). Herakles (-*Vrtraghna-Artagnes …) war der ergänzende Part des Mithra. Durch ihn fanden die in Mithra verankerten Ressourcen und Fundamente des zweiten Lebensjahres die ungestüme Durchsetzungskraft aus den Ressourcen des ersten Lebensjahres. Mithra galt deshalb als der bedächtige Gesetzgeber, Herakles als der Vollstrecker. – Es kann als sicher gelten, daß ein Mann vom Format des Mithradates VI. Eupator diese Komposit- und Doppelrolle umstandslos auf seine Person übertrug und zum machtpolitischen Anspruch erhob: ‚Ich, Mithradates VI., der *Eupator,* „gute Vater", stehe als Repräsentant des alten Vertragsgottes Mithra nicht nur für die Macht der Legislative, sondern als Repräsentant des Haudegen Herakles (*Vrtraghna-Artagnes) zugleich für die Macht der Exekutive' …

Gesellschaftspolitisch war diese Form der Legitimation gewiß gefährlich. Die Verschmelzung beider Kompetenzbereiche wird aber sicherlich auch kultische Konsequenzen gehabt haben. Einige davon lassen sich, deutlicher als bei Mithradates Eupator, bei dem so absonderlichen wie verhaßten römischen Kaiser Commodus immerhin erahnen:

Abb. 127: Mithradates VI. Eupator von Pontos als Mithra-Herakles, Louvre

Abb. 128: Commodus als Mithra-Herakles, Rom, Capitolinisches Museum

COMMODUS. In auffallend ähnlichem Aufzug ließ sich, rund 250 Jahre nach Mithradates Eupator, auch Kaiser Commodus (161 – 192 n. Chr.) in Marmor hauen (Abb. 128). Daß er dabei Herakles/Herkules repräsentieren wollte, ist offenkundig und auch durch Texte belegt. Aelius Lampridius, sein aufgebrachter „Biograph", jedenfalls berichtet (noch einmal rund 100 Jahre zeitversetzt), daß Commodus sich als Herakles ausgab, die Keule trug und in dieser Zurüstung als Gladiator Tiere erschlug. Überdies sei er, eines morgenroten Gottes vom Schlag des Herakles/Herkules ganz angemessen, ein *vollendeter Possenreißer* gewesen, der öffentlich *tanzte, sang, pfiff* und *seine Haare mit Goldstaub eingepudert trug* (I, XVII). Der verwandte Klang von ‚Commodus' und ‚comoedia' war dieser Rolle gewiß zuträglich. – Dem Senat, so Lampridius, trug Commodus einst an, *Rom die Commodianische Colonie zu nennen*, und der Senat stimmte – *wie zu erachten aus Spott* – nicht nur zu, sondern *nannte auch sich selbst den Commodianischen Senat, den Commodus selbst aber Hercules und einen Gott* (VIII). – Nach Commodus' Tod bestellte Severus eigens einen Priester mit Namen *Herculaneus Commodianus* (XVII).

Eine Löwenhaut um die Schultern, so will Lampridius weiter über Commodus gewußt haben, *erlegte er … mit seiner Keule … nicht nur Löwen, sondern auch Menschen … Personen, welche schwache oder zum Gehen unfähige Füße hatten … schoß er mit Pfeilen nieder.* – Daß Commodus auf diese Art tatsächlich Menschen umgebracht habe, gilt, wie oben schon festgestellt, allgemein als Unterstellung. Sehr wohl möglich ist aber, daß er solche Tötungen *rituell* und fiktiv vollzog. Dies vorausgesetzt, ist um so interessanter, wie Lampridius fortfährt: Commodus habe nämlich nicht nur in Gestalt und Namen des Herakles gemordet, sondern auch im Namen des *Mithras*. Lampridius wörtlich: *Die Geheimnisse des Mithras ... befleckte er durch wirklichen Menschenmord* (IX). – Auch dieser *Menschenmord* im Namen *Mithras* war sicherlich nicht mehr als böses Gerücht. Es wird aber ebenso seinen wahren Kern gehabt haben. Denn *fiktive* Tötungen, und nur solche, sind im Rahmen von Kulten um Tod und Auferstehung, wir sahen es, auch für den Mithraskult belegt.

Lampridius' Mordgerüchte bezeugen also nur eines zuverlässig; nämlich daß Commodus *beides in einem war*: Repräsentant des Herakles *und* „Myste" des damals ohnehin boomenden Mithraskults. – Daß er letzteres war, ist freilich auch anderweitig belegt: In einem Mithräum zu Ostia erhielt sich eine Inschrift aus dem Jahre 190 n. Chr., in der Commodus erwähnt ist. Über Commodus aber war offiziell die Verbannung aller Erinnerungen an ihn ausgesprochen worden. Schon Franz Cumont schloß daraus:

> *Daß trotz der über Commodus verhängten condemnatio memoriae sein Name hier* (in Ostia) *nicht getilgt wurde, bestätigt, daß der Kaiser in die Mysterien* (des Mithras) *eingeweiht war.*[9]

Commodus' Repräsentation des in Rede stehenden Kompositgottes hatte gewiß auch wieder politische, sie hatte erkennbar aber auch kultische Konsequenzen. Und es ist aus unserer Warte abschätzbar, welche: Commodus reinszenierte die frühkindlichen Schichten des menschlichen Seelenlebens – *auch* (dem damaligen Zeitgeist schon fremd) die des *ersten* Lebensjahres. Man denke, um den religiösen Hintergrund dieses *tanzenden, pfeifenden* und *mit Goldstaub bepuderten, vollendeten Possenreißers* (Lampridius) zu erspüren, nur an die so augenfällige Parallelität zu jenem modernen und zuletzt gleichermaßen von Wahn übermannten *Possenreißer*, dessen „Ende" der große Theologe Franz Overbeck in eigener Erschütterung mit den Worten beschrieb:

> *Es kam vor, daß er in lauten Gesängen und Rasereien ... sich als den Nachfolger des toten Gottes vernehmen ließ ... Im ganzen überwogen die Äußerungen des Berufs, den er sich selbst zuschreibt, der Possenreißer der neuen Ewigkeit zu sein, und er, der unvergleichliche Meister des Ausdrucks, war außerstande, selbst die Entzückungen seiner Fröhlichkeit anders als in den trivialsten Ausdrücken oder durch skurriles Tanzen und Springen wiederzugeben.* (nach Janz III 39)

Die Rede ist von Nietzsche, der vor und in seinem Wahn, nur unterschiedlich etikettiert, zwar nicht wie Commodus im Namen von Mithras-Herakles auftrat – aber doch im Namen des kleinen und psychologisch verwandten Dionysos.

Daß wir, 120 Jahre nach Nietzsche, beim Bereden und Bedenken solcher Dinge eher gelassen bleiben und dafür weder für verrückt erklärt werden, noch gar Gefahr laufen, es wirklich zu werden, sind Zeichen, die es wahrzunehmen gilt.

ANMERKUNGEN

Anmerkungen zu Kapitel I

1 Obwohl sie in den Quellen nicht diese Einheitlichkeit aufweist, hat sich für den altindischen Gott die Schreibung *Mitra*, für den altiranischen *Mithra*, für den römischen *Mithras* durchgesetzt. Vgl. dazu z.B.: Schwertheim Mi 74, Anm. 5.
2 Vgl. zu Mitra und Maitreya: Gonda Mit 118; insges. Dani, dort insbes. 93; auch Kim. – Zum Weiterleben Mitras in Indien auch: Stietencron, insbes. 249.
3 Strabo: XI 14,9.
4 Vgl. www.iranonline.com/festivals/mehregan
5 Vgl. zu antiken Mithra- und Kose-Namen: insgesamt Schmitt; auch Boyce MK 245 ff. sowie Mayrhofer MA u. MN.
6 Vgl. www.mehrnews.com.
7 Vgl. zu Mithra bei Yeziden: Kreyenbroeck, insbes. 59 u. 150 f.
8 Vgl. zum *Havan Gah* auch: Boyce MPZ 26 ff.
9 Vgl. zum *DAR-E-MEHER* auch: Russell PA 2684 sowie Boyce MPZ 26.
10 Vgl. zur Wortgeschichte von slav. *mir*: Meillet, Études 404; auch Vasmer 137, Berneker 60 f., Trautmann 175.
11 Die Entstehungsgeschichte Mithras sowie die (linguistischen) Verfahren zu ihrer Rekonstruktion müssen hier ausgeklammert bleiben, sollen aber in einem projektierten weiteren Band Thema werden.
12 Zur – großzügig – hochgerechneten Anzahl römischer Mithräen: Vermaseren MiIII 1, Anm. 1; tatsächlich gefunden wurden mehr als 100 (ders.: GK 28). Allein im ausgegrabenen Teil von Ostia wurden 18 Mithräen gefunden und man rechnete entsprechend auf 40 hoch (Gallico 11). Im kleinen Poetovio (Ptuj, Slowenien) fand man fünf, in Nida (Frankfurt-Heddernheim) vier; in Heidelberg-Neuenheim und im schwäbischen Güglingen je zwei.
13 Vgl. zu Zillis im 8./9. Jh.: Rageth NZK 123 ff. - Interessant zu späten Mithraszeugnissen auch: Meier MiM u. MM.
14 Vgl. dazu unten, Abb. 76: Neben dem knieenden Mysten ist dort noch heute ein Gegenstand zu erkennen, der einen solchen verweigerten Kranz darstellen könnte. In Zeiten, als die Fresken am Fuß der Podien noch besser erhalten waren, konnte anscheinend auch noch das Schwert und eine entsprechende Gestik der beiden Personen links und rechts ausgemacht werden. Der Zustand der Fresken hat sich inzwischen erheblich verschlechtert. – Vgl. zum ursprünglichen Zustand: Vermaseren MiI Plate XXV, Text 36 ff. Gute Abbildungen auch noch bei Schütze 78 ff. (dessen anthroposophisch inspirierte Sicht wenig Resonanz fand).
15 Vgl. zu den Einzelheiten um jenen sich weigernden Christen: Beskow TM 53.
16 Vgl. zu Justin: Apol. 66 und Dial. 70 u. 78. Übersetzungen bei Merkelbach Mi 189 ff.
17 Vgl. zur Taufe auch: Tertullian: De baptismo 5, Kellner I 280. – Zur iranischen Vorgeschichte der christlichen Taufe sehe man insges.: Cumont MM 144 ff.; Reitzenstein Tauf; Rudolph Ma-I 249.

18 Vgl. zu Opfermahl und Eucharistie z.B.: Betz MIP 77. – Zu Stieropfer und Wein denke man auch an noch heute übliche Weinnamen wie *Sangre de toro, „Stierblut"*.
19 Nach Justinus martyr wurde hier wie dort nicht Wein, sondern Wasser gereicht (Apol. 66; vgl. Merkelbach Mi 190).
20 Vgl. zu Glöckchen: Clauss Mi 63 u. Abb. 15; Cumont MM 153.
21 Vgl. zu Gegenüberstellungen und Vergleichen von Christentum und römischem Mithrazismus (Auswahl): Schwertheim Mi 59 u. 71 ff.; Demand; Betz MIP; Hinnells IN; Clauss MC u. Mi 175 ff., Lease; Grevers, Winter MC, Res 200.
22 Die für das Mithräum unter S. Prisca verantwortliche Archäologin, Dr. Luana Ragozzino, klärte mich im Herbst 2006 darüber auf, daß das Mithräum, anders als Vermaserens Ausgrabungsberichte aus den 50er und 60er Jahren des 20. Jhs. vorgeben, mit der alten Kirche der Christen dergestalt überbaut wurde, daß der Zugang zum Mithräum möglich blieb. Dies spricht für tolerante, nicht für feindschaftliche Umgangsformen. Auch die Zerstörung des Mithräums, so Ragozzino, dürfe ohne weitergehende Beweise nicht einfach den Christen angelastet werden ... – Dennoch wäre es gefährliche Verharmlosung, solche Relativierungen zu verallgemeinern. Zu mannigfach sind die Belege für die Labilität der Toleranz gerade unter religiös Verwandten.
23 Vgl. zum Altarstein von Zwiefalten: Sulger. Dessen Recherchen reichen zurück bis 1611. Bei der mutmaßlichen Geschichte des Zwiefaltener Altarsteins zurück bis 1520 beziehe ich mich auf die (privaten) Recherchen von Hermann Josef Pretsch, die er mir freundlicherweise in Maschinenschrift übersandte. – Weitere Einzelheiten zur Inschrift und Geschichte des Steins: Haug/Sixt Nr. 17 u. Filtzinger Nr. 34 (mit Abb. 34).
24 Vgl. zu den Mithräen von Doliche/Dülük: Schütte-Maischatz/Winter KMD u. Res sowie: Schütte-Maischatz MD.
25 Vgl. zum vergleichsweise milden Vorgehen der Christenheit gegenüber anderen „heidnischen" Gottheiten wie Attis: Clauss MC 280 ff.
26 Vgl. zu den Datierungsversuchen in Dülük: Schütte-Maischatz 88 f., 90; zum archaischen Charakter der beiden Mithräen: dort 126 f.; zur Datierung der Münzfunde: Facella 179 ff., insbes. 181. – Zumal Kommagene wurde von verschiedenen Forschern schon früh als möglicher Ursprungsort des Mithraskult angesetzt; z.B. von Wissowa (s.d. 372). – Die wichtigsten der für Kommagene sprechenden Argumente nach den jüngsten Befunden: Winter Res (mit weiteren wichtigen Lit.angaben in Anm. 4)
27 Vgl. zu Pompeius usw.: Schwertheim MK 65.
28 Vgl. zu iranisch-parthischen Einflüssen im damaligen Judentum z.B.: Widengren Sem, Rudolph Ma-I u. Ma-II, Maier-Schubert.
29 Vgl. Racine: *Mitridate* (1673); Mozart: *Mitridate, Re di Ponto* (1770). Die „klassische" und „noch immer" sehr lesenswerte historische Studie zum historischen Mithradates ist natürlich Théodore Reinachs *Mithradates Eupator*.
30 Vgl. Humbach KSK. – Vgl. zu interessanten, weiter nach Osten weisenden Verbindungslinien auch: D. Metzler PL u. SH, sowie Ustinova (Hinweis v. D. Metzler).
31 Vgl. zu Sonnenpriestern insges. Stietencron mit Humbach RvS sowie Scheftelowitz MI.
32 Renan: Nach der Übersetzung bei Clauss Mi 175.
33 Vgl. zu Einzelheiten über den geheimen Namen ‚*Morgenröte*': Schmidt BI 240; auch Oldenberg 145 ff. u. Lüders II 517 u. 528.
34 Vgl. zum Mithräum von Marino: Bedetti u. Vermaseren MiIII; zu S.M. Capua V.: Grassi u. Vermaseren MiI; zu S. Stefano R.: Lissi-Caronna.
35 RV: V 31,3; X 172,4. – Wo (wie hier zu den Rigvedastellen) die Quellenangaben den Zitaten nicht unmittelbar folgen, sind sie jeweils in der Fußnote zum je letzten Zitat zusammengefaßt.

Anmerkungen zu Kapitel II

1 Vgl. zu *poietes*: Porphyrios Ant 16; zu *kosmokrator*: Vermaseren CIMRM 463.
2 Vgl. zu Erdball usw.: Schramm.
3 Clauss deutet die Szene ob dieser Höhlenartigkeit als Felsgeburt (Mi 76); vgl. dazu den weiteren Text.
4 Vgl. zur Kindheitslegende des Cyros, zum Feuermythos und zu Mithradates: Herodot I 121 ff. sowie Merkelbach 32 u. 102 f.; auch Binder 17 ff.
5 Wie bei unseren Zwergen (und Indra; vgl. Strohm UR 44, auch 65) wird sich hinter den Bärten (wenn es denn kein Laub sein soll) auch hier das Motiv des Milchbarts verbergen. Auch der Umstand, daß das Greisenalter, je weiter fortgeschritten, desto mehr mit Regressionen in frühkindliche Erlebnisschichten einhergeht, wird mitschwingen; und nicht zuletzt, daß sich die morgenrote Schöpfung vor „Urzeiten" und jenseits unserer, der Erwachsenen, Zeitmaß vollzog: Ähnlich wie alte Witze, scheinen deshalb auch die Götter dieser greisenhaft-alten und „grauen Vorzeit" bisweilen einen Bart gehabt zu haben.
6 Vgl. zu den lat. Formulierungen für Felsgeburt: Vermaseren CIMRM 1224, 1490, 1652, 1674, 1743, 1874; auch ders. GK 59 f.
7 Vgl. zu weiteren Einzelheiten um die Weitung der Sehschärfe usw.: mein Kapitel ‚Der Blinde wurde sehend' in Strohm UR 69 ff.
8 Vgl. zu den Einzelheiten von Vrtras Nebeln: Strohm UR 179 u. unten: Kap. IV,2, Verscheucht.
9 RV: V 32,6; V 32,4; II 30,3; nach Lüders 180; X 105,7.
10 Auch E. Schwertheim deutete das Reliefstück aus Osterburken als Chaos (Mi 48).
11 Vermaseren CIMRM 1676.
12 RV: X 27,16; Klammer von Geldner.
13 Vgl. zu Maulwurf und Maulwurfshügel: Strohm UR 167 ff.
14 Einen kurzen Überblick zum Attiskult: A. Dieterich KS 497 ff.
15 Die näheren Literaturangaben findet man bei Dieterich ME.

Anmerkungen zu Kapitel III

1 Vgl. zu Batesons Theorie der metakommunikativen Etikettierung insgesamt WS, GN 143 ff. u. ÖG 241 ff.
2 Der Begriff ‚Mythos' wird vielfältig gebraucht: ‚Mythos Kernseife', ‚Mythos RAF', ‚Mythos Fidel Castro' ... Im vorliegenden Text ist ausschließlich von Schöpfungsmythen des bezeichneten Typs die Rede. Aber auch bei Mythen, die z.B. vom Nachtlauf der Sonne handeln, wird man gut daran tun, nicht zu unterstellen, die Menschen hätten sie in ähnlichem Sinn als „objektiv" etikettiert wie wir zum Beispiel unsere naturwissenschaftlichen Theorien. – Aber es stimmt natürlich *auch*, daß Menschen *unter spezifischen Umständen* auch früher schon dazu tendierten, metakommunikative Etikettierungen zu übersehen oder mehr oder weniger gezielt beiseite zu setzen. Mythen erweckten dann den Anschein von „Wahrheit" und konnten jetzt zum Beispiel die Lücken des Weltverständnisses mit „Erklärungen" füllen. Entsprechend fehlte es bei Blitzeinschlägen und Herzensbegegnungen, und überhaupt bei Zufällen aller Art selten an „weisen" Leuten, die dergleichen als Fügung, Vorsehung oder Strafe auslegten, jedenfalls als von Gott, Göttern, dem Teufel ... oder den Sternen arrangiert. Doch es

wäre weltfern und seinerseits ein Aberglaube zu meinen, dies sei in der *brave new world* ganz anders geworden.

3   Cassirer vertrat wie viele Mythenforscher, *daß für das mythische Denken und die mythische „Erfahrung"* (der früheren Menschen) *zwischen der Welt des Traumes und der objektiven „Wirklichkeit" ein steter schwebender Übergang besteht.* (48) *Für das mythische Denken*, so Cassirer daher weiter, *drängen sich ... alle Inhalte in eine einzige Seinsebene zusammendrängen* ...(56) Als ein Beispiel führt Cassirer u.a. *den Rauch* an, *der aus der Tabakspfeife aufsteigt*. In ihm sehe *das mythische Bewußtsein weder ein bloßes „Sinnbild", noch faßt es ihn als ein bloßes Mittel, um den Regen zu erzeugen – sondern in ihm hat es unmittelbar und zum Greifen deutlich das Bild der Wolke und in diesem die Sache selbst, den ersehnten Regen, vor sich.* (87) – Dergleichen *Philosophie der symbolischen Formen* ist in beidem, ihrer Despektierlichkeit und in ihrem mangelnden Verständnis, zu durchschaubar, als daß sich die Mühe zur Auseinandersetzung lohnte. Vgl. zu Cassirer auch das Urteil des wirklich kompetenten und einfühlsamen Mythenforschers Paul Thieme: Bes 382 f.

4   Vgl. zu *Primär*– und *Sekundärprozeß* bei Freud z.B. TD 489 f u. Abr. 24.

5   Bei einer noch so jugendlichen und oft überschwänglich auftretenden Forschungsdisziplin wie der Hirnforschung wird man sich bei so gewichtigen Fragen auch im Terminologischen Reserviertheit bewahren wollen. Vgl. zu weiteren Einzelheiten moderner neurophysiologischer Entwürfe: Strohm UR 57 ff. mit Lit.angaben.

6   Vgl. zur den frühkindlichen Wahrnehmungsstrategien sowie zur Schönheit des Weiblichen (und insgesamt der „Mutter Natur"): Strohm UR 207 ff. und insbes. 229 ff.

7   Vgl. zu *Liebe, Humor* usw.: Strohm UR 229 ff.

8   Das Modell von der porösen Membran zur Welt des „Unbewußten" wird von verschiedenen Autoren verwendet; darunter Helm Stierlin: *... Unser Unbewußtes ... zeigt sich ... gleichsam löchrig zur Alltagswelt und zum Alltagserleben hin. Anders gesagt: Es zeigen sich viele Löcher, durch die hindurch dieses Unbewußte Anregungen sowohl aus dem Alltagsleben aufnimmt als auch, in einem rekursiven Prozeß, Anregungen dorthin aussendet.* (HH 221)

9   Dawirs: DIE WELT, 3. Nov. 2007, Seite W 3.

10 Selbstverständlich sind für den „Charakter" und psychopathologische Dispositionen des Einzelnen auch erbliche Komponenten anzusetzen. Aber man darf davon ausgehen, daß in Zeiten, wo die Blindheit für die psychische Entwicklung der ersten Lebensjahre noch immer kulturgestaltend ist, diese erblichen Komponenten allgemein überschätzt werden.

11 Vgl. hierzu meine gründlichere Analyse in: UR 229 ff.

12 Nietzsche verstand den Charakter Mithras in der hier aufgeschlüsselten Weise nicht und hielt den römischen Kult deshalb pauschal für Ausdruck des Ressentiments: Vgl. dazu: AC 1230 u. NA 651.

13 RV: II 17,1; II 11,1; IV 4,9; III 33,10.

14 Die Stelle Yt 14,17 bezieht sich auf Verethraghna, einem, wie noch zu zeigen, *alter ego* Mithras. Vgl. zu 15jährig als Idealalter auch: Schaeder Syn 215, 218 f. u. 221 sowie Widengren IG 70, 268 f. u. passim.

15 Wir wissen zum Beispiel immerhin, daß am parthischen Königshof nach dem Sieg über Crassus in der Schlacht von Karrhae (53 v. Chr.) ein griechisches Stück, die Bakchen des Euripides, gegeben wurde (Plutarch Crassus 33; vgl. Dahlheim 118).

16 Vgl. zu Vorhang: Clauss Mi 58, 62 u. Vermaseren CIMRM 563.

17 Vgl. zu den Befunden aus Nida: insges. Huld-Zetsche MH.

18 Vgl. zu den Ausgrabungen und Inschriften in S. Prisca: Vermaseren SP, CIMRM 476 ff. und GK sowie H.D. Betz MIP.

19 Lampe: F.B.J. Kuiper (VaV 165); vgl. zu den Einzelheiten auch: Strohm UR 90.

20 Vgl. zum Relief von Konjic: Cambi Ko.

21 Ambrosiaster (Ps. Augustinus) 113.11. – Übersetzung nach Gordon 24 (vgl. Schwertheim Mi 64).
22 Vgl. zu Chauvet, ders.: Abb.: 59, 60, 61, 82 u. 83, auch 69 u.a.
23 Vgl. zu *sutradhara*: Thieme The 41; zu *fahrendem Volk*: aaO 26.
24 Vgl. zu weiteren Einzelheiten des kultischen Theaters: Strohm, UR 90 ff, 141, 187 ff, 254 u.a.
25 Vgl. zu Einzelheiten und Lit.-angaben zur „Phrygischen Mütze", unten: Kap. V,2, *Hodens Quelle*. – Trotz der in der Literatur recherchierten Zusammenhänge, scheint mir gerade für die „phrygische" Mütze Dieterichs Wort zu gelten: *Es gehört zu den schlimmsten Fehlern einer heute immer zuversichtlicheren religionsgeschichtlichen Forschung, daß das natürlich Nächstliegende unbemerkt bleibt, ja ignoriert und umgangen wird, um das Entferntere aufzusuchen und dort die Analogien, die oft für den ungetrübten Blick gar nicht zu sehen sind, durch die seltsamsten Methoden zu erzwingen.* (ML 193) – Paul Thieme gab mir einst sein eigenes und bei ihm so erfolgreiches methodisches Prinzip mit auf den Weg: daß man bei scheinbar merkwürdigem Verhalten der *früheren* Menschen sich immer auch und zuerst nach ähnlichem Verhalten bei *heutigen* Menschen umschauen solle.
26 Vgl. zur *Nuditia Sacra, „Heiligen Nacktheit"*: Heckenbach.
27 Die klassischen Untersuchungen der Psychoanalyse zur Dynamik des Spracherwerbs und des Eintritts in die Welt der Normen sind: Freud Ver und Spitz NuJ.
28 Vgl. zu den Problemfeldern um die frühkindliche Amnesie: Strohm UR 22, 57 u. insbes. 121–124 sowie 258–263.
29 Vgl. zu Drogen und Rausch im Mithraskult: De Jong 373 ff.; zu Kasteiung u.dgl. haben die Fresken auf den Podien von S. Maria Capua Vetere etwas Selbstredendes: Unten Abb. 76 u. 77. Gute Abbn. bei Schütz 78 ff. Vgl. auch Vermaseren MiI 24 ff. mit Abbn. Einen der abgebildeten Mysten dort beschreibt Vermaseren als: *He is naked and helpless like a new-born child ...* (26)
30 Die wichtigsten Einwände gegen die Echtheit der ML sind von O. Weinreich zusammengefaßt in: Dieterich ML 234 ff. sowie in den Kommentaren bei Betz ML und Meyer. Vgl. dazu auch Schwertheim Mi 57 f., Brashear 53, Schwartz 414, Ulansey 92. Die meisten werden sich heute wohl dem Urteil Clauss' anschließen: *Die Echtheit des Textes ist wohl zu Unrecht bezweifelt worden* (Mi 115).
31 Man sehe zu Ericksons Konfusionstechnik auch die weiteren Aufsätze (S. 195 ff.) des in der Literaturliste angegebenen Sammelbands.
32 Vgl. zu Theater usw.: Strohm UR 59 ff., 62, 85 ff., 90 ff., 110, 115 f., 141 ff., 189, 193 ff., 209, 231, 253 f. u.a. Zum Auftreten der Mädchen dort vgl.: 254 ff.
33 Vgl. zu den „Kriterien" des Epiphaniefestes: Holl, insbes. 128, 133, 142.
34 Vgl. zu Spiel: Strohm UR 161.
35 Literatur zu astrologischen Spekulationen: Insler BM; Hinnells RBS; Beck PZ-I, PZ-II, SE, ST, CC sowie Ulansey.
36 Albrecht Dieterich vertrat, mir scheint zurecht, daß die Vorstellung der Himmelsreise auf alte, „schamanische" Vorstellungen zurückgeht, in dieser konkreten Ausgestaltung und Überformung aber distinkt hellenistischen, *nicht* altiranischen Ursprungs ist: ML 179 ff.
37 Vgl. zu den bezeichneten Mithräen: Gallico 28 u. 40; zu Origenes: Contra Celsum VI 21 u. 22.
38 Vgl. zu Platon: Phaidon 107 ff. u. Politeia 614 ff. (St.). Dazu: Dieterich ML 197 f., Russell PA 2682, insges. Bivar, sowie Turcan u. Dillon; zur Figur des Er auch Lk 3,28. – Auch bei Platon gingen die Motive um die Jenseitswiese erklärtermaßen auf schon ältere Vorlagen zurück.

39 Zitiert nach Dodds Titel: *Heiden und Christen in einem Zeitalter der Angst*. Zu ähnlichen Diagnosen wie Dodds gelangten viele mit der Spätantike befaßte Autoren: E. Rhode, A. Dieterich, ..., H. Jonas.
40 In der Sprache moderner Psychiatrie würde man wohl sagen: ... *in solcher Dekompensation* ...
41 Vgl. zu Wittgensteins therapeutischen Strategien: Strohm Gnos 254 ff (236 ff.).
42 Zu weiteren Einzelheiten der Inslerschen Thesen sowie zu ihrer Vorgeschichte und zu ähnlichen Entwürfen: Ulansey 22 ff.
43 Zu den Kalenderproblemen sehe man neben dem Aufsatz Inslers auch: Bivar 9 (*Insler's contention ... was not wholly convincing*) u. 35 ff.; desweiteren Boyce CFZ, IF und MIZ 107 f. sowie insbes. auch Taqizadeh. – Der naheliegende Einwand, daß das Mihragan, als ein ursprüngliches Herbstfest, nicht auf den Frühling gefallen sein könne, ist nicht stichhaltig. Denn religiöse Bräuche, zumal solche für einen so alt-eingesessenen Gott wie Mithra, verschieben sich *langsamer* als die Jahreszeiten in einem Kalender ohne angemessene Schalttage: Als Mary Boyce dem Mihragan des abgelegenen iranischen Dorfes Mazra Kalantar im Jahre 1964 beiwohnte, fiel das Fest ob der noch immer geltenden alten Kalenderrechnung auf den *Februar*. Nichtsdestoweniger, so Boyce, ... *brachten die Bauern Gaben von ihrer letzten Ernte mit, ... unter anderem Häufen von goldgelbem Weizen ... Die Erntegaben erinnern daran, daß das Mihragan eigentlich ein Herbstfest ist, ein Erntedank für das sicher eingefahrene Getreide ...* (und somit in der Tat) *ein Opfer für Mithra, den Herrn des Herbstfests und der absteigenden Sonne ...* (MIZ 114) Vgl. dazu auch Hinnells RBZ 307.
44 RV: X 85,2; IX 113,1 f. – *Nabel, Schoß* und *Nest*: IX 72,7; 75,1; 19,3; 26,1; 70,7; 71,6 und oft.
45 Vgl. zum Mithräum von Ponza: Vermaseren MiII u. Beck PZ-I, PZ-II. – Das Mitreo fiel, so berichtete mir vor Ort die Mutter von „Totone", dem (kanadischen) Besitzer, Pfusch und einem Wassereinbruch beim Straßenbau zum Opfer. Wer nach Ponza kommt, sollte trotzdem noch einmal nachfragen, denn der Zustand des Heiligtums war auch davor schon schlecht und das Deckengemälde könnte den Schaden überstanden haben.
46 Eine Anspielung auf die Polachse und den Großen und Kleinen Bären scheint mir auch die Inschrift auf der 2006 erstmals publizierten Reliefplatte aus Split, Dalmatien, zu sein: *Invic(to) +Mithr(e) + Stati(us) + Ursus + et + Ursinus + Pater et Filius* ... (Vorderseite) (Gudelj 37 f.) Ob sich hier das so christlich anhörende *Pater et Filius „Vater und Sohn"* nicht in freier Assoziation auf das kreisende Miteinander von *Ursus „Bär"* und *Ursinus „Bärenartiger (kleiner Bär?)"* bezieht; und zugleich natürlich auf die Vater-Sohn-Konstellation, in der Mithras stand? – Auch die so oft diskutierte Stelle aus der sogenannten „Mithrasliturgie" erhält durch die rigvedischen Texte eine ernüchternde Erklärung. Dort heißt es: *Und es kommen hervor andere sieben Götter mit Gesichtern schwarzer Stiere* (!)*, mit Linnenschürzen, mit sieben goldenen Diademen. Das sind die sogenannten Polherrscher des Himmels ...: Seid gegrüßt, ihr Weltachsenwächter, ihr heiligen und starken Jünglinge, die ihr umdreht auf ein Kommando die drehbare Achse des Kreises des Himmels ... Wenn sie* (diese *Polherrscher*) *aber antreten ..., blicke geradeaus in die Luft und du wirst merken ...* (und) *herabkommen* (sehen) *Gott übergewaltig mit leuchtendem Antlitz, jung, mit goldenem Haupthaar, ... in der rechten Hand eines Rindes goldene Schulter, die da ist das Bärengestirn, das bewegt und zurückwendet den Himmel ...* (Dieterich ML 13 f.) Dieser goldlockige Jüngling *kann nur Mithras sein*, vermerkte Martin Schwartz mit einigem Recht (414). Aber Ulanseys These, daß sich auch hier zeige, wie die neuesten astronomischen Entdeckungen der Zeit zum religiösen Kern des Mithraskults geworden seien, ist zu hoch und daneben gegriffen. Nein, gerade auch diese Textstellen sprechen für eine Tradition des alten indo-iranischen Somaopfers (s.u.); welche synkretistischen Legierungen sie mit dem Geist der Stoa oder überhaupt des Hellenismus auch immer eingegangen sein mag.

47 Vgl. zur Werbung von Theiss z.B. das hintere Cover von AiD 3, 1999. – Knappe affirmative Zusammenfassung Ulanseys: Huld-Zetsche AC.
48 Vgl. Vgl. zu den maßgeblichen Erwiderungen auf Ulansey die Lit.-Angaben bei: Clauss MP, insbes. Anm. 6 u. 17. sowie bei: Schütte-Maischatz/Winter Res, Anm. 2 u. 3.
49 Vgl. zu Rasselbande: Strohm UR 153 ff.
50 Warum es sich nur um *Söhne* der Aditi handelte, ist eine häufige Frage. *Eine* Antwort darauf findet man in Strohm UR 269.
51 *aditi bedeutet „Ungebundenheit"*: Lüders 7.
52 Vgl. zu Aditi auch: Thieme Adi 397 u. Oldenberg 202; zu Vac: Thieme Gods 316.
53 RV: X 85,2; IX 113,1 f.
54 Vgl. Lommel Gath 150 u. 156. Vgl. dazu auch: Rudolph Prie 295.
55 Die einzige Schramme, die Yama davontrug, war, daß er von nun an fast durchgängig als *Lügner* galt – eine moralische Zuschreibung, mit der Götter solchen Formats und Alters gut zurande kommen. Vgl. dazu Strohm UR 39 mit Anm. sowie unten: Kap. VI,2, *Dieb*.
56 Nicht auszuschließen, aber unwahrscheinlich ist, daß die Rehabilitation von Yima und Haoma schon unter dem späten Zarathustra selbst erfolgte, wie Samuel Nyberg und Stig Wikander vermuteten. *Früh*, schrieb Wikander, *wohl durch Zarathustra selbst, hat ein Synkretismus zwischen seiner Verkündigung und mehreren anderen iranischen Kulten, vor allem dem Mithraskultus, stattgefunden. Yima und Haoma sind in der neuen synkretistischen Gemeinde aufgenommen worden ...* (AM 58) Die implizite These, daß es die um Mithra organisierten – psychischen und politischen – Kräfte waren, die Yimas und Haomas Rehabilitation auf den Weg brachten, hat jedenfalls etwas für sich.
57 Vgl. zur hier zusammengefaßten Entwicklung: Thieme Gods 311 ff. Weitere Einzelheiten zu *Vrtraghna*: insges. Benveniste et Renou, Geiger 65 ff. sowie Lommel Yt 130 ff., Schmidt MII 6 f.
58 Vgl. zu weiteren Details und zu weiterer Lit.: Strohm UR 15.
59 Vgl. RV I 10,9; VIII 78,5; III 51,3; dazu auch: Strohm UR 39.
60 Weiter noch als die Parallelisierung der beiden Götter mit der Begrifflichkeit Nietzsches würde die mit Schopenhauers Begriffspaar *Wille* (Indra-*Vrtraghna) und *Vorstellung* (Mithra) tragen.
61 Vgl. zum Verhältnis von Indra-*Vrtraghna zu Mithra auch die übersichtlicheren Ausführungen Thiemes in Mit 30 f. – Thieme argumentierte umgekehrt wie ich hier: Schon der protoarische Mithra sei ein streitbarer Kämpfer gewesen und hätte sich im Awesta in ursprünglicherer Form erhalten als im Rigveda. Dort habe Indra die streitbaren Anteile Mithras *vollständig, oder fast vollständig usurpiert* (Mit 31). – Gegen Thieme spricht die oben erörterte psychologische Konstellation. Und überdies: Hätte Thieme recht, dann wäre Indra vor dieser Usurpation und bevor *Vrtraghna ... was amalgamated with Indra in the Rigveda* (aaO) eine äußerst blasse Figur gewesen. Dann aber wäre Zarathustras Tabu über Indra (Yima und Haoma) ein bloßer Kampf gegen Strohpuppen gewesen – und war doch von weltgeschichtlicher Tragweite. Vgl. dazu auch Widengren SA–I 53, SA–II 49 und HG 124 sowie Schmidt MII 6 f.
62 Es gibt begründete Vermutungen, daß der Mihr-Yäst in weiten Passagen bedeutend älter ist und in Elementen vielleicht sogar über die Zeit Zarathustras hinaufreicht; vgl. dazu Widengren SA–II 47 ff. und Boyce MF 75.
63 Eine wichtige Ursache für die Wiedererstarkung Mithras könnte auch die Übernahme der Staatsmacht durch Darius den Großen im Jahre 522 v. Chr. gewesen sein. Denn es spricht einiges dafür, daß der von Darius und seinen Mitverschwörern ermordete Throninhaber *Smerdis*, auch *Magier Gaumata* genannt, der zarathustrischen Priesterschaft angehörte, während Darius die alten Königsgötter, obenan Mithra, repräsentierte. Vgl. dazu insbes. Taqiz-

adeh 11 ff. u. 22 ff. Die beschriebene qualitative Veränderung von Mithras Persönlichkeit scheint mir aber durch Darius' Staatsstreich allein nicht erklärbar zu sein.

64 Es wird wohl als mehr denn als bloßer Zufall erlebt worden sein, daß es durch die Jahrhunderte (und auch noch im 20. Jh.) der *Vahram Ruz*, der „*Tag Verethraghnas*" war, *der den Höhepunkt des* (fünftägigen Mihragan-) *Fests markiert*. (Boyce MIZ 107)

65 Zwar war es insgesamt ein Fehlgriff, Indra für einen Kriegsgott auszugeben, wie seit Lommel (AK) immer wieder geschehen. Aber selbstverständlich kam das Haudegentum Indras *auch* im Krieg zum Tragen. Insoweit wirft auch H.P. Schmidts Charakterisierung ein angemessenes Licht auf das Verhältnis zwischen dem vedischen Mitra und dem awestischen Mithra: *The main difference between the Vedic Mitra and the Avestan Mithras is that the former lacks the martial qualities almost complete* (MII 5). – Insgesamt jedenfalls spricht das doch eher „gefaßte" Naturell Mitras im Rigveda und Mithras Draufgängertum im Awesta entschieden dafür, daß es beim Letzteren *nicht* urwüchsig, sondern von Indra-*Vrtraghna ererbt war.

66 Bei ‚iranischen Überlieferungen zu Mithra' sind natürlich die *westlichen* Überlieferung zum iranischen Mithras, die dem römischen Mithraskult vorausliegen, mitgemeint; etwa die bei Platon und Xenophon. Zusammengestellt findet man die westlichen Quellen bei Clemen; einen weitgehend vollständigen Überblick über Mithras Epitheta bei L. H. Gray 89 ff.

67 Gewiß, die hiermit skizzierte Rekonstruktionsmethode behält ob der allzu dünnen Quellenlage in Iran ihr Unsicheres, und die skeptische *conclusion* z.B. Ugo Bianchis, nach der *a Proto-Aryan deity called *Vrtraghna never existed*, wird ihr Unanfechtbares behalten. (MM 35) Was am entschiedensten *für* die Richtigkeit dieser Methode spricht, ist ihr *Erfolg*. Das Urteil eines Per Beskow jedenfalls, nach dem *the mythological scenes, so often represented in* (Roman) *Mithraic art, are unknown in the east …*, war sicher falsch. (RM 8)

68 Indras *Gebrüll* und *Geschrei* war, wie u.a. aus RV VII 79,4 hervorgeht, an die ‚*Morgenröte*' gerichtet; und *Usas*, „*die Morgenröte*" stand dabei nicht nur für das um den sechsten Monat hereinbrechende Morgenlicht des erst jetzt ausgereiften Sehvermögens. *Usas* war auch der Name von Indras Mutter – nach der er jetzt eben brüllte. Vgl. dazu auch: RV X 99,1; X 111,2; IV 3,11;X 68,8 f. sowie Schmidt 240 u. Lüders 518.

69 RV: VI 32,2; I 57,6; IV 17, 3; I 102,8; X 67, 6; VII 79,4; I 62, 4; I 130 3; IV 1,17; I 62,5; II 15,7 f.; VIII 69,14 f.; I 7,2.

70 Vielleicht kann der beschriebene Sachverhalt als weiteres Indiz für die These gelten, daß Zarathustra im *Osten* Irans gewirkt hatte. Denn dort könnte Indra, der dann in Indien einen solch gewaltigen Aufschwung erlebte, seinen Weg nach oben bereits begonnen haben und deshalb für Zarathustra besonders verachtenswert gewesen sein. Vrtraghna dagegen scheint auch noch mehr als ein Jahrtausend später die geläufigere Bezeichnung im *Westen* gewesen zu sein.

71 Vgl. zur modernen Rezitation des Bahram–Yäst und insgesamt zu den hier behandelten Zusammenhängen: Boyce HZ-I 62 f.

72 Vgl. zu **Vrtraghna* im Osten: Scheftelowitz MI 326 u. Humbach MK 137.

73 Vgl. zum armenischen Vahagn insges. Russell ZA 189 ff u. PA 2680 ff.; auch Lommel AK 51 ff.

74 Die Ähnlichkeit der „Geburt" Vahagns zu der Indras wird von Russell hervorgehoben: PA 2680 f.

75 Vgl. zu Oceanus und Tellus/Terra in S. Maria Capua Vetere: Vermaseren MiI 8.

Anmerkungen zu Kapitel IV

1 Vgl. zu dieser Etymologie von *Vrtraghna,, vrtrahan und Verethraghna schon Benveniste et Renou; dazu Nyberg 69 ff. u. 79 ff., Geiger 66 ff., Lommel Yt 131 ff. sowie Widengren SA-I 52. Vgl. auch: Pokorny I 492. – Skeptisch Thieme Gods 312 ff., gefolgt von Boyce HZ-I 64, Anm. 278. Ihre Skepsis begründen sie damit, daß die zu erwartende iranische Form *verethra-* „Drache" nicht überliefert ist und der Gott *Verethraghna* lautgesetzlich sauber auch nicht daraus abgeleitet werden könne.
2 Vgl. zur Etymologie von *Vrtra* auch: Pokorny I 1161 f.
3 Vgl. zu weiteren Einzelheiten des Drachen unten: 3., *Auferstehung*; zu seiner Gestalt und Farbe auch: Strohm UR 175 ff. Dort auch weitere Lit.-Angaben.
4 RV: I 32,7; III 30,8. – Weitere Einzelheiten zu den in Vrtra repräsentierten Blockaden in der Mitte des ersten Lebensjahres: Strohm UR 179, 217; auch 226 ff. und 282 f.
5 Assoziationsbrücke zwischen Mithra-*Vrtraghna und Jupiter war neben dem Kampf gegen die (Hand-) und Fußlosen vor allem, daß Jupiter als der vierte Planet von sieben und *Vrtraghna als der vierte Gottessohn von sieben galt. Da *Vrtraghna überdies für den vierten Logengrad, den des Löwen, stand, erklärt sich das Graffito fig. 43 von S. Prisca: *Nama Leontibus Tutela Iovis* „Verehrung den Löwen unter der Obhut (des Planeten) Jupiter". (Vermaseren SP 157 u. 168). Weitere Einzelheiten zum vierten Rang und zum Löwen im ‚Anhang I.' – Tatsächlich ist jener „Jupiter" des römischen Kults also kein anderer als unser Mithra-*Vrtraghna selbst.
6 Vgl. zur Erwähnung des Commodus: Vermaseren CIMRM 313; vgl. dazu auch unten: ‚Anhang II.' *Commodus*.
7 Genaugenommen trat Commodus im Aufzug des Herkules, also im Löwenfell und mit *dessen* Keule auf. Daß dieser Herkules aber aufs engste mit *Vrtraghna assoziiert war, ist im ‚Anhang II.' näher erläutert.
8 Vgl. zu Commodus' Drachenkampf: Merkelbach 108 f. u. 254. Zum Motiv des Bogenschießens: Widengren Iran 44 mit Anm. 16.
9 Möglich ist freilich beides: Keule und Pfeil und Bogen waren die üblichen Waffen der indoiranischen Drachenkämpfer. – Daß sich die Stelle bei Cassius Dio auf ein Mithras-Ritual bezieht, ist bestritten worden. Vgl. dazu: Merkelbach 108.
10 Weitere Einzelheiten zu real inszenierten kultischen Felsgeburten: Widengren Sem 62 ff. u. Strohm UR 89.
11 Vgl. zur Heilkraft der Könige (auch Jesu): Strohm UR 183 f. mit Anmerkungen.
12 Vgl. zu Heilungen Lahmer und Blinder im übertragenen Sinn: Strohm UR 182 und Weinreich 175 f.
13 Vgl. zu gehbehinderten Göttern und Königen: Strohm UR 26, 46 f., 53, 63 f., 66, 110, 174, 183 f., 194. – Zu den röm. Kaisern sehe man: Sueton Aug. 80, Claudius 3,21 u. 30; Galba 21; Otho 12,1; Vitellius 17,2 und Domitian 18; zu Claudius auch: Seneca, Apoc. I,2, III,2, VII,3. Zu Vespasian: Tacitus Hist. IV 81; Sueton Vesp. 7; Cassius Dio, Hist. rom. LXVI, 8; zu Hadrian: Weinreich 65f.
14 Vgl. zur Etymologie von ahi- usw.: Lommel AK 35.
15 Vgl. auch die Jagdszene mit Löwe und Schlange aus Dura-Europos, z.B. bei Merkelbach Mi Abb. 17.
16 Vgl. zum „Roß" Laurins: Jänicke, Verse 165 f.; näheres zum reitenden Mithras: Behn.
17 Vgl. zu Drachenkämpfen und auferstehenden Gottessöhnen auch: Strohm UR 175 ff.
18 RV: VII 38,5; 35,13; II 31,6. – Vgl. zum Motiv des „guten Drachens" auch Widengren Feud 17 u. 45

19 Vgl. zum Originaltext des Yt 10: Gershevitch 144. Die Übersetzung bei mir nach Schwartz 415. Zur Bedeutung von *verethra-* sehe man den Kommentar bei Gershevitch: 158 ff. Er favorisiert neben *verethra-* „*Drache*" eine zweite etymologische Herkunft von *verethra-* aus einem dem lat. *valetudo „physical fitness"* verwandten Wort. Entsprechend übersetzte er mit engl. „*valiant"* statt „*victorious".* In Yt 10,70 wird der Gott *Verethraghna* eigens erwähnt: *Mithra, ... vor dem her ... Verethraghna fliegt in Gestalt eines wilden, angriffslustigen Ebers, mit scharfen Hauern ...*

20 Zu bedenken ist freilich, daß auch schon eine Statue Caesars, und bei ihm doch wahrscheinlich nicht durch Mithras' Vermittlung, die Aufschrift *deo invicto,* „dem unbesiegten Gott" trug (Dahlheim 230).

21 Die Einzelheiten auch zum Datum des Weihnachtsfests findet man insbesondere bei: Usener Wei, sowie bei Holl und Norden.

22 Vgl. zur Herkunft des Sonntags: Clauss Mi 176 u. MC 275; Stietencron 212, 228; Rudolph Ma-I 87 u. 109 mit Anm. 4, Ma-II 330 f.; Reitzenstein Tauf 143 ff. insbes. 147; Lidzbarski Gin XII, vgl. Register; Cumont MM 154, 181; vgl. dazu auch Tertullian Apol. 16.

23 Vgl. zu Mithras Sonnen-Locken z.B. Tafel 1 u. 2; weitere Portraits im Fortgang. Vgl. dazu auch Dieterich ML 11 u. 15 sowie Vermaseren MiIII 63.

24 RV: X 96,8,5.

25 RV: V 32,4,6; I 56,4; VI 72,1 ff.

26 Vgl. zu *genitor luminis* CIMRM 1676. Das Feuer, personifiziert zu *Agni,* galt auch im Rigveda als Vorbote des ersten Sonnenaufgangs: Strohm UR 144 ff. und unten: ‚Anhang I.'

27 RV: X 49,6,8.

28 RV: X 68,11.

29 Für den Hinweis auf Novalis' Juwelenhöhle danke ich dem zu früh verstorbenen Detlev Linke. – Weitere Beispiele zu Juwelen- und Himmelshöhlen sind in meinem Indra-Buch zitiert: UR 85 ff.

30 RV: I 51,4; I 130,3; I 32,4 nach Thieme Rig 26.

31 Für eines der beiden Mithräen aus Güglingen ließ sich aus bemalten Putz-Fragmenten ein zwar anderes, in seiner Grundaussage aber doch wieder ähnliches Deckenarrangement rekonstruieren. Hier war der Höhlenhimmel mit rautenförmigen Ornamenten bemalt, dies aber überwiegend wieder mit den leuchtenden Farben der Morgenröte: hellrot und gelb. Der vermittelte Eindruck im flackernden Licht der Öllampen muß, den nördlichen Breiten angemessen, dem einer Wolkendecke im ersten Licht vor Sonnenaufgang geglichen haben. Und auch daß in dies rot-gelb leuchtende Firmament überdies, so die Rekonstrukteurin, *florale Motive* eingestreut waren, stimmte zur Kulisse (Brodbeck 217). Denn die Assoziation von Morgenröte und Blumenwiese ist so alt wie natürlich. – Ähnliche Deckenornamente aus roten und orangefarbenen Rauten und Blumen fand ich in spanischen Kirchen; z.B. in Santa Cruz, Iglesia de la Conception und La Laguna, Iglesia de la Nuestra Senora de La Conception, beide Tenerife. – Vgl. zu den Mithräen aus Güglingen auch: Kortüm u. Neth.

32 Daß es sich bei der Schlange in Ponza, anders als Vermaseren meinte, nicht um das Sternbild *Draco* und ebensowenig um die Sternbilder *Hydra* oder *Serpens* handeln kann, hat Roger Beck überzeugend gezeigt (PZ-I 7 ff.). – Insgesamt hat Becks These, daß die Schlange für die nach Westen wandernden Schnittpunkte von Mondbahn und Ekliptik stehe, argumentative Stringenz. Gerade dann aber greift auch meine These: Denn das sonderbare und nur imaginäre Spiel dieser Bahnkreuzungen mag Priester und „Intellektuelle", schwerlich aber einfache Mysten ergriffen haben. Was diese aber sehr wohl ergriffen haben kann, ist, daß eben jenes nächtliche Dahinschleichen imaginärer Himmelspunkte ausdrücklich auf die alten Drachenmythen anspielte: Die träge ziehenden Schnittpunkte galten nämlich als Kopf und Schwanz eines Drachens, zusammengenommen deshalb als, so Beck, *eclipsing dragon* „*verdunkelnder Drache".* Als *verdunkelnder* Drache galt das merkwürdige Phänomen, weil es

mit der Rhythmik der Mondfinsternisse korreliert und man also glaubte, so Beck wörtlich, *es blockiere das Licht der Sonne oder des Mondes* – wie Vrtra (Beck PZ-I 9; vgl. auch PZ-II 87 f.). Als *Drachenpunkte* gelten die Schnitte von Ekliptik und Mondbahn übrigens noch heute. Insgesamt scheint es ähnliche Auslegungen auch in anderen kulturellen Kontexten gegeben zu haben: Vgl. dazu: J. Grimm 588 f.

33 Ein umstrittenes holländisches Team errechnete aus dem Löwenhoroskop inzwischen das mutmaßliche Krönungsdatum des Mithradates I. Kallinikos von Kommagene: 14. Juli 109 v. Chr.: www.nemrud.n/de/img/horoscope-press.gif. Vgl. dazu: Der Spiegel Nr. 30, 2002, 134 f.

34 Mein Heraustreten aus der unteren Kulthöhle von Arsameia ist festgehalten in dem Film *Woher die Götter stammen* (Petrus van der Let und H. Strohm); gesendet am 09.03.05. um 21.00 Uhr auf Bayern Alpha und am 28.11.05 um 22.25 Uhr auf 3sat. – Vgl. dazu auch die Deutungen F. K. Dörners: AN 141 ff., MK 132, ThG 211.

35 Justinus XXXVII; nach Widengren IG 294. Vgl. zum Stern des Mithradates auch: Reinach 42 Anm.

36 *Genosse der Sterne* ...: Ammianus Marcellinus XVII 5,3; nach Widengren IG 302.

37 Die zitierten Stellen zu Ardaschir: *Karnamak i Ardaschir i Papakan*, nach Widengren IG 299 ff; vgl. dazu auch Boyce HZ-I 68.

38 Sehr lesenswert in diesem Kontext die von Widengren angeführte *Chronik von Zuqnin*, deren Vorspann das hergesetzte Zitat entnommen ist. Vgl. dazu insbes. auch: ders., Sem 62 ff.

39 Die bei Lk erwähnten *Engel* und die *Männer in blitzendem Gewand* haben eine sonderbar genaue phänomenologische und etymologische Parallele schon in den rigvedischen Angiras. Vgl. dazu Strohm UR 187. – Vgl. zum Hirtenmotiv auch: Merkelbach: Hi.

40 Vgl. zur Höhle in der Weihnachtsszene zumal in den Ostkirchen den insgesamt immer noch sehr lesenswerten Aufsatz von Benz.

41 Zu den Magiern noch immer sehr lesenswert: Dieterich WM; trotz des scharfen (und gegen D. allgemein etwas herben) Einspruchs von Cumont AM.

42 Vereinzelt fanden sich auch Farbreste schwarzer Stiere; vgl. CIMRM 1902. Zu *weißen* Stieren vergleiche man: Widengren Iran 47 u. 228 f. sowie SA-I 55. – Das Opfer gerade weißer Stiere ist auch außerhalb der indo-iranischen Tradition bezeugt. Man denke nur an den großen Triumpfzug Caesars im September 46 v. Chr., wo der Imperator der Statue des Jupiter den golden Lorbeerkranz zurückgab und weiße Stiere opferte (vgl. z.B. Dahlheim 206). Vgl. zu weißen Stieren (bzw. Ochsen) auch Bächtold-St. VI 516. Auch die „Goldnen Ochsen", die Brauereien und Wirtshäusern Namen und Embleme verliehen, werden auf (seien es alte oder neue) Assoziationen mit dem Himmelsochsen zurückgehen. – Sehr instruktiv zu weißen Mondstieren auch das von den Grimms mitaufgenommene Irische Elfenmärchen Nr. 1 (III, 121 ff. – *Das weiße Kalb*).

43 RV: X 49,6,8; 138,5 f.

44 Vgl. zur Etymologie von ,Mond' usw.: Gamkrelidze I 590 f. u. Pokorny 731 f.

45 Vgl. zum rigvedischen Mondkalender: Th. Schmidt-Kaler, AiD 6, 2005, S. 31; auch: Taqizadeh 10.

46 Vgl. zu den hochkomplexen Kalenderproblemen Irans: Boyce CFZ, IF und MIZ 107 f., auch: Insler BM 531 ff. mit weiteren Lit.-angaben, sowie insbes. Taqizadeh. Zur 14tägigen Woche: ders. 19, Anm. 61.

47 RV: X 85,5; 138,6; 89,13; III 34,10.

48 RV: IX 70,7; VII 55,8; X 85,19; VIII 55,2.

49 Weitere Beispiele zu Mond- und Stierhörnern: Strohm UR 192 u. 277 ff.

50 RV: I 33,12.

51 Vgl. zu behörnten Drachen auch: Bächtold-St. VIII 482 ff.

52 Der *brutreiche Susna* soll gar, wie Schlangen, ein Gelege gehegt haben; Indra aber gelang es, *Susnas Eier zu zerbrechen* (RV X 61,13; VIII 40,10 f.). Vgl. zur Phänomenologie Susnas auch die bei J. Grimm gut zusammengestellten westlichen Drachenmythen: 571 ff. u. 817 f.

53 Vgl. zu Wilde Synthesen: Strohm UR 131 ff., zur „Phänomenologie" der Drachen auch 180 f. – Auch noch „moderne" Drachen sind ganz von dieser Art, z.B. die Komik-Drachen Tabaluga oder Bodo.

54 RV: I 151,3; V 63,3.

55 RV: VII 35,13; IX 105,1; 104,1 f.; 110,10; X 124,6.

56 RV: X 124,6; IX 70,9 f.; IX 86,2; IX 81,1; X 94,9; I 52,1 ff. – Vgl. zu weiteren Details des Somaopfers auch: Strohm UR 144 ff.

57 RV: VIII 52,7.

58 Vgl. zu dieser Systematik: Strohm UR 156. – Zumal das erneute Studium von B. Geigers *Die Amesa Spentas* (vgl. dort 164 ff.) nährten mir neuerliche Zweifel; wiewohl nur vorübergehende. Denn auch wenn die Adityas in proto-arischer Zeit einen eigenen, von Zarathustra dann fortgeführten und transformierten Kult hatten: Warum sollte sich nicht auch, ja vielleicht deswegen ein zweiter Aditya-Kult ausgebildet haben? Denn was Geiger und nach ihm Thieme u.a. rekonstruierten, war ja aus der hier eingenommenen Perspektive, daß dieser protoarische Aditya- und Asura-Kult sich auf die Reinszenierung und Heiligung des *zweiten und dritten Lebensjahres* fixierte. Dies könnte sehr wohl – ja in Indien scheint es tatsächlich so gewesen zu sein – einen *rivalisierenden* Aditya-Kult provoziert haben, der den Akzent in Richtung der Devas verschob und damit auch und vorrangig dem *ersten Lebensjahr* wieder besonderes Recht einräumte. – Yama, Agni, Soma, Indra könnten dann zwar tatsächlich erst sekundär zu Adityas geworden sein. Dies aber mit gutem Recht und psychologisch verständlich: wurde doch eben dadurch zumindest in Indien eine, wie sich in Iran bald schon zeigen sollte, gefährliche (priesterliche) Vereinseitigung abgefedert. Freilich hatte auch die indische Gegenbewegung ihren Preis und barg die neuerliche Gefahr der Verabsolutierung und Vereinseitigung. Das mentale Auseinanderdriften der indischen Kultur hier und der iranischen dort, wird hier seine Gründe haben.

59 RV: I 163,3; I 66,8; X 13,4. – Zu den grotesken Vorstellungen, zu denen sich der Mythos um Yamas Tod in den folgenden Jahrhunderten zumal in Indien verwuchs, sehe man insgesamt: Arbmann.

60 Besonders klar geht der Dreischritt von Yama-Drache-Mithra (= Thraitauna) auch aus Yäst 5, an Anahita, hervor, wo es heißt: *Ihr opferte Yama ... Ihr opferte der dreimäulige Drache ... Ihr opferte ... Thraitauna ...* (Yt 5,25,29,33; Lommel)

61 Vgl. zu Yama als Zwerg: Strohm UR 85 ff. Zu Zwergen allgemein: Strohm UR 59 ff. und passim.

62 Vgl. zu *aus Holz ...*: Strohm UR 33; zu Yamas Viehweide: Thieme Had 47 ff. – Alle in diesem und den folgenden drei Abschnitten nicht ausgewiesenen Zitate zu Yama und zum *Xvarnah* sind entweder meinem Indra-Buch entnommen: UR 80 ff. oder sind in der Fußnote am Ende des jeweiligen Abschnitts aufgeführt. – Übersichtliche und ins Deutsche übersetzte Quellenauswahl bei Widengren IG 40 ff. u. 263 ff. Umfassende Interpretationen bei: Boyce HZ-I 92 ff.

63 RV: X 14,10 ff.

64 Ayatkar i Zamaspik: nach Widengren IG 42; ... *im Felsgeröll ...* : Firdausi 24; *Hundsköpfe ...* : Widengren IG 39 ff u. 44; Söhne der Sarama: RV X 14,10 ff.

65 Zu Flugkünsten sehe man Al Biruni AN 199 f. u. Firdausi 24 f. Vgl. dazu auch Strohm UR 199 ff. sowie insbes. Daniel N. Stern, Tag 78 f. In Sterns Text finden sich weitere, plastische Schilderungen aus der lichtschillerden Welt des Säuglings, die unschwer auf Yamas Höhle zu übertragen sind; vgl. insbes. auch 127 ff.

ANMERKUNGEN ZU KAPITEL IV

66 Yama, der *Sonnengleiche*: Lommel Yt 188; der *Sonnenblickende*: Nyberg 84; der *Sonnenäugige*: Widengren Iran 55; alle Y 9,4.
67 Vgl. zur Dimensionslosigkeit von Yamas Höhle auch: Strohm UR 82 f. Yamas Höhle war dem Mythos nach an jeder Seite ein *Roßlauf* (= 2000 Schritt) lang.
68 So die wohl richtige Deutung Widengrens (IG 264 u. Iran 53) von 2. Vend. 40.
69 Plutarch: Alexander 30; zu den übrigen Übersetzungen, sowie zur Diskussion des Begriffs *Xvarnah* sehe man insbes. Lommel Yt 169 f., Widengren HG 151 ff. u. Iran 58; Boyce HZ-I 66 ff. sowie Schaeder Syn 230 Anm. 3.
70 Zur Etymologie von *Xvarnah*: Lommel Yt 169 f.; skeptisch (mit Bezug auf Bailey): Boyce HZ-I 66 f.; vermittelnd: Widengren Iran 58, auch SA-II 56.
71 Widengren übersetzte *Xvarnah* auch mit „*Aureole*". – *Besonders in der ostiranischen Kunst, so W., sei in altiranischer Zeit der Glücksglanz als eine das Haupt des Königs umgebende Aureole ... anzutreffen* (SA-II 57).
72 *Dann, wenn die lichte Sonne ...* : Yt 6,1; 7,3; Lommel; *Während der Herrschaft ...* Y 9,5 nach Lommel Yt 188; Ayatkar i Zamaspik VII, 6 nach Widengren IG 42; *Und diese Menschen ...* : 2. Vend. 41 nach Lommel Yt 207; *... schöner Yama ...*: 2 Vend. 2 nach Lommel Yt 203; *... freundlich gesinnt ...* : RV X 114,10; *Flöte* und *Loblieder ...* : RV X 135,7; X 135,7; *... Met rinnt ...* und *... zecht ...* : RV X 154,1; X 133,1. Zu Yamas Trunkenheit sehe man auch: Datastan i Denkik VIII, nach Widengren IG 278, dazu Geiger 51; zu dem *... Zahnlosen* vgl. man: Strohm UR 85 mit 30 ff. *Schluck reine, frische Milch*: Jahiz, nach Boyce IF 798. Al Biruni: AN 200 f.
73 Vgl. zu Paradies: Strohm UR 101 ff, sowie mit speziellem Blick auf Yama: Thieme Had 45 ff.
74 Süddeutsche Zeitung, 19. Dezember 2005, S. 3.
75 Vgl. zum königlichen *Xvarnah* und zum *Xvarnah* Irans: Lommel Yt 171 ff. und Boyce HZ-I 67 f. Instruktiv dazu auch: Herodot IV,5. – Das Königs-*Xvarnah* ist übrigens ein weiterer Beleg für meine These, daß das sakrale Königtum maßgeblich im Reinszenieren der frühen Kindheit bestand.
76 Daß das *Xvarnah* tatsächlich auch auf den Drachen übergegangen war, erschließt sich daraus, daß Thraitauna u. Kursaspa es erst erhielten, nachdem sie den Dahaka getötet hatten. Die späteren Überlieferungen sind hier noch eindeutiger; z.B. Bundehesh XLI: *Als sie den Yima zersägt hatten, wurde die Majestät* (= *Xvarnah*) *des Yima von der Majestät des Dahaka* (= *Drachen*) *... an sich genommen.* (Justi 23) Entsprechend heißt der Drache bei Firdausi auch *Drachen-Schah* oder *Schah mit dem Drachengesicht* (32). – Daß Yama das *Xvarnah* ob seiner Sündhaftigkeit verloren habe, ist sicher zarathustrische Überformung und blieb stets oberflächliches Beiwerk: Von Belang für die Lehren der Theologen, nicht für die Herzen der Massen.
77 Daß Indra, Trita, Traitana, Thrita, Thraitauna (der Feridun, Fredun, Freton, Faridun ... der Pahlevischriften), desgleichen Vahagn, Artagnes und Keresaspa, Kursaspa Substitute oder „Hypostasen" für (Mithra-) Verethraghna sind, kann nach Geiger 58 u. 64 ff. als hinreichend gesichert gelten. – In der Babyloniaka des Iamblichos (um 170 n. Chr.), der griechischen Nacherzählung eines armenischen Volksepos', begegnet Thraitauna in Gestalt des Rodanes. Auch an ihr wird die enge Beziehung zu Mithra-*Vrtraghna deutlich. Vgl. dazu: Merkelbach Mi 253 ff. – Vgl. zu Thraitona = Feridun = Mithra z.B. auch Boyce MPZ 26; zur Etymologie gr. Rodanes, armenisch Hruden, iranisch Feridun, Thraitona: Russell PA 2684.
78 Vgl. zu Beverasp als Araber: Firdausi 27 f. u. 32. Schon Roth bezeichnete B. – im schlechten Ton seiner Zeit – als *Repräsentanten einer erobernden semitischen Rasse* (228). Zur Etymologie sehe man neben Firdausi 28: Thieme LaI 66 Anm. sowie Heim 552 Anm. 3. – Nicht auszuschließen ist auch die Möglichkeit, daß hinter dem mythischen Sieg Friduns über

Beverasp die Ereignisse des Jahres 522 v. Chr. standen. Damals hatte Darius der Große in einer Verschwörung den Magier Gaumata, der für kurz den iranischen Thron bestiegen hatte, ermordet. S. H. Taqizadeh und andere Iranisten argumentieren, daß dadurch die priesterliche Machtübernahme der zarathustrischen Magier beendet und das „konservative" Königtum im Namen Mithras wieder eingesetzt worden war. Prompt scheint die Rückeroberung des Throns damals exakt zu Mithras Jahresfest stattgefunden zu haben. Vgl. dazu Taqizadeh 25 ff., auch Dandamaev 108 ff. Auch bei dieser Machtübernahme waren zehntausende von Pferden (Beverasp) im Spiel. Denn bis Darius seine Herrschaft sichern konnte, vergingen nach M. A. Dandamaevs Rekonstruktion *mehr als 14 Monate, in denen rund 100 000 Rebellen vernichtet wurden...* (209) – Gut möglich ist freilich auch, daß sich hinter dem Drachen Beverasp *beide* Ereignisse verbergen: Denn durch die Usurpation des Magiers Gaumata und damit durch die Übernahme der Staatsmacht von seiten der zarathustrischen Priesterschaft wurde das *Xvarnah* Yamas und Mithras, psychologisch gesehen, in ganz ähnlichem Sinn geraubt wie durch die Eroberung der islamischen Truppen mehr als tausend Jahre später.

79 Kuschan-Münze: www.grifterrec.com, Kushan Empire, page 4 (aus der Courtesy Peter A. Linenthal Collection). Vgl. dazu auch Widengren SA-II 57 Anm.

80 Zur Erinnerung: *Verethraghna* war der *unmittelbare* Erbe des alten **Vrtraghna* in Iran. Obwohl in den avestischen Texten als separate Gottheit auftretend, sind wir ob der Geschichte unseres Kompositgottes Mithra-*Vrtraghna berechtigt, seine Epitheta Mithra zuzuschlagen.

81 Unter den frühen Achämeniden scheint Mihragan, damals Mithrakana, das Hauptfest des Jahres und zugleich Neujahrstag gewesen zu sein. Vgl. dazu Taqizadeh 8, 25 f.; auch Boyce MKA 6.

82 Vgl. zu dem Umstand, daß das Mihragan ein „Herbstfest" blieb, auch wenn sein Datum ob der altiranischen Kalenderprobleme nicht immer in den Herbst fiel: oben die Anmerkung 43 in Kap. III.

83 Die durchaus häufigen Varianten, auf denen der linke Fackelträger nach unten und der rechte nach oben weist, gilt es meines Erachtens nicht überzubewerten. Vereinzelt begegnen ja auch Skulpturen, auf denen beide nach unten oder beide nach oben weisen. Hinter diesen abweichenden Varianten tiefen Sinn zu vermuten, scheint mir abwegig; der nächstliegende Schluß ist doch, daß die Bildhauer, Mysten und selbst die Patres des Kults sich häufig nicht einmal für diese (geschweige denn komplizierere) „astronomische" Zusammenhänge und Symbole ernsthaft interessierten, sondern einfach nur, und sei es vertauscht, Motive kopierten. – Wenn denn der Zusammenhang mit *Now Ruz* und *Mihragan* noch verstanden wurde, ließen sich selbstverständlich auch bei vertauschten Fackeln Deutungen finden; etwa: *Yama (auch wenn er im Frühjahr aufsteigt) muß untergehen, damit Mithra (auch wenn er im Herbst versinkt) auferstehen kann ...* – Bemerkenswert ist, daß schon auf den Reliefs von Doliche/Dülük die Fackelhaltungen „verkehrt" waren: Schütte-Maischatz MD 150 f. (Abb. 28 u. 29)

84 Vgl. zu Altarsteinen aus Stockstadt: Vermaseren CIMRM 1214 u. 1215; dazu Clauss Mi 104. Selbstverständlich wurde damit nicht nur, wie Clauss meinte, das tägliche, sondern zumal das jährliche Auf- und Untergehen der Sonne bezeichnet. Daß der Lauf des Sommerhalbjahres aber auch hier mit dem Lauf des Tages assoziiert war, bezeugt das Wort Now Ruz: Es bedeutet „Neuer Tag" und bezeichnet den Frühlingsbeginn. – Neben die Inschrift *D(eo) Or(ienti)...* wird jene aus S. Prisca in Rom zu stellen sein: *Nama (Patribus) ab Oriente ad Occidentem Tutela Saturni*, „Verehrung den Vätern vom Orient zum Okzident unter der Obhut des Saturn" (Vermaseren SP 155 u. 179 ff.).

85 Vgl. zu den gekreuzten Beinen von C. u. CP: Ulansey 57 f. Das Himmels-Chi schon bei Platon: Tim 37 b, c. Zu Parallelitäten in der christlichen Ikonographie: Deman 514 ff. Zu Spekulationen im Manichäismus und Neomanichäismus: Strohm Gnos 90 ff. (93 ff.)
86 Der „Schnitter" wird meist dem „Perser", mithin dem fünften Logengrad, zugeordnet (vgl. Merkelbach Mi 115). Weitere Einzelheiten zum „Schnitter" und seiner Sichel: Vermaseren MiI 22. Weitere Frucht- und Erntemotive CIMRM 241 a, 1292 4b, 1421, 1771 u.a. Auch das frische Obst der Tellus (unten Kap. VI.) und die frischen Trauben auf Kultmahlszenen (z.B. in Ladenburg) sind Herbstfrüchte.
87 Vgl. zu *mithras triplasios*: Clauss Mi 104; vgl. dazu auch die drei Baumköpfe aus Dieburg (oben Abb. 11).
88 Andere Etymologien für Cautes u. CP: Gershevitch 151; vgl. dazu: Thieme RM 394. Vgl. dazu auch die Diskussion bei Schwartz: 406 ff.
89 Vgl. zur S. Prisca Inschrift auch: Vermaseren SP 189 Fig. 66 u. 193 ff. sowie ders. MiGe 14 f.
90 Vgl. zu Nektar als Honig und Götterspeise: Porphyrios Ant 16, zur Etymologie: Thieme Nek u. Amb, zum Motiv ‚Milch u. Honig' insges.: Usener MH..
91 Vgl. zur Etymologie von Yama und Geminus: Fries II 364; auch Lincoln 684.
92 Vgl. zu den Herrschaftszeiten Yamas: Lommel Yt 196 u. 205 (2 Vend. 16), Bundehesh XXIV (Justi 45 f.); Firdausi 33, Al Biruni AN 214. Zur 1000 jährigen Herrschaftszeit Beverasps: Firdausi 44 u. Al Biruni AN 209.
93 RV X 138,6. Vgl. oben den Absatz ‚Messen'.
94 Daß Mihragan auch dann noch den Charakter eines Herbstfests behielt, als es ob der fehlenden Schalttage des persischen Kalenders in andere Jahreszeiten fiel, wurde oben bereits vermerkt: Anmerkung 43 in Kap. III. – Schwieriger (und mir unklar) ist die Frage, wie Mithras „Geburtstag" zur Tag-und-Nacht-Gleiche des Herbstes mit seinem „Geburtstag" zur Wintersonnenwende zusammengeht. Vielleicht hängt es damit zusammen, daß, wiewohl Jahrhunderte früher, neben dem staatlichen Kalender ein religiöser existierte. Dieser beging das *maidyarem, „Mitte des Jahres"* zur Wintersonnenwende, jener zum Herbstbeginn. Vgl. dazu: Taqizadeh 11 u. 9. Verdoppelungen und Vervielfachungen von kultischen Feiern sind generell nichts Außergewöhnliches. Christen etwa feiern das Ritual von Tod und Auferstehung bekanntlich bei der Taufe und an Ostern, in gewissem Sinn auch an Weihnachten. Dennoch ist zuzugestehen, daß zur iranischen Vorgeschichte des Weihnachtsfests Manches im Dunkeln liegt.
95 Für die Recherche des arabischen Worts sei Herrn Christian Caroli, Uni Konstanz, herzlich gedankt.
96 Vgl. zu erhellenden Ritualen des Salbens z.B.: Rudolph Ma-I 168 ff.
97 Vgl. zu „Flugerlebnissen" der Kleinen die einfühlsamen Formulierungen Daniel N. Sterns: Tag 78 f.
98 Vgl. zu Yamas Tiermetamorphosen: Justi 32 (Bundehesh Kap. XXIII) und Widengren IG 278.
99 Daß Teile des Mihr-Yästs ins zweite Jahrtausend zurückreichen, gilt als wahrscheinlich; vgl. z.B. Widengren SA–II 47 ff. u. Boyce MF 75.
100 Für diesen „Gott" bei dem arabisch schreibenden Al Biruni gilt zweifellos dasselbe, was Mary Boyce zu den kurz davor erwähnten *Engeln* notierte: Es ist *offenkundig eine islamische Substitution für das Anrufen Mithras*. (MPZ 25).
101 Vgl. zum Motiv des Ausdehnens der Welt (auch in anderen Kulturen): Strohm UR 99. Vgl. auch Thieme RM 395.
102 RV: X 153,3; VIII 14,7; I 103,2; vgl. II 15,2; II 12,3 nach Thieme, Rig 22 f.; X 113,5; VII 84,2.

103 Nach der alten Auffassung besteht die optische Wahrnehmung bekanntlich nicht auf einem Hineinleuchten des Lichts ins Subjekt oder Gehirn, sondern in einem Anstrahlen der „Objekte", mithin auf einem Hinausschauen. Zur ausführlichen Diskussion beider Positionen sehe man: Strohm ASE. Instruktiv dazu auch: Assmann Fur.

104 Vgl. zu den Übersetzungen von *gaoyaoiti-*: Lommel und Gershevitch Yt 10,1 mit Kommentar.

105 RV: X 68,8; an Brhaspati.

106 Vgl. zur Sehkraft und Fernsicht Verethraghnas auch Yt 16,7,10,13, wo cisti, „Sehkraft" personifiziert ist und mit den entsprechenden Gleichnissen geschildert wird. Vgl. dazu: H. S. Nyberg 71, 74 f., u. insbes. 81 ff. – Immerhin in der Fußnote sei hier auch noch auf das „Auge des Königs" verwiesen. Dieser zwielichtige, von den Griechen halb gefürchtete, halb verspottete Geheimdienst des riesigen iranischen Staatsapparats, berief sich auf Mithras (und Varunas) Sehschärfe und verlieh dadurch, mit Lommel zu reden, *den Kontrollbeamten ... eine religiöse Weihe* (Spä 332). Vgl. dazu: Schaeder AK u. Lommel Spä. – Vgl. dazu Herodot I,114, Aristophanes Acharner 93 ff. und Xenophon Kyr 8,II,10.

107 Vgl. zum Kult um *Agni*, „Gott Feuer", den Vorboten der aufgehenden Sonne und des frühmorgendlichen Somaopfers: unten ‚Anhang I.' und Strohm UR 143 ff.

Anmerkungen zu Kapitel V

1 Vgl. zu Frauen und Mithras insgesamt das ausgewogene Urteil Vermaserens: GK 133 ff.

2 Das Mitreo degli Animali liegt keine zehn Meter neben dem Kybele-Tempel; vgl. z.B. Gallico 15 f. Nr. 130 u. 131.

3 Vgl. zu Doliche/Dülük: Schütte-Maischatz MD 126 mit Taf. 25, 1-2.

4 Vgl. zur Stellung Poetovios im Imperium Romanum: Merkelbach Mi 153 u. 170.

5 Plädoyer für Ursprung in Poetovio: István Tóth 76, 79, 85 u. 95f.

6 Die außerhalb Poetovio gefundenen Steine der Nutrices Augustae weisen auf Poetovio zurück; vgl. Kaus. Zu ähnlichen anderen Kulten und den unterscheidenden Kriterien: Gurlitt. – Man sehe auch die *Godess sitting on a throne and nursing a child* (Vermaseren CIMRM 1262), die im Mithräum Dieburg gefunden wurde.

7 Vgl. zu *stets Männer* auch: Pauly-W. XVII,2 1501 sowie Wigand 217.

8 Vgl. zu weiteren Beispielen zu den Brüsten und insgesamt zur weltgestaltenden Schönheit der Usas: Strohm UR 229 ff.

9 *Usas* steht hier und an mehreren Stellen im Plural. Die Ursache ist erläutert bei: Strohm UR 231 f. Um die Dinge nicht unnötig zu komplizieren, wurde hier und an allen folgenden Stellen im Singular wiedergegeben. – Vom Drachen bewachte „Jungfrauen" mit morgenroten Attitüden kennt natürlich auch die abendländische Ikonographie.

10 RV: I 123,10; I 124,4,7; I 92,4; I 32,11; I 103,7; X 138,1; III 31,4; II 15,7; V 30,9.

11 RV: II 11,2; V 32,1,2; X 73,2; IV 16,7; IV 19,5; I 32,2; VIII 77,11; 77,7; 96,2. – Vgl. zu Indras Jagdabenteuer: Strohm UR 39 ff.; – Daß Indra in unserer Szene trotz seines Fehlschusses nach RV VIII 77,10 überdies den Eber Emusa und eine komplette Herde Büffel erlegte, steht mit dem „Wasserwunder" natürlich nicht in Widerspruch. Daß er beim großen Fressen nach dieser Jagd dann aus den Seen von Visnus Fußspuren auf allen Vieren Milch und Honig trank wie ein Büffel, stimmt jedenfalls gut dazu: Er hatte neben dem Festbraten (dem Büffel Soma?) auch den Göttertrank aus dem Felsen gleichsam herausgeschossen.

12 Daß der Fels bisweilen zugleich als Himmel und als Wolke aufgefaßt wurde, ließe sich aus den rigvedischen Texten klar genug rekonstruieren, bleibe hier aber außen vor. Verwiesen sei

ANMERKUNGEN ZU KAPITEL V   347

    immerhin auf X 63,2, wo es heißt, daß die *felsenfeste Himmels-Aditi* ihre *süße Milch* aus sich quellen lasse.
13 Vgl. Vermaseren SP 189 Fig. 66 u. 193 ff. sowie ders. MiGe 14 f. – Zur kulturellen Invarianz des Mythos' sehe man 2 Mos 17 u. Euripides, Bakchen 704 ff.
14 RV: IV 19,5; III 33,1.
15 Die Luna-Szene in S. Maria Capua Vetere ist im Original nur noch sehr schlecht zu erkennen. Die Abbildung ist von mir mit „PhotoStudio" wieder so herauspräpariert und rekonstruiert worden, wie sie sich vor 1700 Jahren *in etwa* ausgenommen haben könnte. Der Hintergrund sowie die einst roten und schwarzen Ornamentalsterne blieben dabei ein wenig auf der Strecke. – Ikonographisches Vorbild der Luna von S. M. Capua V. waren bezeichnenderweise Darstellungen der *Eos*, *„Morgenröte"*, wie sie sich auf zahlreichen Gemmen erhielten; zu sehen z.B. im Mus.-Naz.-Arch. in Neapel (Inv. Nr.n 25879, 23931, 25905, 25860 u.a.)
16 Vgl. zur Konfiguration des mütterlichen Gesichts: Strohm UR 132 ff., 228 f., 235 f. und passim.
17 RV: III 51,4; X 29,1; VI 46,3.
18 Die „phrygische Mütze" muß in der Tat Mithras *ureigene* Requisite gewesen sein, die bei anderen Göttern und göttlichen Helden (wie Attis, Perseus, Orpheus, Paris), aber auch bei menschlichen Helden, Königen, Priestern, Soldaten und Freigelassenen von ihm, Mithra, entlehnt war. Der umgekehrte Fall, nämlich daß ein so urwüchsiger und dominanter Gott wie Mithra diese Persönlichkeits-konturierende Requisite entlehnt habe, ist sehr unwahrscheinlich. Wem auch sonst sollte eine Kindermütze mit solch verwegen-wehenden Ohrenklappen und solch sexueller Attitüde primär zugestanden haben, wenn nicht einem Gott solchen Alters und solchen Schöpfermuts? Auch daß die „phrygische" Mütze schon in der Antike *Mitra* hieß, könnte doch hier seine Ursache haben; etwa bei Vergil Aen. IV 216, 616 und öfter. Auch der Hinweis bei Herodot, daß *die Perser ... von klein auf* (!) *den Kopf bedecken und Filzmützen tragen* (III 12) spricht für die exklusive Herleitung der Mütze von Mithra.
19 Vgl. zur stehenden Spitze der Tiara: Aischylos Perser 660f ff., Aristophanes Vögel 488, Xenophon Kyr 8, III,13, Arrian 207, 229, 354,; Seneca De Beneficiis XXXI,12. Vg. dazu auch Vermaseren MiIII 62 ff. sowie Koch 219 mit Abb. 160 u. insges. Borchardt. Die sonderbaren und von der „phrygischen Mütze" markant verschiedenen „Mitren" der unterschiedlichen Könige des iranischen Kulturraums erklären sich unschwer als manierierte und von Prunk und zumal Sonnenmotiven überwucherte, aufrechte Tiaren. – Weiterführende Literatur zur Mitra/Tiara/Phr. Mütze: insges. E. Dörner, Schramm, Brandenburg, Eilers, Metzler FaV, Gall, Sirch.
20 Vgl. zur Fertigung der Phrygischen Mütze: insges. Seiterle.
21 Perservogel: Aristophanes Vögel 276.
22 Vgl. unten: ‚Anhang II.', *Eupator*. Zu Einzelheiten über Anahita sehe man zuoberst Yt 5 (Lommel Yt), ein Kurzporträit bei: Strohm UR 274 ff.; zu ihrem lunaren Charakter z.B.: Wikander FP 86.
23 RV: IV 17,16; I 55,8.
24 Vgl. zum Motiv des Kruges auch: Strohm UR 90 ff., 94 f., 114, 261.
25 RV: VII 33,13 – Dennoch ist es bemerkenswert, daß auch der rigvedische Mitra dem kleinen Soma sehr nahe stand. Man vgl. dazu IX 7,8; IX 64,24; IX 70,8; IX 77,5; IX 86,11; IX 90,5; IX 97,42; IX 97, 49; IX 107,15.
26 Vgl. zu Mondamuletten: Pauly, Luna (XIII.2 1804 ff. u. III.1 465 ff.), Bächtold-St. VI 516 sowie viele prähistorische Funde, z.B. aus dem bayerischen Irlach: Hubert Koch 25f. – Man fand solche Amulette, z.B. aus Eckzähnen von Bären oder anderen Tieren gefertigt, schon bei den Menschen des Jungpaläolithikums, ja schon bei Neandertalern: Conard 28 f., Zil-

hao 46, Auffermann/Orschiedt 69. Sollte man, statt ihnen immer nur die platte Deutung „Jagdmagie" oder „Jagdtrophäen" anzudichten, nicht auch „Drachentrophäen" oder Aphrodisiaka in Betracht ziehen? Daß solche mondsichelförmigen Zahnamulette das Zahnen (ein altes Drachenkampfmotiv!) und damit selbstverständlich auch alles, was in den Monaten des Zahnens psychologisch angelegt wird, erleichtern sollten, ist z.B. durch Plinius verbürgt: Hist. Nat. LXXVIII.
27 Vgl. zu Camugefäßen: Geldner III, 7.
28 RV: IX 38,5; 110,10; 65,25; 37,2; 68,9; 67,14; 70,7; 75,3; 11,5; VIII 53,3; IX 69,4; 101,14; 104,1; 70,1; 61,21; 96,7 f.; 86,32; VIII 82,1,8; IX 109,17; IX 39,5; IX 43,2; IX 70,9 f.; IX 85,3; IX 8,1.
29 RV: IX 69,3; X 92,2; X 85,9; IX 95,4; IX 18,7; IX 97,23; IX 60,4; IX 91,6; IX 104,1.
30 Skeptisch zur – überzeichneten – Gleichung ‚Soma = Mond': Lüders 698 ff.
31 Vgl. zu diesem berühmt gewordenen Satz Lommels: Schmidt MII 7 f.
32 Zurückgewiesen wurde Lommels Identifizierung von Gershevitch, unterstrichen von Schlerath. Vgl. dazu: Schmidt MII 9f.
33 Vgl. zu Soma als Hengst, Falbe oder Roß: z.B. RV I 135,5,6; IX 28,1; IX 37,2; IX 72,1; IX 89,4 u.a. – Ob seiner Rolle als Hengst galten die Geräusche beim Somapressen auch als Wiehern und das Rinnen des Safts in seinen Krug als Pferderennen (vgl. etwa IX 43,5 u. IX 74,8).
34 RV: I 164,35; IX 86,28; VI 35,5.
35 Nicht unter Genital: So Andreas Hensen in persönlicher Mitteilung. – Zu bedenken ist im hier verhandelten Zusammenhang auch, daß die absurden und perversen Spermakulte der Gnosis schwerlich anders als vor dem Hintergrund des alten indo-iranischen Somakults erklärt werden können. Vgl. dazu: Strohm Gnos 162 ff. (157 ff.) – Nicht auszuschließen ist auch, daß die – letztlich doch wohl manichäischen – Gralsmythen ein (verwachsener) Abkömmling mithrischer Somakulte waren: Zu Mithra im Manichäismus sehe man: Waldschmidt/Lentz insbes. 45, 59 f. u. 119; Henning 6 ff.; Boyce MMP; Sundermann MP u. MM; zu Gral und Manichäismus die Lit.angaben bei Strohm ²Gnos (107 ff. mit Anm. 47 u. 48).
36 Vgl. zur Etymologie von Guß und Gott den bestaunenswerten Aufsatz von Wimmer, insbes. 638 ff. u. 653 ff. Dazu auch: Watkins 102, Shields 69, sowie Kluge (ab 22. Aufl.).
37 RV: IX 97,33; IX 96,22 f.; IX 97,26; IX 47,5.
38 Vgl. zu Soma und Mond: RV I 84,15 u. X 85,3-5. Geldner folgerte daraus wohl zurecht: *Soma ist nach X 85,3-5 der Mond, nach älterer Auffassung (I 84,15) im Hause des Mondes* (I 108).
39 Vgl. zu Mondhäusern: oben: Kap IV,3 *Messen*. –Vgl. z.B. auch Vermaseren CIMRM 1920 mit Abb.
40 Vgl. zu Stier durch Krater ersetzt: Clauss Mi Abb. 34.
41 Vgl. zum Krater von Zillis die Abbn. bei Rageth KH Titelbild und Abb. 41. Der Eber auf diesem Kultgefäß könnte, wie der auf der Jagdszene von Dura, für Verethraghna stehen: Yt 14,15.
42 Soma war, wie gleich unten demonstriert, mit dem Logengrad des Nymphus assoziiert und dieser wiederum mit Venus.
43 Krater von Friedberg: Clauss Mi Abb. 60; gute Abbildung bei: Schütze 101.
44 Krähen: Martin Verlind in: Beilage der Schwäbischen Zeitung vom 9. September 2006.
45 Vgl. zu 30 Darstellungen: Hinnells RLH Anm. 63; hinzu kommen weitere Funde der jüngeren Vergangenheit.
46 Schon im altiranischen Yäst 10,90 heißt es: *Den Mithra verehren wir ... Welcher als erster die Hauma (-pflanzen oder -stengel) mit der sternenbunten ... Kelter ... aufsetzte.* (Lommel) – Gershevitch übersetzte mit: *star-decked*, „*Sternen-geschmückt"* (117).

47 Zu bedenken ist freilich, daß die motivische Dreiheit aus Schlange, Krater und Löwe auch außerhalb des Mithraskults begegnet. Im Untergeschoß des Röm.-Germ. Museums Köln sah ich jüngst eine kleine Bleiplatte, die dem Kult des *Theos Magos* zugeordnet wird und ebenfalls diese motivische Dreiheit zeigt. Auch ein kleines, wiederum bleiernes Votivrelief an die sog. Donaureiter, in Mainz, Röm.-Germ.-Museum ausgestellt, enthält ein Relief dieser Dreiheit. - Auf die vorgeschlagene Interpretation zum römischen Mithraskult sei deshalb nicht zu hoch gesetzt. Oder sollten die Gedächtnisspuren des orientalischen Somakults auch andere Kulte des kaiserzeitlichen Westens erfaßt haben? Ich sehe nicht, wo die Wirkgeschichte dieses so bedeutenden orientalischen Kultes bisher angemessen behandelt, ja wo die Frage nach dieser Wirkgeschichte überhaupt gestellt worden wäre.
48 RV: I 173,5; VI 18,2. Vgl. zu Indra als Soldat auch: I 100,1; 1,81,2; II 30,10; IX 3,4; X 108,6; X 115,4; auch I 51,9.
49 Männliche Braut: z.B. Vermaseren GK 117, Schwertheim Mi 69 f. – Wichtige Beobachtungen zum *Nymphus* insbes. bei: Gordon 48 ff.
50 RV: IX 93,2; 61,21; .38,4; 46,2; II 13,1 – Vers II 13,1 ist, anders als ich früher meinte (Strohm UR 212), auf Soma zu beziehen! –; IX 69,4; 101,14; 69,4; 70,1 u. 95,1; 97,2; 75,5.
51 Vgl. zur Zuordnung und insgesamt Textkritik des … *Catechism from Egypt*: Brasheare (15).
52 Das nicht nur in Ägypten verbreitete in-Linnen-Wickeln der Toten könnte hier eine Ursache haben. Die Toten wurden häufig mit dieser frühen Phase der Kindheit assoziiert. Yama etwa galt auch (und später vorrangig) als Totengott. Die Verblichenen könnten, so dann die Vorstellung, nach solcher Verpuppung eines Tages wieder auferstehen wie ein Mithra aus dem Nymphenstadium. Aber selbstverständlich hatte das Einwickeln der Toten auch andere „Funktionen", z.B. den Schutz vor Wiedergängertum.
53 Vgl. zu Bienenpuppe usw.: Merkelbach 88 ff.; zum Mithräum des Felicissimus auch: Clauss 141, Gallico 62 f. sowie Vermaseren CIMRM 297. Auch ob das Insekt auf CIMRM 334 (fig. 91), wie verschiedentlich behauptet, einen Nymphus repräsentiert, ist sehr fraglich.
54 Die beiden in einem Mithräum am Piazza S. Silvestro, Rom, gefundenen Inschriften *cryfius* und *chryfius* würden gut zu diesem Charakter der Nymphen passen. Vgl. dazu Vermaseren CIMRM 399, 402 u. 405 und SG 139 sowie Vollgraf 517 ff. Vgl. auch Schwertheim Mi 69 u. Merkelbach Mi 72, Anm. 2. u. Clauss Mi 141. – Auch Porphyrios' Titel *De antro nympharum, „Die Höhle der Nymphen"* erhält von hier aus natürlich eine weitere Bedeutungsnuance.
55 RV: II 31,6; VII 35,13. – Vielleicht hat eine Vermutung Merkelbachs von der alten Verwandtschaft zwischen Soma und dem Drachen her ihre Richtigkeit: Er meinte nämlich, daß der Nymphus auch durch die Schlange und damit durch den Drachen symbolisiert worden sei (vgl. Mi 91 u. 93).
56 Vgl. zu den zitierten Textstellen über das Pucken: http://de.wikipedia.org/wiki/Pucken.
57 RV: IX 61,21; 96,7 f.; 72,4; 100,7; I 84,12.
58 Vgl. zu Lampe von S. Prisca: Vermaseren SP 158 u. 169; vom Mitreo di Felicissimo: ders. GK 117.
59 Zur Übersetzung sehe man neben Ziegler auch Vermaseren GK 117 u. Schwertheim Mi 69.
60 RV: IX 97,33; 4,2; 9,7; 91,6.
61 Vgl. zum Kultschwert von Riegel: Schwertheim Mi 72 ff. u. Hensen TMS 100.
62 Die besten mir zugänglichen Abbildungen (und besser als die heutigen Originale) bei: Schütze Abb. 78 ff.
63 Zur Gleichsetzung von Löwe und Mithra-*V.: ‚Anhang I.'.
64 Vgl. zum rituellen Mord des Commodus auch: Dieterich ML 164 f.; vgl. dort auch insgesamt 165-175 zu „Tod" u. „Auferstehung" in Mysterienkulten.

65 Vgl. zur frühkindlichen Atmosphäre solcher „Logen-hierarchischer" Szenen um „Tod" und „Auferstehung" auch Merkelbachs Nacherzählung und Interpretation der Babyloniaka des Iamblichos: Mi 253 ff. – Auch gestehe ich gerne, wie überrascht und berührt ich war, als mir ein Meister heutiger Freimaurerei die Parallelen zu den Ritualen des römischen Kults schilderte: Eine Art Nymphus, gehbehindert und nur mit einer Kerze ausgestattet, hat dort zum Beispiel in einem ansonsten finsteren Raum aus einer Art Sarg aufzuerstehen ...

66 Vgl. zu geopferten Göttern und Gottessöhnen: Ad. E. Jensen 117 ff., 176 ff., 203 ff., 210 ff., 226 f.; zum (rigvedischen) Mitra insbes. 211 ff. Vgl. dazu auch: Lommel MiS 207 ff. und Strohm UR 190 ff.

67 RV: III 52,1.

68 Schon im Rigveda war die Zungenspitze von großer mythischer Bedeutung; hier allerdings die des etwa altersgleichen Agni. Obwohl zumeist mit den Zungen des Feuers assoziiert, war Agnis Zunge an mehreren Stellen auch klar Organ des Säugens und der Sexualität. Vgl. dazu Strohm UR 145 f. sowie: RV I 13,3; 14,8; II 1,13; III 35,9 f.; IV 5,10; 17,4 ff.; auch IX 75,2 (an Soma). Vgl. dazu auch unten: ,Anhang I.'.

69 Vgl. zum Sarama-Mythos: RV: I 62,3; 72,8; 104,5; III 31,6; IV 16,8; V 45,7 f.; VII 55,2 f.; X 14,10; 108,1 ff.; auch: Strohm UR 128 ff.

70 RV: IX 101,1,13; VII 55,3,4,2.

71 Vgl. zum Mithräum von Künzing auch: Schmotz.

72 Vgl. Zillis usw.: Driesch/Pöllath 154; zu Zillis speziell: Rageth NZK 122f u. KH 166. Zu Neuenheim u. Tienen: Hensen ZTN 135 u. 137 (Anm. 19) u. ZMH 102.

73 Vgl. zum *stellvertretenden Huhnopfer: mit besonderer Berücksichtigung des jüdischen Volksglaubens*: Scheftelowitz SH.

74 Daß das vordere Roß nur *dark brown* sei, wie Vermaseren schrieb, gilt nur für einzelne, vom Kondenswasser verwaschene Partien. An mehreren Stellen ist nach meinen Fotografien und nach meiner Erinnerung das Blau-schwarz eines Rappen noch deutlich zu sehen. Verfehlt ist auch LeRoy Campbells Vermutung, daß die beiden Rosse für die Seelenrosse in Platons Phaedros (246 St.) stünden: sie ziehen dort weder eine Luna, noch sind sie schwarz und braun. Vgl. Vermaseren MiI 14. – Eines Vergleichs würdiger wäre das Proömium des Parmenides (DK 28 B 1; Mansfeld I 313 ff.).

75 Vgl. zu den weiten Einzelheiten dieser Datumsangabe in S. Prisca, Vermaseren SP 118 ff. u. MiII 14, 26u. 30.

76 Vgl. zu Becks Beobachtungen und Reflexionen über das Verhältnis von Sol (und Mithras) sowie Luna (und den Stier) auch ders.: PL 33 ff. u. 48 f.

77 Die Abbildung ist mit den mir zu Gebote stehenden Mitteln aus dem kleinen Ausschnitt einer Fotografie bei Merkelbach (Mi 320) rekonstruiert. Das Original maß kaum zwei Zentimeter.

78 Vgl. dazu mein Kapitel *Abschied von Aditi*; in: UR 207 ff.

79 Für Fredun in der Rolle Somas sprechen die Szenen, die den kleinen Soma-Bullen in der Mondsichel zeigen. Für Mithra-*Vrtraghna spricht, daß es eben Fredun (=Thraitauna, der gewöhnliche Repräsentant von Mithra-*Vrtraghna) war, der die Luna reitend begleitete. – Birgt hier nicht vielleicht auch die logische Unschärfe, wie oft im Mythos, die größte Kraft?

80 Vgl. zu Lucifer/Phosphoros und zu Hesperos: die entsprechenden Artikel bei Pauly. Lucifer mit Cautes und Hesperos mit Cautopates gleichzusetzen, wie Merkelbach tut (vgl. z.B. Mi 358), widerspricht der Al Biruni-Stelle. Dort reitet Fredun, nicht Jamschid, den Mondochsen; wie ja auch Mihragan den Untergang des Jahres, aber dennoch den Sonnenaufgang Mithra-*Vrtraghnas feiert(e). – Interessant im hier besprochenen Zusammenhang ist auch die Deutung Georg v. Simsons, der aus Yt 10,13 u. 95 folgerte, daß Mithra in Iran sowohl den Morgen- als auch den Abendstern repräsentiert habe.

81 Vermaseren: MiI 8 f.

82 Just an dem Tag, an dem ich dies schrieb, ließ Benedikt XVI. vernehmen, die Ureinwohner Amerikas hätten die Christianisierung und den ihnen noch unbekannten Gott *still herbeigesehnt*, und ein Wiederaufleben der vorkolumbianischen Religionen wäre ein *Rückschritt*. (Die Welt v. 16.05.07, S. 1 u. 6.)

83 Vgl. zu Abschiedsmythen: Strohm UR 207 ff. Hinzugefügt zum dort Ausgeführten sei noch die Frage: Ob die opulenten Göttinnen von Willendorf, Laussell. ... Çatal Hüyüc und Hacilar wirklich, wie oft unterstellt, dem damaligen „Geschmack" entsprachen; oder nicht doch eher – wie seither und noch heute – dem *Gegenteil*: daß sie nämlich Symbole des Abstillens und Repräsentantinnen männlichen Distanzierens waren?

84 In die Reihe der oben besprochenen Indizien fügt sich übrigens auch, daß das Kind an der Brust der Nutrix nicht mehr gewickelt ist: Es ist dem „Nymphen-Kokon" entwachsen und muß abgestillt werden.

Anmerkungen zu Kapitel VI

1 Vgl. zu Echnaton neben Freud MM insbes.: Assmann HE, MÄ und KG 196 ff.; auch Hornung EuV 240 ff. sowie insges. Schlögl.

2 Vgl. zum Wiesenmotiv: Strohm UR 98 ff. – Auf einer erläuternden Tafel des Byzantinisch-Christlichen Museums Athen las ich während der Tage, als ich dies schrieb, daß im orthodoxen Beerdigungsdienst auf das Paradies mit den Worten verwiesen werde: ... *in a place of light, in pastures of green, in a place of refreshment*.

3 Auch die *floralen Motive* auf den Deckenfresken eines Mithräums von Güglingen werden im hier besprochenen Kontext zu sehen sein (Brodbeck 217; vgl. dazu oben: Kap. IV,2 *Kathedralen*).

4 Vgl. zu den Übersetzungen oben: Kap. IV,6 *Bergspitze*.

5 Vgl. zu Trennung v. Himmel u. Erde: Insges. Staudacher; auch: Strohm UR 112 ff.

6 RV: X 153 1,3; I 51,10; II 17,5; VI 47,5; X 111,5; III 30,9; X 111,2,4.

7 Vgl.: Strohm UR 112 ff.

8 Der sogenannte Florentiner Papyrus mit seiner Wendung ‚*Im Namen des Gottes, der die Erde vom Himmel geschieden hat, das Licht von der Finsternis ...*' (nach Vermaseren GK 106) gilt inzwischen nicht mehr als mithrisch (vgl. Schwertheim Mi 66 mit Anm. 127).

9 Vgl. zum Motiv des steinernen Himmels: die Herkunft unseres Wortes ‚Himmel' in jedem einschlägigen Etymologischen Wörterbuch. Weitere Einzelheiten auch bei: Strohm UR 112 ff. – Anders als immer wieder behauptet, wollte das Motiv des steinernen Himmels natürlich auch schon in der Antike im *mythischen*, nicht streng physikalischen Sinn verstanden werden. Und dies zurecht. Denn in der frühen Kindheit beginnt die Abscheidung des Himmels in einer Höhle.

10 Interessante Beobachtungen zum Skorpion insbes. bei: Hinnells RBS 298 ff.; auch bei: Beck ST.

11 Vgl. zu Bullen oben: Kap. IV,4; zu Hunden: Kap V,5 *Hund*; zu Schlange: Kap. IV,1; zu Löwe: unten ‚Anhang I.'; zu Rabe bzw. Krähe: Kap V,3 *Nackte*.

12 Möglich, aber nicht sicher ist, daß die in Armenien in Zügen bis heute erzählte Legende vom, je nach dem, *Riesen Mehr* oder *Kleinen Mihr* (= Mithra) und dem *Rabenfelsen* mit dem/den Raben des Mithraskults zu tun hat: Vgl. dazu: Russell ZA 272 ff. u. Merkelbach Mi 258 f., auch insges. Boyle MCR u. RR. Zum befremdlichen Motiv des onanierenden Gottes dort vgl.: Strohm Gnos 211 ff. (204 ff.)

13 Vgl. zu Hahn u. Eule: das Relief von S. Stefano Rotondo: Tafel 3. Zu Biene: die Gemme CIMRM 2354 mit Fig. 653a; dazu auch Porphyrios Ant 1, 15, 18 f.
14 Vgl. zu den Löwenprozessionen von S. Prisca: Vermaseren SP 148 ff. u. CIMRM 481 f.
15 Ambrosiaster (Ps. Augustinus) 113.11. – Übersetzung nach Gordon 24, (vgl. Schwertheim Mi 64).
16 Vgl. zu *praesepia marmoravit*: Vermaseren CIMRM 233 u. SP 214.
17 Vgl. zu *Schnabeldelphin*: RV I 116,18 nach Thieme HuE 41; vgl. auch ders. Sim sowie Strohm UR 203.
18 Vgl. zu Diebsgöttern: Strohm UR 39 (mit Anm. 7) u. 60. Zu Rinderdieben in Iran auch: Merkelbach Mi 31 f.
19 Vgl. zum kaukasischen Stierdiebstahl: Schwartz 417 f. und Russell ZA 267 mit Anm. 40.
20 Das in Kapitälchen gedruckte Zitat jenes „Propheten" ist bei F. M. in griechisch wiedergegeben; die Übersetzung bei mir nach Merkelbach Mi 124.
21 Der „Diebstahl" des Kleinen wird also wohl einen ähnlichen psychologischen Hintergrund gehabt haben wie die „Erbsünde" von Adam und Eva: beides waren „Vergehen" von *terrible twos*; vgl dazu oben: Kap. III,5 *Zeichen*.
22 Vgl. zu Transitus-Inschriften auch: CIMRM: 1497, 1722, 1737, 1811, 1900, 2205; zu abweichenden Interpretationen: Merkelbach Mi 92 ff., Clauss 57 f. u. 84 ff.
23 Die Versuche mehrerer Autoren (zuoberst Widengrens), den Transitus-Stier mit dem bereits geopferten Stier gleichzusetzen, müssen der genannten Argumente wegen als gescheitert gelten. Auch Widengrens letzter Rettungsversuch, nämlich die These, daß Mithras den Stier *rückwärts aus der Grotte* trüge, macht keinen Sinn. – Daß schon Indra (und gewiß auch Mithra-*Vrtraghna) im Zuge seiner Felsgeburt Rinder aus der Höhle *hinaus* trieb, wie Widengren geltend macht, ist freilich richtig, gehört aber einem ganz anderen Mythenkreis an. Vgl. dazu Widengren: Iran 47 u. MM 445 f.; zum Austrieb der Rinder sehe man oben: Kap. I,4 *Zauberwort*, sowie Strohm UR 107.
24 Vgl. zur Bezeichnung *Senior* für Varuna: Geldner I 412.
25 Vgl. zu Varuna/Apam Napat als *Zwerg*: Lommel Yt 174; als *Kind*, *Wasserkind* und *Sohn des Wassers*: Boyce HZ-I 41, 46; Marshak 308; Lommel Yt 174. – Auf einer erhaltenen Malerei aus Pendjikent trägt Varuna eine Art von Zöpfchen, wie sie dort ansonsten, so Marshak, nur *Frauen und sehr jungen Knaben vorbehalten war* (Marshak 308, Boyce MK 254).
26 Vgl. zur Wortgeschichte und zu den alten Assoziationen um den Himmelsvater z.B.: Watkins.
27 RV: II 28,7; I 24,11,14.
28 Zu Varunas Groll, Eifersucht, Listigkeit u. Ungeduld z.B.: RV VII 86,2 ff., IV 1,2; IV 48,14; VII 87,5. – Gute Gegenüberstellungen von Mitra und Varuna z.B. bei: Gonda Mit 18 ff. und MI 41 ff. sowie bei dessen Erzrivalen Dumézil MV passim.
29 Vgl. zur Impotenz Varunas z.B.: Dumézil MV 45 f. – Zu den gescheiterten Drachenkämpfen Varunas zumal: RV IV 42 mit Geldners einführendem Kommentar.
30 Daß Mithras, wie im Kapitel ‚Drachenkämpfe' ausgeführt, den Stier dabei auch zum Drachensplitter = Mond verwandelte, ist kein Widerspruch, sondern mythische „Verdichtung" und typische Bedeutungsakkumulation. Denn Varuna mußte jetzt, im zweiten Anlauf, nun auch als Drache sterben und entsprechend zu Gestirnen zersplittert werden.
31 RV: X 64,12 f.; VII 88,7; X 124,5 f.
32 Nach Nietzsche zeigten zumal Max Webers religionssoziologische Studien zum „Geist des Kapitalismus" diesen varunischen Anteil des abendländischen Rationalismus auf; zeigten sie doch, mit Helm Stierlin zu sprechen, *daß der Rationalisierungsprozeß in der Moderne weniger mit der Rationalität der Aufklärung als mit der Irrationalität eines Glaubenssystems – dem des Calvinismus – in Verbindung zu bringen ist*. (HH 86)
33 Vgl. dazu auch: Jachmann 151.

Anmerkungen zu Anhang I.

1 Abbildung des Figürchen von Rusicade: Vermaseren CIMRM 125, fig. 40.
2 Die detaillierte Beschreibung Nenad Cambis zu dem Kopf von Zadar spricht in der Tat für einen *Löwenköpfigen Mann*. Cambi hob insbesondere die maskenartige Kopfform sowie die klar erkennbaren Ansätze für Flügel hervor. Ob der gewaltigen Dimensionen des Kopfes müßte das mutmaßliche Mithräum unter dem Forum von Zadar aber, so Cambi, *sehr groß gewesen sein*. (MA 119). Im persönlichen Gespräch sagte mir Cambi, daß er am mithrischen Charakter des Kopfes auch Zweifel habe.
3 Nähere Einzelheiten zu den Attributen und ihrer Häufigkeit in dem insgesamt sehr erhellenden Aufsatz von Hinnells RLH.
4 Einzelheiten zu Platons Löwenmensch: Hansman ÉM 215 ff.
5 RV: I 95,4; VI 16,40; I 140,3; I 141,4; III 55,6; III 26,3; IV 6,8; III 29,13; I 95,2; VII 10,1; VII 9,1; X 4,4; I 141,2; VIII 19,31.
6 RV: I 38,6; VII 7,3; X 115,1; VI 16,11; X 21,5; I 65,8; X 4,5; X 4,5; V 3,1 f.
7 Vgl. zum Löwen als Tier der Hitze z.B.: Schroeder 26 ff. und Gordon 32 ff.
8 RV: I 95,5; III 2,10 f.; I,174,3; V 15,3; III 9,4; X 79,6; X 79,2; X 79,1; X 87,3; I 148,4; II 2,5; I 58,5; VII 4,2; VIII 60,13; V 22,4; III 29,13; X 46,5; V 7,7; V 41,10; III 27,4.
9 Auch die Feuerspiele und das Lampenflackern im Zuge der kultischen Cinematographie könnten mit „Erinnerungen" an Agni verbunden gewesen sein. – Im übrigen ist die alte Nähe von Mithra und dem Feuer auch für den alten Iran bezeugt. Mary Boyce bezeichnete Mithra entsprechend als *Lord of Fire* (MF).
10 Vgl. oben, Abb. 28, vierte Kassette links.
11 Tertullian: Adversus Marcionem 13; Übersetzung nach Hinnells RBS 302.
12 Vgl. zu Honig und Löwe im römischen Kult auch: Vermaseren CIMRM 2354 mit fig. 653; auch Dieterich ML 170 ff.
13 Vgl. zu bullentötendem Löwen: Bivar 9 f., 32-36; vgl. auch: Ulansey 23, 41 f., 47 f., 79 ff.
14 Vgl. zum *vierten Aditya* und zum *vierten Weihegrad*: oben Kap IV,4 *Vierter*. Daß die Löwen des römischen Kults dem vierten Weihegrad zugehörten, geht besonders deutlich aus dem *Mitreo di Felicissimo*, Ostia, hervor, wo alle sieben Grade mit ihren Symbolen in einer Reihe von Kassetten dargestellt sind. Die vierte Kassette enthält dort, links, eine Feuerschaufel. – Klar wird der Weihegrad der Löwen auch durch die S. Prisca-Inschrift: *Nama leonibus tutela iovis*, „*Verehrung den Löwen unter der Obhut Jupiters*", denn Jupiter galt als der vierte Planet der Siebenerreihe (Vermaseren SP 157 u. 168; vgl. auch oben: Kap. IV,1 *Schwämme*. Auf der vierten Kassette des *Mitreo di Felicissimo* ist daher neben der Feuerschaufel auch Jupiters Blitzbündel zu sehen (vgl. dazu: Hinnells RLH 362). Und zuletzt wurde Mithras – z.B. auf dem Nemrud Dagi – auch mit Hermes gleichgesetzt. Hermes aber galt zugleich als der „Hüter" des vierten Himmelstores. Bei Origenes erhielt sich eine entsprechende Stelle: *Das erste Tor* (der sieben Himmelssphären) *ist von Blei, das zweite von Zinn, … das vierte von Eisen, … das siebente von Gold. Das erste eignen sie* (die Geheimlehren der Perser) *dem Kronos zu, … das zweite der Aphrodite; … das vierte dem Hermes …* (Contra Celsus VI 22)

Anmerkungen zu Anhang II.

1 Vgl. zur hier angesetzten These, daß hinter den Figuren des Nemrud Dagi primär iranische Vorstellungen stehen auch: Duchesne-Guillemin IGC 198 f.
2 Vgl. allerdings zur Möglichkeit, daß den Römern Mithra als *Apollo Parthicus*, sowie Anahita als *Venus Victrix Parthica* galt: Speidel 481 ff.
3 Es gehört zum Charakteristischen des sakralen Königtums, daß die Könige kultisch Götter, zumal Gottessöhne repräsentierten und insofern „Gottkönige" waren. Den Begriff „Gottkönig" mit Nachdruck auf die Dynastie von Kommagene anzuwenden (wie in der Literatur dazu ein wenig üblich geworden; vgl. Wagner GK), hat daher etwas Irreführendes. Selbst in Mitteleuropa hielten sich bis Canossa (vgl. zuletzt Weinfurter), in Resten bis heute, Konventionen solchen „Gottkönigtums".
4 Vgl. zu dikaios als Titel Mithras': z.B.: Merkelbach 59.
5 Vgl. zur Inschrift auf dem Nemrud Dag auch: Dörner ThG 168 ff.
6 Vgl. zum 16. des Monats: Al Biruni AN 207, 218.
7 Vgl. zum Namen des Mithradates Kallinikos: Duchesne-Guillemin IGC 192; zu ‚kallinikos' auch: Pauly Suppl. III, 1002.
8 Schon Alexander scheint ja, außer als Herakles, auch als Mithra gegolten zu haben: Arrian jedenfalls berichtet, er habe sich die *tiara orthe* aufgesetzt: 229; vgl. auch Plutarch Alex. 30. Auch bei den parthischen Königen läßt sich gut denken, daß diejenigen mit Namen Bahram (= Verethraghna) zugleich Mithra-Könige und diejenigen mit Namen Mithradates zugleich Bahram-Könige waren. – Für eine solche *doppelte* Repräsentation der Könige scheint auch das parthische (und wohl auch noch das sasanidische) Münzwesen zu sprechen. Die dadurch ausgewiesenen *Hauptgötter*, waren, so Duchesne-Guillemin, *Ohrmazd, Mithra, Varhan, Anahita*, die Söhne und damit Königsgötter also *Mithra* und *Varhan* = *Vrtraghna. (IGC 198 f.)
9 Vgl. zu Cumonts Text sowie zur besagten Inschrift: Vermaseren CIMRM 313.

LITERATURVERZEICHNIS

AISCHYLOS, Dramen, hg. u. übers. v. W. Willige, Wiss. Buchgesellschaft, Darmstadt, 1995.
AL BIRUNI,
– AN   The Chronology of Ancient Nations, engl. v. E. Sachau, 1879; Reprint: Minerva, Frankfurt, 1969.
– Ind   India, engl. v. E. Sachau, ohne Jahresangabe; Reprint: Routledge and Kegan Paul, London etc., 1964.
ARBMANN, ERNST, Tod und Unsterblichkeit im vedischen Glauben; in: ARW 25, 1927, 379 ff.
ARISTOPHANES, Komödien, nach der Übers. v. L. Seeger, hg. v. H.-J. Newiger, dtv, 1990.
ARRIAN, Alexanders des Großen Zug durch Asien, übers. v. W. Capelle, Artemis, Zürich, 1952.
ASLIN, Richard N., Motor Aspects of Visual Development in Infancy; in: Salapatek, Ph. a. Cohen, Leslie (Editors), Handbook of Infant Perception, Academic Press, Orlando, 1987, Vol. I, p. 43ff.
ASSMANN, JAN,
– Fur   Furcht; Artikel in: Wittelck, E. Otto (Hg.), Lexikon der Ägyptologie, Bd. II, Wiesbaden, 1976.
– HE   Die „Häresie" des Echnaton: Aspekte der Amarna-Religion; in Saeculum 23, 1972, 109 ff.
– KG   Das kulturelle Gedächtnis, Beck, München, 2005.
– MÄ   Moses der Ägypter, Hanser, München usw., 1998.
AUFFERMANN, BÄRBEL U. ORSCHIEDT, JÖRG, Die Neandertaler, Sonderheft 2002 v. AiD, 2002.
BARTOLOMAE, CHRISTIAN, Die Gathas des Awesta, Straßburg, 1905.
BATESON, GREGORY,
– GN   Geist und Natur, übers. v. H.G. Holl, Suhrkamp (stw), Frankfurt, 1987.
– ÖG   Ökologie des Geistes, übers. v. H.G. Holl, Suhrkamp (stw), Frankfurt, 1985.
– WS   (Jackson, Don D.; Haley, John; Weakland, John H.), Auf dem Weg zu einer Schizophrenie-Theorie; in: Ders., Schizophrenie und Familie, übers. v. H.-W. Saß, Suhrkamp (stw), Frankfurt, 1984, 11 ff.

BECK, ROGER,
- CC   Cautes and Cautopates, Some Astronomical Considerations; in: JMS, Vol. II,1 1977, 1 ff.
- PL   In the Place of the Lion: Mithras in the Tauroctony; in: SM 29 ff.
- PZ-I   Interpreting the Ponza Zodiac; in: JMS, Vol. I,1, 1976, 1 ff.
- PZ-II   Interpreting the Ponza Zodiac; in: JMS, Vol. II,2, 1978, 87 ff.
- SE   The Seat of Mithras at the equinoxes, Porphyry, *De Antro Nympharum* 24; in: JMS, Vol. I,1, 1976, 95 ff.
- ST   A Note on the Scorpion in the Tauroctony; in: JMS, Vol. I,2, 1976, 208 ff.
BEDETTI, ALESSANDRO, Il Mitreo di Marino, Le Guide del Museo I, Comune di Marino, 2003.
BEHN, FRIEDRICH, Der reitende Mithras; in: Festschrift Walter Baetke, Böhlau, Weimar, 1966.
BENVENISTE, ÉMILE ET RENOU, LOUSIS, Vrtra et Vrthragna, Impr. Nationale, Paris, 1934.
BENZ, ERNST, Die heilige Höhle in der alten Christenheit und in der östlich-orthodoxen Kirche; in: Eranos Jahrbuch 1953 (Bd. XXII), hg. v. O. Fröbe-Kapteyn, Rhein-Verlag, Zürich, 1954, 365 ff.
BERNEKER, ERICH, B., Slavisches etymologisches Wörterbuch 2, Indogermanische Bibliothek, 1914.
BESKOW, PER,
- TM   Tertullian on Mithras; in: SM 51 ff.
- RM   The Routes of early Mithraism; in: ÉM 7 ff.
BETZ, HANS DIETER,
- MIP   The Mithras Inscriptions of Santa Prisca and the New Testament; in: Novum Testamentum, Vol. X, Brill, Leiden, 1968, 62 ff.
- ML   The „Mithras Liturgy", Mohr-Siebeck, Tübingen, 2003.
BINDER, GERHARD, Die Aussetzung des Königskindes, Kyros und Romulus, A. Hain, Meisenheim am Glan, 1964.
BIVAR, A.D.H., The Personalities of Mithra in Archaeology and Literature, Bibliotheca Persica Press, New York, 1998.
BÖHME, JAKOB, Aurora oder Morgenröte im Aufgang, hg. und erläut. von G. Wehr, Freiburg, Aurum, 1977.
BORCHARDT, JÜRGEN, Bildnisse Achaimenidischer Herrscher; in: AMaI, Ergänzungsband 10, Reimer, Berlin, 1983, 207 ff.
BOROWSKI, LUDWIG ERNST, Darstellung des Lebens und Charakters Immanuel Kants; in: Drescher, S. (Hg.), Wer war Kant, Drei zeitgenössische Biographien, Neske, Pfullingen, 1974, 27 ff.
BOYCE, MARY,
- HZ-I   A History of Zoroastrianism I, The early Period, Brill, Leiden usw., 1989 (Handbuch der Orientalistik 1, 8, 1, 2, 2a, 1).
- CFZ   On the Calender of Zoroastrian Feasts; in: BSOAS 33, 1970, 513 ff.

- IF   Iranian Festivals; in: The Cambridge History of Iran, Vol. 3(2), Cambridge University Press, London etc. 1983; Reprint 1993, 792 ff.
- MF   On Mithra, Lord of Fire; in: AI 4, Monumentum H.S. Nyberg, Brill, Leiden etc., 1975, 69 ff.
- MIZ   Mihragan among Irani Zoroastrians; in: MS I, 106 ff.
- MK   Mithra the King and Varuna the Master; in: Philologica et Linguistica, Festschrift für H. Humbach zum 80. Geburtstag, hg. v. M.G. Schmidt usw., Wiss. Verlag, Trier, 2001, 239 ff.
- MKA   Mithra Khsathrapati and His Brother Ahura; in: Bulletin of the Asia Institute, New Series, Vol. 4, 1190.
- MMP   On Mithra in the Manichaean Pantheon; in: A Locust's Leg, Studies in honour of S. H. Taqizadeh, Percy Lund, Humphries & Co., London, 1962.
- MPZ   On Mithra's Part in Zoroastrianism; in: BSOAS 32, 1969, 10 ff.

BOYD, J.W., siehe Kotwal, Firuze.
BRANDENBURG, HUGO, Studien zur Mitra, Aschendorff, Münster, 1966.
BRASHEAR, WILLIAM W., A Mithraic Catechism form Egypt, A. Holzhausens, Wien, 1992.
BRODBECK, ANJA, Die römischen Wandmalereifragmente aus dem Mithräum II in Güglingen; in DBW 4, 2006, 213 ff.
BOYLE, JOHN ANDREW,
- MCR   Mher in the Carved Rock; in: JMS, Vol. I,2, 1976, 107 ff.
- RR   Raven's Rock: A Mithraic *Spelaeum* in Armenien Folklore; in ÉM 59 ff.

CAMBI, NENAD,
- Ko   Biljeska o reversu mitrickog reljefa iz Konjica; in: Jahrbuch der Akademie der Wissenschaften und Künste von Bosnien-Herzegowina, Sarajevo-Frankfurt usw., Bd. 30, 2002, 439 ff.
- MA   Mitricki Aion iz Jadera; in Diadora, Glasilo Arheoloskoga Muzeja u Zadru (Journal of the Archaeological Museum of Zadar), 21, 2003, 101 ff.

CASSIRER, ERNST, Philosophie der symbolischen Formen, Zweiter Teil, Das mythische Denken (1924), Wiss. Buchgesellschaft, Darmstadt, 1994.
CATO, Marcus Porcius (maior), De agri cultura – Vom Landbau, hg. u. übers. v. O. Schönberger, Heimeran, München, 1980.
CHAUVET, JEAN-MARIE ET AL., Grotte Chauvet, Thorbecke, Stuttgart, 2001.
CLAUSS, MANFRED,
- MC   Mithras und Christus; in: Historische Zeitschrift, Bd. 243, 1986, 265 ff.
- Mi   Mithras, Kult und Mysterien, C.H. Beck, München, 1990.
- MP   Mithras und die Präzession; in: Klio, Bd. 83, 2001, Heft 1, 219 ff.

CLEMEN, CAROLUS, Fontes Historiae Religionis Persicae, Bonn, 1927.
CLEMEN, CARL (= Carolus), Die Griechischen und Lateinischen Nachrichten über die Persische Religion (Einführung, keine Quellensammlung), Tölpelmann, Giessen, 1920.
CONARD, NICHOLAS J., (Neandertaler,) Meister ihrer Umwelt; in: AiD 2, 1998, 26 ff.

CUMONT, FRANZ,
- AM L'Adoration des Mages et L'Art Triomphal de Rome; in: Memorie, Vol. III., Tipografia Poliglotta Vaticana, 1932-33, 81 ff.
- MM Die Mysterien des Mithra, 1899; Reprint: Wiss. Buchgesellschaft, Darmstadt, 1981.

DAHLHEIM, WERNER, Julius Caesar, Schöningh, Paderborn, 2005.

DANI, AHMAD HASAN, Mithraism and Maitreya; in: ÉM 91 ff.

DANDAMAEV, M., A., Persien unter den ersten Achämeniden, übers. v. H.-D. Pohl, Wiesbaden, Reichert, 1976.

DIETERICH, ALBRECHT,
- ME Mutter Erde, 1905, Reprint: Wiss. Buchgesellschaft, Darmstadt, 1967.
- ML Eine Mithrasliturgie, erläutert von A. D., ^{1}1903, ^{3}1923; Reprint: Wiss. Buchgesellschaft, Darmstadt, 1966.
- UR Der Untergang der antiken Religion; in: wie WM, 449 ff.
- WM Die Weisen aus dem Morgenlande; in: ders., Kleine Schriften, Teubner, Leipzig, 1911, 272 ff.

DE JONG, ALBERT, Traditions of the Magi, Zoroastrianism in Greek and Latin Literature, Brill, Leiden etc., 1997.

DEMAND, A., Mithras and Christ, Some Iconographical Similarities; in: MS II 507 ff.

DILLON, JOHN, The Platonizing of Mithra, Review of: Robert Turcan, Mithras Platonicus; in: JMS, Vol. II,1, 1977, 79 ff.

DIO CASSIUS, Dio's Roman History, ed. a. transl. by E. Cary, W. Heinemann Ltd., London etc., 1961.

DÖRNER, ELEONORE, Deus Pileatus; in: ÉM 115 ff.

DÖRNER, FRIEDRICH KARL,
- AN Arsameia am Nymphaios. Die Ausgrabungen im Hierothesion des Mithradates Kallinikos von 1953-1956; in: Istanbuler Forschungen, 23, 1963.
- MK Mithras in Kommagene; in: ÉM, 123 ff.
- ThG Der Thron der Götter auf dem Nemrud Dag, Lübbe, Berg. Gladbach, 1987.

DODDS, ERIC R., Heiden und Christen in einem Zeitalter der Angst, übers. v. H. Fink-Eitel, Suhrkamp, Frankfurt, 1992.

DUCHESNE-GUILLEMIN,
- IGC Iran and Greece in Commagene; in: ÉM 187 ff.
- ZA Zoroaster und das Abendland; in: Zarathustra, hg. v. B. Schlerath, Wiss. Buchgesellschaft, Darmstadt, 1970, 217 ff.

DUMÉZIL, GEORGES,
- MV Mitra-Varuna, Zone Books, New York, 1988.
- VM The Vedic Mitra: A Résume of Theses and References; in: JMS Vol. I,1, 1976, 26 ff.

EILERS, WILHELM, Vom Reisehut zur Kaiserkrone; in: AMaI, Neue Folge, Bd. 10, Reimer, Berlin, 1977, 153 ff.

ERICKSON, MILTON H., Die Konfusionstechnik in der Hypnose; in: Gesammelte Schriften von M. H. E., hg. v. E. L. Rossi, Auer, Heidelberg, 1995, Bd. I, 359 ff.
FACELLA, M., The Coins from the Mithraea in Dülük; in: Winter Do 179 ff.
FILTZINGER, PHILLIP, Hic saxa loquuntur – Hier reden die Steine, Gesell. f. Vor- und Frühgeschichte in Württemberg und Hohenzollern e.V. (Hg.), Genter, Stuttgart, 1980.
FIRDAUSI, Geschichten aus dem Schahnameh; ausgewählt u. übertragen v. U. v. Witzleben, E. Diederichs, Köln, 1984.
FIRMICUS MATERNUS, De errore profanorum religionum, hg. v. K. Ziegler, Hueber, München, 1953. – Übers.: ibidem.
FLÜGEL, GUSTAV, Mani, seine Lehre und seine Schriften – Aus dem Fihrist des … an-Nadim, 1862; Reprint: Biblio, Osnabrück, 1969.
FREUD, SIGMUND,
– Abr Abriß der Psychoanalyse, Fischer, Frankfurt, 1984.
– MM Der Mann Moses und die monotheistische Religion, Fischer, Frankfurt, 2006.
– TD Die Traumdeutung, Fischer, Frankfurt, 1979.
– Ver Die Verneinung; in: Gesammelte Werke, hg. v. A. Freud usw., Fischer, Frankfurt, 1968, Bd. XIV, 11ff.
– Witz Der Witz und seine Beziehung zum Unbewußten, Fischer, Frankfurt, 1977.
GABRIELI, GABRIELLA, Das Mithräum am Ufer des Neusiedler Sees; in: Specimina Nova (Universitatis Quinqueecclesiensis) XII 1996, 151ff.
GALL, HUBERTUS VON, Die Kopfbedeckung des persischen Ornats bei den Achämeniden; in: AMaI, Neue Folge, Bd. 7, Reimer, Berlin, 1974, 145 ff.
GALLICO, SONIA, Ostia Antica, ATS Italia Editrice, Roma, 2000.
GAMKRELIDZE, THOMAS V. u. IVANOV, VJACESLAV V., Indo-European and the Indo-Europeans, de Gruyter, New York, 1995.
GEIGER, BERNHARD, Die Amesa Spentas (Sitzungsberichte der Kaiserlichen Akademie der Wissenschaften in Wien, Philosophisch-historische Klasse, Jahrgang 1914/15, Bd. 176), A. Hölder, Wien, 1916.
GELDNER, KARL FRIEDRICH, Der Rig-Veda; in: Harvard Oriental Series Vol. 33ff, Harvard University Press, Cambridge etc., 1978, 4 Bd.
GEMMEL, STEFAN u. SACRÉ MARIE-JOSÉ, Keine Angst, kleiner Hase, bohem press, Zürich, 2002.
GERSHEVITCH, ILYA, The Avestan Hymn to Mithra, University Press, Cambridge, 1959.
GONDA, JAN,
– MI Mitra in India; in: MS I 40 ff.
– Mit The Vedic God Mitra, Orientalia Rheno-Traiectina, Brill, Leiden, 1972.
– ReI Die Religionen Indiens, Bd. I, Kohlhammer, Stuttgart usw., 1978, 2 Bd.
GORDON, RICHARD L., Reality, evocation and boundary in the Mysteries of Mithras; in: JMS, Vol. III, 1980, 19 ff.

GOPNIK, ALISON; MELTZOFF, ANDREW; KUHL, PATRICIA; How Babies Think, Weidenfeld & Nicolson, London, 1999. – Zuerst in den USA unter: The Scientist in the Crip. Inzwischen auch deutsch: Forschergeist in Windeln, übers. v. G. Turner, Hugendubel, Kreuzlingen-München, 2000.
GRASSI, BARBARA, The Mithraeum (of Ancient Capua); in: Guide of Ancient Capua, ed. by S. de Caro a. V. Sampaolo, Soprintendenza Archeologica di Napoli e Caserta, S. Maria Capua Vetere, 2000, 28 ff.
GRAY, L. H., The Foundations of the Iranian Religion; in: JCOI, No. 15, 1929.
GREVERS, MICHAEL, The Iconography of the Cave in Christian and Mithraic Tradition; in: Mysteria Mithrae, ed. by U. Bianci (Études préliminares aux Religions Orientales dans L`Empire Romain, Publiées par M.J. Veraseren), Brill, Leiden, 1979, 580 ff.
GRIMM, JACOB, Deutsche Mythologie, 4. Aufl. 1875 ff.; Reprint: Drei Lilien, Wiesbaden, 1992.
GRIMM, „GEBRÜDER", Werke in drei Bänden, neu bearb. v. G. Spiekerkötter, Stauffacher, Frankfurt usw., 1974.
GÜNTERT, HERMANN, Der arische Weltkönig und Heiland, Halle, Niemeyer, 1923.
GUDELJ, LJUBOMIR, Od Svetista Mitre Do Crkve Sv. Mihovila, Muzej hrvatskih arheoloskih spomenika, Split, 2006.
GURLITT, W. Pettauer Antiken (Die Nutrices Augustae von Poetovio); in: Archäologisch-epigraphische Mitteilungen XIX, 1, 1896, 1 ff.
HANSMAN, JOHN, A Suggested Interpretation of the Mithraic Lion-Man Figure; in ÉM 215 ff.
HAUG, FERDINAND, u. SIXT, GUSTAV, Die römischen Inschriften und Bildwerke Württembergs, Kohlhammer, Stuttgart, 1960.
HECKENBACH, JOSEPHUS, De nuditia sacra sacrisque vinculis, Töpelmann, Gießen, 1911 (Religionsgeschichtliche Versuche und Vorarbeiten, Bd. IX).
HEIDEGGER, MARTIN, Vorträge und Aufsätze, Neske, Pfullingen, 1990.
HENNING, WALTER BRUNO, Zum zentralasiatischen Manichäismus; in: OLZ 37, 1934, 2 ff.
HENSEN, ANDREAS,
– TMS Tempel des Mithras in Südwestdeutschland, Ein Überblick; in: VNA 18, 93 ff.
– ZTM Der zweite Tempel des Mithras in Neuenheim; in: Heidelberg, Jahrbuch zur Geschichte der Stadt 2003/04, HD, Kurpfälzischer Verlag, 2004.
– ZMH Das „zweite" Mithraeum von Heidelberg; in: Roman Mithraism: the Evidence of the Small Finds, ed. by M. Martens & G. de Boe, Brüssel 2004.
HERODOT, Das Geschichtswerk, hg. v. H.J. Diesner, übers. v. Th. Braun, Aufbau, Berlin usw., 1985, 2 Bd.
HIERONYMOS, BRIEFE; übers. v. L. Schade; in: N. Brox (Hg.), Schriften der Kirchenväter, Kösel, München, 1983, Bd. 2.
HINNELLS, JOHN R.,
– RBS Reflections on the bull-slaying scene; in MS II. 290 ff.

- RLH Reflections on the Lion-Headed Figure in Mithraism; in: AI 4, Monumentum H.S. Nyberg I, 1975, 333 ff.
- IN Iranian Influence upon the New Testament; in: AI 2, 1974, 271 ff.

HINZ, WALTHER, Zarathustra (mit einer Übersetzung der Gathas), Kohlhammer, Stuttgart, 1961.

HOLL, KARL, Der Ursprung des Epiphanienfestes; in: ders., Gesammelte Aufsätze zur Kirchengeschichte, Bd. II, Mohr, Tübingen, 1928; Reprint: Wiss. Buchgesellschaft, Darmstadt, 1964, 123 ff.

HOMER, ODYSSEE, übers. v. Roland Hampe, Reclam, Stuttgart, 1986.

HORNUNG, ERIK,
- EuV Der Eine und die Vielen, Wiss. Buchgesellschaft, Darmstadt, 1990.
- Pha Geist der Pharaonenzeit, dtv, München, 1992.

HULD-ZETSCHE, INGEBORG,
- AC Die Stiertötung des Mithras – ein astronomischer Code; in: Dieburger Kleine Schriften 12, 1997.
- MH Mithras in Nida-Heddernheim, Gesamtkatalog, Museum für Vor- und Frühgeschichte, Frankfurt, 1986.

HUMBACH, HELMUT,
- Ga-I Die Gathas des Zarathustra, C. Winter, Heidelberg, 1959.
- Ga-II The Gathas of Zarathustra and the Other Old Avestan Texts, C. Winter, Heidelberg, 1991, Bd. I.
- KSK Die Kaniska-Inschrift von Surkh-Kotal, Harrassowitz, Wiesbaden, 1960.
- MK Mithra in the Kusana period; in: MS I, 135 ff.
- RvS Review: Heinrich v. Stietencron (Indische Sonnenpriester usw., s.d.); in: Monatsberichte der Kgl.-Preuss. Akademie der Wiss.n zu Berlin, 12, 1969, 43 ff.

INSLER, STANLEY,
- BM A new Interpretation of the Bull-Slaying Motiv; in: Hommages à Maarten J. Vermaseren Bd. II, hg. v. M.B. de Boer u. T.A. Edridge, Leiden, 1978, 519 ff. Ursprüngliche Fassung in: MS II, 290 ff.
- Gath The Gathas of Zarathustra; in: AI 8, 1975.

JACHMANN, REINHOLD BERNHARD, Immanuel Kant – geschildert in Briefen an einen Freund; in: Drescher, S. (Hg.), Wer war Kant, Drei zeitgenössische Biographien, Neske, Pfullingen, 1974, 129 ff.

JÄNICKE, OSKAR (Hg.), Deutsches Heldenbuch, Erster Teil, Laurin und Walberan, Weidmannsche Verlagsbuchhandlung, Berlin usw., 1963, 199 ff.

JANZ, CURT PAUL, Friedrich Nietzsche, Biographie, Hanser, München usw., 1993, 3 Bd.

JASPERS, KARL, Vom Ursprung und Ziel der Geschichte, Piper, München, 1949.

JEAN PAUL (Friedrich Richter), Sämtliche Werke, hg. v. N. Miller, Zweitausendeins, Frankfurt, 1996.

JENSEN, ADOLF E., Mythos und Kult bei Naturvölkern, Steiner, Wiesbaden, 1951.

JONAS, HANS, Gnosis und spätantiker Geist, Vandenhoeck & Ruprecht, Göttingen, 1964.

JOSEPHUS, FLAVIUS, Jüdische Altertümer, übers. u. hg. v. H. Clementz, Fourier, Wiesbaden, 1998.
JUSTI, FERDINAND, Der Bundehesh, F.C.W. Vogel, Leipzig, 1868; Reprint: Olms, Hildesheim, 1976.
JUSTIN, MARTYR, SAINT, Dialogue with Trypho, transl. by Th. B. Falls, ed. by M. Slusser, The Catholic University of America Press, Washington, 2003.
KAUS, KARL, Ein Nutrices Weihestein aus Parndorf im Burgenland; in: Archaeologia Poetovionensis 2, 2002, 355 ff.
KENT, ROLAND, G., Old Persian (Inschriften der Achämeniden), American Oriental Society, New Haven etc., 1953.
KIM, INCHANG, The Future Buddha Maitreya, D.K. Printworld, New Delhi, 1997.
KLUGE, FRIEDRICH, Etymologisches Wörterbuch, bearb. v. E. Seebold, de Gruyter, Berlin usw., 24. Auflage 2002.
KOCH, HEIDEMARIE, Es kündet Dareios der König ..., Zabern, Mainz usw., 1992.
KOCH, HUBERT, Neue Grabfunde der Glockenbecherkultur aus Irlbach; in: AJB 2005, Theiss, Stuttgart, 2006, 25 ff.
KORTÜM, KLAUS U. NETH, ANDREA, Der römische Vicus bei Güglingen; in DBW 2, 2006, 69 ff.
KOTWAL, FIRUZE a. M., BOYD, J.W., Some Notes on the Parsi Baj of Mihragan; in: JMS, Vol. I,2, 1976, 187 ff.
KREYENBROEK, PHILIP G., Yezidism – Its Background, Observances and Textual Tradition, E. Mellen Press, New York etc., 1995.
KUIPER, FRANCISCUS-BERNARDUS-JACOBUS,
– Mi Remarks on „The Avestan Hymn to Mithra"; in: Indo-Iranian Journal, 's-Gravenhage V., 1961, 36 ff.
– VaV Varuna and Vidusaka, North-Holland Publishing Company, Amsterdam etc., 1979.
LAMPRIDIUS, AELIUS, Commodus Antonius; in: Römische Prosaiker in neuen Übersetzungen, hg. v. E.N. v. Osiander u. G. Schwab, Bd. 217, Metzler, Stuttgart, 1857, 159 ff. – Lat.: Scriptores Historiae Augustae, ed. E. Hohl, Teubner, 1955, 98 ff.
LEASE, GARY, Mithraism and Christianity, in: Aufstieg und Niedergang der römischen Welt, hg. v. H. Temporini u. W. Haase, Prinzipat, Bd. 23 II., Berlin usw., 1980, 1306 ff.
LENTZ, WOLFGANG, siehe: Waldschmidt.
LIDZBARSKI, MARK, Ginza, übers. u. erklärt v. M.L., Vandenhoeck & Ruprecht, Göttingen, 1925.
LISSI-CARONNA, Il Mitreo dei Castra Peregrinorum (S. Stefano Rotondo) (Études préliminares aux Religions Orientales dans L`Empire Romain, Publiées par M.J. Veraseren), Brill, Leiden, 1986.
LINCOLN, BRUCE, Traces of Iranian Creation Mythology; in: Journal of the American Oriental Society 117, 1997.
LOMMEL, HERMAN,

- AK   Der arische Kriegsgott, Klostermann, Frankfurt, 1939.
- Gath   Die Gathas des Zarathustra, hg. v. B. Schlerath, Schwabe & Co., Basel usw., 1970.
- KS   König Soma; in: ders., Kleine Schriften, hg. v. K.L. Janert, Steiner, Wiesbaden, 1978, 314ff.
- MiS   Mithra und das Stieropfer; in: wie KS, 199ff.
- RdZ   Die Religion des Zarathustra, Olms, Hildesheim usw., 1971.
- Spä   Die Späher des Varuna und Mitra und das Auge des Königs; in: wie KS, 294ff.
- Yt   Die Yäst's des Awesta, Vandenhoeck & Ruprecht, Göttingen, 1927.

LÜDERS, HEINRICH, Varuna, Vandenhoeck & Ruprecht, Göttingen, 1951; 2 Bd.

MAIER, JOHANN U. SCHUBERT, KURT, Die Qumran-Essener, Ernst Reinhardt, München usw., 1982.

MANSFELD, JAAP (Hg.), Die Vorsokratiker, ausgewählt, übers. u. erläut. v. J.M., Reclam, Stuttgart, 1986, 2 Bd.

MARSHAK, BORIS ILICH, Les Fouilles de Pendjikent; in: Académie des Inscriptions & Belles-Lettres, Comptes Rendus des Séances de L'Année 1990, Janvier-Mars, Paris, 305 ff.

MAYRHOFER, MANFRED,
- NA   Zum Namensgut des Avesta, Österr. Akademie der Wiss., Wien, 1977.
- MN   Mithra-Namen; in: ÉM 317 ff.

MEIER, TH.
- MiM   Mithras im Mittelalter? Ein außerordentlicher Fund des 2./3. und 13. Jahrhunderts vom Petersberg; in: AJB 2001, 146 ff.
- MM   Mithras im Mittelalter; in: AiD 5, 2002, 44.

MEILLET, ANTOINE, Études sur l'étymologie et de vocabulaire du vieux Slave 2, Institute d'Études Slaves, Paris, 1961.

MERKELBACH, REINHOLD,
- Mi   Mithras, Ein persisch-römischer Mysterienkult, Beltz, Weinheim, 1994.
- Hi   Hirten des Dionysos, Teubner, Stuttgart, 1988.

METZLER, DIETER,
- FaV   Die Freiheitsmütze und ihre antike Vorgeschichte; in Geschichte und Geschichtsbewußtsein, Festschrift für Karl-Ernst Jeisann, Schnell, Münster, 1960, 706 ff.
- PL   Das Pferd auf den Münzen des Labienus – ein Mithrassymbol?; in: Studien zur Religion und Kultur Kleinasiens, Festschrift für Friedrich Karl Dörner, Brill, Leiden, 1978, 619 ff.
- SH   Saddled Horse without Horseman – A Religious Symbol of the Parthian Time; in: Miras, Ashgabat, Nr. 1, 2002.

MEYER, MARVIN M., The "Mithras Liturgy", The Society of Biblical Literature, Missolula, 1976.

NETH, ANDREA, siehe: Kortüm, Klaus.

NIETZSCHE, FRIEDRICH, Werke, hg. v. K. Schlechta, München, 1969.
- AC   Der Antichrist, II 1061 ff.

- Br   Briefe, III 927 ff.
- MaM   Menschliches, Allzumenschliches, I 435 ff.
- Mo   Morgenröte, Gedanken über die moralischen Vorurteile, I 1009 ff.
- NA   Aus dem Nachlaß der Achtzigerjahre, III 415 ff.
- NN   Vom Nutzen und Nachteil der Historie für das Leben, I 209 ff.
- Za   Also sprach Zarathustra, II 275 ff.

NONNOS, Leben und Taten des Dionysos (Dionysika); in: ders., Werke, übers. v. D. Ebener, Aufbau, Berlin usw., 1985, 2 Bd.

NORDEN, EDUARD, Die Geburt des Kindes, Wiss. Buchgesellschaft, Darmstadt, ³1958.

NOVALIS (Friedrich von Hardenberg), Heinrich von Ofterdingen, Reclam, Stuttgart, 1987.

NYBERG, HENRIK SAMUEL, Die Religionen des alten Iran, übers. v. H.H. Schaeder, Zeller, Osnabrück, 1966.

ORSCHIEDT, JÖRG, siehe: Auffermann.

OLDENBERG, HERMANN, Die Religion des Veda, 2. Aufl. Stuttgart usw., 1917, Reprint: Wiss. Buchgesellschaft, Darmstadt, 1977.

ORIGENES, Acht Bücher gegen Celsus (Contra Celsum), übers. v. P. Koetschau, München, Kösel, 1926.

OVID, Metamorphosen, übers. u. hg. v. H. Breitenbach, Reclam, Stuttgart, 1993.

PARMENIDES; siehe: Mansfeld I 310 ff.

PAULY (-Wissowa), Paulys Real-Encycopädie der classischen Altertumswissenschaft. Neue Bearbeitung. Hg. v. G. Wissowa u.a., Druckenmüller, Stuttgart, 1893 ff.

PICCOTTINI, GERNOT, Mithrastempel in Virunum, Geschichtsverein für Kärnten, Klagenfurt, 1994.

PLATON, Sämtliche Dialoge, , hg. u. übers. v. O. Apelt, Meiner, Hamburg, 1988.

PLINIUS D. Ä., Naturalis Historiae / Naturkunde, übers. u. hg. v. R. König, Artemis & Winkler, München usw., 1973 ff.

PLUTARCH,
- VP   Pompeius; in: Römische Heldenleben, übers. u. hg. v. W. Ax, Kröner, Stuttgart, 1953, 123 ff.
- The   Themistokles; in: Große Griechen und Römer, übers. u. hg. v. K. Ziegler, Artemis, Zürich, 1954, 365 ff.
- Alex   Alexander; in: P., Alexander, Caesar, übers. u. hg. v. M. Giebel, Reclam, Stuttgart, 1990.

PÖLLATH, NADJA; siehe: Von den Driesch.

POKORNY, JULIUS, Indogermanisches Etymologisches Wörterbuch, Francke, Stuttgart, 1989, 2 Bd.

PORPHYRIOS,
- Ant   The Cave of the Nymphs in the Odyssey (De antro nympharum), A Revised Text with Translations, Seminar Classics 609, State University of New York at Buffalo, Arthusa, 1969.

- Ab   Porphyry, On Abstinence from Animal Food (De Abstinentia), transl. from the Greek by Th. Taylor, ed. by E. Wynne-Tyson, Centaur Press, London etc., 1965.

RAGETH, JÜRG,
- KH   Ein spätrömischer Kultplatz in einer Höhle bei Zillis GR; in: ZAK 51, 1994, Heft 3, 141 ff.
- NZK   R. J. u. Liver, Alfred, Neue Beiträge zur spätrömischen Kulthöhle von Zillis – Die Grabungen von 1994/95; in: ZAK 58, Heft 2001, Heft 2, 111 ff.

REINACH, THÉODORE, Mithradates Eupator, König von Pontos, 1899: Reprint: Olms, Hildesheim, New York, 1975.

REITZENSTEIN, RICHARD, Die Vorgeschichte der christlichen Taufe (Tauf), Teubner, Leipzig, 1929.

RENAN, ERNEST, Marc-Aurèle et la fin du monde antique, Paris, 1923.

RENOU, LOUSIS, siehe: Benveniste.

ROTH, RUDOLF, Die Sage von Feridun in Indien und Iran; in: ZDMG, 2 1848, 216 ff.

RUDOLPH, KURT,
- Ma-I   Die Mandäer, Vandenhoeck & Ruprecht, Göttingen, 1960, Bd. I.
- Ma-II   wie Ma-I, Bd. II.
- Prie   Zarathustra – Priester und Prophet; in: Schlerath Zar, 270ff.

RUSSELL, JAMES R.,
- ZA   Zoroastrianism in Armenia, Harvard Iranian Series, 1987.
- PA   Pre-Christian Armenian Religion; in: Aufstieg und Niedergang der römischen Welt (ANRW), hg. v. W. Haase u. H. Temporini, de Gruyter, Berlin usw. Bd, II, 18,4, 2680 ff.

SCHAEDER, HANS HEINRICH,
- AK   Das Auge des Königs; in: Abhandlungen der Akademie der Wissenschaften in Göttingen, Philologisch-Historische Klasse, 3. Folge, Bd. 10, Berlin, 1934, 3 ff.
- Syn   H.H. S. u. R. Reitzenstein, Studien zum antiken Synkretismus aus Iran und Griechenland, II. Iranische Lehren, Teubner, Leipzig, 1926, 203 ff.

SCHEFTELOWITZ, ISIDOR,
- MI   Die Mithra-Religion der Indoskythen und ihre Beziehung zum Saura- und Mithras-Kult; in: Acta orientalia, ed. S. Konow, Vol. XI, Brill, Leiden, 1933.
- SH   Das stellvertretende Huhnopfer: mit besonderer Berücksichtigung des jüdischen Volksglaubens, Töpelmann, Gießen, 1914.

SCHLÖGL, HERMANN A., Echnaton, Rowohlt, Reinbek, 2000.

SCHMIDT HANNS-PETER,
- BI   Brhaspati und Indra, Untersuchungen zur vedischen Mythologie und Kulturgeschichte, Harrassowitz, Wiesbaden, 1968.
- MII   Mithra in old Indian an Mithra in old Iranian; in: EI, OT 10; hier zitiert nach einem Ausdruck von: www.iranica.com/newsite/articles/ot_mithra_i_20060114.html.

SCHMITT, RÜDIGER, Die theophoren Eigennamen mit altiranisch *Mithra-; in: ÉM 395 ff.
SCHMOTZ, KARL, Der Mithrastempel von Künzing; in VNA 18, 111 ff.
SCHRAMM, PERCY ERNST, Sphaira, Globus, Reichsapfel, Hiersemann, Stuttgart, 1958.
SCHROEDER, LEOPOLD VON, Herakles und Indra, Hölder, Wien, 1914.
SCHÜTTE-MAISCHATZ, ANKE,
– Do   u. E. Winter (Hg.), Doliche – Eine kommagenische Stadt und ihre Götter, Mithras und Iupiter Dolichenus, Habelt, Bonn, 2004.
– KMD u. E. Winter, Kultstätten der Mithrasmysterien in Doliche; in: Wagner GK 93 ff.
– MD   Die Mithräen von Doliche; in: dieselbe/E. Winter, Do 79 ff.
– Res u. E. Winter, Resümee: Doliche – Ein Ausgangspunkt ‚religiöser Ideen'?; in: dieselbe Do 189 ff.
SCHÜTZE, ALFRED, Mithras, Verlag Urachhaus, Stuttgart, 1972.
SCHWARTZ, MARTIN, Cautes and Cautopates, the Mithraic torchbearers; in: MS II 406 ff.
SCHWERTHEIM, ELMAR,
– Mi   Mithras, seine Denkmäler und sein Kult; in: Antike Welt, 1979, Sondernummer.
– MK   Monumente des Mithraskultes in Kommagene; in: Antike Welt, 1975, Sondernummer Kommagene, 63 ff.
SEITERLE, GÉRARD, Die Urform der phrygischen Mütze; in: Antike Welt 3, 1985, 3 ff.
SENECA, De Beneficiis – Über die Wohltaten; in: ders., Werke, hg. u. übers. v. M. Rosenbach, Bd. 5, Wiss. Buchgesellschaft, Darmstadt, 1989.
SHIELDS, KENNETH, A Proposal Regarding the Etymology of the Word God; in: Leuvense Bijdragen 89, 1996, 69 ff.
SIMSON, GEORG V., Zum Ursprung der Götter Mitra und Varuna; in Indo-Iranian Journal, Vol. 40, 1997, 1 ff.
SIRCH, BERNHARD P., Der Ursprung der bischöflichen Mitra und päpstlichen Tiara, Eos, St. Ottilien, 1975.
SIXT, GUSTAV, siehe: Haug, Ferdinand.
SPEIDEL, MICHAEL P., Parthia and the Mithraism of the Roman Army; in: ÉM 479 ff.
SPITZ, RENÉ, Nein und Ja (NuJ), Klett, Stuttgart, 1978.
STAUDACHER, WILLIBALD, Die Trennung von Himmel und Erde, Wiss. Buchgesellschaft, Darmstadt, 1968.
STERN, DANIEL N.,
– LS   Die Lebenserfahrung des Säuglings, übers. v. G. Erb, Klett-Cotta, Stuttgart, 1992.
– Mk   Die Mutterschaftskonstellation, übers. v. E. Vorspohl, Klett-Cotta, Stuttgart, 1998.
– Tag Tagebuch eines Babys, übers. v. G. Erb, Piper, München, 1993.

STIERLIN, HELM,
- HH   Haltsuche in Haltlosigkeit, Suhrkamp, Frankfurt, 1997.
- IuA   Ich und die anderen, Klett-Cotta, Stuttgart, 1994.
- Ver   Nietzsche, Hölderlin und das Verrückte, Carl-Auer-Systeme, Heidelberg, 1992.

STIETENCRON, HEINRICH VON, Indische Sonnenpriester, Harrassowitz, Wiesbaden, 1966.

STRABO, The Geography of …, ed. H.L. Jones, Harvard University Press, Cambridge M. etc., 1961.

STROHM, HARALD,
- ASE   Die Aporien in Schopenhauers Erkenntnistheorie, Diss. Tübingen, 1984.
- Gnos Die Gnosis und der Nationalsozialismus, 1. Aufl.: Suhrkamp, Frankfurt, 1997; 2. Aufl.: Alibri, Aschaffenburg, 2005 (Seitenangabe in Klammer).
- UR   Über den Ursprung der Religion oder: Warum Indra mit dem Dreirad zur Hochzeit fuhr, Wilhelm Fink, München, 2003.

SUNDERMANN, WERNER,
- MP   Some more Remarks on Mithra in the Manichaean Pantheon; in ÉM 485 ff.
- MM   Mithra in Manicheism; in: EI, Suppl. 51.

SULGER, ARSENIUS, R.P., Annales imperialis monasterii zwifaltensis, pars prima, (Augsburg 1698).

TAQIZADEH, S. H., Old Iranian Calenders, Royal Asiatic Society, 1938 (der Aufsatz ist gut zugänglich unter www.avesta.org/taqizad.htm).

TERTULLIAN, Ausgewählte Schriften, übers. v. A. Heinrich Kellner, Kempten, Kösel, 1912, Bd. I u. II. – Sämtliche Schriften (Kellner, Köln 1882): www.unifr.ch/patr/bkv. – Zu den lat. Texten: Beskow TM.

THEOKRIT, Sämtliche Dichtungen, übertragen u. hg. v. D. Ebener, Insel, Leipzig, 1973.

THIEME, PAUL,
- Adi   Die vedischen Aditya und die zarathustrischen Amesa Spenta; in: Zarathustra, hg. v. B. Schlerath, Wiss. Buchgesellschaft, Darmstadt, 1970, 397 ff.
- Amb   Ambrosia; in: ders., Studien zur indogermanischen Wortkunde, Akademie-Verlag, Berlin, 1952, 15 ff.
- Bes   Beseelung in Sprache, Dichtung und Religion; in: ders., Kleine Schriften, Steiner, Wiesbaden, 1984, 374 ff.
- Gods The »Aryan« Gods of the Mitanni Treaties; in: wie Bes, 396 ff.
- Had   Hades, in: wie Amb 35 ff.
- Heim Die Heimat der indogermanischen Gemeinsprache, Steiner, Wiesbaden, 1953.
- HuE   Über einige dualische Bezeichnungen von Himmel und Erde im Veda; in: Zeitschrift für Vergleichende Sprachforschung 92, 1978, 32 ff.
- LaI   Der Lachs in Indien; in: wie Bes, 64 ff.
- Mit   The Concept of Mitra in Aryan belief; in: MS I, 21 ff.

- Nek Nektar; in: wie Amb, 5 ff.
- Rig Gedichte aus dem Rigveda, ausgewählt, übers. und kommentiert von P. Th., Reclam, Stuttgart, 1977.
- RM Remarks on the Avestan Hymn to Mithra; in: wie Bes, 386 ff.
- Sim Simsumara „Schnabeldelphin"; in: wie Bes, 54 ff.
- The Das indische Theater; in: Kindermann, H. (Hg.), Fernöstliches Theater, Kröner, Stuttgart, 1966.

TÓTH, ISTVÁN, Mithras Pannonicus, Martin Opitz, Budapest usw., 2003.

TRAUTMANN, REINHOLD, Baltisch-Slavisches Wörterbuch, Vandenhoeck & Ruprecht, Göttingen, ²1970.

TURCAN, ROBERT, Mithras Platonicus, Brill, Leiden, 1975.

ULANSEY, DAVID, Die Ursprünge des Mithraskults – Kosmologie und Erlösung in der Antike, übers. v. G. Schulte-Holtey, Wiss. Buchgesellschaft, Darmstadt, 1998.

USENER, HERMANN,
- MH Milch und Honig; in: Kleine Schriften IV, Steiner, Wiesbaden, 1965, 398ff.
- SI Sol Invictus; in: Rheinisches Museum, NF Bd. 60, Frankfurt, 1905, 465 ff.
- Wei Das Weihnachtsfest, Cohen, Bonn, 1911.

USTINOVA, YULIA, New Latin and Greek Rock-Inscriptions from Uzbekistan; in: Hephaistos 18, 2002, 169 ff.

VASMER, MAX, Russisches Etymologisches Wörterbuch 2, Carl Winter, Heidelberg, 1955.

VERGIL, lat.-dt., hg. u. übers. v. J. Götte, Heiner, München, 1979.

VERMASEREN, MAARTEN J.,
- CIMRM, Corpus Inscriptionum et Monumentorum Religionis Mithriacae, Nijhoff, Den Haag, 1956 u. 1960.
- GK Mithras, Geschichte eines Kultes, Kohlhammer, Stuttgart, 1965.
- MiI Mithriaca I, The Mithraeum at S. Maria Capua Vetere, Brill, Leiden, 1971.
- MiII Mithriaca II, The Mithraeum at Ponza, Brill, Leiden, 1974
- MiIII Mithriaca III, The Mithraeum at Marino, Brill, Leiden, 1982.
- MiGe Der Kult des Mithras im römischen Germanien, Gentner, Stuttgart, 1974.
- SG Mithras, The Secret God, Chatto & Windus, London, 1963.
- SP V., M. and van Essen, C.C., The Excavations in the Mithraeum of the Church of Santa Prisca in Rome, Brill, Leiden, 1965.

VOLLGRAFF, CARL WILHELM, Les cryfii des inscriptions mithriaques; in: Hommages à Waldemar Déonna, Bruxelles, 1957, 517 ff.

VON DEN DRIESCH, ANGELIKA U. PÖLLATH, NADJA, Tierknochen aus dem Mithrastempel von Künzing; in: VNA 18, 145 ff.

WAGNER, JÖRG,
- GK (Hg.) Gottkönige am Eufrat, Philipp von Zabern, Mainz, 2000.

- Ko   Kommagene, Heimat der Götter, Harenberg, Dortmund, 1987.
WALDSCHMIDT, ERNST U. LENTZ, WOLFGANG, Die Stellung Jesu im Manichäismus, Akademie d. Wissenschaften, Berlin, 1926. (Abhandlungen der preuss. Akad. d. Wiss., 1926, Phil.-Hist. Klasse Nr. 4).
WATKINS, CALVERT, ‚god'; in: Antiquitates Indogermanicae, Gedenkschrift für H. Güntert, hg. v. M. Mayrhofer usw., Innsbruck, 1974, 101 ff.
WEINFURTER, STEFAN, Canossa – Die Entzauberung der Welt, C.H. Beck, München, 2006.
WEINREICH, OTTO, Antike Heilungswunder, Töpelmann, Gießen, 1909; Reprint: de Gruyter, Berlin, 1969.
WIDENGREN, GEO,
- HG   Hochgottglaube im alten Iran, (Uppsala Universitets Arsskrift 6, 1938) Lundequistka/Harrassowitz, Uppsala/Leipzig, 1938.
- Feud Der Feudalismus im alten Iran, Westdeutscher Verlag, Köln usw., 1969.
- IG   Iranische Geisteswelt, Holle, Baden-Baden, 1961.
- Iran Die Religionen Irans, Kohlhammer, Stuttgart, 1965.
- MM   The Mithraic Mysteries in the Greco-Roman World; in: La Persia e il Mondo Greco-Romano, Roma, Accademia Nazionale dei Lincei, 1966, 433 ff.
- SA-I Stand und Aufgaben der iranischen Religionsgeschichte I.; in: Numen (International Review for the History of Religions), Vol. I, Brill, Leiden, 1954.
- SA-II Stand und Aufgaben der iranischen Religionsgeschichte, II. Geschichte der iranischen Religionen und ihre Nachwirkung; in: wie SA-I, Vol. II, 1955, 47 ff.
- Sem   Iranisch-semitische Kulturbegegnung in parthischer Zeit, Westdeutscher Verlag, Köln usw., 1960.
- SI   The Sacral Kingship of Iran; in: La Regalità Sacra, Brill, Leiden, 1959, 242ff.
WIGAND, KARL, Die Nutrices Augustae von Poetovio; in: Jahreshefte des Österreichischen Archäologischen Institutes in Wien, Bd. XVIII, Beiblatt, 188 ff.
WIKANDER, STIG,
- AM   Der arische Männerbund, Diss., Lund, 1938.
- FP   Feuerpriester in Kleinasien und Iran, C.W.K. Gleerup, Lund, 1946.
- Vayu Vayu, Lundequistska/Harrassowitz, Uppsala/Leipzig, 1941.
WIMMER, JOHANN B., Die Etymologie des Wortes Gott; in: Zeitschrift für katholische Theologie 41, 1917, 625 ff.
WINTER, ENGELBERT,
- Do   E.W. u. A. Schütte-Maischatz (Hg.), Doliche – Eine kommagenische Stadt und ihre Götter, Mithras und Iupiter Dolichenus, Habelt, Bonn, 2004.
- KMD   E.W. u. A. Schütte-Maischatz, Kultstätten der Mithrasmysterien in Doliche; in: Wagner GK 93 ff.

- MC Mithraism and Christianity in Late Antiqity; in: Ethnicity and Culture in Late Antiqity, ed. by S. Mitchel a. G. Greatrex, Duckworth etc., 2000, 173 ff.
- Res E.W. u. A. Schütte-Maischatz, Resümee: Doliche – Ein Ausgangspunkt ‚religiöser Ideen'?; in: ders. Do 189 ff.

WISSOWA, GEORG, Religion und Kultus der Römer, 2. Aufl. 1912; Reprint: Beck, München, 1971.

WITTGENSTEIN, LUDWIG,
- PhU Philosophische Untersuchungen, Suhrkamp, Frankfurt, 1971.
- VB Vermischte Bemerkungen; in: Werkausgabe Bd. 8, Suhrkamp, Frankfurt, 1989, 445 ff.

WYSS, KARL, Die Milch im Kultus der Griechen und Römer, Töpelmann, Gießen, 1914.

XENOPHON, Kyrupädie (Kyr), hg. u. übers. v. R. Nickel, Artemis, München, 1992.

ZARATHUSTRA; siehe: Lommel Gath; zum Vergleich auch: Humbach Ga I u. Ga II, Bartolomae, Hinz, Insler Gath.

ZILHAO, JOAO et. al., Die unterschätzten Neandertaler; in: Spektrum der Wissenschaft 6, 2000, 46.

ABKÜRZUNGSVERZEICHNIS:

AI   Acta Iranica, Bibliothèque Pahlavi, Téhéran-Liège, Brill, Leiden
AiD   Archäologie in Deutschland
AJB   Das Archäologische Jahr in Bayern
AMaI   Archäologische Mitteilungen aus Iran
ARW   Archiv für Religionswissenschaft
BSOAS   Bulletin of the School of Oriental and African Studies
DBW   Denkmalpflege in Baden-Württemberg
EI   Encyclopaedia Iranica
ÉM   Études Mithriaques, Actes du 2e Congrès International, Téhéran, du 1er au 8 septembre 1975, AI 17, Bibliothèque Pahlavi/Brill, Téhéran/Leiden, 1978
JCOI   The Journal of the K.R. Cama Oriental Institute
JMS   Journal of Mithraic Studies, ed. by R. L. Gordon, 1976-80, Vol. I, 1 – III, 1 a. 2
MS I   Mithraic Studies, Proceedings of the First International Congress of Mithraic Studies, ed. by John R. Hinnells, Manchester University Press, Manchester, 1975, Bd. I
MS II   Wie MS I, Bd. II
OLZ   Orientalische Literaturzeitung
RV   Rigveda; siehe: Geldner, Thieme Rig, Lommel Rig
SM   Studies in Mithraism (XVIth Congress of the International Association for the History of Religion, Rome 1990), ed. by Hinnells J.R, „L`erma" di Bretschneider, Roma 1994
VNA   Vorträge des Niederbayerischen Archäologentages
Yt   Yäst, Yästs des Awesta; siehe: Lommel Yt und Gershevitch
ZAK   Zeitschrift für Schweizerische Archäologie und Kunstgeschichte
ZDMG   Zeitschrift der deutschen morgenländischen Gesellschaft

NAMENREGISTER (AUSWAHL)

1. PERSONEN

(Religiös-charismatische Personen und antike Könige und Kaiser sind kursiv aufgeführt)

Ahmadi-Nedschad 191.
Aischylos 347.
Al Biruni 144 f., 160, 181, 185 f., 188, 194 f., 198, 200, 203 ff., 216, 219, 270 f., 342 f., 345, 350, 354 f.
Alexander 26, 345.
Ambrosiaster (Ps.-Augustinus) 286, 335, 352.
An-Nadim 307.
Antiochos I. (von Kommagene) 27 f., 158, 162, 164, 322, 325 ff.
St. Antonius 188 f.
Arbmann, E. 342.
Ardaschir Papakan (Sasanidenkönig) 161 f., 191, 341.
Aristophanes 228, 288, 346 f.
Arrian 347, 354.
Arsakes I. (Partherkönig) 162.
Artaxerxes II. Mnemon (Achämenidenkönig) 326.
Aslin, R. 184.
Assmann, J. 346, 351.
Augustus 145.

Bailey, H.W. 201, 343.
Barhatakin (türk. König von Kabul) 144 f., 158 f.
Bateson, G. 59, 333.

Beck, R. 119, 268, 335 f., 340 f., 350 f.
Benveniste, É. et Renou, L. 337, 339.
Beskow, P. 18, 215, 331, 338.
Betz, H. D. 202, 224, 332, 334 f.
Bivar, A.D.H. 316, 335, 353.
Boyce, M. 14, 134, 257 ff., 331, 336 ff., 341 ff., 348, 352 f.
Boyd, J. W., s. Kotwal.
Boyle, J. A. 351.
Brashear, W. W. 248, 335, 349.
Buddha 12, 32.

Cäsar 115, 146.
Cambi, N. 334, 353.
Cassirer, E. 60, 334.
Cato, M. P. 262.
Claudius 145, 339.
Claudius, M. 156.
Clauss, M. 22, 31, 44, 120, 151, 214, 223, 239, 284, 332 ff., 337, 340, 344 f., 348 f., 352.
Clemen, C. 338.
Commodus 143 ff., 151, 255, 327 ff.
Commodianus 292.
Cumont, F. 25, 119, 151, 315, 329, 331 f., 340 f., 354.
Cyros (Achämenidenkönig) 26, 43, 333.

Dandamaev, M. A. 344.
Dani, A. 331.
Darius I. (Achämenidenkönig) 227, 337 f., 344.
Darwin, Ch. 60.
De Jong, A. 335.
Demand, A. 332.

NAMENREGISTER

Dieterich, A. 32, 47, 54 f., 101, 333, 335 f., 340 f., 349, 353.
Dillon, J. 335.
Dio Cassius 72, 144, 339.
Dörner, E. 347.
Dörner, F.K. 341, 354.
Domitian 146, 339.
Driesch, A. 261, 351.
Duchesne-Guillemin 125, 354.
Dumézil, G. 192, 294, 352.

Echnaton 11, 279 f., 351.
Erickson, M. H. 101-108, 335.

Firdausi 181, 188, 194 f., 342 f., 345.
Firmicus Maternus 251 f., 291, 297, 313.
Flügel, G. 307.
Freud, S. 62 f., 71, 80, 84, 96, 101-104, 179, 226, 280, 334 f., 351.

Galba 146, 339.
Galilei, G. 60, 110, 155.
Geiger, B. 134, 189, 323, 337, 339, 342 f.
Geldner, K. F. 155, 168, 333, 348 f., 352.
St. Georg 140, 291.
Gershevitch, I. 150, 340, 345 f., 348.
Goethe, J. W. 155.
Gonda, J. 331, 352.
Gopnik, A. 50 ff., 76, 90, 105 ff.
Gordon, R. 214, 335, 349, 352 f.
Grassi, B. 157, 332.
Gray, L. H., 338.
Grevers, M. 332.
Grimm, J. u. „Gebrüder" 341.
Güntert, H. 130.
Gudelj, L. 336.
Gurlitt, W. 220, 346.

Hadrian 146, 339.
Hansman, J. 353.

Haug, F., Sixt, Gustav 332.
Heckenbach, J. 335.
Hegel, G.W.F. 220.
Heidegger, M. 237 f.
Henning, W. B. 348.
Hensen, A. 43, 348 ff.
Herodot 333, 343, 346 f.
Hesiod 52.
Hieronymos 17.
Hinnells, J. 119, 147, 242 f., 308, 315, 332, 335 f., 348, 351, 353.
Hinz, W. 125.
Holl, K. 335, 340.
Homer 45, 54.
Hornung, E. 40, 351.
Huld-Zetsche, I. 334, 337.
Humbach, H. 124 f., 332, 338.

Insler, S. 23, 116-120, 335 f., 341.

Janz, C. P. 74, 329.
Jaspers, K. 15.
Jean Paul (Friedrich Richter) 156.
Jensen, A. 350.
Jesus 17, 20, 26 f., 32, 46, 60, 107, 116, 135, 140, 146, 152, 163 f., 171, 188 f., 246, 248, 252, 255 f., 274 ff.
Johannes (Apokalyptiker) 171, 173.
Johannes (Evangelist) 107.
Johannes (Täufer) 26, 275 f.
Jonas, H. 336.
Josephus 263.
Justi, F. 240, 343, 345.

Kanishka I. (König von Kuschan) 29, 196.
Kant, I. 66, 105, 301 f.
Kaus, K. 346.
Kent, R. 326.
Kopernikus, N. 60.
Kortüm, K. 340.
Kotwal, F. 14, 206.

Kreyenbroek, Ph. 331.
Kuiper, F. B. J. 131, 233, 294, 334.

Lampridius 143 f., 146, 254 f., 328 f.
Lidzbarski, M. 340.
Lissi-Caronna, M. 48, 332.
Lommel, H. 13, 83, 124 ff., 150, 169 f., 186 f., 191, 193, 196, 202, 206 f., 226, 234 f., 284, 337 ff., 342 f., 345 ff., 350, 352.
Lüders, H. 332 f., 337 f., 348.

Mani (und Manichäismus) 173, 215, 307, 345, 348.
Maria (Mutter Gottes) 54, 140, 273 ff.
Marshak, B. I. 352.
Mayrhofer, M. 331.
Meillet, A. 331.
Merkelbach, R. 32, 41 ff., 52, 142, 144, 148, 214, 235, 237, 292, 316, 331 ff., 339, 341, 343, 345 f., 349 ff., 354.
Metzler, D. 332, 347.
Meyer, M. 101, 335.
Mithradates (Ziehvater des Cyros) 43, 333.
Mithradates Eupator VI. (König von Pontos) 23, 27, 160 ff., 271, 327 f., 332.
Mithradates Kallinikos (König von Kommagene) 27, 326 f., 341, 354.
Mithradates I-IV (Patherkönige) 27, 354.
Mohammed 32, 195.
Montesquieu, Ch. 301.

Neth, A. 340.
Nietzsche, F. 71-76, 78 f., 96 f., 104, 114, 126, 147, 182, 189 f., 196, 253, 299, 301, 305, 322, 329, 334, 337, 352.
Nonnos 178 f.

Norden, E. 340.
Novalis 156, 232, 340.
Nyberg, H. S. 337, 339, 343, 346.

Oldenberg, H. 332, 337.
Origenes 111, 335, 353.
Otho 146.
Overbeck, F. 329.
Ovid 45 f., 52, 169.

Parmenides 350.
Paulus 25 f., 30 f.
Piccottini, G. 214.
Platon 32, 112, 299, 306 f., 335, 338, 345, 350, 353.
Plinius d. Ä. 145, 348.
Plutarch 23, 71, 117, 186, 334.
Pöllath, N. 261, 350.
Pompeius 23, 27, 117, 332.
Porphyrios 205, 236, 286, 291, 315, 333, 345, 349, 352.

Rageth, J. 17, 331, 348, 350.
Reinach, Th. 332, 341.
Reitzenstein, R. 331, 340.
Renan, E. 30 f.
Renou, L., s. Benveniste.
Rilke, R.M. 57.
Roth, R. 334.
Rousseau, J. J. 301.
Rudolph, K. 126, 331 f., 337, 340, 345.
Russell, J. R. 126, 134 f., 313, 331, 335, 338, 343, 351 f.

Schaeder, H. H. 334, 343, 346.
Scheftelowitz, I. 332, 338, 350.
Schmidt H.-P. 332, 337 f.
Schmidt-Kaler, Th. 341.
Schmitt, R. 331.
Schmotz, K. 350.
Schopenhauer, A. 337.
Schramm, P. E. 333, 347.
Schroeder, L. 323, 353.

Schütte-Maischatz, A. 258, 332, 337, 344, 346.
Schwartz, M. 201, 335 f., 340, 345, 352.
Schwertheim, E. 89, 214, 331 ff., 335, 349, 351 f.
Seiterle, G. 347.
Simson, G. 350.
Sirch, B. 347.
Smerdis (Magier Gaumata) 337.
Sophokles 248.
Speidel, M. 354.
Spiegler, F. J. 21.
Spitz, R. 179, 335.
Stern, D. N. 49, 51 f., 342, 345.
Stevens, C. 40.
Stierlin, H. 74, 104, 334, 352.
Stietencron, H. 331 f., 340.
Strabo 13, 261, 331.
Sundermann, W. 348.

Taqizadeh, S. H. 336, 341, 344 f.
Tertullian 18 ff., 23, 25, 314, 331, 340, 353.
Theokrit 324.
Thieme, P. 116, 127, 140, 327, 334 f., 337, 339, 342 f., 345, 352.
Tóth, I. 32, 116, 346.
Turcan, R. 335.

Ulansey, D. 31, 119 f., 335 ff., 345, 353.
Usener, H. 32, 151 f., 340, 345.
Ustinova, Y. 332.

Van der Let, P. 341.
Vergil 347.
Vermaseren, M. 20, 51 f., 86 f., 134, 143, 148, 158 f., 177, 214 f., 235, 250, 254, 266, 268, 272, 281, 284, 292, 314, 316, 331 ff., 338 ff., 344-354.
Vespasian 146, 339.

Vitellius 146, 339.
Vollgraff, C. W. 349.

Wagner, J. 27, 158, 164, 326, 354.
Weinreich, O. 335, 339.
Widengren, G. 162 f., 187, 191, 194, 326, 332, 334, 337, 339, 341-345, 352.
Wigand, K. 219 f., 346.
Wikander, S. 126, 130, 139, 171, 337, 347.
Winter, E. 258, 332, 337.
Wissowa, G. 332.
Wittgenstein, L. 5, 114, 120, 273, 336.
Wyß, K. 262.

Xenophon 338, 346 f.

Zarathustra 66-72, 75, 77, 79, 97, 110, 123-129, 133, 147, 173, 181 f., 195, 215, 253, 279, 299, 301, 305, 322, 337 ff., 342.

2. GÖTTER UND WEIHEGRADE DES RÖMISCHEN KULTS (KURSIV)

Aditi 41, 123 f., 174, 177, 179, 233, 245, 296, 337, 347, 350.
Adityas 41, 123, 174, 179 f., 183 f., 245, 309, 316, 342, 353.
Agni 124, 174, 179 f., 245, 251, 286, 308-317, 340, 342, 346, 350, 353.
Ahriman 306.
Aion 163, 306.
Allah 15.
Amor 250.
Anahita 227 ff., 342, 347, 354.
Angiras 34, 156, 341.
Apam Napat (s. Varuna) 180, 293, 297, 299, 352.

Apollon 28, 322, 325 f.
Artagnes (griech. Form von Vrtraghna) 134, 322-327, 343.
Attis 54, 332 f., 347.
Azi Dahak 180 f., 193 f., 343.

Baal 174.
Beverasp 180, 194 f., 343 ff.

Cadmus 45.
Cautes (und Cautopates) 87, 160, 179, 198-207, 223, 237 f., 241, 256, 265, 313 f., 345, 350.
Corax (Krähe, Rabe - 1. Weihegrad) 87 f., 246, 286 f., 351; vgl. auch 242, 285.

Dionysos 97, 174, 178 f., 317, 323, 329.

Enki 174.
Eros 235, 250, 310.

Feridun, Fredun, Freton, Faridun, s. Thraitauna.

Giganten 141-144, 178.
Gilgamesch 174.

Haoma, Hauma, Hom, s. Soma.
Heliodromus (6. Weihegrad) 240, 269.
Hera 178.
Herakles 91, 97, 273, 317 f., 321-329, 354.
Hermes 291, 353.
Hesperos 350.

Indra 34, 36, 39 ff., 51 f., 63, 67, 76, 82, 84, 97, 107, 123-135, 139, 141, 146, 150 ff., 154-157, 166-170, 174-181, 184 f., 203, 206 ff., 213, 215, 220 ff., 225 f., 229 ff., 233 f., 246, 253, 256, 258, 260, 269, 273, 283 f., 287, 296, 308, 310, 312, 314, 316 f., 323 f., 333, 337 f., 340, 342 f., 346, 349, 352.

Jam, Jamshid, Dschemschid, s. Yama.
Jahwe 14, 34, 98, 167.
Jupiter 142 ff., 339, 341, 353.

Kommagene 322, 325, 327.
Kronos 306, 353.
Kursaspa 139, 170 f., 180, 193 f., 343.

Leo/Löwe (4. Weihegrad) 87 f., 148, 245 f., 254 f., 286 f., 297, 305 f., 314-317, 339, 352 f.
Lucifer 35, 269, 271, 350.
Luna 35, 42, 169, 224 ff., 229, 232 f., 237 f., 241, 264-273, 347, 350.

Maitreya 12, 331.
Marduck 174.
Miles (3. Weihegrad) 245 f., 254.

Nutrices Augustae v. Poetovio 218-220, 249, 272, 275 f., 346, 351.
Nymphus (2. Weihegrad) 245-252, 254, 348 ff.

Odysseus 45, 54.
Ödipus 84, 284.
Ohrmazd (Ahura Mazda) 125, 161 f., 322, 325 ff., 354.
Orpheus 347.

Pales 284.
Paris 347.
Pater (7. Weihegrad) 119 f., 158, 250, 287, 336, 344.
Penelope 45, 54.
Perser (5. Weihegrad) 201.
Perseus 119, 347.
Phosphoros 271, 350.

Sarama 184 f., 260, 342, 350.
Sohak (s. Azi Dahak)
Sol 21, 35, 42, 85, 88, 143, 151 f., 207, 240, 256, 264-269, 279, 350.
Soma/Haoma (Hauma, Hom) 29, 33, 67, 117 f., 124 f., 128, 132, 154, 169, 174-183, 199, 201, 213, 216 f., 219, 221, 223, 230-244, 245-252, 253, 256, 258-263, 264 f., 267-271, 273 ff., 279, 286, 292-298, 310, 313 f., 317, 336 f., 342, 346-350.
Susna 170, 342.

Telipinu 174.
Tellus 134, 284 f., 338, 345.
Terra (mater) 134, 338.
Thot 291.
Thraitauna (Feridun, Fredun, Freton, Faridun) 139, 180, 192-195, 204, 216, 270 f., 342 f., 350.
Titanen 178.

Usas 36, 169, 221 f., 225 f., 233, 309, 338, 346.

Vahagn, Vahe (armen. Formen von Vrtraghna) 134 f., 313, 323 f., 338, 343.
Varuna (*Vouruna, s. auch Apam Napat) 123 f., 174, 179 f., 232, 292-302, 310, 346, 352.
Venus 110, 115, 161, 241, 250 f., 272 f., 348, 354.
Verethraghna (avest. Form von Vrtraghna) 127, 133 f., 161, 169, 194, 196, 206 f., 226, 230, 316, 322 ff., 334, 338 ff., 343 f., 346, 348, 354.
Viktoria 241.
Visnu 174, 179 f., 291, 346.
Vrtra (*Verethra) 51 f., 139 f., 141 f., 146, 150, 154 f., 166, 170 f., 175, 180, 181, 185, 206, 209, 222, 243, 249, 258, 296 f., 333, 339 f.
Vrtraghna 67, 125 (von dort an permanent)

Yama/Yima (Yim, Jam, Jamshid, Dschemschid) 67, 124 f., 128, 174, 179, 180 ff., 183-197, 198, 201-206, 208 f., 219, 231, 245 f., 258, 309 f., 313, 317, 337, 342 ff., 349.

Zagreus 178.
Zeus 141 ff., 178, 322, 325.

3. ORTE, REGIONEN, LÄNDER

Afghanistan 29.
Anatolien 27 f., 158, 163 ff.
Armenien 13, 27 ff., 72, 134 f., 261, 313, 338, 343, 350 f.
Arsameia (am Nymphenfluß) 27 f., 159 f., 341.
Athen 323 f., 351.

Babylonien 114 f.
Berlin 141 f., 248, 272, 284 f.
Besigheim 160 f., 200 f., 223.
Bethlehem 163.
Bingen 281 f.
Bologna 237 f., 269.
Bombay 14, 84, 125.
Budapest 241.

Canosa (Süditalen) 227.
Carnuntum (Deutsch-Altenburg, Österreich) 53, 195 f., 284 f.
Çatal Hüyük 273.
Cavtat 372.

Dieburg 44 f., 200 f., 240, 345 f.
Doliche/Dülük 22 f., 25, 29, 117, 215, 257, 332, 344, 346.

Donau (Donautal) 15, 47, 87, 218, 349.
Dura-Europos 289, 339.

Ekbatana 13.

Frankfurt 44 f., 48, 85 f., 148, 237, 239 f., 242, 256, 269, 287, 331.

Galiläa 28 f.
Gaziantep 22, 257.
Graz 266 f.
Güglingen 54, 91, 93, 158, 199, 201, 331, 340, 351.

Hamadan 13.
Heidelberg 43 ff., 148 f., 223, 242, 261, 266 f., 282, 289 f., 331.

Indien 11 ff., 15, 29, 31, 36, 41, 78, 82, 84, 117, 123 ff., 129, 131, 133, 135, 155, 172, 174, 176-180, 183, 206, 208, 213, 222, 225 f., 230 f., 236, 239, 249, 253, 256, 262, 284, 287 f., 295, 308, 311, 331, 338, 342.
Isfahan 257.

Jerusalem 26.
Judäa 27 f.

Kabul 144 f., 158 f.
Karlsruhe 43, 45, 51, 148, 201, 223, 267, 289.
Kärnten 214.
Kaukasus 291.
Kerman 257.
Kilikien 23, 117.
Klagenfurt 141 ff.
Köln 54, 93, 239 ff., 249, 265, 274 f., 349.
Kommagene 27 ff., 145, 158 f., 162, 164, 282, 326 f., 332, 341, 354.
Konjic 87 f., 286, 305, 334.

Konstanz 48, 312, 345.
Künzing 261, 350.
Kuschan 28 f., 195 f., 344.

Ladenburg 345.
Lindau 13.

Mannheim 287.
Marino 34 f., 85, 91 f., 141, 164, 265, 290, 293 f., 332.
Martigny 261.
Mauls 285.
Mazra Kalantar 257, 259 ff., 336.
Mehrabad 12 f.
Mocici 372.

Neapel 19, 34, 118, 202, 225, 227, 347.
Nemrud Dagi 27 ff., 158 f., 164, 195 f., 305 f., 312 f., 325 f., 353 f., 358.
Nersae 48 f., 134, 141, 143, 160, 313.

Osterburken 50 ff., 200 f., 266 f., 289, 333.
Ostia 31 f., 111, 143, 146, 166 f., 215, 249, 251, 287, 314, 329, 331, 353.

Pakistan 29.
Paris 101, 228, 324, 328, 347, 356.
Parthien 27 ff., 35, 84 f., 116, 134, 146, 162, 228 f., 332, 334, 354.
Poetovio (Pettau, Ptuj) 32, 160, 218-220, 272, 275 f., 292, 331, 346.
Pontos 23, 27 ff., 160 ff., 327 f.
Ponza (Isola di) 118, 158 f., 336, 340.

Ravenna 165.
Rhein (Rheintal, Rheinland) 15, 47, 59, 85, 87, 281.

Riegel (Kaiserstuhl) 253, 349.
Rom (permanent)
Rusicade 305, 353.

S. Maria Capua Vetere 19, 34 f., 85,
    134, 157 f., 164, 200, 224 f., 229,
    254, 265 f., 281, 332, 335, 338,
    347.
Sarajevo 87 f.
Schwarzerden 372.
Sisak 289.
Split 242 f., 256, 269, 336.
Stockstadt 198, 344.
Stuttgart 21, 160 f., 200 f., 223.
Susa 326.

Teheran 13, 116, 257.
Tienen 261, 350.
Trier 41 ff., 52 f., 115, 145, 158, 199,
    284.

Verona 199.

Wiesbaden 86, 91 f.

Yazd 14, 257.

Zadar 306, 353.
Zagreb 289.
Zillis 17 f., 241, 261, 331, 348, 350.
Zwiefalten 21 f., 332.

DANKSAGUNGEN

Dank gilt den Angehörigen, Freunden, Kollegen, Hörern und Bekannten, die meine Recherchen und Reflexionen über die Jahre hin mit Interesse, eigenen Ideen, Hilfe und Kritik unterstützten. Dank gilt nicht zuletzt auch all jenen, die mir als Person noch lebhaft in Erinnerung sind, deren Namen ich aber vergessen habe: so jener Museumsleiterin des südkroatischen Städtchens Cavtat, die mich in bewegender Stimmung an die noch immer geheimnisumwehte Kultstelle des nahen Weilers Mocici führte (Tafel 5); so jenem Hausmeister, der mir geduldig die Magazine, Verließe und Hinterzimmer des Vatikanischen Museums öffnete (Tafel 6a); so jenem Gemeindediener, der mir das Gitter vor dem mit leuchtend grünem Moos überzogenen Relief in Schwarzerden aufschloß (Tafel 6b) ... und ebenso den vielen anderen, ohne deren unkomplizierte Hilfe zumal viele der Bilder nie zustande gekommen wären.